KB216660

갓 히스토리

: 아담에서 예수까지

갓 히스토리

저자 남성덕

초판 1쇄 발행 2018. 5. 16.
개정판 1쇄 발행 2022. 6. 3.

발행처 도서출판 브니엘
발행인 권혁선

책임편집 김지연
책임교정 조은경

등록번호 서울 제2006-50호
등록일자 2006. 9. 11.

서울특별시 송파구 백제고분로28길 25 B101호 (05590)
마케팅부 02)421-3436
편집부 02)421-3487
팩시밀리 02)421-3438

ISBN 979-11-90308-75-5 03230

독자의견 02)421-3487
이메일 editorkhs@empal.com

북카페 주소 cafe.naver.com/penielpub.cafe
인스타그램 @peniel_books

도서출판 브니엘은 독자들의 원고를 설레는 마음으로 기다리고 있습니다.
위의 이메일로 간단한 기획 내용 및 원고, 연락처 등을 보내주십시오.

도서출판 브니엘은 갓구운 빵처럼 항상 신선한 책만을 고집합니다.

GOD

갓 히스토리
: 아담에서 예수까지

남성덕 | 지음

● 하나님이 선택하신 인물들의 삶을 따라가는 역동적인 성경 여행

HISTORY

브니엘

성경은 창세기에서 천지를 창조하는 것으로 시작하여 요한계시록에서 새 하늘과 새 땅으로 결말을 지으며 완성된다. 그렇다면 태초와 마지막 사이에 무엇이 있을까? 인간이 있다. 성경 안에는 수많은 인간 군상이 나온다. 족장들, 왕들, 고관들, 군인들, 일반 백성들, 이방인들, 노예들, 여자들, 남자들…. 성경의 관심사는 인간뿐 아니라 자연과 동물, 우주에 이르기까지 다양한 분야에 걸쳐 이루어지지만 그중에서 제일 주목받는 것은 인간이다. 그리고 그 인간들 가운데서 예수 그리스도가 중심되는 게 바로 성경이다. 그런데 이 예수님은 어느 날 갑자기 나타난 뜬금없는 존재가 아니라 태초에 천지를 창조할 때부터 이미 하나님으로 계셨고(요 1:1,14), 요한계시록의 새 하늘과 새 땅의 주인공이기도 하시다(계 21:1-2). 예수님은 첫 사람 아담에서부터 시작하여 수많은 조상을 거치고 이어지면서 가장 적절한 때에, 가장 적합한 가문에, 가장 적절한 장소에서 한 인간으로 오셨다.

나는 그것을 추적하고 싶었다. 성경에 계시된 하나님의 아들 예수님이 아담에서부터 어떤 연결선으로 이어져 왔는지를 알고 싶었다. 예수님의 수많은 조상, 그들 인간 하나 하나를 통해 좌절과 희망을 보고, 하나님의 손길을 더듬어 보고 싶었다. 그리고 그 관점으로 성경을 읽기 시작하자 하나의 희미한 끈이 보이기 시작했다. 아담에서부터 예수님까지 이어지는 끈이 있었다.

예수 그리스도께는 계보가 필요하지 않다. 하나님의 아들에게 족보란 큰 의미가 없다. 그런데 하나님은 아담에서부터 시작하여 예수님에 이르기까지 수많은 조상을 선택하여 이어가셨다. 그리고 그 이어짐은 언젠가는 우리에게까지 이어지게 될 것이다. 그 모든 것은 커다란 의미를 지니고 있다. 때로는 실패하고, 때로는 기대에 못 미치고, 때로는 의외의 사람들이 나타나서 감동을 주지만, 수많은 사건과 사람들에 의해 나타난 그 마지막은 또 다른 시작으로서 예수님에게까지 이어진다. 그렇기에 우리는 아담에서부터 시작된 그 히스토리를 찬찬히 읽고 탐색하며 함께 걸어갈 필요가 있다.

그리스도인은 하나님의 뜻과 의도, 인도하심에 늘 민감해야 한다. 하나님의 존재를 믿을 뿐 아니라 하나님이 온 세상을 창조하셨으며, 그것의 주인이시며, 더욱이 오늘 내가 이 땅을 살아가는 모든 이유와 목적을 보여주시기 때문에 그렇다. 그렇다면 우리는 어떻게 해야 하나님의 뜻을 알 수 있을까? 가장 좋은 방법은 하나님이 직접 자신의 뜻을 말씀해주시는 것이다. 직접 다가오셔서 우리의 귀에 대고 속삭여주시면 된다. 하지만 하나님은 거의 그렇게 행하지 않으신다. 직접 찾아오셔서 이렇게 하라, 저렇게 하라 말씀하지 않으신다.

지금까지 하나님은 나에게 내가 알아들을 수 있는 소리로 직접 말씀하신 적이 없다. 느낌과 마음의 결단은 많았으나 뚜렷한 음성으로 들려주지는 않으셨다. 대부분의 사람들 역시 하나님의 목소리를 직접 듣지는 못했을 것이다. 그렇다면 우리는 하나님의 뜻을 알 수 없는 것일까? 그렇지 않다. 하나님의 직접적인 목소리보다 훨씬 분명하고, 역사적인 또 다른 목소리가 있다. 그것이 바로 성경이다. 하나님은 자신의 존재와 뜻, 그리고 인도하심을 성경을 통해 나타내셨다. 성경을 통해 과거에도 말씀하셨고, 현재에도 말씀하시며, 미래에도 우리를 향한 당신의 뜻을 분명히 말씀하실 것이다.

그렇다면 우리는 그 기록된 하나님의 목소리를 어떻게 들을 수 있을까? 여기에서 필요한 것이 바로 해석이다. 성경을 읽을 때 사람들은 누구나 해석을 한다. 누가 읽느냐에 상관없이 성경을 읽을 때는 항상 해석이 따라온다. 진보적인 신앙인이 읽을 때는 변혁적으로 해석하고, 보수적인 신앙인이 읽을 때는 자기 믿음을 강화하기 위해 해석하며, 병으로 고통당하는 사람은 치료와 기적을 기원하며 해석할 것이다. 다른 종교인이 읽을 때는 자신의 종교의 틀로 해석하고, 무신론자가 읽을 때는 신이 없음을 증명하려고 해석할 것이다.

모든 사람마다 나름대로 해석하는 도구가 있다. 각자의 신앙과 경험에 따라, 자신의 교육과 문화적인 배경에 따라 성경을 읽고 해석한다. 그럴 때 신앙, 경험, 언어, 신학, 교육, 사상, 종교, 문화 등이 해석의 도구로 사용된다. 그런데 문제는 이 도구들이다. 그 어떤 도구도 성경을 해석하는 데 완벽하지 않다. 잘못된 근거로 성경을 엉뚱하게 해석하고, 그것이 하나님의 뜻이라고 오해하는 경우가 잦다. 일방적인 경험이나 저급한 수준으로 하나님의 뜻과는 전혀 다르게 해석하는 경우도 많다. 우리는 이런 위험에 빠지지 않도록 주의해야 한다.

그래서 성경을 읽을 때는 나의 해석의 틀이 부족함을 인정하고 겸손한 마음으로 성경에 귀 기울여야 한다. 주변의 누군가가 같은 의도로 성경을 읽고 있다면 그들과 함께 이야기하고 소통하는 열린 마음이 필요하다. 혼자서만 읽지 말고 함께 나누는 자세가 중요하다. 자신이 알게 된 하나님의 뜻을 더불어 소유하고, 값진 고민들을 공유하며, 깨달은 바를 확인하는 지혜가 필요하다. 그렇게 서로 나누다 보면 언젠가 한없이 옅고 가볍지만 하나님의 그 깊고 오묘한 뜻에 한 발 다가서게 될 것이다. 그러면 우리는 조금 더 그리스도인다워질 것이다.

나는 이 책을 통해 아주 보잘것없는 해석을 하나 더 내놓으려고 한다. 하나님은 어떻게 사람을 선택하셨는지, 특히 아담에서부터 예수님에 이르기까지 그리스도의 족보를 유심히 관찰하여 그 계보 속에 있는 사람들을 무슨 이유로 선택하셨는지 추적해 보려고 한다. 왜 장자 에서가 아니라 차자 야곱이 예수님의 혈통을 이었는지, 왜 장자 르우벤이 아니고, 또 창세기 후반부를 화려하게 수놓은 요셉이 아니라 넷째 유다가 예수님의 계통을 이어가게 되었는지 등을 살펴보려고 한다. 물론 어떤 때는 동의가 안 될 수 있으며, 비논리적이고 비약적이라고 생각할 수도 있다. 그러나 이렇게 읽고 생각하고 고민하는 사람도 있다는 사실을 알아준다면 그것만으로도 위안이 될 것이다. 이 책을 통해 독자들이 자신을 향한 하나님의 뜻과 계획을 발견하며, 신실하신 하나님을 찬양하고 감사하는 계기가 되길 기도한다.

글쓴이 남성덕

아담에서
노아까지

GOD
History

Chapter 01

왜 하필 선악과였을까?

하나님은 수많은 것을 창조하셨다. 아니, 세상에 존재하는 모든 것을 창조하셨다. 지구의 모든 아름다운 자연을 하나님이 만드셨다. 온 우주 만물과 별들을 만드셨다. 어린 시절에 옥상에 올라가 누우면 밤하늘에 유독 길게 빛나는 별들의 무리가 있었는데, 이것이 은하수였다. 태양을 중심으로 수성, 금성, 지구, 화성, 목성, 토성, 천왕성, 해왕성 등이 공전하고 있다. 이 태양계는 다른 수많은 항성과 마찬가지로 은하 주위를 공전하고 있다. 우리 은하 안에만 이런 별들이 약 2천억 개가 모여 있다. 도저히 상상할 수 없는 숫자이다. 그런데 놀라지 마시라. 이런 은하가 무려 천억 개가 모여 있는 곳이 우리가 관측 가능한 우주이다. 이 모든 것을 하나님께서 지으셨다. 지구 안에서도 인간이 작고 초라한데 온 우주를 따지면 인간은 정말 하찮은 존재에 불과하다. 온 우주에 먼지보다도 못한 존재이다.

그럼에도 인간이 특별한 이유는 무엇일까? 인간 자체가 특별해서가 아니라 하나님과의 관계 때문에 그렇다. 온 우주 만물을 만드신 하나님은 우리와 관계를 맺고 있으며, 관계를 맺고 싶어 하신다. 하나님이 인간에게 다가와 하나님의 뜻을 보여주셨고 인간과 관계를 맺기 시작하자 인간은 특별해졌다. 하나님은 인간을 단지 좋아하고 예뻐하는 정도가 아니라 특별한 관계를 맺었는데, 특히 약속의 관계를 맺었다. 구약과 신약은 모두 인간과의 특별한 약속을 기록해 놓은 것이다.

우리는 이 약속을 조금 더 근엄한 말로 '언약'(covenant)이라고 말한다. 하나님이 인간을 선택하신 매우 중요한 이유 중의 하나는 바로 이 관계 때문이다. 하나님께서 아담을 선택하신 이유는 아담이 뭔가 특별한 존재여서가 아니라 하나님께서 인간과 관계를 맺고 싶어서 선택하셨고, 그것이 아담이었다는 뜻이다. 다른 피조물들과 마찬가지로 인간은 하나님의 창조물 중의 하나였으나, 특별히 하나님은 인간을 당신의 언약관계로 선택해주셔서 진정한 인간이 될 수 있게 하셨다.

언약관계라는 것은 상호적일 수밖에 없다. 하나님의 선택기준이 언약관계라면 그 관계를 맺은 인간 역시 언약에 종속된다. 하나님이 약속을 지키신다면 인간 역시 약속을 지켜야 한다. 그래서 아담이 해야 할 일 중에 가장 중요한 것이 바로 하나님과의 약속을 지키는 것이었다. 그렇다면 하나님은 어떤 약속들을 주셨을까? 창세기 1~2장으로 가보자. 여기에는 하나님과 아담 사이의 언약관계를 보여주는 상호조약들이 나열되어 있다. 하나님은 아담에게 여러 가지를 명령, 허락, 요구, 금지, 기대하셨다.

하나님은 생육하고 번성하고 다스리라고 <u>명령</u>하셨다(창 1:28).

하나님은 채소와 열매를 먹도록 <u>허락</u>하셨다(창 1:29).

하나님은 에덴동산을 가꾸도록 <u>요구</u>하셨다(창 2:15).

하나님은 선악을 알게 하는 나무의 열매를 먹지 않도록 <u>금지</u>하셨다 (창 2:16-17).

하나님은 창조물들에게 이름을 짓는 것을 <u>기대</u>하셨다(창 2:19).

아담은 이 모든 것을 잘 해냈다. 그럼에도 하나님은 아담 혼자서 그 모든 일을 하기에 벅차다고 생각하여 돕는 배필로서 하와를 허락하셨다. 이제 아담과 하와 두 사람은 하나님과의 언약관계에서 맡겨진 일들을 더 잘해내기 시작한다. 우리가 어렸을 때를 생각해보자. 다른 동물과 다르게 인간은 태어나자마자 걸을 수가 없다. 일정 시간 다른 인간(특히 부모)에게 기대야 한다. 그러면서 배운다. 언어를 배우고 세상을 배우고 할 일을 배운다. 그런데 아담은 그런 과정을 거치지 않았다. 세상에 놓였을 때 아담은 낯설고 당황스러웠을 것이다. 아담은 부모나 어떤 어른으로부터 배울 수가 없었다. 아담 이전에는 아무도 없었기 때문이었다. 아담은 하나님과의 언약관계를 붙잡을 수밖에 없었고, 그것을 붙들지 않으면 길을 잃기 십상이었다. 다행히 아담은 다스리고, 열매를 먹고, 가꾸고, 이름 짓는 등의 일을 잘해냈다. 뱀이 하와를 유혹하기 전까지는.

위의 다섯 가지 것들 중에 네 가지는 해야 할 것들이고, 한 가지는 하지 말아야 할 것이다. 해야 할 것이라면 능동적이며 적극적으로 하면 된다. 열심히 생육하고, 진취적으로 다스리며, 에덴동산의 과일들을 실컷 먹고, 동물들을 분류하여 각각에 맞게 이름을 짓고, 더러운 것들을 치우면서 동산을 잘 가꾸면 된다. 반면에 하지 말아야 할 것은 능동적일 필요가 없다. 그냥 하지 않으면 된다. 선악을 알게 하는 나무의 열매를 먹지 않기 위해 아침부터 저녁까지 연습하고, 먹지 않기 위해서 적극적인 사고방식과 진취적인 자세로 부딪힐 필요가 없다. 그냥 놔두면 된다.

그런데 어느 날, 아담의 손에 그 열매가 쥐어졌다. 뱀의 유혹에 빠진 하와가 남편에게 갖다 준 것이다. 어떻게 해야 할까? 아주 간단하다. 그냥 먹지 않으면 된다. 동산 한쪽에 치워진 지저분한 물건들 사이에 던져버려도 되고, 에덴을 흐르는 강물에 빠뜨려도 된다. 하와에게 왜 가져왔느냐고 핀잔하면서 그냥 치우면 된다. 그런데 아담은 그것이 무엇인지 알면서도 먹었다. 하와가 뱀과 상당 시간을 대화하고 실랑이하고 고민하는 것과 같은 과정(창 3:1-6)을 거치지 않았다. 아담은 아무 고민 없이 하와가 건네준 선악과를 먹었다.

"여자가 그 열매를 따먹고 자기와 함께 있는 남편에게도 주매 그도 먹은지라"(창 3:6).

그리고 우리가 익히 알듯 원죄가 시작되었고 온 세상이 어지러워지고 말았다. 당신은 이 선악과에 대해 어떻게 생각하는가? 기독교에 입문하여 성경을 읽으면서 제일 먼저 드는 의문이 바로 이 선악과에 대한 것이다. 그리고 그 의문은 대부분 하나님을 원인으로 하게 된다. 왜 하나님은 선악과를 만드셨을까? 아예 처음부터 만들지 않았으면 이런 일이 일어나지 않았을 텐데, 만드셨더라도 손에 닿을 수 없는 곳에 두거나 가까이 다가갈 수 없도록 하셨어야 하는 것 아닌가? 왜 하나님은 선악과를 만들어 동산 중앙에 두어 인간이 유혹당하게 하셨을까? 이 질문에 대한 여러 답변이 있는데, 대략 세 가지 정도로 요약될 수 있다.

첫 번째는 자유의지이다. 하나님은 인간에게 인격을 주시고 자유로운 판단과 선택을 할 수 있게 하셨다. 먹을지 안 먹을지를 아담 스스로 결정하도록 하셨다. 그것을 오용한 사람이 잘못한 것이지 하나님 편에서는 잘못이 없다. 선악과를 먹지 말라는 하나님의 법에 순종했어야지 그것을 어기고 먹어버린 인간에게 잘못이 있다는 견해이다.

두 번째는 안전장치이다. 선악과는 인간이 인간되도록 해주는 것으로써 자율적으로 순종해야 된다는 이론이다. 하나님은 창조주이시고, 인간은 피조물인데 에덴동산 안에서는 하나님과 인간 사이에 어떠한 구별도 없었다. 인간은 자기 마음대로 모든 것을 할 수 있는 존재가 되었다. 그런데 여기에 선악과가 있음으로써 창조주와 피조물의 구별이 있게 하셨다. 선악과가 있어야만 하나님이 하나님 되실 수 있었고, 인간이 인간다워질 수 있었다.

세 번째는 불가항력적 권위로 설명하는 경우이다. 하나님은 인간과 비교할 수 없는 분이시므로 하나님께서 명령하신 것은 저항할 수 있는 성질의 것이 아니다. 하나님은 명령하시는 분이고 인간은 그 명령을 수행할 존재이다. 하나님이 먹지 말라고 하셨으니까 먹지 않아야만 했다. 거기에는 다른 어떤 질문도 용납되지 않는다. 하나님의 권위와 주권이 선악과를 통해 주어졌으므로 오직 복종만 있을 뿐이라는 견해이다.

선악과에 대해서는 이보다도 더 다양한 이야기로 설명할 수 있지만, 여기에서는 가장 중요한 세 가지 정도만 이해하고 다른 질문을 생각해보자. 인간의 자유의지를 시험하는 것도 좋고, 하나님과의 구별로서 안전장치도 좋고, 절대적인 명령도 좋은데 왜 하필이면 그것이 '선악과'일까? 정확히 인용하면 그것이 왜 '선악을 알게 하는 나무의 열매'였을까? 도대체 과일 안에 무슨 신비한 효과가 있고, 어떤 비밀이 숨겨져 있기에 하나님은 굳이 먹어서는 안 될 금지의 열매로서 선악과를 주신 것일까? 이 선악과 안에 특별한 약효가 있어서 먹는 순간 어두웠던 눈이 갑자기 밝아졌던 것일까? 이 과일이 어떻게 생겼는지, 어떤 종류의 과일인지 성경이 침묵하고 있기 때문에 우리는 더 이상 알 수는 없다. 그런데 하나님의 언약관계의 핵심 속에 왜 '선악을 알게 하는 나무의 열매'를 사용하셨는지를 생각해볼 필요가 있다.

하나님은 아담과 하와를 통해 생육하고 번성하여 땅에 충만하기를 원하셨다. 그것은 하나님의 명령이었는데, 아담과 하와 딱 두 사람만으로는 절대로 번성하고 충만할 수가 없다. 아담과 하와가 아이를 낳고 기르는 출산의 과정을 통해 많은 자손이 태어나고 그 세력이 확장되어 지구 안에 가득해져야 하나님의 명령이 지켜진다. 물론 이것은 시간문제일 뿐이다. 젊고 건강한 아담과 하와는 얼마든지 온 세상에 후손들을 남길 수 있다. 그런데 이 출산이 언제 허락되느냐 하면 선악과 사건 이후이다. 아담과 하와가 에덴에 살면서 아이들을 낳고 키운 뒤에 에덴 밖으로 보내고, 또 아이들을 낳고 키워서 에덴 밖으로 보내는 방식이 아니라 아담과 하와가 에덴에서 쫓겨난 뒤에서야 비로소 자녀들을 낳게 된다. 그러니까 아담과 하와는 선악과 사건을 겪고, 그 이유로 에덴에서 쫓겨나고, 비로소 그 뒤에 출산하고 번성하는 순서를 거치게 된다.

하나님은 그 모든 것을 아셨을 것이고, 그들을 준비시켜야 하셨다. 그렇다면 어떤 준비가 필요할까? 인류가 번성하게 될 텐데, 다른 동물들과는 다르게 인간이 인간이 되려면 무엇이 갖춰져야만 할까? 인간으로서의 성품, 자존심, 인격, 도덕, 자아 등이 있어야 되지 않을까? 이제 수많은 사건과 일들을 겪어야 할 텐데 어떤 특정한 기준이 있어야 하지 않을까? 기왕 에덴을 나간다면 적어도 아담과 하와에게 이러한 것들을 구별할 수 있는 선과 악에 대한 감각이 있어야 하는 것은 아닐까? 악만을 지니고 있어서 완전히 멸망당할 길로 가거나, 선만을 가지고 있어서 이용당하고 기만당할 길로만 가지 않고 선과 악 두 가지를 공히 아는 것이 하나님의 의도와 방법은 아니었을까? 비록 그것이 선악과를 먹는 최악의 경우로 일어나게 되었으나 최악을 최선으로 바꾸려는 하나님의 뜻이 있었던 것은 아닐까?

하나님은 인간이 죄를 지을 것을 알면서도 선악과를 두신 것이 아니라, 하나님과 인간 사이의 언약관계를 인간이 먼저 깨뜨릴 것을 알기 때문에 일부러 선악과를 두신 것은 아닐까? 그래서 선악을 알고, 선악을 구별하고, 선악을 선택하고, 선악을 결정하는 인간으로서 이제 인간의 역사를 시작해 보라고 그렇게 아담과 하와를 보내신 것은 아닐까? 어쨌거나 아담과 하와는 선악을 알게 하는 나무의 열매를 먹고, 그 결과로 에덴동산에서 쫓겨났다.

"아담에게 이르시되 네가 네 아내의 말을 듣고 내가 네게 먹지 말라 한 나무의 열매를 먹었은즉 땅은 너로 말미암아 저주를 받고 너는 네 평생에 수고하여야 그 소산을 먹으리라. 땅이 네게 가시덤불과 엉겅퀴를 낼 것이라. 네가 먹을 것은 밭의 채소인즉 네가 흙으로 돌아갈 때까지 얼굴에 땀을 흘려야 먹을 것을 먹으리니 네가 그것에서 취함을 입었음이라. 너는 흙이니 흙으로 돌아갈 것이니라 하시니라"(창 3:17-19).

약속을 어긴 인간, 관계를 깨뜨린 인간이 빼앗긴 것은 에덴동산이고 주어진 것은 고생이었다. 에덴동산을 벗어나자 스스로 열매를 맺던 수많은 나무는 사라지고 비옥했던 토지를 떠나 천하에 쓸모없는 가시덤불과 엉겅퀴가 자라는 땅으로 가게 된다. 아담은 잡초를 제거하고 땅을 경작하느라고 땀을 흘리게 된다. 먹을 것이 떨어지면 다시 땅을 파야 했다. 사람은 먹어야 살 수 있다. 먹지 못하면 죽는다. 아담은 죽을 때까지 평생 고생해야 했다. 고생하고 수고하지 않으면 먹지 못하고 먹지 못하면 죽는다. 그래서 아담은 죽을 때까지 수고했다. 아담은 930세에 죽었다(창 5:5). 에덴에서 쫓겨난 뒤부터 그의 나이를 셌다고 치면 930년 동안 노동을 했다. 1000년에 가까운 시간 동안 아담은 땅을 파고 곡식이나 채소, 과일 나무를 심고 가꾸었다. 자식들을 키우고 농사 방법을 전수하고 다양한 갈등 속에서 최선의 방법을 찾아가며 1000년을 살았다.

현재 우리가 20대부터 일을 시작하고 60대에 은퇴를 한다면 고작 40년을 일하는 셈이 된다. 100세시대라고 하지만 100세가 될 때까지 일하지는 않는다. 어느 정도의 나이가 되면 더 이상 일하지 않는다. 20대가 될 때까지는 일할 준비를 하고, 일에서 은퇴하면 죽을 준비를 한다. 일할 수 있는 기간은 겨우 40년에 불과하다. 인생에서 40년을 땀 흘려 일하는 시기로 보내지만 그 고생이 만만치 않다. 그런데 아담은 하나님 말씀대로 "평생"(창 3:17) 수고하여야 했으므로 1000년 동안 일하고 고생을 해야 했다. 40년을 일하면서도 숱한 갈등과 선택을 겪어야 하는데 1000년 동안 일한다면 얼마나 많은 갈등, 선택, 충돌, 모순, 의견, 저항 등이 있었을까? 모든 상황 속에서 최선을 찾고, 다양한 과정 속에서 올바른 것을 추구하려고 얼마나 애썼을까? 그 모든 일을 감당하려면 단지 몸의 건강만으로는 해결되지 않는다. 1000년 동안 땀 흘리려면 육체적인 강함만 있어서는 안 된다.

그렇다면 무엇이 더 필요했을까? 선과 악을 알고 구별하고 결정할 수 있어야 했다. 그것은 어디에서 왔는가? 1000년 전 아담이 에덴동산에 있었을 때 하나님께서 그렇게 먹지 말라던 '선악을 알게 하는 나무의 열매'를 범하고, 모든 것을 다 잃고 초라하게 쫓겨난 아담과 하와의 내면에 하나님께서 심어놓으신 것이었다. 이제 인간은 선과 악을 선택하는 그 자리에서 역사를 시작하게 된다. 자신의 상황 속에서 선을 택하면 점점 하나님과의 바른 선택 속에 있게 될 것이고, 악을 택하면 점점 하나님과는 멀어지게 될 것이다. 하나님과 상호약속의 관계가 계속되는 동안 인간은 어떤 선택을 하게 될까? 에덴동산 이후 인간의 역사에 처음으로 맞닥뜨리게 된 악의 경험은 아담의 두 아들 가인과 아벨 때 생기게 된다.

Chapter 02

가인의 제물을 받지 않으신 이유는?

엉겅퀴와 가시덤불을 치우고 땅을 갈고 물을 뿌린다. 씨앗을 심고 가꾸고 기다리면 인간이 먹을 수 있는 곡식과 채소가 영근다. 아담은 보다 효율적이고 원활하게 농사를 지을 수 있는 방법을 터득하기까지 많은 시행착오를 겪었을 것이다. 뙤약볕에서 온종일 일하기도 하고, 새나 맹수, 해충들을 쫓아야 할 때도 있었고, 하나님이 지어주신 가죽옷에 의지해서 겨울을 나야 할 때도 있었다. 시간과 땅은 정직하여 때가 되면 흙에서 씨앗이 나고 열매가 열렸다. 자신과 아내 하와를 먹일 수 있는 충분한 식량이 비축되자 아내의 배 속에서 새로운 생명이 잉태되었다. 첫 아들을 낳았을 때 얼마나 감격하고 신기했을까? 에덴동산에서 수많은 동물의 이름을 지은 전력이 있던 아담은 첫 아이의 이름을 지었다. 그는 외쳤다. "하나님 덕분에 아들을 얻게 되었다."

"아담이 그의 아내 하와와 동침하매 하와가 임신하여 가인을 낳고 이르되 내가 여호와로 말미암아 득남하였다 하니라"(창 4:1).

그래서 그 첫 번째 아들의 이름이 '얻었다' 라는 뜻인 '가인' 이 되었다. 멀지 않아 두 번째 아들이 태어났다. 둘째 아들의 이름이 '아벨' 인데, 그 이름이 '허무' '공허' 라는 뜻이다. 아벨의 운명을 예감했던 것일까? 인류 중에서 가장 먼저 죽은 사람이 바로 아벨이었다. 온 인류의 시조인 아버지 아담보다 먼저 세상을 떴다. 태어날 때는 순서가 있지만 죽을 때는 순서가 없는 법이다.

독일에서 철학과 신학을 공부한 인문학자 김용규 박사는 「생각의 시대」라는 책에서 동물과 인간의 생존방식이 다르다고 소개하고 있다. 동물은 진화를 통해서 생존했고 인간은 학습을 통해서 생존했다. 동물들은 유전자를 통해서 태어나면서부터 선천적인 특성을 소유한다. 추운 지방에 사는 동물들은 털을 갖고 태어나고 약한 동물들은 선천적으로 보호색을 갖고 태어난다. 반면에 인간은 어떤 지식의 유전자도 자신의 두뇌에 전달받지 못하고 태어난다. 인간은 무지한 상태에서 태어난다. 그럼에도 인간이 동물보다 훨씬 더 잘 생존할 수 있었던 이유는 학습 때문이었다. 불을 다루는 법, 걷고 달리는 법, 몸을 보호하는 법 등등 생존을 위한 수단과 방법들을 학습을 통해 익혀왔다. 그 덕분에 인간은 급격한 환경 변화에도 적응할 수 있었고, 환경을 지배하게 되었다는 것이다(김용규, 「생각의 시대」, 살림출판사, 2014, p.36 참조).

지난 수만 년 동안 인간은 육체적으로 전혀 진화하지 않았다. 하지만 불을 다루는 능력과 옷과 집을 만드는 기술, 그리고 무엇보다 언어를 사용하는 능력을 통해 인간은 북극에서 적도를 거쳐 남극에 이르기까지 정착했다. 그리고 다른 어떤 고등 생물보다 번성했다. 요컨대 학습이 진화보다 변화에 더 잘 적응하게 해서 생존에 더 적합하다는 사실이 증명된 것이다(앞의 책, p.37).

아담은 두 아들 가인과 아벨에게 학습을 통해 자연 속에서 살아남는 법을 가르쳤다. 아담이 시행착오를 거쳐 익혀 온 노하우를 아들들에게 아낌없이 가르쳤다. 선악과 사건으로 아담이 쫓겨나고 땅은 저주를 받아 엉겅퀴를 내기는 했지만, 자연 상태에서 저절로 자라난 열매라든지 채소들이 아담에게 시행착오의 시간을 벌어주었다. 아담은 기쁜 마음으로 아들들에게 학습을 시켰다. 가인은 농사하는 일을 맡았고 아벨은 양을 치는 일에 종사했다. 세월이 흘러 가인과 아벨도 충분히 자신의 역량을 발휘하여 각각 자신이 소유하고 있는 것들의 일정 부분을 가지고 와서 하나님께 제물로 드렸다.

"세월이 지난 후에 가인은 땅의 소산으로 제물을 삼아 여호와께 드렸고 아벨은 자기도 양의 첫 새끼와 그 기름으로 드렸더니"(창 4:3-4).

아담이 농사하는 방법을 찾아내느라 때로는 실패하고 때로는 성공하는 일을 되풀이하도록 자연의 자원들이 시간을 벌어준 것처럼, 가인과 아벨은 아버지를 통해 학습받고 배우는 일정 시간을 벌어야 했다. 각각 나름대로의 시행착오를 겪은 후에 드디어 제물을 바칠 수 있을 정도로 성과를 거두었다. 창세기 4장 2절과 3절은 바로 이어지는 것 같지만 3절의 시작 "세월이 지난 후에"라는 말은 상당한 시간이 흘렀음을 암시한다. 가인과 아벨이 자기의 직업에 익숙해지고 적절한 생산물을 소유하게 되기까지는 어느 정도의 시간을 필요로 했다. 그들은 각각의 소유물을 가지고 하나님께 드렸다. 가인은 농사꾼이므로 곡식으로 제물을 드렸고, 아벨은 양치기로서 양의 첫 새끼를 하나님께 드렸다. 그런데 여기에서 한 가지 사건이 발생한다.

"여호와께서 아벨과 그의 제물은 받으셨으나 가인과 그의 제물은 받지 아니하신지라. 가인이 몹시 분하여 안색이 변하니"(창 4:4-5).

똑같이 제사를 지냈는데 하나님은 아벨의 제사를 받으셨으나 가인의 제사는 매몰차게 거절하셨다. 가인의 얼굴이 붉으락푸르락하여 격한 흥분의 상태가 되었다. 그리고 가인은 분노를 참지 못하고 아벨을 죽였다. 아벨은 변변한 저항도 못하고 자기의 이름처럼 '허무' 하게 사라지고 말았다. 우리는 여기에서 아주 강한 의문이 생긴다. 왜 하나님은 아벨의 제물을 받으셨으나 가인의 제물은 받지 않으셨을까? 이에 대해서는 몇 가지 대답들이 있다. 첫 번째 대답은 히브리서 11장 4절을 통해 유추해볼 수 있다.

"믿음으로 아벨은 가인보다 더 나은 제사를 하나님께 드림으로 의로운 자라 하시는 증거를 얻었으니 하나님이 그 예물에 대하여 증언하심이라. 그가 죽었으나 그 믿음으로써 지금도 말하느니라."

아벨은 가인보다 더 나은 제사를 드렸는데, 그것은 '믿음으로' 드린 제사이기 때문이다. 가인은 믿음도 없이 무성의하게 제사를 드렸으나 아벨은 믿음으로 하나님께 제사를 드렸기 때문에 하나님은 아벨의 제물만 받으신 것이라는 설명이다. 그러나 아벨이 믿음으로 제사를 드린 것은 분명하나, 가인이 믿음 없다고는 단정할 수 없다. 믿음으로 드리는 제사란 너무 주관적이다. 아벨이 믿음으로 드렸기에 하나님이 받으신 것은 분명하나 가인이 믿음 없이 드렸기에 하나님이 받으시지 않았다고 단정할 수는 없다. 가인의 믿음 없음을 증명할 수가 없기 때문이다.

두 번째는 아벨의 제사는 양의 제사, 즉 양의 피를 통해 드린 제사이고, 가인은 곡식의 제사, 즉 피가 없었기 때문이라고 보는 견해이다. 아벨은 양의 첫 새끼를 드렸고 양의 피를 통해 드린 '피 흘린' 제사만이 죄를 가릴 수 있기 때문에 하나님은 아벨의 제사만 받았다고 하는 견해이다. 이 역시 히브리서를 인용하면서 설명할 수 있다. "율법을 따라 거의 모든 물건이 피로써 정결하게 되나니 피흘림이 없은즉 사함이 없느니라"(히 9:22). 그러나 제사 중에는 꼭 피의 제사만 있는 것이 아니다. 곡식의 제사도 있다. 소제(素祭)라는 제사는 오래전부터 광범위하게 드린 제사의 행위였다. 가인이 곡식으로 제사를 드렸다고 해서 하나님이 받지 않으실 이유가 없다(레 2:1).

세 번째는 신앙적인 것(가인은 불신앙이었고 아벨은 신앙인이었다)으로 설명하는 경우가 있다. 이 역시 신앙적이라는 것이 무엇인지 해석해야 한다. 더욱이 가인은 장자였고 아버지 아담으로부터 제일 처음 신앙을 배웠다. 가인이 제사했다는 것 자체가 아버지로부터 신앙을 배웠다는 것이며, 이미 신앙이 있다는 것을 전제로 한다. 가인은 하나님과 대화도 하고 있었다.

그러므로 가인이 믿음 없는 제사를 드렸고, 피의 제사가 아니었으며, 불신앙으로 제사했기에 하나님이 받지 않았다는 것은 만족할 만한 답이 되지 못한다. 그렇다면 앞서 살펴보았던 '선악을 알게 하는 나무'의 열매를 먹고 선악에 대한 감각, 선악에 대한 선택의 시각으로 이 사건을 바라보면 어떨까? 결론적으로 말하면 가인이 선과 악 중에서 악을 택했기 때문에 하나님께서 가인과 그의 제물을 거절하셨다고 보는 것이 타당하다. 그렇다면 가인이 어떤 악을 택한 것일까? 가인이 아벨을 죽인 살인의 죄 이전에 먼저 저지른 악이 있었다. 그리고 하나님은 바로 그 이유로 그의 제물을 받지 않으신 것이다.

우선 가인은 아벨보다 훨씬 권력자란 사실을 알아야 한다. 인간과 동물은 먹이를 먹고 그것을 소화하여 생긴 에너지로 근육을 움직인다. 인간은 먹어야 살고, 먹어야만 생존할 수 있다. 아담이 에덴동산에서 쫓겨난 후에 죽을 때까지 매달렸던 일이 바로 먹는 것을 생산해내는 일이었다. 그들은 무엇을 먹었을까? 창세기 1장 29절에 그 단초를 찾을 수 있다. "하나님이 이르시되 내가 온 지면의 씨 맺는 모든 채소와 씨 가진 열매 맺는 모든 나무를 너희에게 주노니 너희의 먹을거리가 되리라." 채소와 나무의 열매가 인간의 먹을거리였다.

아담이 오랫동안 연구하고 노동했던 것은 바로 그 먹을거리를 위해서였다. 아담은 농사를 통해 먹고살았다. 그리고 아들 둘이 태어났을 때 큰아들인 가인에게 가업인 농사를 가르쳐주었다. 아담이 그동안 쌓았던 모든 방법은 오직 큰아들에게만 전수되었다. 아벨은 양을 치는 일을 했는데 이 일은 농사꾼인 아담에게도 생소했을 것이다. 아벨은 아버지로부터 농사를 학습받은 것이 아니라 낯설고 익숙하지 않은 목축업의 일을 혼자서 시작해야 했다. 처음 시작부터 가인과 아벨은 격차가 있었다. 가인만이 먹을 것을 소유한 당시 인류 최대의 권력자였다.

성경에서 육식이 허락된 것은 노아의 홍수 이후에 일어난 일이다. "모든 산 동물은 너희의 먹을 것이 될지라. 채소같이 내가 이것을 다 너희에게 주노라"(창 9:3). 그러니까 한동안 인류는 동물을 먹을 수 없었다. 그것이 아무리 양이어도 마찬가지였다. 아벨은 먹을 수도 없는 것을 자신의 직업으로 삼았다. 아마도 양털을 깎아서 옷을 만들거나 덮고 자는 데 사용했을 것이다. 그러나 양의 고기는 먹을 수 없었고 아벨이 먹고 생존하는 데 양 고기는 아무 소용이 없었다. 그러므로 먹을거리를 독차지하고 있는 가인에게 양식을 구하거나 양의 털과 교환하는 방법으로 먹을거리를 얻지 못하면 생존할 수가 없었다. 그런 면에서 가인은 권력자이며 아벨은 약자였다. 가인이 먹을 것을 나눠주지 않으면 아벨은 굶어죽을 위기에 처하게 되었다.

권력자는 선과 악 중에서 하나를 선택해야 한다. 그 권력으로 선을 베풀 수도 있고, 그 권력으로 악하게 행동할 수도 있다. 가인은 인류 최대의 권력을 가지고 선이 아니라 악을 선택했다. 그리고 그 권력의 희생자는 아벨일 수밖에 없었다. 가인의 분노로 얼굴이 붉어졌을 때 하나님이 그에게 말씀하셨다.

"여호와께서 가인에게 이르시되 네가 분하여 함은 어찌 됨이며 안색이 변함은 어찌 됨이냐. 네가 선을 행하면 어찌 낯을 들지 못하겠느

냐. 선을 행하지 아니하면 죄가 문에 엎드려 있느니라. 죄가 너를
원하나 너는 죄를 다스릴지니라"(창 4:6-7).

하나님께서 가인의 제물을 받지 않으신 이유는 그가 선을 행하지
않았기 때문임을 분명히 했다. 가인이 제물과 관련하여 선을 행하지 못
한 것이란 무엇일까? 가인은 먹을 것이라는 권력을 가지고 아벨에게
악하게 행동한 것이다. 아벨이 양의 첫 새끼를 가지고 왔을 때 아벨은
며칠 동안 굶은 상태에서 겨우 생존해 있는 몰골이었을 수도 있다.

"옛 사람에게 말한 바 살인하지 말라. 누구든지 살인하면 심판을 받
게 되리라 하였다는 것을 너희가 들었으나 나는 너희에게 이르노니
형제에게 노하는 자마다 심판을 받게 되고 형제를 대하여 라가라
하는 자는 공회에 잡혀가게 되고 미련한 놈이라 하는 자는 지옥 불
에 들어가게 되리라. 그러므로 예물을 제단에 드리려다가 거기서
네 형제에게 원망들을 만한 일이 있는 것이 생각나거든 예물을 제
단 앞에 두고 먼저 가서 형제와 화목하고 그 후에 와서 예물을 드리
라"(마 5:21-24).

이 말씀을 읽을 때면 언제나 가인이 아벨을 죽인 사건이 겹쳐진다.
가인은 아벨을 죽이기 전부터 이미 마음속으로 동생을 죽였다. 권력자
로서 약자를 무시하고, 가지고 있는 권력을 휘두르고, 자신의 양식을
나눠주지 않으면 굶어 죽게 될 동생을 내버려두었다. 가인의 소유물 중
에 가장 근사하고 가장 금빛 나는 최고의 곡식 제물을 가지고 하나님께

제사를 지내더라도 하나님은 약자인 동생 아벨과 먼저 화목하지 않으면 절대로 그것을 받지 않으신다. 아벨과 그 제물은 받으시고 가인과 그 제물을 거부하심으로써 가인을 이유 없이 괴롭히려는 게 아니라 악을 택하여 악한 권력을 휘두르는 가인과 그 제물을 하나님은 받을 수가 없었던 것이다.

죄의 힘은 그것으로 멈추지 않았다. 어느 날, 가인은 아벨을 들판으로 불러내서 죽이고야 만다. 가인이 선을 행하지 않아 죄가 문에서 엎드려 기다리고 있다가 어느 순간 가인을 집어 삼키고야 말았다. 힘없는 아벨은 죽었고 하나님은 그 아벨에 대해 가인에게 물으시며 이렇게 말씀하신다.

"이르시되 네가 무엇을 하였느냐. 네 아우의 핏소리가 땅에서부터 내게 호소하느니라"(창 4:10).

땅에 흘린 아벨의 피가 자신의 억울함을 하나님께 고발하고 있었다. 아벨의 고통이 땅에서부터 하나님의 귀까지 흐느끼고 있었다. 약자로서의 아벨의 아픔이 고스란히 하나님의 마음을 울리고 있었다. 가인은 아담의 장자로서 하나님의 선택을 이어가야 했으나 선과 악 중에 악을 택하고 죄를 저지르는 순간 영원히 그 선택에서 제외되어 세상을 떠돌아다니게 되었다. 가인은 어디를 돌아다녔을까? 가인이 하는 얘기를 들어보자.

"가인이 여호와께 아뢰되 내 죄벌이 지기가 너무 무거우니이다. 주께서 오늘 이 지면에서 나를 쫓아내시온즉 내가 주의 낯을 뵈옵지 못하리니 내가 땅에서 피하며 유리하는 자가 될지라. 무릇 나를 만나는 자마다 나를 죽이겠나이다. 여호와께서 그에게 이르시되 그렇지 아니하다. 가인을 죽이는 자는 벌을 칠 배나 받으리라 하시고 가인에게 표를 주사 그를 만나는 모든 사람에게서 죽임을 면하게 하시니라"(창 4:13-15).

가인은 두 가지 죄를 저질렀다. 즉 먹을 것을 독점한 권력자로서 약자인 동생에게 선을 베풀지 않은 것과 그 동생을 처참하게 죽인 것이다. 하나님은 땅에 흘린 아벨의 피가 흐느끼는 소리를 들으셨고, 이제 가인은 더 이상 그 땅에서 공존할 수가 없게 되었다. 가인은 유배를 당하는 처지에 이른 것이다. 정처 없이 그는 낯선 땅을 돌아다니게 되었다. 그런데 그때 가인은 만나는 사람마다 자신을 죽일까봐 두려워하고 있었다. 누구를 만난다는 것일까? 지금 이 시대는 아담, 하와, 가인, 아벨밖에 없지 않은가? 아벨은 죽었으니 그 부모가 자신을 죽인다는 것일까? 부모에게서 나와 멀리 떠나는 판국이지 않은가? 하나님은 "너를 죽이는 자는 없다"라고 하지 않고 "너를 죽이지 않게 표를 주겠다. 그것만 있으면 아무도 너를 죽이지 않을 것이다"라고 하셨다. 도대체 그들은 누구일까?

가인은 부모를 멀리 떠나서 가정을 꾸리고 자손들을 낳았다. 창세기 4장 16절부터 마지막 절까지는 가인의 자손들에 대한 이야기가 나온다. 그렇다면 가인은 누구와 결혼했을까? 도대체 그들은 누구일까?

>>> Chapter _ 03

셋에서 라멕까지

아벨은 죽었고, 가인은 멀리 도망쳐야 했다. 아담과 하와를 계승하는 새로운 자손이 이어져야 하는데, 창세기 5장은 새롭게 허락하신 그 자손들의 이야기를 보여준다. 하나님은 아담에게 세 번째의 아들을 허락하신다. 그 아들 이름이 '셋'이다. 이 셋으로부터 하나님의 구원과 선택의 역사, 하나님의 계보는 다시 시작된다. 그것을 표로 정리하면 아래와 같다.

> 아담(1대) - 셋(2대) - 에노스(3대) - 게난(4대) - 마할랄렐(5대) - 야렛(6대) -
> 에녹(7대) - 므두셀라(8대) - 라멕(9대) - 노아(10대) - 셈, 함, 야벳

우리가 잘 아는 노아는 아담의 10대손이다. 그런데 5장을 찬찬히 읽

어보면 노아의 10대조 조상들의 나이가 상상을 초월한다. 아담은 930세까지 살았고, 셋은 920세까지 살았다. 가장 오래 산 사람은 므두셀라로 969세까지 살았다. 가장 짧게 산 인물이 에녹(365세)이지만 죽음을 보지 않고 하늘로 사라졌다. 그 외에 라멕이 777세를 살다 죽은 것을 제외하면 노아까지 대부분이 900세를 넘긴 엄청난 장수를 했다. 창세기 5장에 나온 10대조의 인물들을 표로 그려보면 뒤쪽의 표와 같다.

여기에서 우리는 몇 가지 흥미로운 사실을 발견하게 된다.

첫째, 아담은 노아의 아버지 라멕이 56세가 되었을 때 죽었다. 그러니까 아담은 9대손인 라멕이 태어날 때까지 살아 있었다. 이것은 이렇게 계산한다. 아담은 130세에 셋을 낳았고, 셋은 105세에 에노스를 낳았고, 에노스는 90세, 게난은 70세, 마할랄렐은 65세, 야렛은 162세, 에녹은 65세, 므두셀라는 187세에 각각의 아들을 낳았다. 여기까지를 계산해보자. 130+105+90+70+65+162+65+187=874, 즉 이때의 아담의 나이는 874세가 된다. 아담의 나이 874세에 라멕이 태어났다. 930-874=56, 즉 라멕이 태어난 후에도 아담은 56년을 더 살았다. 그러니까 아담은 라멕이 56세가 되었을 때 죽는다.

둘째, 같은 방식으로 셋은 105+90+70+65+162+65+187=744, 즉 744세에 라멕이 태어나는 것을 본다. 셋은 920세까지 살았으므로 아쉽게도 노아가 태어나기 6년 전에 죽는다. 그 후의 자손들 에노스, 게난, 마할랄렐, 야렛, 므두셀라, 라멕은 모두 노아를 보고 죽는다(에녹은 365세에 승천했으므로 노아가 태어나기 69년 전에 사라져서 노아를 보지 못한다).

셋째, 노아의 할아버지인 므두셀라가 969세로 죽고 나자 홍수가 시

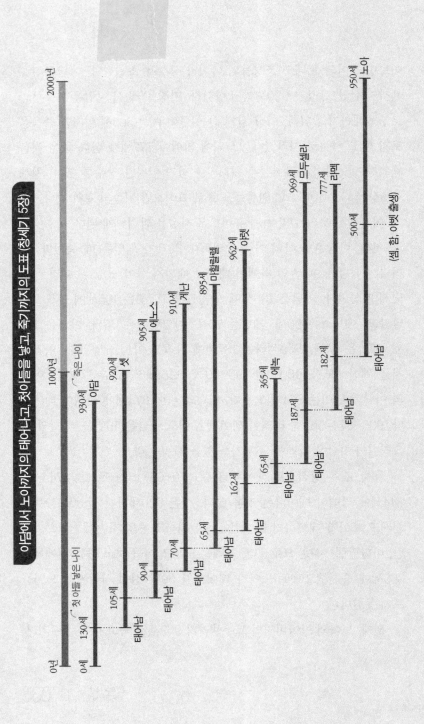

아담에서 노아까지의 태어나고, 첫아들을 낳고, 죽기까지의 도표 (창세기 5장)

작된다. 이것은 이렇게 계산한다. 므두셀라의 나이 187세에 라멕을 낳았고, 라멕은 182세에 노아를 낳았고, 노아의 나이 600세에 홍수가 일어났으므로 187+182+600=969, 즉 므두셀라가 태어나고 969년이 되었을 때 홍수가 시작되는데, 공교롭게도 므두셀라가 죽은 나이가 969세다.

넷째, 노아의 아버지인 라멕이 777세로 죽었는데, 이것은 므두셀라가 죽기 불과 5년 전이었다. 이것은 이렇게 계산한다. 라멕은 182세에 노아를 낳았고, 노아의 나이 600세에 홍수가 났으므로 라멕이 태어난지 782년에 홍수가 발생한 것이다. 라멕이 죽은 나이가 777세이므로 782-777=5, 즉 777세에 죽고 5년 후에 홍수가 난 셈이다.

다섯째, 노아의 홍수는 그가 600세에 일어났으므로 그때가 되기 전에 성경에 기록된 노아의 10대조 조상들은 모두 죽는다. 노아는 조상들이 다 죽는 것을 보고 난 후에 홍수가 일어난 것을 알게 된다. 그러니까 적어도 창세기 5장에 나오는 아담의 족보에 들어가는 인물들은 홍수가 일어나기 전에 다 죽었다. 그들은 홍수에 의해 죽은 것이 아니라 그 전에 자연사했다.

인간이나 동물이 생계를 위협받는 상황은 기후의 급작스러운 변화라든지, 제대로 된 식량을 확보하지 못한다든지, 전쟁이나 질병이 발생한 경우이다. 그런데 우리가 살펴보고 있는 홍수 이전의 시대에는 기후의 변화라든지, 전쟁이나 질병이 발생한 흔적을 찾기가 힘들다. 생육하고 번성하여 땅에 충만할 때였다. 이와 관련해서 히브리대학교 역사학 교수인 유발 하라리가 쓴 「사피엔스」라는 책에서는 인류가 초기에는 농업 없이도 번창했다고 한다. 그 지역의 자연자원이 충분했기 때문이다. 사람들은 풍요로우면 아이를 많이 낳고 궁핍한 시절에는 적게 낳는 경향이 있다.

인간은 다른 많은 포유동물과 마찬가지로 번식을 조절하는 호르몬과 유전자 메커니즘을 지니고 있다. 풍족한 시절에 여자아이는 사춘기가 일찍 오고 임신 가능성이 높아진다. 어려운 시절에는 사춘기가 늦게 오고 번식력이 떨어진다(유발 하라리, 「사피엔스」, 김영사, 2015, p.130).

영국의 경제학자인 맬서스의 「인구론」에 따르면 "인간은 기하급수적으로 증가하고, 식량은 산술급수적으로 증가한다." 그러니까 1, 2, 4, 8, 16, 32, 64, 128, 256, 512, 1024··· 이것이 인구의 증가를 보여주는 기하급수적인 숫자의 나열이고, 1, 2, 3, 4, 5, 6, 7, 8, 9, 10, 11··· 이것이 식량의 증가를 보여주는 산술급수적인 숫자의 나열이다. 이 이론을 그대로 적용하면 아담과 하와 두 사람의 자식과 그 자식으로 내려갈수록 인구가 기하급수적으로 증가할 것이다. 홍수가 일어나기 전인 먼 과거의 일이기 때문에 맬서스가 현대를 배경으로 발표한 그의 이론과 다른 점이 있다면 이미 식량이 충분히 확보되었다는 사실이다. 그러므로 아담과 하와 이후 노아에 이르면 그 인구의 팽창은 대단했을 것이다. 아담과 하와가 930세까지 장수했기 때문에 아담의 아들과 딸들, 그리고 또 다시 아담의 아들과 딸들··· 이렇게 굉장한 숫자로 증가했을 것이다. "아담은 셋을 낳은 후 팔백 년을 지내며 자녀들을 낳았으며"(창 5:4). 그것은 아담뿐만이 아니다. 아담의 자녀 셋은 셋대로, 그 아들 에노스는 에노스대로 각각 수백 년 동안 살면서 수많은 자녀를 낳았다(창세기 5장에는 아담, 셋, 에노스, 게난, 마할랄렐, 야렛, 에녹, 므두셀라, 라멕이 각각 "수백 년을 지내며 자녀들을 낳았으며"라고 기록되어 있다).

이것을 증명하는 근거는 노아의 가족의 경우에서도 알 수 있다. 노아와 그 가족들만이 방주에서 살아남은 후에 온 인류가 다시 증가할 수 있었던 것도 인구의 기하급수적인 증가로 설명이 가능하다. 야곱의 가족 칠십 명이 애굽으로 들어가서 400년의 세월이 흐른 후 스무 살 이상 남자만 603,550명이 된 것(민 1:46)도 같은 맥락에서 이해될 수 있다. 이런 것을 보면 인간의 생존과 번식이 얼마나 대단한지를 짐작해볼 수 있다.

가인의 이야기로 돌아가 보자. 가인 역시 동시대의 사람들과 비슷하게 900년 이상을 장수했을 거라 여긴다면 가인이 도망을 다니면서 자신을 헤칠 사람을 만나게 될까봐 두려워했던 '그 사람들'이 누구인지 짐작할 수 있다. 가인이 가정을 이루고 자손을 낳을 수 있었던 가인이 만난 '그 여자'도 누구인지를 우리는 알 수 있다. 모두 아담과 하와의 자녀들이거나 그 자녀들의 자녀들일 것이다.

가인의 후손들은 우리의 관심이 아니지만 성경이 이미 언급하고 있기에 간단히 살펴보기로 하자. 가인은 하나님으로부터 표를 받고서는 멀리 떠났다. 그러다가 에덴 동쪽에 '놋'이라는 땅에 머물게 되는데 그 기간이 얼마나 되는지는 모른다. 우여곡절 끝에 가인은 아내를 만나고 에녹을 낳았다. 가인이 성을 쌓고는 그 성의 이름을 '에녹성'이라고 불렀다. 우리 성경에는 '성'이라고 되어 있는데 히브리어 성경에는 '이르', 즉 도시(city, town)를 말한다. 단지 벌판이 있고 작은 집이 있는 시골이 아니라 성벽이 놓여 있고, 그 안에서 다양한 발전을 이루고 있는 도시를 건설한 것이다. 도시란 많은 인구가 모여 살고 경제·정치·문화가 발전된 형태로 이루어진 곳을 말한다. 그리고 그 도시는 가인이 쌓아올린 성벽으로 인해 외부의 침입을 봉쇄하고 있다. 살인자인 그를 죽이러 오는 사람들을 두려워해서 가인은 자신이 믿을 수 있는 사람들, 그러니까 자기 가족을 위해 성을 쌓았는데 그것이 자연스럽게 도시가 되어버린 것이다. 이것이 성경에 나오는 최초의 성이자 도시이다.

에녹은 이랏을 낳고, 이랏은 므후야엘을 낳고, 므후야엘은 므드사엘을 낳고, 므드사엘은 라멕을 낳았다. 여기서 가인의 6대 손인 라멕은 아주 유명한 인물이었다. 라멕은 아다와 씰라라는 두 아내를 얻었다. 그런데 '아다'란 '장식품'(ornament)이라는 뜻이고, '씰라'는 '새침하다(prim), 뿌리(root), 어두워지다(grew dark), 그림자(shade)' 등의 뜻이 있다(biblehub.com이라는 사이트에 의한 히브리어 원어 성경의 창세기 4장을 참고하라). WBC 주석에 의하면 '딸랑거리다'라는 의미도 있다고 한다. 그러니까 라멕의 두 아내는 장식품을 주렁주렁 달고 있고, 맵시를 뽐내며, 각종 보석으로 치장하고 딸랑거렸을 정도로, 육체적이고 쾌락적인 데까지 발전한 라멕시대의 도시를 대변한다.

아다는 두 아들을 낳게 되는데 큰아들 야발은 '가축을 치는 자의 조상'이 되었다. 이것은 단지 목축업을 했다는 의미이기보다는 체계적이고 발전적인 가축업을 했다는 뜻이다. 둘째 아들 유발은 '수금과 퉁소를 잡는 모든 자의 조상'이 되었는데 말하자면 음악가의 시초인 셈이다. 악기를 발전시켜 연주를 하고 음악을 향유할 수 있는 문화적

번호	이름	히브리어	뜻
2대	셋	set 세트	두다, 놓다 to put, set
3대	에노스	enowos 에노오스	죽음의, 죽는 인간, 평범함 mortal, mortal man, ordinary
4대	게난	qenan 케난	둥지, 화살 nest, spearnest, spear
5대	마할랄렐	mahalalel 마할랄렐	하나님 찬양 praise of God
6대	야렛	yared 야레드	내려가다 to come or go down, descend
7대	에녹	hanowk 하노크	입술, 입의 뿌리, 스피치 lips, mouth, palate, roof of my mouth, roof of your mouth, speech, taste
8대	므두셀라	metuselah 무트셀라	쏘는 사람 man of the dart
9대	라멕	lamek 라메크	강한 사람 strong youth
10대	노아	noah 노아	쉼, 안식 rest

는다. 아담과 하와가 범죄하여 에덴동산에서 쫓겨나고, 가인이 아벨을 처참하게 살인하는 일이 일어나는 것을 보면서 인간은 절망하게 된다. 이제 성경의 이야기가 시작이 되는데 처음부터 악한 일이 계속 생겨서 우리의 용기는 꺾이고 소망은 좌절된다. 계획이 무너지고 악의 세력이 커지는 것을 보면 포기하기가 쉽다. 그런데 하나님은 "아직 끝나지 않았다"라면서 셋을 허락하신다. 마치 다 져가는 바둑에 기묘한 수를 놓듯 아담과 하와에게 셋을 주면서 새롭게 인류의 소망을 두신다. 끝났다고 하기 전에 끝난 것은 없다.

▶ 에노스 : 아담은 130세에 셋을 낳았다. 그리고 930세에 죽기까지 많은 자녀를 낳았다. 하와를 아담과 동갑으로 보면 130세에 아이를 낳고, 2년에 1명씩 아이를 부지런히 낳는다면 800년 동안 400명의 아이를 낳는다는 계산이 나온다. 지나치게 많은 숫자라 절반으로 깎아도 200명이다. 그 많은 자녀가 모두 셋처럼 장수하면 좋겠지만 어떤 때는 사고로 죽기도 하고, 어떤 때는 맹수에게 물려 죽기도 하고, 태어나자마자 죽기도 했을 것이다. 아담이야 천 년에 가까운 세월을 살아 영원히 살 것 같았지만 죽어가는 자녀들을 보면서 '아, 인간은 죽는구나' 라고 깨닫게 되었다. 그래서 였을까? 셋은 아들을 낳고 이름을 '에노스' 라고 불렀다. '죽는 인간'(mortal man)이라는 뜻이었다. 영원히 사는 존재가 아니라 죽을 수밖에 없는 존재가 인간이라는 것, 누구나 다 언젠가 죽을 수밖에 없는 존재임을 알게 되면 무엇을 찾게 될까? 사람들은 그때에 비로소 여호와의 이름을 부르고, 하나님을 찾고, 하나님 앞에 겸손해지게 된다. 교만한 가인의 자손과 얼마나 비교되는 일인가! "셋도 아들을 낳고 그의 이름을 에노스라 하였으며 그때에 사람들이 비로소 여호와의 이름을 불렀더라"(창 4:26).

▶ 게난, 마할랄렐, 야렛 : 특별한 내용을 찾을 수가 없다. 9백 살 안팎으로 다들 장수했고 자녀들도 쑥쑥 잘 낳았다. 특이할 것도 없고 어려울 것도 없이 아들 딸 낳고 사는 수백 년의 평화로운 시간의 혜택을 누린 사람들이다.

▶ 에녹 : 에녹은 65세에 므두셀라를 낳았다. 그리고 300년 동안

하나님과 동행했다. 그렇다면 다른 조상들은 하나님과 동행하지 않았다는 뜻인가? 아마도 그랬을 것이다. 오랫동안 아무런 근심 걱정 없이 평화롭게 아들, 딸 낳고 잘 살면서 하나님을 잊고 살았다. 바쁘고 분주하게 살아도 하나님을 잊어버리고 풍요롭고 여유 있게 살아도 하나님을 잊어버리는 인간은 참 간사한 존재이다. 인간은 '에노스' 때 자신이 죽을 수밖에 없는 존재라는 사실을 실감하고 하나님을 그렇게 불러 놓고서도 또 금방 하나님을 잊어버렸다. 하나님과 더 이상 동행하지 않았다. 그런데 놀랍게도 그런 사람들 틈에 꼭 에녹과 같은 사람이 있다. 하나님의 선택 속에서 하나님과 동행하는 사람이 반드시 존재한다. 그렇다면 에녹은 어떻게 하나님과 동행할 생각을 했을까? 하나님과 동행한다는 것은 무엇을 뜻하는 것일까? 증조할아버지(게난), 할아버지(마할랄렐), 아버지(야렛)로 이어져 내려오는 오랜 시간의 평화를 보면서, 그의 아들(므두셀라)과 손자(라멕)의 득의양양한 모습을 보면서 자신의 부족함을 깨달았던 것은 아닐까? 그의 이름처럼 그의 입술로 여호와 하나님을 말하고 다녔던 것(roof of my mouth, speech)은 아닐까? 그가 알고 있는 하나님을 생각하고, 얘기하는 것이 곧 동행하는 사람의 특징이 아닐까? 에녹은 가장 잘 나가던 때에 겸손을 선택하고 겸손하게 자신을 살피며 사람들에게 하나님을 외쳤던 사람이었다.

▶ 므두셀라 : 그는 969세에 죽었다. 31년만 더 살면 1천 살을 사는 것이다. 무려 10세기를 사는 엄청난 세월의 사람이다. 우리가 상상하지 못할 이것은 거의 영원이라 할 수 있고, 영원을 산 것이라고 보아야 한다. 그러나 그럼에도 인간이 '죄'와 함께 있으면 영원히 사는 것은

저주가 된다. 하나님은 선악과를 먹은 인간이 생명나무도 먹을까 봐 서둘러 아담과 하와를 쫓아내셨다. "여호와 하나님이 이르시되 보라. 이 사람이 선악을 아는 일에 우리 중 하나같이 되었으니 그가 그의 손을 들어 생명나무 열매도 따먹고 영생할까 하노라"(창 3:22). 악한 인간이 생명나무의 열매도 따먹고 영생하게 되면 그것은 축복이 아니라 저주이다. 비록 므두셀라가 거의 영원처럼 살았지만 그도 죽었다는 사실을 우리는 분명히 기억해야 한다.

▶ **라멕** : 가인의 6대 손인 라멕과 동명이인이다. 가인의 자손인 라멕과 비교해보자. 라멕은 두 아내가 있었고 야발, 유발, 두발가인, 나아마 같은 아들들과 딸이 있었다. 그들은 대단한 업적을 남겼고 자랑거리였다. 그 시대 가장 큰 권력자이자 가장 많은 것을 누렸던 사람이 가인의 자손 라멕이었다. 반면에 셋의 자손 라멕을 보자. 그가 아들을 낳았는데 노아이다. 노아는 5백 살이 되도록 자식 하나 낳지 못했다(창 5:32). 다들 100세를 전후해서 자손들을 낳는 것에 비해 노아는 불임이었다. 당시에 자식은 재산이면서 자랑거리였다. 그러나 노아는 대단한 업적은커녕 자식조차 없는 초라한 아들이었다. 한동안 손자를 안지 못한 라멕은 노아로 인해서 고민이 많았다. 가인의 자손 라멕이 자신의 살인을 자랑하고 칠십칠 배의 벌을 노래할 때 셋의 자손 라멕은 하나님의 선택에 대한 의심과 두려움에 사로잡혔을 것이다. 그런데 보라! 라멕은 777세에 죽는다. 가인의 자손 라멕의 칠십칠 배의 벌과 같은 자랑거리보다 더 완벽하고 더 확실한 숫자의 나이에 죽음을 맞이한다. 노아가 하나님의 뜻을 받들어 방주를 지어가는 그 순간에 그 아버

지 라멕은 건설되어가는 방주를 보면서 영광스럽게 하나님의 품에 안긴다. 하나님의 선택은 언제나 결핍되고 부족한 사람들의 차지다.

우리는 창세기 5장을 보면서 아담에서 노아까지 이어지는 계보를 살펴보았다. 기하급수적으로 늘어난 인류의 모습 속에서 하나님은 정확히 열 명의 이름을 성경에 새겨놓으셨다. 수많은 사람이 있었을 텐데 왜 그 열 명이었을까? 그 열 명에게 하나님의 선택을 보여주심으로써 하나님의 역사를 이어가고 계셨다. 한편 같은 시대에 최첨단의 문명과 문화적인 발전을 누리고 있던 가인 계보의 사람들이라든지, 이 열 명을 제외하고 기하급수적으로 늘어난 인류가 하나님을 놓치고, 하나님을 떠나서 기술과 물질을 발전시키고 있음을 보게 된다. 그리고 그 엄청난 소용돌이 속에서 500세가 될 때까지 자식을 낳지 못한 부족한 노아를 심어두셔서 하나님의 뜻을 계속 이어가신다. 이제 우리의 이야기는 창세기 6장, 노아의 세상으로 들어간다.

Chapter 04

GOD
History
/네/피/림/

그들은 누구인가?

창세기 6장의 앞부분인 1~4절은 난해 구절로 꼽힌다. 이 부분을 이해하거나 해석하기가 어려운 이유는 많은 부분이 생략되어 해석의 여지가 다양하고 많기 때문이다. 먼저 본문을 살펴보자.

"사람이 땅 위에 번성하기 시작할 때에 그들에게서 딸들이 나니 하나님의 아들들이 사람의 딸들의 아름다움을 보고 자기들이 좋아하는 모든 여자를 아내로 삼는지라. 여호와께서 이르시되 나의 영이 영원히 사람과 함께하지 아니하리니 이는 그들이 육신이 됨이라. 그러나 그들의 날은 백이십 년이 되리라 하시니라. 당시에 땅에는 네피림이 있었고 그 후에도 하나님의 아들들이 사람의 딸들에게로 들어와 자식을 낳았으니 그들은 용사라 고대에 명성이 있는 사람들이었더라"(창 6:1-4).

　읽으면서 몇 가지 궁금증이 생긴다. 하나님의 아들들은 누구이며, 사람의 딸들은 누구인가? 여호와께서 이르신 말씀, "나의 영이 영원히 사람과 함께하지 아니하리니 이는 그들이 육신이 됨이라. 그러나 그들의 날은 백이십 년이 되리라"는 것은 어떤 의미일까? 그리고 네피림은 누구를 말하는 것일까? 비록 이해하기 어려운 부분이지만 찬찬히 살펴보자. 먼저 하나님의 아들과 사람의 딸들에 대해서는 네 가지 정도의 해석이 있다. 첫 번째로 요세푸스나 저스틴은 물론이고 외경인 에녹서가 주장하는 바 하나님의 아들은 타락한 천사이다. 천사가 타락하여 인간의 딸들과 결혼했다는 이 견해에는 천사와 인간이 육체적으로 결합할 수 있는가, 천사가 결혼을 하는가 등과 같은 질문이 꼬리를 물게 된다.

　두 번째는 하나님의 아들들은 셋의 후손이고, 사람의 딸들은 가인의 후손으로 보는 견해이다. 창세기 4장 끝부분에는 가인의 족보가 나오고 창세기 5장에는 셋의 족보가 나온다. 동생 아벨을 죽이고 유리방황하는 가인, 그의 후손은 불경건한 사람들의 대명사이다. 반면에 아담과 하와에게 가인과 아벨을 대신해서 하나님이 허락하신 셋의 후손은 경건한 자손으로 볼 수 있다. 4장과 5장으로 갈라진 이 두 갈래의 자손이 한쪽은 경건한 셋 계열, 또 한쪽은 불경건한 가인의 계열로 대변된다. 이 두 후손이 만나는 것으로 보는 견해에는 과연 셋 후손을 '하나님의 아들들'이라고 할 수 있는가 하는 의문이 생긴다.

　세 번째는 하나님의 아들들을 왕족이나 귀족 같은 고귀한 신분으로

보는 견해이다. 그러나 이는 왕족의 아들들과 천민의 딸들이 결혼할 때 네피림이 탄생하는가, 아무리 고귀한 신분이라고 할지라도 그들을 하나님의 아들들로 볼 수 있는가 하는 의심이 생긴다.

네 번째는 하나님의 아들들을 하나님을 믿는 신앙인으로, 사람의 딸들을 불신자들로 해석하는 견해이다. 하나님을 모르고 믿지 않는 세속적이고 쾌락적인 여자들에게 하나님을 믿는 자들이 마음을 뺏겼다고 보는 견해이다. 이런 네 가지의 해석 중에 어떤 것이 맞을까? 네 가지 중에 어떤 것이 맞을 수도 있고, 네 가지가 다 틀릴 수도 있다. 본문이 모든 것을 자세하게 설명해주지 않기 때문이다. 그렇다면 하나님의 아들들과 사람들의 딸들이 누구인가 하는 해석보다 이들의 자녀가 '네피림'이라는데, 이 '네피림'이 누구인가에 대하여 더 주목해보자.

본문 4절은 당시에 네피림이 있었고, 하나님의 아들들과 사람의 딸들 사이에서 고대의 거인들을 낳았다고 되어서 오해의 소지가 있으나, 다른 번역서들은 하나님의 아들들과 사람의 딸들 사이에서 태어난 자식이 네피림이라고 밝히고 있다.

"그 무렵에, 그 후에도 얼마 동안, 땅 위에는 네피림이라고 하는 거인족이 있었다. 그들은 하나님의 아들들과 사람의 딸들 사이에서 태어난 자식들이었다. 그들은 옛날에 있던 용사들로서 유명한 사람들이었다"(창 6:4, 새번역).

그렇기에 우리는 여기서 하나님의 아들들과 사람의 딸들이 누구인가 하는 것보다 이들 사이에서 태어난 '네피림'을 더 주목할 필요가 있다. '네피림'이란 '떨어진다'라는 어원을 가진 히브리어 동사 '느팔'에서 나온 말로써 '벌목군' '약한 자를 못살게 구는 사람' '폭군' '거인' '장부' '공격자' '다른 사람을 넘어뜨리는 자' 등의 뜻을 갖고 있다. 이런 뜻을 종합해서 유사한 부분들을 범주화해보면 '강하고 힘 있고 외형적으로 큰 사람'이 바로 '네피림'이라 할 수 있다. 이 시기 인류가 생존할 때 가장 필요로 하는 것은 무엇일까? 수렵할 때 재빠른 발과 도구를 사용해서 동물들을 잡을 수 있는 힘, 반항하는 짐승의 숨을 단박에 끊을 수 있는 근육이었을 것이다. 벌목하고 농경하는 등 거의 모든 생활수단에 '강한 힘'이 요구될 것이며, 기왕이면 키와 덩치가 크고 다른 사람들에 비해 압도적이면 더 좋을 것이다. 그러면 사람들의 주목을 끌고 인기를 독차지하며 많은 권력을 소유하게 된다. 바로 그 주인공이 '네피림'이다. 고대에 얼마나 명성이 자자했던지 성경에 기록되지 않으면 안 될 정도로 많은 주목을 끌었다.

우리는 하나님의 아들들과 사람의 딸들이 누구인지를 결국 밝혀내지 못했다. 그러나 네피림이 하나님의 아들들과 사람의 딸들 사이에서 태어났다는 것을 은유적으로 읽어보면 '네피림'이라는 고대의 영웅들, 성경에 기록될 정도로 두드러진 이 인물들의 후광효과로 볼 수도 있다. 즉 네피림 탄생의 신비를 화려하게 장식해주는 도구가 바로 '하나님의 아들들과 사람의 딸들 사이에서 태어난 존재'라는 부분이다. 이들은 단지 인간의 후손이 아니라 뭔가 신적인 존재라고 생각하게 만들며, 보통 사람들과는 다른 특별한 사람들이라는 느낌을 갖게 한다. 평범한 사람들이 우러러 보게 되는 체격과 힘의 고대 용사 '네피림'은 그렇게 탄생하게 된다.

그들이 취한 권력이 당시 사람들에게 어느 정도까지 용납이 되었는 가 하면, 처음에는 동물을 때려잡는 것에서 출발하여 차츰 같은 사람들, 주로 자기보다 약한 사람들이 그 대상이 되어 횡포를 부리고 심지어 죽이기까지 했다. 네피림은 자신의 힘을 과시하고, 대중들은 그들에게 환호했다. 네피림이 집단적으로 살인을 저지르고 연쇄적으로 사람들을 죽여도 오히려 인기가 오르는 기현상이 벌어진 것이다. 이제는 그어느 누구도 그들을 제어할 수가 없었다. 고대 사회에서의 신은 그 사회의 엘리트들, 즉 왕과 귀족, 사제들의 이익을 대변하는 존재였다(배철현, 「신의 위대한 질문」, 21세기북스, 2015, p.307). 그러므로 네피림은 신적인 존재가 되었고, 신으로부터 옹호를 받는 존재가 되었다. 그 어떤 인간도 네피림을 막을 수 없었고, 그 어떤 일을 해도 모두 용납되었고, 수많은 사람을 억압하고 죽여도 모든 것에 지지를 받았다. 본문에는 네피림이 '고대에 명성이 있는 용사'라고 되어 있는데, 이 '용사'라는 말이 영웅이라기보다는 집단 살인자, 인종 청소자라고도 번역될 수 있는 여지가 여기에 있다(히브리 성경에 의하면 네피림은 강력한 전사(mighty warrior), 용감한 전사(valiant warriors), 전사 이상의 전사(warrior has over another)라는 뜻 이외에도 독재자, 폭군이라는 뜻도 있다).

이들 네피림을 잘 살펴보라. 그 어디에 '경건함'이 있는가? 그 어디에서 '거룩함'을 찾을 수 있는가? 그 어디에 '선'(善)이 보이는가? 네피림은 하나님에게까지 도전장을 던졌다. "나의 출신은 신적인 것이다", 혹은 "나 자신이 신이다"라면서 으스댔다. 이때 하나님은 그들에게 응전하셨다. 위에서 던졌던 질문이자 여호와께서 이르신 "나의 영이 영원히 사람과 함께하지 아니하리니 이는 그들이 육신이 됨이라. 그러나 그들의 날은 백이십 년이 되리라"는 말씀의 다른 번역 성경을 보자.

"생명을 주는 나의 영이 사람 속에 영원히 머물지는 않을 것이다. 사람은 살과 피를 지닌 육체요 그들의 날은 백이십 년이다"(창 6:3, 새번역).

"사람은 죽어야 할 육체이므로 내 영이 영영 사람에게 머물러 있지 않을 것이다. 그러나 앞으로 내가 그들에게 120년 동안의 여유를 주겠다"(창 6:3, 현대인의성경).

"사람은 동물에 지나지 않으니 나의 입김이 사람들에게 언제까지나 머물러 있을 수는 없다. 사람은 백이십 년밖에 살지 못하리라"(창 6:3, 공동번역).

그 아무리 네피림이 대단해 보여도 하나님의 영, 호흡이 그들에게서 끊어지면 한갓 동물에 지나지 않는다. 아무리 자신의 출신을 대단하게 포장해도 절대로 그들은 신이 될 수 없다. 그들의 호흡이 끊어지는 날 비참하게 죽어갈 것이기 때문이다. 사람들은 네피림에게 호감을 표시하고 다들 네피림의 눈에 들고 싶어 하지만 하나님은 절대로 네피림을 인정하지 않으신다. 사람들은 지금도 겉모습인 큰 키와 힘, 능력을 보며 판단을 내리지만 하나님은 '중심을 보신다.' 겉으로 초라해 보이고 작아 보이더라도 그 중심에 거룩함이 있고 선이 있다면 하나님은 화려한 네피림이 아니라 작은 자 하나를 택하셔서 역사를 바꾸실 것이다.

네피림이 등장한 이후에 인류의 방향은 권력, 강함, 힘이 모든 것을 결정하게 되었다. 가진 자가 주인공이 되고, 힘 있는 자가 중심이 되는 세상이 되어버렸다. 지금까지도 그렇다. 그리고 그들은 세상을 어지럽혔다. 그들은 유명해졌고 온 세상에 이름이 높아졌다. 그들은 가질 수 있는 모든 것을 다 가졌고, 그 결과 세상은 죄로 가득 차게 되었다.

"여호와께서 사람의 죄악이 세상에 가득함과 그의 마음으로 생각하는 모든 계획이 항상 악할 뿐임을 보시고"(창 6:5).

네피림과 그들을 추종하는 무리로 가득 찬 세상은 어떻게 될까? 그들이 가지고 있는 모든 것을 총동원한 결론은 선과 악 중에서 '악'을 택하고 '악'으로 귀결된다. 더욱더 유명해지고 싶고, 더욱더 많은 것을 가지고 싶어 한다. 그들의 중심은 '생각하는 모든 계획이 항상 악할 뿐'이다. 동서고금을 막론하고 많은 사람이 네피림을 추종했고, 지금도 추종하고 있다. 유명해지려 하고 권력을 차지하려 하여 결국 세상에 알려지기는 했는데, 그들의 이름이 악명(notorious)으로, 추문으로, 스캔들로 끝나는 경우가 잦았다. 세상의 주목을 받으려다가 세상을 어지럽히는 경우가 얼마나 많은가? 물리적인 키와 힘뿐만 아니라 그들의 내부에 있는 의도와 중심이 세상을 얼마나 어지럽혔던가? 비극적이게도 네피림은 홍수 이후에 멸망했지만 '네피림' 같은 사람들은 오늘날에도 많다. 아니, 어쩌면 거의 모든 사람이 네피림을 추구한다고 볼 수 있다. 그렇다면 하나님은 네피림과 같은 인간을 보시고 어떤 반응을 하셨을까?

"땅 위에 사람 지으셨음을 한탄하사 마음에 근심하시고"(창 6:6).

하나님은 네피림 같은 인간이 주도하는 세상을 보면서 한탄하고 근심하셨다. 후회가 없으신 하나님께서 마음이 아프고 실망하는 모습을 볼 수 있다. 홍수 이전에 벌어진 사건이니 얼마나 오래전의 이야기인가! 그러나 역사의 흐름은 과거에서 현재로 단일하게 발전되지만은 않는다. 공산주의 혁명가인 마르크스는 역사 발전을 5단계로 나누어서 원시 공산주의사회에서 고대 노예제사회, 중세 봉건주의사회, 근대 자본주의사회, 현대로 흘러간다고 보았다. 물론 그는 자본주의 사회의 내적인 모순으로 인해 다시 공산주의 사회로 회귀할 것을 예견했지만 그의 예측은 지금까지 빗나갔다.

고대 네피림의 시대는 어떤 사회였을까? 놀랍게도 원시 공산주의에서 노예제, 봉건제, 자본주의까지를 모두 엿볼 수 있는 사회였다. 네피림이 가진 능력으로 다른 사람을 노예화했을 것이며(노예제), 자신이 신적인 존재인 왕과 같은 자로 군림했을 것이고(봉건제), 생산수단을 독점하고 이익을 최대로 삼는 힘(자본)을 휘둘러 빈부격차를 그 어느 때보다 크게 만들었을 것이다(자본주의). 아무리 발달한 힘과 문명을 가지고 있었더라도 그들의 중심은 '생각하는 모든 계획이 항상 악할 뿐'인 게 된다.

이렇게 흘러가게 되면 그 끝은 어떻게 결말지어질까? 이제 남은 것은 심판뿐이다. 네피림의 이야기가 있는 창세기 6장은 홍수 사건이 중심이다. 홍수로 인해 네피림 중심의 세계는 끝이 난다. 그들은 그들의 날이 영원할 것으로 보았다. 그들의 권력과 힘은 불가침 영역이었다.

그러나 머지않아 그들은 세상의 종말을 보게 된다.

이제 네피림의 이야기를 끝낼 때가 되었다. 하나님의 선택은 절대로 네피림이 아니었고 그들을 중심으로 한 세계도 아니었다. 그랬다면 홍수는 일어나지 않았을 것이다. 당시 최고의 인기 스타인 네피림을 중심으로 환호했던 모든 인류는 사라졌다. 오직 노아와 그의 식구만을 불씨로 남겨두고서. 그렇다면 노아는 어떤 인물인가? 노아는 의인이요 당대에 완전한 자이며 하나님과 동행했다(창 6:9). 이것은 네피림시대의 시대정신이 아니었다. 많은 사람이 노아와는 다르게 힘과 권력에 환호하고 있을 때 노아만은 홀로 의인으로 서 있었다. 우리는 얼핏 보아 노아가 가진 이런 모습이 네피림시대에 구원받을 어떤 다른 점을 지니고 있는 것이 아닌가 생각하기가 쉽다. 물론 노아의 중심은 네피림시대의 주류 정신과는 달랐을 것이다. 그러나 더 중요한 것이 있다. 그 앞의 8절을 보자.

"그러나 노아는 여호와께 은혜를 입었더라"(창 6:8).

절대로 노아가 잘나서가 아니었다. '내가 잘났다'라고 하는 것은 철저히 네피림적인 사고이다. 다만 선과 악 중에서 선을 향한 마음(의인), 거룩을 추구하고 바른 뜻을 찾으려는 자세(완전한 자), 나 중심이 아닌 하나님 중심으로서의 마음가짐(하나님과 동행)이 하나님의 은혜와 더불어 노아를 세상의 주인공으로 바꾸는 계기가 되었다. 그리하여 네피림의 시대는 막을 내리고, 이제 노아의 시대가 열리기 시작한다.

Chapter 05

그는 과연 완전한 자인가?

노아는 아담의 10대손이다. 아담부터 시작된 인류가 노아에게까지 오는 동안 세상은 발전을 거듭했다. 시대를 구분할 때 인류는 선사시대인 구석기, 신석기시대를 거쳐서 청동기시대와 철기시대로 넘어갔다가 고대의 문명을 이루는 고대시대를 거쳐 중세시대, 근세시대, 그리고 오늘날의 현대로 발전해왔다. 아담부터 노아까지의 시대를 역사적인 관점에서 보면 까마득히 오래 전 시대라고 볼 수 있다. 그래서 우리는 아담에서 노아까지의 시대가 원시적이고 야만적인 상태라고 추측하게 된다. 그러나 이미 우리가 살펴본 대로 그 당시에도 도시가 발달하고 문화와 기술과 정치 체계가 진보해왔다.

성경은 일반 역사책이나 과학책이 아니므로 인류 역사의 흐름과 성경이 반드시 일치하지는 않는다. 일반 역사의 시간적인 순서가 반드시 옳다고도 볼 수 없다. 그러므로 아담부터 노아까지의 시대는 미개한 시대가 아니라 나름대로의 체계를 갖추고 있던 고도의 발전된 사회라고 보는 것이 옳다. 특히 가인의 후손들 모습이나 '네피림'으로 표상되는 시대상으로 미루어보면 우리가 생각하는 것 이상의 뛰어난 사회였는지도 모른다. 그랬던 사회와 이 모든 것이 한순간에 사라지게 된다. 아담의 10대 손인 노아의 시대에 이르러서 그동안의 모든 사회는 완전히 종말을 고하게 된다.

종말 세계에서 유일하게 살아남은 노아는 어떤 사람인가? 하나님께 은혜를 입은 노아는 의인이고 당대에 완전한 자이며 하나님과 동행했다고 기록되어 있다(창 6:8-9). 이것은 좋은 말 같아 보이지만 당시에 발전된 사회의 시대상에 역행하는 모습이었다. 더 힘을 갖고 더 권력을 쟁취하려면 '의인'이어서는 안 된다. 옳고 바른 것보다는 수단과 방법을 가리지 않는 타협이 필요하다. 더 높은 위치에 오르고 더 많은 사람을 억압하려면 '완전한 자'일 수 없다. 결함도 없고 어긋남도 없는 온전한 모습으로는 시대의 주인이 될 수 없다. 오히려 어떤 수를 써서라도 성공해내는 비열함이 필요하다. '하나님과 동행하기'보다는 세상의 흐름에 편승하고 주류의 힘을 추구하며, 적어도 힘의 원리에 비위를 맞추어야 한다. 그렇지 않으면 네피림에게 이유 없는 죽음을 당할 수 있는 세상이었다. 그 세상 속에서 노아는 시대정신에 역행했고, 그것은 역설적이지만 그 시대를 바꾸는 주인공으로 하나님의 선택을 받은 이유가 된다. 하나님께서 노아에게 하신 말씀을 들어보자.

"하나님이 노아에게 이르시되 모든 혈육 있는 자의 포악함이 땅에 가득하므로 그 끝 날이 내 앞에 이르렀으니 내가 그들을 땅과 함께 멸하리라. 너는 고페르 나무로 너를 위하여 방주를 만들되 그 안에 칸들을 막고 역청을 그 안팎에 칠하라. 네가 만들 방주는 이러하니 그 길이는 삼백 규빗, 너비는 오십 규빗, 높이는 삼십 규빗이라. 거기에 창을 내되 위에서부터 한 규빗에 내고 그 문은 옆으로 내고 상 중 하 삼층으로 할지니라. 내가 홍수를 땅에 일으켜 무릇 생명의 기운이 있는 모든 육체를 천하에서 멸절하리니 땅에 있는 것들이 다 죽으리라. 그러나 너와는 내가 내 언약을 세우리니 너는 네 아들들과 네 아내와 네 며느리들과 함께 그 방주로 들어가고 혈육 있는 모든 생물을 너는 각기 암수 한 쌍씩 방주로 이끌어들여 너와 함께 생명을 보존하게 하되 새가 그 종류대로, 가축이 그 종류대로, 땅에 기는 모든 것이 그 종류대로 각기 둘씩 네게로 나아오리니 그 생명을 보존하게 하라. 너는 먹을 모든 양식을 네게로 가져다가 저축하라. 이것이 너와 그들의 먹을 것이 되리라"(창 6:13-21).

모든 혈육 있는 자의 포악함이 땅에 가득하다(13절)는 말은 당시의 모든 인간이 부패하고 타락했다는 뜻이다. 로마에 가면 로마의 법을 따르라는 말처럼 로마에서 로마법을 지키지 않으면 그 사회에서는 비주류와 소외계층이 된다. 아무리 노아가 의롭고 완전했어도 그는 그 시대의 법을 따르지 않았기에 외톨이가 될 수밖에 없었다. 그런 그에게 하나님은 방주에 대해서 말씀하셨다(14-16절). 방주의 재료와 크기, 구성에 대한 자세한 설명이었다. 여기서 잠깐, 그렇다면 방주를 만들 비용은? 방주를 만들 동안 먹고살 방법은?

방주를 만들 때 사용된 고페르 나무는 그동안 잣나무, 전나무 등으로 번역되었는데 개역개정판에서는 원어인 고페르라는 말을 그대로 사용했다. 배를 만들 나무이기 때문에 내구성이 뛰어나고 잘 갈라지지도 않으며 비틀림 같은 것도 없어야 하고, 단단하면서도 자르고 손질하기에는 무리가 없어야 한다. 그런 나무라면 집을 짓고 가구를 만드는 데 인기가 많았을 테고 당연히 가격도 비쌌을 것이다. 고페르 나무 한 그루의 가격이 얼마나 될지는 모르지만 가로 300규빗, 너비가 50규빗, 높이가 30규빗 크기의 배(1규빗을 약 50cm라고 하면 가로 150m, 너비 25m, 높이 15m 크기의 배가 된다. 배수량은 약 20,000톤, 용적은 14,000톤 정도가 된다)를 만드는 데 상당한 비용이 들 것임은 자명하다. 네덜란드의 요한 휘버(John Huibers)라는 사람이 3년 동안의 작업을 거쳐서 실물 크기의 노아의 방주를 만들었는데 14,000그루의 나무와 수십억 원의 비용이 들었다고 한다(〈기독일보〉 2014년 4월 3일자 참조). 노아는 이 모든 비용을 혼자 감당해야 했다.

노아는 전 재산을 이 방주를 만드는 데 다 사용했다. 그동안 노아가 모아놓은 재산이 얼마인지는 알 수가 없다. 적어도 그가 넉넉하여 방주를 만들면서 생계에 불편함이 없고, 그 외에 잉여재산도 축적하는 등의 여유 있는 삶을 살지는 않았을 것이다. 하나님의 명령이 떨어지고 난 뒤에 노아는 자신의 삶을 오직 이 일에만 집중했다. 일생일대 방주 하나를 짓는 데 모든 심혈을 기울였고, 그가 가진 모든 것을 끌어모아 종말을 대비했다.

어떤 주석이나 성경 연구가들은 방주를 짓는 기간을 120년으로 잡는다. 대개 창세기 6장 3절을 근거로 해서 그렇게 말한다. 그러나 엄밀히 따지면 120년까지는 아니다. 노아는 500세에 셈, 함, 야벳 세 아들을 낳았다(창 5:32). 세 아들을 낳은 다음에 하나님은 노아에게 방주를 지으라 명령하셨고(창 6:10), 그 후 노아가 600세가 되던 해에 홍수가 시작된다(창 7:11). 큰아들 셈이 홍수가 난 지 2년 만에 그의 나이 100세에 아르박삿을 낳는다(창 11:10). 그러니까 노아가 방주에 대한 명령을 받고 방주를 만든 기간은 최대로 잡아서 98~100년이라는 말이 된다. 언제 하나님께서 명령을 내리셨는지, 언제부터 노아가 방주를 짓기 시작했는지 성경이 말하고 있지 않아 정확히 몇 년이 걸렸는지 모르나, 하나님 명령의 급박성과 노아의 즉각적인 순종으로 보았을 때 거의 그 최대기간을 다 사용했을 것으로 생각된다. 이것저것 여유를 주어도 최소 80년에서 최대 100년 동안이 노아가 방주를 구상하고 만든 기간이라 볼 수 있다.

한 가족이 재산을 탕진하고 거리에 나앉기까지는 그리 오랜 시간이 걸리지 않는다. 고급스러운 취미라든가, 불필요한 사치품을 모으느라 가세가 기울었다는 얘기를 우리는 흔히 듣는다. 재산의 다소(多少)에 따라 다르겠으나 이 어마어마한 방주를, 그것도 실효성 없는 장소에서, 고급진 고페르 나무라는 재료를 가지고 만든 노아는 그것 때문에 파산할 지경이었다. 방주를 만들기 위해 때때로 외주를 주었을 수도 있으나 노아는 장성한 세 아들과 함께 직접 방주를 만들었다. 더불어 가족이 먹을 양식도 함께 준비했다.

그것뿐이 아니었다. 방주에 탈 동물들을 모아야 했고, 그 동물들을 위한 먹을 것까지도 모두 자신의 힘으로 마련해야 했다. 지혜로운 노아라면 하루의 시간을 쪼개서 방주를 짓기 위해 노동하는 시간, 가족을 위해 먹을거리를 가꾸는 시간, 동승한 동물들을 위해 양식을 마련하는 시간, 새로운 힘을 기르기 위해 먹고 쉬는 시간, 하나님과 동행을 위한 기도시간, 하루를 마무리하고 새날을 꿈꾸는 시간 등을 나누고 정돈했을 것이다. 그렇지 않고 되는대로 방주 짓는 것 하나에만 매달린다면 금방 지쳐서 그 큰 역사(役事)를 감당할 수 없었을 것이다. 그것도 한두 해가 아닌 80년 이상이나 되는 긴 기간이라면 더욱더 그랬을 것이다.

시간을 정해 노동하고, 기도하고, 쉬고, 자고…. 어디서 많이 보던 그림이 아닌가? 오호라! 여기가 바로 수도원이로구나. 노아는 그 긴 세월 동안 노동을 통해 기도하고, 기도하면서 노동하는 방주 공사를 해냈다. 많은 사람이 방주의 크기와 그 안에 온 세상 동물들을 다 넣을 수 있느냐 없느냐와 같은 것에 관심을 둔다. 그러나 종말을 앞두고 노아가 하나님 앞에서 쌓아놓은 노동과 기도의 축적에 우리의 마음이 가 있어야 하는 것은 아닐까? 어쨌든 그렇게 방주는 완성되었다. 하나님께서 노아에게 이렇게 명령하신다.

"내가 홍수를 땅에 일으켜 무릇 생명의 기운이 있는 모든 육체를 천하에서 멸절하리니 땅에 있는 것들이 다 죽으리라. 그러나 너와는 내가 내 언약을 세우리니 너는 네 아들들과 네 아내와 네 며느리들과 함께 그 방주로 들어가고 혈육 있는 모든 생물을 너는 각기 암수 한 쌍씩 방주로 이끌어들여 너와 함께 생명을 보존하게 하되 새가 그 종류대로, 가축이 그 종류대로, 땅에 기는 모든 것이 그 종류대로 각기 둘씩 네게로 나아오리니 그 생명을 보존하게 하라"(창 6:17-20).

노아는 80년 이상 방주를 만들며 이 말씀을 묵상했다. 우리도 노아가 되어 묵상해보자. 이 말씀은 어떤 의미인가? 종말의 때가 되면 우리 식구들은 살아남는다. 우리 식구들만 구원받는다. 과연 좋은 소리일까? 우리 식구를 제외하고 모든 사람이 다 죽는다는 말이다. 인간은 관계를 맺고 사는 존재이다. 노아가 자주 찾아갔던 식당, 가끔 들렀던 시장의 아낙네들, 거래처의 사장님, 비록 종교는 다르지만 권력을 으스댔던 지도자들, 당시 주류권에 속했던 사람들, 때로는 소외되었던 가난한 주위 사람들, 그리고 노아의 일가친척들… 그 모든 사람이 다 사라지는 것이다. 혼자 구원받았다고 좋아할 일이 아니다.

노아라고 그 당시 문화의 세례를 안 받았을 리가 없다. 당시 사람들이 사용하던 언어를 썼고, 당시 사람들이 먹는 음식을 먹었다. 노아가 먹고, 자고, 입는 모든 활동 속에 그 시대의 영향력이 녹아 있었다. 다만 그는 시대정신을 따르지 않고 주류에 편승하지 않았을 뿐이다. 바른 길을 가려 했고 완전한 행위를 하려 했다. 하나님의 뜻을 위해서는 예민해지지 않을 수 없었다. 그런 노아의 섬세함에 의하면 방주가 완성되어 갈수록 물속에 사라져갈 사람들에 대한 의식도 점점 늘어났을 것이다. 그의 마음은 갈등상태에 있었다. 하나님께 순종하면 순종할수록 의문은 더 커져만 갔다.

우리는 순종을 쉽게 생각한다. 나의 생각을 내려놓고 무조건 따르는 것. 특히 윗사람의 말이나 의견에 어떠한 토를 달지 않고 복종하는 것이 곧 순종이라고 생각한다. 그러나 우리는 로봇이나 컴퓨터가 아니다. 노아 역시 생각할 수 있고, 미래를 통찰할 수 있는 우리와 같은 평범한 사람이었다. 하나님께 순종하면서, 다른 한편으로는 한마디의 반항도 할 수 없는 자신이 싫었을 것이다. 혼자(가족만) 살아남는 것에 대한 죄의식도 있었을 것이다. 그러나 그는 그런 마음을 억누르면서 성실하고 완벽하게 방주를 만들어갔다. 방주가 완성되어 가면 갈수록 종말의 때도 점점 당겨져 오는 것을 모를 리가 없었다. 그러나 그의 가슴에 쌓인 의문을 지우기 위해 그는 방주 제작에 오히려 더욱 열중했다.

그러했기에 창세기 7장 첫 절은 노아에 대하여 이렇게 기록한다. "여호와께서 노아에게 이르시되 너와 네 온 집은 방주로 들어가라. 이 세대에서 네가 내 앞에 의로움을 내가 보았음이니라." 완성된 방주 안으로 초대하는 하나님은 노아에게 "너는 내 앞에서 의롭다"라고 인정해주셨다. 그렇다면 정말 노아는 의로운 사람이었을까? 정말로 완전한 사람이었을까?

노아가 600세에 이 모든 사역은 마감되었고 모든 준비가 끝이 났다. 하나님은 지금부터 칠 일이 지나면 긴 장마가 온다고 말씀하셨다(창 7:4). 노아를 포함한 여덟 식구가 방주로 들어갔고, 그 뒤를 따라 각종 동물들이 방주에 올랐다. 그리고 칠 일 뒤에 홍수가 온 세상을 덮었다(창 7:10). 칠 일 동안 방주의 문은 열려 있었다. 이 일주일이 마지막 기회였다. 그러나 세상에 속한 사람들은 노아에 대한 냉소와 조롱만 날릴 뿐이었다.

노아와 그 식구들은 이 일주일 동안 무슨 생각을 했을까? 모든 물건은 다 마련되었고, 이제 마음의 준비도 끝났다. 그런데 일주일 동안 비가 내릴 어떤 기미도 보이지 않았다. 이대로 아무 일도 일어나지 않는다면? 그냥 이 모든 것이 해프닝으로 끝난다면? 노아는 전 재산과 온 생애를 바쳐서 이 일을 했다. 일주일이 지나고서도 아무 일이 벌어지지 않고 모든 것이 무효가 된다면 노아의 인생도 끝나는 것이다. 그것은 사람들의 웃음거리와는 또 다른 별개의 일이었다. 그러므로 종말은 필연적인 것이어야만 했다. 일주일의 시간은 더디게만 흘러갔다.

일주일 후에 누가 건들지도 않았는데 방주의 문이 닫혔다. 하나님이셨다. 하나님은 친히 방주의 문을 닫으셨다(창 7:16). 이젠 때가 되었다. 일주일 동안의 세상 사람들의 냉소를 비웃기라도 하듯 하늘에서는 비가 쏟아졌다. "하늘에 구멍이 뚫린 것 같다"는 상투적인 표현이 실제로 물리적인 현상이 되었다. 하늘뿐만이 아니었다. 땅은 비를 흡수하지 않고 오히려 더 많은 물을 밖으로 내뿜었다(창 7:11-12). 지구 어디에 그런 물들이 있었는지 모를 일이었다. 일주일이라는 유예기간을 헛되이 보낸 세상 사람들이 뒤늦게 방주에 도달했으나 이미 때는 늦었다. 노아는 그들이 물에 쓸려간다는 안타까움과 그의 말이 실제로 이루어진 것에 대한 안도감이 교차했다. 그것은 이중적인 생각이었다. 성경은 물로 인한 세상을 묘사할 뿐 노아의 감정은 보여주지 않는다. 그러나 우리가 그 자리에 있었다면 노아가 느낄 복잡하고 미묘한 그의 의식과 감정, 기분과 생각을 능히 짐작할 수 있었을 것이다.

노아의 나이 601세 둘째 달 27일에 모든 게 끝났다(창 8:14). 아니, 이것은 모든 것의 새로운 시작이었다. 드디어 노아의 식구들과 모든 동물이 방주에서 나왔다. 홍수 이후 일 년 하고도 열흘이 지난 기간이었다. 하나님은 노아에게 방주에서 나오라고, 앞으로 너희들과 이 모든 짐승이 이 땅에서 생육하고 번성하리라고 하셨다(창 8:17). 태초에 인간을 지으시고 인간과 만물에게 하신 얘기가 여기서도 반복된다. 다시 새로운 시작을 알리는 바로 그 자리에서 노아는 정결한 짐승을 잡아 번제로 드렸다. 하나님은 번제를 받으신 후 노아에게 이렇게 말씀하셨다.

"여호와께서 그 향기를 받으시고 그 중심에 이르시되 내가 다시는 사람으로 말미암아 땅을 저주하지 아니하리니 이는 사람의 마음이 계획하는 바가 어려서부터 악함이라. 내가 전에 행한 것같이 모든 생물을 다시 멸하지 아니하리니 땅이 있을 동안에는 심음과 거둠과 추위와 더위와 여름과 겨울과 낮과 밤이 쉬지 아니하리라"(창 8:21-22).

온 인류는 이제 노아와 나머지 가족 일곱 명으로 조촐하게 구성되었다. 하나님은 엄청난 일을 하셨고 그 중심에 노아가 놓여 있다. 노아는 하나님으로부터 어떤 말을 기대했을까? "그동안 고생했다. 이제 다시 시작해보자. 너는 잘할 수 있을 거야." 이 정도의 격려와 용기가 필요하지 않았을까? 그런데 하나님은 인류의 불씨 같은 노아에게 인간의 악은 여전히 남아 있다고 하셨다. 죄악된 본성이 어렸을 때부터 내재되어 있는 어쩔 수 없는 인간임을 다시 분명히 말씀하셨다. 노아와 그의 아들들은 여전히 죄인이라고, 어쩔 수 없는 한계를 지닌 존재라는 사실을 다시 한번 더 확인시켜주셨다.

그러나 하나님은 그 땅과 인간과 동물을 저주하지 않으시고, 이제 그들이 살아갈 세상은 매우 역동적이게 될 것임을 말씀하셨다. 심고, 거두고, 춥고, 덥고, 여름과 겨울, 밤과 낮이 끝없이 교차할 것이라고 하셨다. 이것은 결코 저주가 아니다. 심는 수고 뒤에 거두는 기쁨이 있고, 추위 속에서 더위를 그리워하고, 겨울이 지나야 여름의 열매가 익어가는 것이며, 밤에 쉬어야 낮에 열심히 일할 수 있다. 이제 노아가 살아갈 세상은 이전과 같지만 이전과는 또 다른 세상이 되었다. 노아는 그 세상 속에서 한갓 인간으로서 자연의 일부가 되어 새로운 시작의 걸음을 걸어가야 했다.

창세기 9장으로 가면 홍수 이후의 에피소드가 몇 가지 나열된다. 노아의 이야기에서 굳이 덧붙이지 않아도 될 얘기들이 사족처럼 붙는다. 첫째는 육식의 허락(창 9:3), 둘째는 피에 대한 가르침(창 9:4-6), 셋째는 무지개 약속(창 9:7-17), 넷째는 노아의 실수(창 9:18-29)가 그것들이다. 그렇다면 이런 삽화에는 어떤 의미가 있는 것일까? 이 이야기들 속에서 하나님은 무슨 말씀을 하고 싶은 것일까? 성경은 노아가 의인이라고 몇 번이나 강조한다. 그러나 과연 노아는 의인이었을까? 네 번째 에피소드인 노아의 실수 장면을 생각해보자.

노아는 농사를 시작한다. 하나님이 이 땅에서 생육하고 번성하라 하셨으니 각종 작물을 심으면서 농사로 자식들을 먹여 살리고 동물들에게도 나누어준다. 노아는 과일 나무도 심는데 그중 하나가 포도나무였다. 열심히 경작하자 포도나무에 많은 포도송이가 열렸다. 문제는 여기에서부터 시작된다. 노아는 그 포도의 열매로 술을 만들었다. 인류가 어느 때부터 술을 마시기 시작했을까? 정확한 때는 모르지만 생존에만 매달려 있을 때는 생각하지 못했던 것이 술이었다. 양식이 남아돌고 잉여식량이 마련될 때에야 비로소 술은 등장할 수 있었다.

노아의 농사는 잘되었다. 풍요로웠고 여유로웠다. 그러자 노아는 남은 포도를 저장하고 발효를 시켜 술을 빚어냈다. 노아는 일상으로부터 좀 거리를 둘 필요가 있었다. 적당한 술은 삶의 여유와 행복감을 준다. 마음을 진정시키고 새 힘을 얻게 해줄 것이다. 그런데 노아는 그 적당량을 넘어섰다. 만취해버린 것이다.

인간의 강박과 중독에 관심을 가지고 영화를 만들어온 대런 아로노프스키(Darren Aronofsky) 감독은 2014년에 〈노아〉라는 영화를 만들었다. 그는 홍수 이후에 주인공 노아가 술에 취하고 방황하는 장면을 끈질기게 잡아냈다. 감독은 심판 이후의 허무함, 노아라는 자연인이 감당하기에 너무나 어려운 상황들을 끄집어냈다. 이제 네피림 같은 억압은 사라졌다. 홍수 이전에 만연해 있던 착취는 더 이상 없다. 땅은 정직하게 생산해낼 것이고 채소 외에도 육식이 허락되었다. 하늘 구름 사이에 무지개가 걸려서 더는 홍수심판은 없을 거라고 선언하고 있다. 그의 긴장은 봄 눈 녹듯이 사라졌으나 그의 잔영 속에서는 홍수 이전의 사람들이 살아 있었다. 노아는 그 무게를 견딜 수가 없었다. 노아는 술 속으로 숨어 들어갔다.

술에 취한 노아가 벌거벗고 드러누워 버렸다. 그토록 자신을 잘 지켜왔던 노아로서는 있을 수 없는 일이었다. 둘째 아들 함이 아버지의 부끄러운 데를 보고는 형제들에게 얘기한다. 셈과 야벳은 아버지를 보지 않으려고 뒷걸음질 쳐서 외투로 덮어준다. 술이 깨어 그 사실을 알게 된 노아는 불같이 화를 내며 저주한다.

"노아가 술이 깨어 그의 작은아들이 자기에게 행한 일을 알고 이에 이르되 가나안은 저주를 받아 그의 형제의 종들의 종이 되기를 원하노라 하고 또 이르되 셈의 하나님 여호와를 찬송하리로다. 가나안은 셈의 종이 되고 하나님이 야벳을 창대하게 하사 셈의 장막에 거하게 하시고 가나안은 그의 종이 되게 하시기를 원하노라 하였더라"(창 9:24-27).

왜 노아는 그토록 분노하였던 것일까? 왜 그리도 강도 높게 저주를 퍼부었을까? 우리는 분노의 대상이 자신을 지켜주지 못한 함과 그의 아들 가나안에게로 향하는 모습을 보며, 사실은 그 분노가 노아 자신을 향하고 있음을 생각해볼 수 있다. 술에 취하여 벌거벗고 잠든 노아의 모습은 홍수 이전 죄인들의 모습을 상기시킨다. 둘째아들 함은 그런 노아를 지켜주지 않는다. 함이 형제들에게 아버지의 모습을 얘기할 때 그 어떤 배려도 없었다. 노아는 술에서 깨어 그 얘기를 듣고 함의 모습에서 자기 자신의 모습을 보았다. 자신을 자책했기 때문에 함에 대해서, 가나안에 대해서 그토록 퍼부어 댔던 것이다.

노아라고 왜 의문이 들지 않았겠는가! 그 수많은 사람을 물로 익사시키는 하나님의 의도에 대해서 질문이 왜 없었겠는가! 그런데도 노아는 묻지 않았고 항변하지 않았다. 그저 시키는 대로 묵묵히 순종만 했다. 아브라함이 죄악으로 가득한 소돔과 고모라를 향해 중보했던 것이나 바울이 그리스도께 반역하는 동족 유대인을 위해 중보했던 정신이 노아에게는 엿보이지 않았다. 우리는 하나님이 어떤 의도를 가지고 심판을 했는지 다 헤아릴 수 없다. 그런데도 하나님은 그런 노아를 보면서 "너도 똑같은 죄 많은 인간이구나!"라고 판단하셨을 것이다.

굳이 없어도 될 노아의 에피소드를 넣은 이유는 한 가지로 귀결된다. "노아는 의인이 아니다." 실수 많은 한 인간일 뿐이었다. 의인은 없고 여전히 없을 것이다. 하나님은 완전하지만 노아는 완전하지 않았다. 완전하지 못하기에 죄인이며, 죄인이기에 완전하지 못했다. 노아는 하나님의 의도를 완벽하게 파악하지 못했다. 술에 취해 실수하고, 실수한 후에 저주를 퍼붓는 그의 모습이 그것을 반영한다. 그렇기에 노아에게는 그리스도가 필요했다. 예수님은 의인을 부르러 온 것이 아니라 죄인을 부르러 오셨다. 건강한 사람이 아니라 병자를 고치러 오셨다. 예수님은 노아를 위해 오셨고 노아는 그리스도인이 될 수밖에 없었다.

노아는 불완전한 존재이지만 그럼에도 무엇인가를 본 사람이었다. 세상이 눈멀고 귀 막아 보지 못하고 듣지 못한 것을 노아는 홀로 보고 들었다. 하나님과 동행하는 사이 노아는 무엇인가를 알아버린 것이다. 그래서 그는 순종하기만 했고, 그것이 때로는 부메랑이 되어 자신에게 돌아왔다. 그것이 연약하고 한계 있는 인간의 모습이다. 우리는 노아를 통해 우리 자신을 본다. 우리가 그리스도께로 갈 수밖에 없는 이유를 본다.

Section 1. 정리 _ 아담에서 노아까지

아담 → 셋 → 에노스 → 게난 → 마할랄렐 → 야렛 → 에녹 → 므두셀라 → 라멕 → 노아

노아에서
아브라함까지

GOD
History

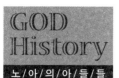

Chapter 06

셈, 함, 야벳은 황인, 흑인, 백인?

새로운 시대가 시작되었다. 하늘과 땅에서 쏟아져 나와 온 세상을 삼켰던 홍수는 사라졌다. 멀리 비온 뒤 갠 하늘에는 무지개가 떴다. 세상은 풍요롭고 심판은 끝났다. 홍수 이후에 노아의 인생에 오점이 될 만한 사건으로 포도주에 취해서 벌거벗은 것이 있었으나 그것을 제외하고 노아는 자신의 역할을 완벽하게 해냈다. 이제 새로운 시대가 열렸다. 그런데 여기서 한 가지만 짚고 넘어가자. 노아가 술에 취한 실수로 인해 아들들에게 쏟았던 바로 그 저주에 대해 우리가 생각해볼 만한 묵직한 주제가 있다.

노아가 포도나무를 심고 포도주를 만들어 음용한 후 취해 잠들어버렸다. 그때 하필이면 장막에 들어갔던 함이 아버지의 하체를 보게 된다. 그리고 형 셈과 동생 야벳에게 그 사실을 알린다. "가나안의 아버지 함이 그의 아버지의 하체를 보고 밖으로 나가서 그의 두 형제에게 알리매"(창 9:22). 술에서 깬 아버지가 나중에 그 사실을 알고 함을 저주한다. 함이 형제들에게 알린 것이 그렇게 저주받을 일인가? 일차적으로 아버지인 노아의 부주의가 더 크지 않은가? 왜 노아는 자식을 저주할 정도로 분노했던 것일까?

함이 형제들에게 "알렸다"라고 할 때 쓴 히브리어 동사는 '웨이야게드'로 '말하다, 고백하다, 선포하다' 등의 뜻이 있다. 그런데 욥기 17장 5절에서 "보상을 얻으려고 친구를 비난하는 자는 그의 자손들의 눈이 멀게 되리라"는 말씀에서 '비난하다'라는 동사로 '야기드'가 쓰였는데, 함이 형제들에게 '알렸다'라는 말과 똑같은 동사였다. 그러니까 우리는 이 장면을 이렇게 재구성해 볼 수 있다.

어느 날, 함은 아버지가 계신 장막의 커튼을 열었다. 평소에 맡아보지 못했던 냄새가 코를 찔렀다. 어둠 속에 누워 있는 것은 아버지 노아였다. 평소에 늘 진중하고 흐트러짐 없는 아버지가 장막 안에 누워 있었다. 그것도 술에 취해 벌거벗은 몸으로! 아버지를 본 순간 함은 코를 막았다. 눈이 저절로 찌푸려졌다. 이 일을 어떻게 할까? 일단 함은 밖으로 나왔다. 멀리 형제들이 있었다. 함은 형제들에게 아버지에 대해 알렸다. 방주를 지을 때부터 한 치의 실수도 용납하지 않던 분이었다. 우리 형제들이 조금만 게을러도 불같이 화를 냈던 분이었다. 자기 자신과 가족에게 한없이 철저한 분이었다. 그런 아버지가 술에 취해 어린아이처럼 발가벗고 드러누워 있었다. 그 장막은 어머니뿐만 아니라 며느리들도 들락거리는 곳이었다. 함은 형 셈과 동생 야벳에게 아버지가 지금 얼마나 큰 실수를 했는지, 아버지야말로 얼마나 이중적인 사람인지 비난을 퍼부었다.

함이 아버지의 벌거벗은 몸을 보고 형제들에게 알린 것은 단지 정보를 제공하거나 방법을 요청한 것이 아니었다. 함은 아버지에 대해 비난하고 매도했다. 그것은 아버지에 대한 예의가 아니었을 뿐만 아니라 모욕적인 언사였다. 함이 했던 일과 비교되는 것은 그의 형제들의 조처였다. "셈과 야벳이 옷을 가져다가 자기들의 어깨에 메고 뒷걸음쳐 들어가서 그들의 아버지의 하체를 덮었으며 그들이 얼굴을 돌이키고 그들의 아버지의 하체를 보지 아니하였더라"(창 9:23). 그들은 아버지를 보지 않으려고 애썼다. 조심스럽게 뒷걸음질을 쳐서 옷으로 아버지를 덮어주었다. 여기에는 아버지에 대한 어떤 판단도 없었다. 함과는 달리 셈과 야벳은 아버지의 고뇌를 이해하는 듯했다. 비록 술에 취해 벌거벗었으나 아버지가 겪었을 괴로움을 생각하며 그들은 입을 다물고 아버지를 보살펴드렸다. 아버지의 수치와 마음의 상처까지도 다 덮어주고 싶었다. 자식 된 도리이며 배려였다. 함이 괘씸하기는 하나 노아가 실수한 것도 있고, 나머지 아들들이 마음을 썼으니 이 정도하고 넘어가면 끝날 일인데, 술에서 깬 노아가 보인 반응은 우리를 놀라게 한다.

"노아가 술이 깨어 그의 작은 아들이 자기에게 행한 일을 알고 이에 이르되 가나안은 저주를 받아 그의 형제의 종들의 종이 되기를 원하노라 하고 또 이르되 셈의 하나님 여호와를 찬송하리로다. 가나안은 셈의 종이 되고 하나님이 야벳을 창대하게 하사 셈의 장막에 거하게 하시고 가나안은 그의 종이 되게 하시기를 원하노라 하였더라"(창 9:24-27).

이렇게 집요한 저주, 그것도 자기 아들에게 퍼붓는 저주가 또 어디 있을까? 그런데 자세히 보면 노아가 저주한 대상은 함이 아니라 함의 아들 가나안이었다. 그것도 함의 네 번째 아들이었다(창 10:6). 가나안이 저주를 받아서 형제들의 종, 특별히 셈의 종이 되기를 바란다고 세 번이나 반복해서 강조했다. 그러고서 성경은 노아가 950세에 죽었다고 노아의 이야기를 서둘러 마무리한다. 뭔가 이상하다.

미국으로 이민을 간 유럽인들이 농사지은 것은 주로 담배와 목화였다. 환각을 유발하는 식물 타바크(tabaq)라는 단어에서 온 담배는 프랑스인들이 그 환각을 즐기는 것을 본 존 호킨스가 영국으로 가져가서 열광적인 호응을 얻게 되면서 대중화된다. 처음엔 약으로 쓰였던 담배는 1620년대에 제임스타운에서 미국 이주민들 사이에서 재배되기 시작했고, 그 토양에 굉장히 잘 자란다는 사실을 알게 된다. 돈과 수요가 몰리자 더 좋은 땅을 일구고 더 많은 담배와 목화를 재배하는 데 혈안이 되었다. 영국 이민자들만으로는 노동력이 감당이 안 되어서 뉴잉글랜드의 기업가들이 나선 사업이 바로 노예무역이었다(빌 브라이슨, 「빌 브라이슨의 발칙한 영어 산책」, 살림, 2009, pp.54-55).

새로운 식민지 이주자들 중에는 서아프리카에서 강제로 끌려온 소수의 사람들이 있었다. 배의 적하 목록에 네가르(Negar)라고 등록된 20명의 첫 아프리카 흑인들은 1619년에 일찌감치 버지니아에서 매매되었다. 17세기 후반이 되면서 훨씬 많은 수가 도착하기 시작했다. (중략) 대부분의 흑인들의 경우, 계약이 끝난 후에도 자유인이 될 전망이 별로 없었다. 1650년대 버지니아에 온 아프리카인의 약 70퍼센트가 주인의 사유 재산으로 취급되었다. 때로는 빚 청산을 위해 주고받거나 유산으로 상속되는 등 백인 하인에게는 생각도 못할 행동을 서슴지 않았다. 1705년 버지니아는 "해로나 육로를 통해 이 나라에 들어온 비기독교도 하인들은" 영구적인 강제 노동자로 분류될 수 있다고 명시하는 법률을 시행함으로써 이 문제를 공식화했다. 이 법은 다음과 같은 추가 조건을 덧붙였다. "이후에 기독교로 개종한 자에게도 예외를 두지 않는다." 부드럽게 표현된 '흑인노예제도'(peculiar in-stitution)가 탄생하는 순간이었다(앞의 책, p.57).

1850년에 아브라함 링컨이 노예해방을 선언하고 남북전쟁으로 발화된 이후에도 오랫동안 흑인 노예제도는 존속했고, 흑인에 대한 차별과 편견은 사라지지 않았다. 미국은 청교도가 세운 나라이고, 기독교 바탕이 강한 나라이기에 노예제도에 대한 양심의 가책이 있었을 텐데, 교회의 지도자들은 노예제도를 성경을 인용하여 신학적으로 정당화했다. 권위에 복종하라거나, 종이 주인을 잘 섬겨야 한다는 구절(롬 13:1, 엡 6:5 참조)을 사용했다. 그리고 그들은 노아가 함을 저주한 이야기, 함은 저주를 받아 셈의 종이 되었다는 이야기를 사용했다. 함의 후손이 후에 아프리카 흑인이 되었고, 야벳은 오늘의 백인이므로 노아의 저주

구분	셈	함	야벳
성경	창 10:21-32	창 10:6-20	창 10:2-5
자손	셈의 아들 : 엘람, 앗수르, 아르박삿, 룻, 아람 아람의 아들 : 우스, 훌, 게델, 마스 아르박삿의 아들 : 셀라 - 에벨 - 벨렉, 욕단 욕단의 아들 : 알모닷, 셀렙, 하살마웻, 예라, 하도람, 우살, 디글라, 오발, 아비마엘, 스바, 오빌, 하윌라, 요밥	함의 아들 : 구스, 미스라임, 붓, 가나안 구스의 아들 : 스바, 하윌라, 삽다, 라아마, 삽드가, 니므롯 라아마의 아들 : 스바, 드단 미스라임의 아들 : 루딤, 아나밈, 르하빔, 납두힘, 바드루심, 가슬루힘, 갑도림 가나안의 아들 : 시돈, 헷, 여부스, 아모리, 기르가스, 히위, 알가, 신, 아르왓, 스말, 하맛	야벳의 아들 : 고멜, 마곡, 마대, 야완, 두발, 메섹, 디라스 고멜의 아들 : 아스그나스, 리밧, 도갈마 야완의 아들 : 엘리사, 달시스, 깃딤, 도다님
장소	메사에서부터 스발로 가는 길의 동쪽 산	시날 땅의 바벨, 에렉, 악갓, 갈레, 앗수르, 니느웨, 르호보딜, 갈라, 레센 가나안의 경계 : 시돈, 그랄, 가사, 소돔, 고모라, 아드마, 스보임, 라사	바닷가의 땅

가 이루어졌다고 합리화하기도 했다. 그렇다면 과연 이 이야기는 맞는 것일까? 우리는 셈과 함과 야벳을 황인, 흑인, 백인으로 각각 적용해도 되는 것인지를 따져보려고 한다. 창세기 10장에는 셈, 함, 야벳의 족보 가 자세히 나온다. 이것을 표로 나누면 위와 같다.

이들의 이름과 거주지를 근거로 우리가 알 수 있는 사실이 몇 가지 있다. 우선 셈의 후손인 경우 4대 손인 벨렉 때에 세상이 나뉘어졌다. "세상이 나뉘어졌다"는 것을 언어, 민족이 갈리게 되었다고 해석하는 견해가 있고(공동번역은 이렇게 기록되어 있다. "에벨은 아들 둘을 낳았는데 그중의 한 아들은 벨렉이라 불리었다. 그의 시대에 인종이 갈라졌다고 해서 그렇게 부른 것이다. 그의 아우는 욕단이라고 불리었다"), 땅이 나뉘어졌다는 대륙이동설을 얘기하는 경우도 있다. 어쨌든 그것 때문인지 벨렉의 동생 욕단은 형과 헤어져 13명의 아들을 낳고 메사에서 스발로 가는 길의 동쪽 산에 머무르게 된다. 그곳이 어디인지는 여러 가지 추측들이 있으나 정확한 곳은 알 수가 없다.

함의 경우는 조금 더 복잡해서 함의 큰아들 구스는 시날 땅의 바벨, 에렉, 악갓, 갈레로 갔다가 앗수르를 지나쳐 니느웨, 르호보딜, 갈라, 레센 같은 큰 도시를 건설한다. 이 지역들은 대부분 오늘날의 페르시아만에서 티그리스강 유역인 이란과 이라크, 쿠웨이트 지역을 의미한다. 함의 아들 중 가나안은 오늘날의 팔레스타인 지역으로 이동해서 가나안 족속들의 조상이 된다. 야벳의 경우 바닷가의 땅에 머물렀다고 하는데 그 바닷가가 어디인지는 확실하지 않다. 어떤 사람은 야벳이 지중해의 서북쪽으로 진행했기에 오늘날의 유럽 지역에 정착했다고 주장하기는 하나 근거가 불분명하다.

창세기 10장에 나온 셈, 함, 야벳의 후손들과 그들이 퍼진 곳을 살펴보았을 때 그들을 각각 황인, 흑인, 백인으로 대입하기에는 상당한 무리가 따른다. 더욱이 노아가 저주했던 가나안은 팔레스타인 지역으로 흩어졌기에 흑인과는 무관하다. 함의 다른 아들들까지 다 살펴보아도 흑인이기보다는 오히려 중동 사람에 가깝다. 함의 아들 중 구스가

'검다'라는 뜻이 있고, 에티오피아를 구스라고 부른 적이 있으며, 중동을 북아프리카 지역까지를 포함해서 억지로 맞추면 흑인으로 보이기는 한다. 그러나 그럼에도 '구스'는 함의 큰아들이다. 노아의 저주에 해당되지 않는다. 더욱이 가나안은 셈의 종이 되라는 저주이므로 셈은 황인을 뜻하기 때문에 흑인이 황인의 종이 되어야지 백인의 종이 되어야 한다는 근거가 절대로 될 수가 없다. 흑인 노예산업을 벌이던 악덕업주들이 성경을 왜곡하고 오용하는 대표적인 사례가 아닐 수 없다.

그렇다면 이 저주는 무엇을 의미할까? 모세오경을 쓴 모세의 입장에서 이 이야기를 구전시킨 이유를 생각해보자. 노아 이야기를 제일 처음 듣는 사람들은 애굽에서 탈출하여 광야에 머물고 있는 이스라엘 백성들이다. 모세는 이들을 이끌고 '가나안 땅'으로 들어가야 했다. 그곳에 들어가면 헷, 아모리, 브리스, 여부스, 히위 족속 같은 가나안 족속들이 이미 자리를 잡고 있는 것을 보게 된다. 이스라엘 백성들이 가나안 땅에 들어가서 가장 먼저 해야 할 일은 가나안 족속을 몰살시키거나 종으로 삼는 일이었다. 모세는 노아의 저주 이야기를 통해 가나안은 저주받은 존재들이며, 그들은 종으로 삼아도 마땅한 족속들이라는 것을 복선처럼 깔아놓았다. 그래서 아무 죄책감 없이 가나안을 죽이고 종으로 삼을 수 있도록 했다.

저주가 무서운 것은 그 저주의 실행이 아니라 남아 있는 저주의 여파이다. 노아가 가나안을 세 번이나 저주해놓고서 그 이후 어떤 이야기도 언급되지 않고 950세로 인생의 무대에서 사라졌지만, 그것이 고리가 되어 가나안에서의 끊임없는 갈등과 이후 현대사 속에서의 상처와 아픔을 남겼다. 노아는 그런 재앙과 불행의 씨앗을 자손들에게 심겨주고 싶었던 것일까? 왜 그는 그토록 분노하며 함을 저주했던 것일까?

노아는 함을 통해서 자신을 보았다. 그토록 모질고, 그토록 매정한 둘째 아들 함. 따뜻하게 감싸주는 긍휼의 마음도 없이 형과 동생들에게 자신의 추한 모습을 까발리고 비난한 그를 보면서 자신의 모습이 거울처럼 반사되어 보였다. 온 인류가 다 홍수에 죽어갈 때 하나님 앞에서 한 번이라도 그들을 구해달라고 자비를 갈구했던 모습이 없었고, 그것은 함의 태도와 오버랩 되었다. 함이 형제들에게 아버지에 대해서 흉을 보았던 것처럼 죄로 가득한 세상이 물의 심판을 견디지 못하는 것을 보면서 마음속으로 세상을 흉보고 비난하고 죽어 마땅하다고 생각했다. 그리고 그런 저주의 말을 다시 주워 담기도 전에 노아는 인생의 무대를 황망하게 떠나고 만다.

비록 노아가 아들들을 저주했다고 해서 오늘날 누군가를 노예로 삼아야 할 근거가 되지는 않는다. 그것은 약한 자를 살피고 어려운 자에게 손을 내미는 하나님의 정신이 아니라 악을 택하고 권력을 휘두르는 일이다. 절대로 그것이 성경에서 요구하는 하나님의 뜻이 될 수는 없다. 이미 우리가 살펴보았듯 '악'이 아니라 '선'을 택하는 것이 하나님의 선택에 가깝기 때문이다. 홍수가 끝나고 새로운 인류가 시작되었지만 노아의 말처럼 인간은 계속 저주를 받아야 할 추악한 존재들인가? 노아가 죽은 이후에도 인간의 불행은 끝나지 않았다. 여기 또 하나의 불행이 있는데 바로 바벨탑 사건이다.

Chapter 07

깨어져서 사라진 믿음

언어(言語)의 사전적인 정의는 '인간의 사상이나 감정을 표현하고 의사를 소통하기 위한 소리나 문자 따위의 수단'이다. 그런데 언어를 통해 감정을 전달하고 의사를 소통하는 것은 인간만이 아니다. 곤충들은 먹이를 찾았을 때 동료들에게 먹이가 가까이 있는지, 멀리 있는지를 자기들만의 언어로 얘기한다. 꿀벌은 꼬리 춤을 어떻게 추느냐에 따라서 먹이가 어디에 있는지를 정확히 전달하고, 개미는 꽁지에서 분비되는 페로몬을 통해 먹이를 찾고 길을 살피며 침입자에 대해 경고한다. 소리나 문자는 없지만 자기들만의 언어로 정보와 감정을 전달하고 있다.

같은 종들끼리만 의사소통이 되는 것도 아니다. 개는 낯선 사람이나 도둑이 들면 크게 짖어서 주인에게 알려준다. 고양이는 먹이를 주고 머리를 쓰다듬어주면 만족한 표정과 소리를 낸다. 명마의 주인은 자기의 말과 깊은 우정을 나눈다. 우리는 같은 종(種)이 아니어도 충분히 의사소통을 할 수 있다. 나름대로의 언어가 있기 때문이다. 그런데 곤충이나 동물의 언어와 인간의 언어가 다른 점이 있다. 언어에는 두 가지 기능이 있기 때문이다. 하나는 어떤 사안에 대해서 얘기하는 사건적 기능과 또 하나는 그 얘기가 맞는지 아닌지를 따져보는 논증적 기능이다(파스칼 피크, 베르나르 빅토리, 장 루이 데살, 「언어의 기원」, 알마, 2009, pp.130-136). 동물은 이 두 가지의 기능 중에 논증적 기능이 없다.

꿀벌은 꿀이 없는데 꼬리 춤을 추면서 동료들에게 오라고 거짓 정보를 보내지 않는다. 개는 낯선 사람이나 인기척이 없는데 '오늘은 심심하니까 주인을 골려줄까' 라면서 짖지 않는다. 그들은 정직하게(정확히는 본능에 충실하게) 의사를 전달한다. 사건적인 기능만이 있을 뿐이다. 그래서 그들의 언어를 깊이 분석하고 사실인지 아닌지를 따질 필요가 없다. 오직 인간만이 가짜 정보를 제공한다. 인간은 그것을 통해 이익을 얻을 수 있다면 얼마든지 거짓말을 한다. 인간은 참과 거짓을 말하거나 구성해내고, 그런 명제들을 통해 참과 거짓을 논증해내면서 합리적이고 논리적인 언어를 발전시켜왔다. 비록 고대시대이기는 하나 창세기 11장이 보여주는 세계 역시 고도로 발전된 언어를 사용하고 있었다. 그들이 인간이기 때문이었다. 그런데 오늘과 다른 것이 있었다면 모든 사람이 한 가지의 언어를 사용하고 있다는 점이다.

"온 땅의 언어가 하나요 말이 하나였더라"(창 11:1).

당시 모든 사람의 의사소통에는 통역이 필요 없었다. 전혀 혼란스럽지도 않았다. 정확한 자기의 의사가 타진되었으며 순수하고 효율적이었다. 그러던 어느 날, 그들은 동쪽으로 이동하다가 시날 땅에 머물게 되었다. 그때 문득 "자, 벽돌을 만들어 견고히 굽자" "자, 성읍과 탑을 건설하여 그 탑 꼭대기를 하늘에 닿게 하여 우리 이름을 내고 온 지면에 흩어짐을 면하자"면서 탑을 하나 건설하기 시작했다. 이들이 나눈 대화와 배경을 보면 이 당시 사회가 얼마나 과학적으로 발전했는지를 짐작해볼 수 있다.

의사소통이 정확했고, 하늘에 닿는 탑을 구상할 만큼 복잡하고 정교한 설계가 가능했다. 그들은 단지 설계만 한 것이 아니라 그것을 실행할 수 있는 재료가 무엇인지도 알았다. 흙을 말리는 정도가 아니라 구워서 견고함을 극대화했고, 벽돌과 벽돌 사이를 접착시킬 재료(역청)도 발견했다. 탑만 건설하는 것이 아니라 그 아래에 탑을 지원할 수 있는 성읍, 즉 도시도 건설했고, 고도로 발달한 공장이나 시장도 생겼다.

"여호와께서 사람들이 건설하는 그 성읍과 탑을 보려고 내려오셨더라. 여호와께서 이르시되 이 무리가 한 족속이요 언어도 하나이므로 이같이 시작하였으니 이 후로는 그 하고자 하는 일을 막을 수 없으리로다. 자, 우리가 내려가서 거기서 그들의 언어를 혼잡하게 하여 그들이 서로 알아듣지 못하게 하자 하시고"(창 11:5-7).

하나님께서 그들이 건설한 성읍과 탑을 보시고서는 "그 하고자 하는 일을 막을 수 없으리로다"라고 말씀하셨다. 인간의 엄청난 가능성과 한계 없는 능력에 대한 경고였다. 그런데 인간이 그런 일을 할 수 있게 된 원동력은 '언어'였다. 언어에는 창조의 힘이 있었다. 하나님께서 하신 말씀을 다른 번역으로 읽어보자.

"이렇게 말씀하셨다. 저들은 한 민족이며 하나의 동일한 언어를 사용하고 있다. 그래서 저들이 이런 일을 시작하였으니 앞으로 마음만 먹으면 해내지 못할 일이 없을 것이다"(새번역).

"생각하셨다. 사람들이 한 종족이라 말이 같아서 안 되겠구나. 이것은 사람들이 하려는 일의 시작에 지나지 않겠지. 앞으로 하려고만 하면 못할 일이 없겠구나"(공동번역).

인간이 가진 능력이 무한대로 이루어질 수 있게 되었는데, 그것은 인간이 가진 생각의 힘이었고, 그 생각을 실제화해낼 수 있는 언어의 힘이었다. 그러니까 인간이 언어를 가지고 있는 한 인간의 가능성은 무궁무진한 것이었다. 하나님은 그런 인간이 가진 의도를 좋지 않게 보았다. 그렇다면 인간이 만들어놓은 탑과 성읍은 무엇을 목적으로 하고 있었던 것일까?

인간이 목표로 한 것은 세 가지였다. 하나는 탑 꼭대기를 하늘에 닿게 하는 것, 두 번째는 그들의 이름을 내는 것, 세 번째는 온 지면에 흩어짐을 면하는 것이었다. 오늘날 아무리 높은 빌딩이 있어도 하늘에 닿지는 않는다. 지상에서 10km까지를 대류권이라고 하는데, 세상에서 제일 높은 산이라도 대류권 안에 있으며 비행기도 이곳을 거의 벗어나지 않는다. 10km에서 50km까지를 성층권이라고 하며, 여기에 오존층이 있다. 50km에서 80km까지를 중간권이라고 하여 약간의 구름이 있기는 하지만 여기서부터 기상현상은 더 이상 일어나지 않는다. 80km에서 1000km까지는 열권인데, 강력한 태양풍 때문에 원자가 전리되어 전리층이라고도 부른다. 이 지역에서 오로라가 생긴다. 1000km이상 되는 지점을 외기권이라고 하여, 이제부터는 우주 공간이라고 볼 수 있다. 지구에서 가장 높은 에베레스트산은 8848m, 즉 8.8km이다. 인간이 에베레스트산에만 올라도 기압과 기온 때문에 숨쉬기가 어렵다. 바벨탑이 아무리 높아도 에베레스트 산을 따라잡지 못할 것이다. 그들의 첨단 과학으로 높게 탑을 쌓으면 쌓을수록 그곳에서는 인간이 숨쉬거나 버티기가 어렵게 되어 있다. 그러니까 그냥 내버려두면 바벨탑 프로젝트는 망하기 마련이었다. 그러므로 하나님은 하늘 끝까지 뻗은 탑을 두려워한 것이 아니라 그들의 두 번째, 세 번째 목표인 이름을 내는 것, 지면에 흩어지지 않으려는 것 때문에 걱정하신 것이다.

인간이 '우리 이름을 낸다'고 할 때 그 이름이 의미하는 바는 자신의 명예, 권세, 권력을 추구하는 것이다. 인간의 인간에 대한 억압과 착취는 이 이름으로 인한 때가 많다. 온 하늘에 비하면 먼지보다 작은 인간의 삶에 그 이름 하나 높이겠다는 욕망을 발현하는 순간 인간은 사탄의 노예가 된다. 이름을 높이려고 하다가 욕심을 부리고 추해지고 망해간다. 이름을 높이려다 이름의 노예가 되어 본인도 타인도 모두 불행하게 만든다. 세 번째 목표인 온 지면에 흩어짐을 면하는 것은 어떤가? 인간은 함께 있을 때 강하고, 함께 있을 때 적을 물리칠 수 있다. 함께 모여 있는 것은 좋은 것이 아닐까? 그러나 그것은 하나님의 의도가 아니셨다. "생육하고 번성하라"(창 1:22,28, 8:17, 9:1,7, 17:20, 28:3,

35:11, 47:27, 48:4 참조)는 명령은 창세기에만도 열 번이나 반복된다. 창세기의 주제는 '생육과 번성'이다. 인간은 생육하고 번성해야 한다. 즉 흩어져야 한다. 온 지면에 흩어져 그곳에서 하나님의 뜻을 이루어야 한다. 인간을 흩을 수 있는 방법으로 하나님은 언어를 혼잡하게 하는 것을 택하셨다.

> "자, 우리가 내려가서 거기서 그들의 언어를 혼잡하게 하여 그들이 서로 알아듣지 못하게 하자 하시고"(창 11:7).

인간의 능력이 못할 게 없을 정도로 거침없어 질 때 하나님은 그들의 언어를 뒤섞어 서로 말을 알아듣지 못하게 함으로써 더는 탑을 쌓지도, 그들의 이름을 날리지도, 한곳에 똘똘 뭉쳐 머무르지도 못하게 하셨다. 그렇다면 "언어를 혼잡하게 했다"는 것은 어떤 의미일까? 여기에서 한국어, 중국어, 영어, 일어, 독일어 등이 갈라지게 되었다고 얘기하는 경우가 있다. 한편으로는 맞고 한편으로는 틀리다. 물론 하나의 언어에서 발전하고 진화되어 여러 언어가 된 이유를 여기에서 찾을 수도 있다.

언어와 관련된 책을 많이 쓰고, 특히 영어에 대해 깊이 천착한 작가 필립 구든은 「세계사를 품은 영어 이야기」라는 책에서 18세기의 언어에 대한 연구로 인도-유럽어라는 조상 언어가 있었고, 그 언어로부터 매우 다양한 언어가 파생되어 북반구 곳곳으로 퍼져나갔다고 말한다 (필립 구든, 「세계사를 품은 영어 이야기」, 콘텐츠크루, 2015, p.9).

그렇다면 바벨탑 이야기가 역사적인 사실일까? 세계 모든 사람이

한 가지 언어를 사용하던 때가 정말 있었을까? 그에 대한 정답은 결코 얻지 못할 것이다. 하지만 적어도 북반구에서는 좀 더 확실한 답을 찾을 수 있다. 서아시아, 중동, 인도 아대륙, 유럽을 아우르는 지역의 언어 가운데 대부분은 수천 년 전 하나의 조상 언어에서 비롯되었을 가능성이 크기 때문이다. 이 지역 언어들의 대부분은 사라졌다. 하지만 살아남은 언어는 하나같이 조상 언어와 공통점을 찾을 수 없을 정도로 변화했다. 지금도 계속해서 달라지고 있다. 언어는 생물과 같아서 끊임없이 변화하기 때문이다. 그리고 수천 년 전에 쓰던 '한 가지 말'에서 비롯된 언어 가운데 오늘날까지 가장 큰 성공을 거두고 널리 사용되는 것은 누가 뭐래도 영어다(앞의 책, p.10).

언어도 살아 있는 생물처럼 진화하고 변화하고 생성 소멸한다. 그래서 언어의 조상으로 올라가면 창세기 11장을 만나게 될지도 모른다. 그러나 하나님께서 언어를 흩으셨다는 의미를 다양한 언어로 분화시키셨다는 해석보다 의사소통이 안 되도록 했다는 의미로 보는 것이 타당할 것이다. 예를 들어 "벽돌을 하나 올려줘"라고 했는데, 듣는 사람에게는 "Give me a stone"이라고 들려서, 이때 듣는 사람은 영어를 몰라 엉뚱하게 도시락을 올려주는 의미가 될 것이다. 이런 언어의 이질화는 나중에 사도행전 2장에서 드라마틱하게 역전된다. 다양한 언어를 사용하는 유대인들이 성전에 모였다가 예수님의 제자들이 자기네 나라말로 알아듣게 얘기하는 것을 듣게 된다. '성령의 임재' 때문이다. 가슴이 뭉클해지는 장면이 아닐 수 없다.

그러나 또 한편 이런 생각도 해본다. 의사소통에 방해가 되면 같은 나라 말을 사용해도 못 알아듣는 경우가 있다. 우리는 흔히 같은 한국어를 쓰면서도 의사소통이 안 되는 경우를 자주 본다. 그것도 아주 가까이에 있는 사람들끼리 답답함을 호소하는 경우가 잦다. 서로에게 못마땅한 부부는 무슨 얘기를 해도 이해를 못한다. 자녀가 마음에 들지 않는 부모는 자녀들이 무슨 말을 해도 좋게 여겨지지 않는다. 부모가 성에 차지 않는 자녀들은 부모의 어떤 말도 믿지 않는다. 같은 한국어라도 그렇다. 이것은 신뢰의 문제이다.

바벨탑을 쌓고 있는 이들의 언어가 혼잡하게 되었다. 아래에서 "벽돌을 하나 올려줘"라고 했는데, 아래 있는 사람이 '저 녀석이 그 벽돌을 나에게 던질 거야'라고 받아들이면 벽돌을 올려주지 못한다. 그리고 머잖아 공사는 중단된다. 그들의 생각이 악할 뿐이므로 그들은 서로를 신뢰하지 못해서, 결국 마음에 맞는 상대끼리 뿔뿔이 흩어져버리게 되었다. 그러니까 바벨탑 사건은 단지 언어가 분화되고 다양한 외국어가 생겨났다는 의미이기보다는 교만한 인간이 서로의 신뢰를 깨뜨린 사건을 신랄하게 꼬집는 사건이라고 할 수 있다.

그들은 무한한 능력을 가지고 당시 최첨단의 과학적인 방식으로 하늘까지 탑을 쌓으려 했다. 그들의 이름을 높여 명예와 권력을 추구하려고 했다. 하나님의 뜻보다는 한곳에 모여서 자신들의 힘을 최대화하려고 했다. 그런데 엉뚱하게도 그들의 언어가 혼잡해지고, 그들의 신뢰가 깨어지고, 의사소통에 방해가 되자 그들은 흩어졌다. 여전히 인간은 '선'보다는 '악'을 택하는 데 더 익숙했다. 그들이 세운 탑의 이름이 '바벨', 즉 '혼잡'(confusion)이라는 말처럼 여전히 혼란스럽고 어지러운 상태가 지속되고 있었다.

>>> Chapter _ 08

세상의 처음 영웅 이야기

혼란스럽고 어지러운 상태에 놓인 '인간의 이야기' 가 바벨탑이라면 혼란스러운 시대를 틈타 자신의 악행으로 세상을 어지럽힌 '한 무리의 사람들 이야기' 가 바로 니므롯이다. 니므롯에 대해서 이야기하고 있는 본문은 창세기 10장 6절에서 12절까지다.

"함의 아들은 구스와 미스라임과 붓과 가나안이요 구스의 아들은 스바와 하윌라와 삽다와 라아마와 삽드가요 라아마의 아들은 스바와 드단이며 구스가 또 니므롯을 낳았으니 그는 세상에 처음 영걸이라. 그가 여호와 앞에서 특이한 사냥군이 되었으므로 속담에 이르기를 아무는 여호와 앞에 니므롯 같은 특이한 사냥군이로다 하더라. 그의 나라는 시날 땅의 바벨과 에렉과 악갓과 갈레에서 시작되었으며 그가 그 땅에서 앗수르로 나아가 니느웨와 르호보딜과 갈라와 및 니느웨와 갈라 사이의 레센(이는 큰 성이라)을 건축하였으며" (개역한글).

니므롯은 함의 맏아들인 구스의 아들이다. 그러니까 노아의 증손자가 된다. 구스의 아들로는 스바, 하윌라, 삽다, 라아마, 삽드가가 있으며, 그 외에도 "구스가 니므롯을 낳았으니"라고 따로 언급하고 있다. 성경에서 누군가의 아들이 나열될 때는 그 아들 전부를 빠짐없이 열거해서 보여주는데, 니므롯인 경우는 다섯 명의 아들들 이름을 정열한 뒤에 별도로 니므롯을 언급하고 있다. 니므롯을 특별히 취급한다는 인상을 준다. 그리고 창세기 10장에 나오는 수많은 이름 중에 니므롯은 무려 다섯 절에 걸쳐서 비중 있게 다루고 있다.

그 다섯 절 안에는 니므롯이 점령한 나라들이 나오는데 바벨, 에렉, 악갓, 갈레에서부터 앗수르, 니느웨, 르호보딜, 갈라, 레센으로 이어지는 나라들로 거의 열 개에 이른다. 니므롯과 관련된 나라에는 바벨론이라든가, 앗수르 같은 나중에 거대 제국을 이루는 나라들도 포함되어 있기 때문에 니므롯이 바로 그 제국들의 시작점일 수도 있다. 앗시리아 제국, 바빌론 제국 등이 니므롯이라는 한 사람의 손에서 시작되었다면 그 사람은 얼마나 대단한 사람인가!

니므롯에 대한 성경의 평가를 살펴보자. "그는 세상에 첫 용사라. 그가 여호와 앞에서 용감한 사냥꾼이 되었으므로 속담에 이르기를 아무는 여호와 앞에 니므롯 같이 용감한 사냥꾼이로다 하더라." 속담이란 그 시대 공동체의 삶 속에서 회자되는 짧은 경구로써 공통의 경험에서 드러난 가치와 견해, 교훈과 신념이다. 짧은 말 속에 시대상을 담고 있고, 그 시대상 속에 누리고 있는 일정 부분의 진리를 담고 있다. 누군가가 특별한 힘과 영특함을 보여주면 당시의 사람들은 "이 녀석 여호와 앞에 니므롯 같은 특이한 사냥꾼이로군"이라고 말했다. 오늘날 우리는 이런 속담을 사용하지 않지만 당시 사람들은 광범위하게 이 속담을 회자했다. 더욱이 니므롯이 바벨탑 사건이 일어나기 전의 인물이라면 한 언어를 쓰는 모든 인류가 이 속담을 공유하고 있었을 터였다. 전 인류가 다 아는 속담, 그만큼 니므롯은 유명한 사람이었다. 그래서 이 속담은 단지 속담의 기능을 넘어선다. 시대를 이끌고 시대를 반영했던 한 영웅을 보여준다. 그가 바로 니므롯이다.

니므롯은 바벨이라든가 앗수르, 니느웨 같은 유명한 나라(또는 도시)들을 세워서 후대에 거대 제국의 발판을 다졌고, 당시에는 모든 사람이 알았을 다른 여러 나라(또는 도시)들을 세웠다. 레센이라는 도시는 얼마나 컸던지 아예 대놓고 '큰 성'이라고 성경이 기록하고 있다. 평범한 사람은 한 도시에 살기에도 버겁고, 비범한 사람은 평생 한 도시를 세우는 정도의 성과만으로도 대단한 일인데, 니므롯은 후대에 유명한 나라(또는 도시)를 세 개 이상 세웠고, 당대에 유명한 나라(또는 도시) 다섯 개를 세웠으며, 모든 사람이 인정하는 거대 도시도 하나 세웠다. 이것은 도저히 한 사람으로서는 불가능한 어마어마한 업적이 아닐 수 없다. 그렇다면 니므롯은 어떻게 이 거대한 역사를 이루었을까?

우리는 당시 회자되던 속담을 통해 그 질문에 답을 유추해볼 수 있다. 다시 한번 성경의 증언을 주목해보자. "그는 세상에 처음 영걸이라. 그가 여호와 앞에서 특이한 사냥군이 되었으므로 속담에 이르기를 아무는 여호와 앞에 니므롯 같은 특이한 사냥군이로다 하더라." 이때의 시대적 배경은 노아 홍수 이후 4대 후손쯤이 지난 시점이었다. 대략 120년에서 150년 정도의 세월이 흐른 뒤라고 생각할 수 있다. 하나님은 홍수와 같은 재앙을 다시는 일으키지 않기로 약속하셨고, 땅은 기름지고 토지 생산품은 절정을 이루었다. 인간이 세상 곳곳으로 흩어져서 생육하고 번성한 것처럼 다양한 종의 다양한 동물도 세상 곳곳으로 번성해 나갔다.

홍수 이후에 육식도 허용됐기 때문에 이제 인간들은 단백질과 지방을 섭취하기 위해 마음껏 사냥할 수 있게 되었다. 처음에 인간들은 수렵하는 것을 꺼렸을 것이다. 지천에 널린 나무의 열매와 채소로 배부르게 먹을 수 있기 때문이었다. 그러나 채식을 하는 사람과 육식을 하는 사람의 에너지의 양은 달랐다. 누군가가 동물을 잡아먹으며 힘을 과시하기 시작했고, 그것은 인간의 사냥 본능을 자극했다. 그때 어릴 때부터 남다른 육체적 힘과 능력을 보유했던 구스의 아들인 니므롯이 사냥이란 세계에서 일대 혁명을 일으키기 시작한다.

니므롯이 어떤 도구를 사용했는지 우리는 알 수가 없다. 그러나 그는 타고난 재능과 비상한 능력으로 수많은 사냥을 해냈고, 많은 사람의 환호를 얻어냈다. '특이한 사냥군' 이란 말의 히브리 원어는 '깃보르' 라는 말로 '전능한(mighty), 위대한(great), 강한(strong), 용감한(valiant)' 등으로 번역될 수 있다. 니므롯이 가진 사냥에 대한 기질과 능력은 동시대 사람들의 마음을 얻었고, 그들의 잠재력을 끌어내어 그들로 하여금 사냥에 동참하게 했을 뿐 아니라 그들 자신도 상상하지 못했던 거대한 도시와 국가들을 형성할 수 있도록 인간의 가능성을 최대한으로 끌어냈다. 그렇게 해서 니므롯은 최초의 영걸이 된다.

여기에서 '영걸' 이란 말은 다른 번역서에서는 '용사, 장사, 정복자' 라고 되어 있다. 신기하게도 이 역시 히브리어로 '깃보르' 라고 되어 있다. 특이한 사냥꾼이란 말 자체가 '영걸' 인 셈이며, '투사(champion), 족장(chief), 뛰어난 자(excel), 거인(giant), 능력자(mighty man), 강한 자, 독재자(strong man)' 등으로 번역이 가능하다. 니므롯은 힘과 용맹에서 뛰어났고, 사람들을 끌어들여 그들의 능력을 극대화시킬 수 있는 능력이 있었다. 그야말로 영웅의 탄생이었다.

우리가 알다시피 역사 속에는 수많은 영웅이 명멸했다. 그들은 무너진 사회를 새롭게 일으키고, 어지러운 나라를 세우며, 악한 적들을 물리쳐 나라를 구하는 등의 일을 했다. 난세에 영웅이 난다고 했다. 나라와 사회가 위기에 처할수록 영웅의 활약은 두드러지고, 많은 사람은 영웅의 탄생을 기대한다. 수많은 영웅이 세계를 움직였고, 지금도 세상은 영웅을 기대하고 있다. 그러나 과연 그것은 사실일까?

영웅에는 두 종류가 있다. 어려운 세상을 구해낸 영웅이 있는가 하면 반사회적이고 비정상적인 영웅도 있다. 풍전등화의 위기 속에서 조선을 구해낸 이순신은 성웅(聖雄)으로까지 호칭되는 최고의 영웅이다. 이순신 장군이 없었다면 조선은 사라지고 없었을 것이다. 수나라의 수양제가 300만 명에 이르는 세계에서 유래 없는 병력으로 고구려를 침략했을 때 이에 맞서 싸워 이긴 을지문덕 장군 역시 영웅이며, 요나라 거란의 소배압 10만 대군을 물리친 강감찬 장군 역시 그에 못지않은 영웅이다. 16세의 나이에 백년전쟁에 참여하여 프랑스를 구해낸 잔 다르크 역시 구국의 영웅이며, 나치에 저항한 레지스탕스 조직들 역시 영웅이다. 이렇게 나라를 구한 영웅들은 어려운 세상에 단비 같은 존재이다.

반면에 시대를 어지럽힌 히틀러 같은 사람도 처음에는 영웅이었고, 나폴레옹이나 알렉산더 같은 사람들도 논란의 여지가 있으나 어쨌든 나름대로 영웅이었다. 그러나 반사회적인 영웅이야 말할 것도 없지만 세상을 구해낸 영웅들 역시 과연 그들이 절대적으로 필요한 존재들인가 하는 의문이 든다.

독일의 극작가이자 시인인 브레히트는 영웅과 관련된 이런 명언을 남겼다. "영웅이 없는 사회가 불행한 것이 아니라 영웅을 필요로 하는 사회가 불행한 사회이다." 이순신이나 을지문덕, 강감찬, 잔 다르크 등 모든 영웅은 전쟁이 낳은 영웅들이며, 전쟁에는 어쩔 수 없이 희생자가 나올 수밖에 없다. 한두 명의 영웅에 대한 찬가를 부르기 전에 그 영웅을 받들기 위해 수없이 많이 사라져간 이름 없는 사람들을 기억해야 한다. 그리스, 로마 신화에 등장하는 아킬레스, 핵토르, 트로이 등의 영웅들 아래 허비되고 사그라진 수많은 사람이 있으며, 삼국지에 등장하는 소수의 영웅에 가려진 많은 사람의 죽음 또한 얕보아선 안 된다.

어느 누구인들 죽으려고 전쟁에 끌려간 사람이 있을까? 세금을 대신하기 위해 아무 힘없는 사람들이 강제로 끌려가서 죽음에 이르렀고, 그들은 시대의 희생양이 되었다. 그래서 제갈공명은 자신을 영웅으로 만들어주기 위해 몰살당한 수많은 사람을 보면서 "무고한 생명을 앗아간 나 역시 하늘의 명대로 살 수는 없을 것이다"라고 한탄했다. 영웅 때문에 많은 사람이 죽었고, 그 영웅이 많은 사람을 죽였으며, 영웅이 탄생한 시대는 많은 피를 받아먹고 자란다. 오디세이아, 일리아드, 삼국지 같은 신화와 영웅담 속에는 우리가 익히 알고 있는 아킬레스, 헤라클레스, 유비, 관우, 장비가 있고, 역사 속에는 느부갓네살, 고레스, 알렉산더 같은 영웅들이 있다. 그러나 그 이름들 아래 죽어간 수많은 사람의 이름 없는 아픔도 분명히 있다. 영웅들의 세상을 정복하려는 의도로 인해 많은 사람이 죽었고, 어지러운 세상을 살리고자 하는 또 다른 영웅들로 인해 더 많은 사람이 죽었다.

그렇다면 여기서 한 가지 묻자. 세상은 누구의 것인가? 영웅의 것인가? 그렇지 않다. 이미 하나님께서 이 세상을 정복하셨다. 그 누구도 세상을 정복할 수 없다. 그들은 주인이 될 수가 없다. 영웅을 필요로 하는 사회는 거대한 사회적인 악이 지배하는 사회이며, 그 악을 다스리기 위해 나타난 영웅으로 많은 사람이 죽어갔다. 니므롯이라는 영웅 뒤에 우리는 보이지 않는 수많은 무명의 사람들의 죽음과 슬픔을 느낄 수가 있다. 니므롯이 세운 유명한 나라(또는 도시)들은 그 나라의 명성만큼이나 많은 사람의 희생과 피와 눈물이 있었음을 짐작할 수 있다. 니므롯으로 대표되는 '한 무리의 사람들'이 니므롯을 만들고 추종하고 영웅시하는 동안 세상은 그만큼 어지럽혀졌다. 니므롯이 언급되는 성경의 또 다른 부분은 미가서 5장 6절이다.

"그들이 칼로 앗수르 땅을 황폐하게 하며 니므롯 땅 어귀를 황폐하게 하리라. 앗수르 사람이 우리 땅에 들어와서 우리 지경을 밟을 때에는 그가 우리를 그에게서 건져내리라."

니므롯이 만든 수많은 제국과 거대 도시들 중에 앗수르라는 땅(나라)은 얼마나 이스라엘을 괴롭혔던지, 이스라엘을 황폐하게 하고, 망하게 하며, 그 속에 사는 사람들을 죽이고, 여자를 강간하여 후대에 유대인과 사마리아인 사이의 골 깊은 반목과 질시의 원인이 된다. 앗수르라는 나라가 누구의 땅인가 하면 바로 니므롯의 땅이라고 미가서는 언급하고 있다. 그러나 때가 되면 영웅 니므롯은 사라질 것이며, 그가 세운 나라 역시 황폐하게 할 것이라고 성경은 예언하고 있다. 그렇다면 그 사람 역시 영웅일까? 그래봐야 여전히 세상을 어지럽히는 새로운 무리의 탄생은 아닐까? 미가서 5장 2절을 보자.

> "베들레헴 에브라다야 너는 유다 족속 중에 작을지라도 이스라엘을 다스릴 자가 네게서 내게로 나올 것이라. 그의 근본은 상고에, 영원에 있느니라."

이 말씀은 예수님의 탄생을 예고하는 대표적인 말씀 중에 하나이다. 동방의 박사들이 별을 보고 왕의 탄생을 축하하러 예루살렘에 이르렀을 때 헤롯 왕의 보좌진들이 미가서의 말씀을 기억하고, 그 왕이 '베들레헴'에서 탄생할 것을 이야기해준다. 동방 박사들은 베들레헴으로 가서 그곳에서 아기 예수께 경배하게 된다. 경이로운 순간이다. 바로 그 예수님께서 니므롯으로 대변되는 거대한 나라들, 앗수르를 비롯한 수많은 나라를 황폐하게 만든다는 게 미가서의 골자인 것이다. 예수님도 그렇다면 영웅일까? 그분은 어떤 방식으로 세상을 이끌게 될까? 마가복음 10장 42~45절에 예수님의 방식이 소개되고 있다.

"예수께서 불러다가 이르시되 이방인의 집권자들이 그들을 임의로 주관하고 그 고관들이 그들에게 권세를 부리는 줄을 너희가 알거니와 너희 중에는 그렇지 않을지니 너희 중에 누구든지 크고자 하는 자는 너희를 섬기는 자가 되고 너희 중에 누구든지 으뜸이 되고자 하는 자는 모든 사람의 종이 되어야 하리라. 인자가 온 것은 섬김을 받으려 함이 아니라 도리어 섬기려 하고 자기 목숨을 많은 사람의 대속물로 주려 함이니라."

거대한 제국들에 맞서는 예수님의 방식은 놀랍게도 영웅이 행했던 그것과는 사뭇 다른 방식이었다. 권력자와 능력자들이 권세를 부리고 힘을 과시하며 그들의 제국을 번성하게 할 때 예수님은 제자들에게 진실된 힘이란 오히려 섬기고 낮아지고 종이 되는 것이라고 역설하신다. 그러면서 예수님이 오신 것은 영웅이 되고자 함이 아니라 오히려 낮아지고 섬겨주고 목숨까지도 내어주려고 하셨음을 분명히 하신다.

세상은 니므롯의 방식을 좋아한다. 세상은 자신의 세력을 뻗치고 힘으로 규합하며 필요하면 얼마든지 복수하면서 점점 더 그런 방식을 선호하고 있다. 세상은 더욱더 니므롯 같은 정복자, 용사, 영웅을 기다리고, 그 영향력은 점점 더 커져가고 있다. 어쩌면 모든 사람이 그 방식을 선호하고 있는지도 모른다. 그러나 예수님을 따르는 사람들은 니므롯을 거절해야 한다. 영웅을 옹호하고 추종하는 방식을 과감하게 버려야 한다. 영웅 니므롯도 거대한 바벨탑도 다 사라지고 없다. 이 시대에 우리가 떠받들고 있는 영웅이 있다면 그도 곧 사라지고 말 것이다. 영웅 니므롯이 우리에게 던져주는 교훈이다.

Chapter 09

셈에서 데라까지

이제 창세기 11장의 바벨탑 사건 이후의 내용(10-26절)을 살펴보자. 노아의 세 아들 중에서 둘째와 셋째를 제외하고 성경의 시각은 장자 '셈' 의 족보에 집중한다. 셈부터 아브라함까지의 족보를 아래의 표에 정리해 보았다. 노아가 아담의 10대손이니까 셈은 11대가 된다.

> 셈(11대) - 아르박삿(12대) - 셀라(13대) - 에벨(14대) - 벨렉(15대) -
> 르우(16대) - 스룩(17대) - 나홀(18대) - 데라(19대) - 아브라함(20대)

셈부터 시작해서 아담의 20대 자손으로 가면 아브라함이라는 익숙한 이름을 접하게 된다. 그 사이에 있는 8명의 아브라함의 조상들은 성경에서 큰 비중을 차지하는 인물들이 아니다. 창세기 11장의 족보는 이들보다 윗세대인 셋에서 노아까지를 기록하고 있는 창세기 5장보다 비중이 적다. 그러나 우리는 이곳에서도 몇 가지의 교훈을 얻을 수 있다.

첫째로 창세기 5장과의 확연한 차이점을 있는데, 창세기 5장의 족보가 "죽었다"라고 되어 있다면 창세기 11장에는 "낳았다"라고 되어 있다. 가령 "그(셋)는 구백오 세를 살고 죽었더라"(창 5:11)고 되어 있다면 "(아르박삿은) 셀라를 낳은 후에 사백삼 년을 지내며 자녀를 낳았으며"(창 11:13)라고 되어 있다. 창세기 5장의 대부분 인물들이 천 살에 가까운 나이까지 살았지만 그들의 결론은 "죽었다"이다. 아무리 오래 살아도 죽을 수밖에 없는 인간임을 보여주지만 11장에 와서는 죽음에서 낳음(생명)으로 성경의 시각이 바뀌는 것을 볼 수 있다.

그렇다면 홍수 이후에 평균연령이 줄었는가 하면 확실히 줄기는 했으나 오늘날과 비교하면 결코 적은 나이가 아니다. 셈은 홍수 후 2년, 즉 백 살에 아르박삿을 낳고, 이후 5백 년을 더 살았다. 셈은 6백 살까지 살았다. 홍수 이전의 조상들에 비하면 절반 정도이지만 이 역시 적은 나이가 아니다. 아르박삿은 35세에 아들 셀라를 낳고 430년을 더 살고 죽었다. 그의 향년은 465세이다. 셈부터 아브라함의 아버지 데라까지를 정리해보면 오른쪽 표와 같다.

이렇게 되고 보니 여기에서도 흥미로운 사실을 발견하게 된다. 아르박삿이 35세에 셀라를, 셀라는 30세에 에벨을, 에벨은 34세에 벨렉을 낳았고… 이런 식으로 계산을 하면 데라가 70세에 아브라함을 낳았으므로 35+30+34+30+32+30+29+70=290년, 즉 아르박삿의 나이 290세에 아브라함이 태어났다는 얘기가 된다. 아르박삿이 465세까지 살았으므로 아브라함이 100세에 이삭을 낳을 때도 살아 있었고(아르박

몇 대손	이름	첫 아들 낳을 때 나이	그 후에 살았던 햇수	죽은 나이
12대	아르박삿	35세	430세	465세
13대	셀라	30세	430세	460세
14대	에벨	34세	430세	464세
15대	벨렉	30세	209세	239세
16대	르우	32세	207세	239세
17대	스룩	30세	200세	230세
18대	나홀	29세	119세	148세
19대	데라	70세	205세	275세

삿의 나이 390세), 이삭이 에서와 야곱 쌍둥이를 육십에 낳았으므로 그 때에도 아르박삿이 생존했다는 얘기가 된다.

그렇다면 셈의 경우는 어떨까? 셈은 100세에 아르박삿을 낳았고, 6 백 살까지 살았으니까 셈의 나이 390세에 아브라함이 태어났고, 490세 에 이삭이 태어났으며, 550세에 에서와 야곱 쌍둥이가 태어났다. 그때 에도 셈은 여전히 살아 있었다는 얘기가 된다. 그리고 그 윗세대인 노 아에 대해서 생각해봐도 노아는 500세에 셈을 낳았고, 그 후 390년이 지나서 아브라함이 태어났는데, 그때 노아 나이 890세, 노아는 950세 까지 살았으므로 아브라함이 태어날 때도 여전히 살아 있었다! 만약 근 처에서 살고 있었다면 노아는 자신의 11대 손 아브라함이 태어나는 것 을 보았을 수도 있다. 노아는 아브라함이 태어났을 때 890세였고, 앞으 로도 60년이란 세월을 살아야 했다. 이것은 트릭이 아니라 단순히 덧셈만 해도 알 수 있는 사실이다. 여기서 두 번째 교훈이 나온다.

성경은 왜 첫 아들을 낳을 때의 나이와 죽을 때의 나이를 정확히 기록해 놓음으로써 연대 계산을 할 수 있도록 해놓았을까? 정확히 계산을 해서 얻을 수 있는 유익은 무엇일까? 우선은 정확한 계산을 할 수가 없다는 것을 얘기하고 싶다. 연대 계산을 할 수는 있게 해놓았다고 방금 말했지만 여전히 의문점들은 남아 있다. 족보는 창세기 5장과 11장 외에도 역대 상하 등 성경 곳곳에서 발견이 된다. 그런데 때로는 창세기와 역대기의 족보가 안 맞을 때가 있다. 이름이 중간이 바뀌거나 빠지는 것은 물론이고, 어떤 때는 누구의 아버지로 되어 있다가 어떤 때는 할아버지로 되어 있기도 하다. 창세기에서 이루어진 연대 계산이 역대기에서 꼬이기도 한다.

아브라함 이후에는 2백 살을 산 사람이 드문데, 유다의 아들 베레스부터 다윗까지를 보여주는 룻기 4장 후반부의 족보는 연대 계산을 도저히 할 수 없을 정도로 불명확하다. 성경의 연대뿐만 아니라 당시 세상의 역사와도 조화를 이루어야 하는데 단지 몇 살에 아들을 낳고, 몇 살에 죽었다는 정도의 정보만 가지고 연대를 측정하기에는 무리가 따른다. 그렇다면 창세기 11장에서 첫 아들을 낳을 때의 나이와 죽을 때의 나이를 명확하게 기록해놓은 이유는 연대기적으로 계산하기 위함이 아니란 것을 알 수 있다. 그렇다면 무슨 이유 때문일까?

그것은 특별한 의도를 가지고 있다는 사실을 암시한다. 창세기 5장이 죽음의 족보라면 창세기 11장은 낳음, 즉 생명의 족보이다. 그러나 그럼에도 여전히 인간에게는 한계가 많다는 것을 보여준다. 인간은 죽을 수밖에 없는 존재이며 인간이 살아 있더라도 죽은 것과 다름없는 존재이다. 아르박삿이 살아 있는 동안 11대 후손인 야곱이 태어났다. 아르박삿의 아버지인 셈은 아들보다 25년을 더 오래 살았기 때문에 아브라함과 이삭과 야곱과 함께 40년간을 더 살 수 있었다.

노아는 어떨까? 노아 역시 살아 있는 동안 아브라함이 태어나는 것을 볼 수 있었고, 아브라함과 60년 동안 살 수 있는 시간이 주어졌다. 이것은 지금 현재 이순신 장군이나 세종대왕이 대한민국 어딘가에 살아 있다는 것과 비슷한 일이다(2018년으로 계산을 하면 이순신 장군은 현재 473세, 세종대왕은 현재 621세가 된다. 셈은 600세, 노아는 950세에 죽었다). 오늘날의 복잡하고 어려운 문제와 상황에 처했을 때 우리는 이순신 장군을 만나고 세종대왕에게 조언을 구할 수 있는 것이다! 아브라함의 아버지 데라가 고민에 빠졌을 때, 아브라함이 앞길을 헤매고 있을 때, 이삭의 인생에서 어려움이 닥쳐올 때, 야곱이 고생하고 아파하고 있을 때 이들은 자기의 조상인 아르박삿, 셈, 노아를 만날 수 있었다. 후손들이 찾지 않으면 선조들이 후손을 만나면 된다. 셈이 이삭에게, 노아가 아브라함에게 하나님의 뜻이 무엇인지, 어떻게 사는 것이 바른 삶인지를 가르쳐줄 수 있었다. 적어도 노아와 셈, 함, 야벳은 모두 여호와의 신앙이 있었고, 홍수와 방주라는 기적을 직접 경험한 사람들이었다. 그들은 평생 자손과 자손들에게, 오고 오는 세대들에게 자신이 만난 하나님에 대해서 가르쳐주어야 했다.

그러나 그들은 그러지 못했다. 버젓이 살아 있음에도 죽은 자보다 못했다. 살아 있으나 아무런 영향력이 없는 존재로 전락하고 말았다. 살아 있는 화석으로 기능할 뿐이었다. 무엇 때문인가? 가르쳐주지 못했기 때문이다. 멀리 10대 이후 자손이 아니어도 노아의 가까운 자손들 중에서 니므롯(창 10:8)이 나오고, 바벨론(창 10:10)이 나오고, 앗수르(창 10:22)가 나온다. 그들은 하나님을 떠나고 하나님을 대적하는 후손들이 된다. 노아 때부터 시작되었어야 할 신앙의 바른교육이 세대를 거듭하면서 낳음(생명)의 족보는 되었지만 선함과 신실함, 바름과 옳음에 대한 낳음(생명)으로는 이어지지 못했기 때문이다.

인간은 한계를 지닌 존재이다. 9백 살을 넘어 천 년 가깝게 살아도, 그 절반이 되는 500년 가까이 살아도 그래봤자 죽는 존재에 불과하다. 자신이 아무리 발버둥 쳐도 자식 세대가 지나면 어떤 영향력도 미치지 못하는 존재에 지나지 않는다. 죽는 존재, 하나님의 은혜가 없으면 아무리 대단해 보여도 아무것도 아닌 존재, 끊임없이 등락을 거듭하면서 그렇게 올라가봐야 그 정도밖에 안 되는 존재, 믿을 수 없는 존재가 바로 인간임을 창세기 11장의 족보는 역설(力說)하고 있다. 오직 예수 그리스도 외에는 그 어떤 인류의 대단한 존재도 아무것도 아니라는 것을 이 족보는 웅변해주고 있는 것이다. 이것이 두 번째 교훈이다.

마지막 세 번째 교훈이 있다. 인간이 인간 스스로 안 되기 때문에 드디어 하나님은 자신의 계획을 새롭게 세우신다. 자랑스러운 셈의 족보는 창세기 11장 10절부터 강한 낙관(落款)처럼 새겨진다. 한 사람 한 사람이 마치 그 시대를 책임지겠다는 듯이 "___을 낳은 뒤에 ___년을 더 살면서 아들딸을 낳았다"라는 말이 반복된다. 굉장한 다산성의 사회였다. 평균 수명에 비해서 일찍 첫 아들을 낳고, 그 후에 아들과 딸을 구별하지 않으며 계속해서 자손들을 낳는 패턴이 거듭되었다. 이런 시대에 장자들은 어떤 마음가짐이 있을까? 자식을 많이 낳아야 한다는 막중한 책임감이 있었다.

그런데 아브라함의 아버지 데라에게 오면 위의 패턴에 찬물을 끼얹는 일이 생긴다. 위로 몇 대조 할아버지들이 자랑스럽게 해냈던 일을 그는 감당하지 못했다. 데라의 위 세대들이 30대 초반에 아들을 낳는 것에 반해 데라는 일흔 살이 되기까지 자녀를 낳지 못했다. 70세에 세 아들을 낳지만 그 이후 "___년을 살면서 아들딸을 낳았다"는 패턴이 적용되지 않는다. 그는 아들 셋만 낳고는 끝이었다. 당시 시대상으로 보면 실패한 인물이었다.

그렇다면 그 아들 아브라함은 어떤가? 아브라함은 심지어 100세가 될 때까지 무자였다. 바로 이 자리에서 하나님의 계획이 시작된다. 실패하고 좌절한 인간들 중에서 가장 무기력한 인물을 통해서 하나님의 뜻과 선택이 시작된다. 수많은 인물 중에 좁히고 좁혀서 아브라함이라는 인물에게로 하나님의 시각이 조준된다. 다 없애고 새롭게 시작했던 노아의 방식이 아니라 다 있는 상태에서 가장 보잘것없는 한 인물을 택하여서 하나님의 역사를 이루어가는 아브라함의 방식이 시작된다. 그 시작은 아브라함의 아버지 데라부터다. 하나님은 실패한 사람을 사용하신다.

아브라함의 아버지로서

아브라함의 아버지 '데라'에 대해서 생각해보자. 그 이름을 들어본 사람은 있으나 깊이 생각해볼 기회가 없었던 데라. 무엇이든 그 원인이 있기 마련인데 아브라함이라는 성경의 중요한 인물의 원인이 되었던 그의 아버지 데라. 아브라함은 유대교, 기독교, 이슬람교라는 굵직한 종교들의 신앙 선조이며 과거도 그렇지만 지금도 신앙인들의 존경을 받고 있는 유명한 인물이다. 그러나 그 아버지 데라에 대하여 우리는 별로 관심이 없다. 데라는 그렇게 위대한 인물도 아니었다. 하나님의 직접적인 선택도 없었고 신적인 소명의 주인공도 아니었다. 그럼에도 우리는 데라를 주목해 보아야 한다. 그 아버지를 알아야 그 아들 아브라함을 알 수 있기 때문이다.

데라는 일흔 살에 아브람과 나홀과 하란을 낳았다. 같은 해에 세 명의 아들을 동시에 낳으려면 아내가 두 명 이상이거나 세 쌍둥이여야 가능하다. 아내의 이름이 따로 언급되지 않기 때문에 세 쌍둥이일 가능성도 있다. 아니면 순차적으로 자녀들을 낳았는데 일흔 살부터 낳았다는 것을 편의적으로 일흔에 세 아들을 낳았다고 했을 수도 있다. 중요한 것은 데라가 세 명을 낳을 때의 나이이다.

"데라는 칠십 세에 아브람과 나홀과 하란을 낳았더라"(창 11:26).

아브라함이 100세에 이삭을 낳았고, 이삭도 60세에 아들을 낳았으니, 데라가 70세에 아들을 낳은 것이 그다지 이상해 보이지 않는다. 그러나 데라의 선조들과 비교해보면 데라가 아들을 낳을 때의 나이는 특이해 보인다. 아담의 12대 아르박삿부터 18대 나홀까지 그들이 첫 아들을 낳을 때의 나이는 20대 후반이거나 30대 초반이었다. 7대에 이르기까지 단 한 명의 예외도 없었다. 그런데 그 기록이 데라 때 '깨졌다.' 우리는 아무렇지도 않게 이 본문을 읽지만 당시의 시대상으로 유추해보면 데라가 가진 부담감은 상상을 초월한다. 서른 초반에 아들을 낳고 계속해서 자녀들을 낳았던 선조 때와 달리 데라는 아들들을 낳을 70세까지 자책감과 책망 속에서 살아야 했다. 다른 선조들이 "○○년을 살면서 아들, 딸을 낳았다"는 표현으로 다산과 풍요를 누렸다면, 데라는 세 아들 외에 다른 자녀들을 낳았다는 기록이 없다. 데라는 늦은 나이에 세 명의 아들을 낳은 게 전부였다.

데라가 선조들과 다른 것은 그것만이 아니었다. 데라는 세 명의 아들 중에서 막내인 하란을 먼저 잃었다(창 11:28). 선조들이 그들의 일생 동안 계속해서 자녀를 낳는 것과 달리 데라는 있는 자녀마저 잃어버렸다. 더욱이 그의 막내였다. 그러면 다른 자녀들이라도 손주들을 낳아 줌으로써 자신이 못다 이룬 한을 풀어줘야 했다. 그런데 큰아들인 아브람은 자녀가 없었다(창 11:30). 아브람은 한참 뒤에서야 아들을 낳았으니, 데라의 입장에서는 조상들의 전통인 다산의 축복을 누리지 못한 셈이었다.

데라는 갑자기 자신이 살고 있는 땅에서 이주를 결심한다. 당시 가장 풍요롭고 발전된 사회인 갈대아의 우르를 떠나서 가나안이라는 새로운 땅을 개척하기 위해 가족들을 데리고 떠난다.

"데라가 그 아들 아브람과 하란의 아들인 그의 손자 롯과 그의 며느리 아브람의 아내 사래를 데리고 갈대아인의 우르를 떠나 가나안 땅으로 가고자 하더니 하란에 이르러 거기 거류하였으며"(창 11:31).

당시의 갈대아 우르는 유프라테스강과 티그리스강의 하류 사이에 있는 고대 메소포타미아 지역의 번성된 지역이었다. 우르는 특히 강 사이에 있었을 뿐 아니라 저지대인 남쪽에 있었기 때문에 광대한 습지대의 풍성한 비와 햇빛을 이용해 번성한 농경지였다. 당시 세계에서 가장 화려한 도시였고 비옥한 토지에서 생산되는 질 좋은 농산품들이 주민의 생활을 윤택하게 했다. 강대한 수메르의 지도자들이 국가를 통일해서 정치적으로도 안정된 사회였고 해외로 구리와 돌을 수출하기도 했다.

입지적으로 그렇게 좋은 곳에서 살던 데라가 갑자기 그 지역을 떠나려 한다. 이사에 동행한 사람은 아브람과 하란의 유복자 롯과 며느리 사래 이렇게 총 3명이었다. 여기서 잠깐, 둘째 아들인 나홀이 보이지 않는다. 데라는 둘째 아들에게 아버지의 이름을 따서 '나홀'이란 이름을 붙여주었다. 자식을 못 낳는 아브람이나 일찍 죽은 하란에 비해서 아버지의 자랑이자 가장 가능성이 높은 나홀은 아버지 데라와 동행하지 않았다. 똑똑하고 잠재력이 풍성한 나홀은 아버지와 뜻이 달랐다. 나홀은 부족함 없이 잘 살다가 갑자기 이사하려는 아버지를 이해하지 못하였고 끝내 아버지의 뜻을 거역하고 말았다. 충직하지만 무능력한 아브람과 아무 힘도 없는 사래, 아버지를 잃은 손자 롯만이 어쩔 수 없이 데라를 따랐다. 고향을 떠날 때 데라의 심정은 어떠했을까? 힘없는 절망적인 걸음이었다. 데라는 끝내 가나안 땅에 들어가지 못하고 하란에 도착한 것이 고작이었다.

갈대아 우르와 하란은 종교적으로나 경제적으로 연결된 곳이었다 (존 브라이트, 「이스라엘 역사」, 크리스챤 다이제스트, p.115). 가나안까지 가려는 데라의 야심찬 계획은 먼저 잃은 막내와 같은 이름의 '하란'에서 딱 멈추고 만다. 미지의 땅인 가나안에서는 누구도 그의 가족을 보호할 수 없지만 적어도 하란은 데라에게 익숙한 정치적, 경제적, 종교적인 안전지대였다. 데라의 심리로도 막내를 그리워하는 마음이 '하란'이란 곳에 매일 수밖에 없는 특별한 이유가 되었을지도 모른다.

데라는 실패한 인생이었다. 막내아들은 먼저 죽었고, 큰아들은 자식이 없었으며, 둘째는 자신의 뜻을 따르지 않았다. 세 아들 중에 어느 누구도 아버지 데라를 만족하게 해주는 자식이 없었다. 고향을 떠났으나 목적지에 도달하지도 못하고 '하란'이란 곳에 머무르며 인생을 마감했다. 조상들을 볼 낯이 없었다. 그렇게 실패한 데라가 죽었다.

데라가 무슨 까닭에 갈대아 우르를 떠났는지 우리는 그 이유를 알지 못한다. 장사가 안 되었거나, 막내가 죽었기에 마음 아파 더 이상 머무를 수 없었거나, 혹은 고향 사람에게서 무슨 미움을 샀는지도 모른다. 안정되고 풍요로운 땅에서 이주를 해야 했던 남다른 사정이 있었을 것이다. 고향을 떠난 떠돌이에, 자식들은 하나같이 그의 마음에 들지 않았고, 그의 인생을 통틀어서 내세울 것이 없었던 사람, 그가 바로 데라였다. 데라의 직업은 여호수아가 이스라엘 백성들 앞에서 했던 설교를 통해 유추해볼 수 있다.

"여호수아가 모든 백성에게 이르되 이스라엘의 하나님 여호와께서 이같이 말씀하시기를 옛적에 너희의 조상들 곧 아브라함의 아버지, 나홀의 아버지 데라가 강 저쪽에 거주하여 다른 신들을 섬겼으나"(수 24:2).

여기에서 강 저쪽이란 유브라테스강의 동편을 말한다. 유대의 전승에 의하면 아브람의 아버지 데라의 직업은 우상을 만들어 파는 사람이었다. 여호수아는 데라의 신앙이 여호와 하나님에 대한 신앙이 아닌 다른 신에 대한 신앙이라고 말하고 있다. 갈대아 우르에 있었을 때뿐만 아니라 하란으로 거주지를 옮겼을 때까지도 그는 우상을 섬기는 사람에 불과했다. 그렇다면 하나님은 실패한 인생에, 우상 숭배자였던 데라를 왜 그의 선택의 범주 안에 넣으신 것일까? 데라가 기여한 일은 전혀 없는 것일까?

데라의 나이를 계산해보자. 그의 나이 70세에 아브람을 낳았고 205세에 하란에서 죽었다(창 11:32). 하나님께서 아브람을 부르셔서 고향과 아버지의 집을 떠나 지시할 땅으로 가라고 소명을 주셨을 때에 아브람의 나이는 75세였다(창 12:4). 그때의 데라의 나이는 145세였다. 우리는 창세기 11장의 마지막을 읽고 창세기 12장으로 가기 때문에 데라가 죽고 나서 아브람이 가나안으로 출발한 것 같아 보인다. 그러나 아브람은 75세에 하란을 떠났기에 아버지 데라가 아직 살아 있을 때 아버지 곁을 떠난 것이었다. 데라는 아브람이 자신을 떠나고서도 60년이나 더 살았다. 아브라함이 이삭을 낳을 때(아브라함 100세)에도 아버지 데라는 살아 있었다.

그렇다면 아브람처럼 아버지를 잘 따르는 순종적인 사람이 어떻게 살아 있는 아버지 데라를 떠날 수 있었던 것일까? 그것은 오직 아버지 데라가 아들 아브람을 떠나보내 준 것 외에는 설명이 안 된다. 데라는 평생 실패한 인물일 수는 있으나 자식들에 대한 자신의 권리를 고집하기보다는 자녀들의 뜻을 더 존중하는 사람이었다. 그는 그 자녀들의 의도 속에 숨어 있는 하나님의 인도하심을 따랐다. 그것은 그가 의도하든 의도하지 않든 간에 결국 하나님의 뜻에 위배되지 않는 결정을 내리게 된 것임에 틀림없다.

하나님은 어떤 사람을 선택하시는 것일까? 강하고 능력 있는 자들보다 연약하고 초라하며 실패하고 볼품없는 자를 선호하신다. 데라처럼 실패한 인물에, 어느 것 하나 내세울 것 없는 사람을 사용하신다. 그 이유가 무엇일까? 하나님의 역사를 이루는 것은 하나님만으로도 충분하기 때문이다. 흙과 같이 보잘것없는 재료로도 얼마든지 훌륭한 작품을 만들어낼 수 있는 분이시다. 하나님은 나의 연약함도 사용하신다. 오히려 작고 연약할수록 하나님께서 빚으시기에 더 적합한 대상일 것이다. 그분이 먼저 연한 순 같고 훌륭한 풍채도 없는 약하고 초라한 분이셨지 않는가!(그는 주 앞에서 자라나기를 연한 순 같고 마른 땅에서 나온 뿌리 같아서 고운 모양도 없고 풍채도 없은즉 우리가 보기에 흠모할 만한 아름다운 것이 없도다(사 53:2)). 그러므로 우리가 해야 할 일은 자명해진다. 비록 실패한 인생이어도 어느 순간 자신의 뜻을 고집하기보다는 하나님의 뜻에 모든 것을 풀어줄 수 있는 것, 그것이 아끼는 자식이라도, 아니 그보다 더한 어떤 것이라도 하나님의 뜻에 맞춰 자신을 포기해야 한다. 그것이 하나님의 뜻을 따르는 길이다!

Section 2. 정리 _ 노아에서 아브라함까지

아담 → 셋 → 에노스 → 게난 → 마할랄렐 → 야렛 → 에녹 → 므두셀라 → 라멕 → **노아** → **셈** → **아르박삿** → **셀라** → **에벨** → **벨렉** → **르우** → **스룩** → **나홀** → **데라** → **아브라함**

아브라함에서
유다까지

GOD
History

Chapter 11

믿음의 조상이라 불리게 된 이유

아버지 데라가 아직 살아 있는 동안에 메소포타미아의 변방 하란에 머무르던 아브라함에게 여호와께서 나타나셨다. 한평생 실패와 무능력의 굴레에서 벗어나지 못하는 데라, 막내아들을 잃고 슬픔에 빠져 고향을 떠나 가나안으로 향하다가 중간 기착지인 하란 지역에 머무르며 망설이기만 하는 데라, 그런 데라의 아들 아브라함에게 하나님은 "떠나라!"는 명령을 내리셨다. 목표하던 곳으로 한 발자국도 못 움직이는 늙은 아버지 데라와 달리 아브라함은 스스로의 결단으로 아버지만 남겨둔 채 길을 떠나기 시작한다. 그때 그의 나이 75세였다.

노아의 11대 손인 아브라함은 매우 중요한 족적을 남긴 위인이다. 창세기의 시각은 아브라함 이전과 이후로 나뉘는데, 아브라함 이전에는 전체적인 역사와 흐름을 망원경으로 보듯 살폈다면 아브라함에 이르면 특정한 한 사람에게 현미경으로 관찰하듯 집중해서 살피게 된다. 가족을 이끌면서 역사를 만들어간 사람들이 주인공으로 서는 족장시대(族長時代)가 되었다.

그 족장시대를 처음 연 인물인 아브라함은 대단히 독특한 사람이었다. 그의 아버지 데라는 실패한 인물에 우상 숭배자였고, 아브라함 역시 특별한 신적 소명감으로 가득한 위인도 아니었다. 자식이 없어서 조카 롯을 아들처럼 여기며 살고, 롯이 분가하자 종들 중 한 사람(다메섹 엘리에셀)을 상속자로 여긴 사람이었다. 야심이나 욕망이 없는 그저 밋밋한 인물이었다. 그런데 이런 아브라함을 통해 하나님은 여호와 신앙의 기초를 만들고 기독교 신앙의 가장 중요한 내용을 이루어낸다. 이제부터 우리는 그것을 하나씩 추적해가려고 한다.

아브라함 때 가장 먼저 시작해서 지금까지도 지켜지는 두 가지가 있다. 하나는 십일조이고, 또 하나는 할례이다. 아브라함을 신앙의 선조로 여기는 세 종교가 있다. 하나는 유대교, 또 하나는 기독교, 또 다른 하나가 이슬람교이다. 각각의 종교에서 아브라함은 믿음의 조상으로서 존중을 받는다. 그런데 아브라함이 했던 일 중에 그가 원조가 되었던 것은 믿음만이 아니라 십일조와 할례가 있다는 사실이 흥미를 끈다. 할례는 유대교인들 사이에서는 지금까지도 중요한 예식으로 이어지고 있으며, 십일조는 종교 재단을 유지하기 위해 매우 중요한 경제적인 바탕이 되기에 중요한 일임에는 틀림이 없다.

아브라함의 조카 롯이 소돔과 고모라 지역으로 이사를 간 후에 그 지역의 판도가 변하기 시작했다. 엘람 왕 그돌라오멜이 지역의 패권을 쥐고 있었는데 소돔과 고모라의 왕들을 비롯해서 다섯 나라의 왕들이 동맹을 결성해 그돌라오멜에게 반란을 일으켰다. 그돌라오멜은 자신과 동맹을 맺은 나라들을 규합해서 반란자들을 숙청해 나갔다. 그야말로 파죽지세로 가나안 지역을 장악했다. 소돔과 고모라를 비롯한 다섯 나라들은 그돌라오멜에게 힘겹게 저항했으나 후퇴하던 중에 그만 싯딤 벌판의 역청 구덩이에 갇히게 되자 전쟁은 싱겁게 끝이 났다. 그돌라오멜과 그의 동맹 국가들은 패전한 나라의 재산과 양식, 그리고 백성들도 잡아가는데 여기에 아브라함의 조카 롯도 끼게 된다.

　뒤늦게야 롯이 전쟁포로로 끌려갔다는 소식을 들은 아브라함은 집에서 개인적으로 키운 318명(창 14:14)의 군사들을 동원해서 그돌라오멜을 추격한다. 아브라함은 소돔과 고모라가 있었던 지역에서 단까지, 거기에서 다시 호바까지 쫓아갔다. 아브라함은 가나안 지역의 가장 남쪽에서 가장 북쪽까지 올라가서 당시 최강대국인 그돌라오멜과 그의 동맹 국가들에 대항했고, 놀랍게도 그 전쟁을 승리로 이끌었다. 얼떨결에 참여한 전쟁이었으나 아브라함과 개인 군사 삼백 명 정도가 완전무결하게 전쟁을 이기고 재산과 포로들을 무사히 구출해낸 것은 기적에 가까운 일이었다.

　아브라함이 승리하고 돌아오자 숨어 있던 소돔의 왕이 아브라함을 맞이했다. 아브라함은 완전히 패망했던 자기 나라를 살려준 은인이었다. 소돔 왕은 아브라함에게 "재산은 다 가지고 사람들만 돌려달라"고 요청한다. 소돔 왕은 그런 요청을 할 수 없었고 해서도 안 되는 상황이었다. 그는 패망국의 왕이었기에 어떠한 재산권도 주장할 수 없는 입장이었다. 그런데 소돔 왕은 뻔뻔하게도 아브라함을 마치 자신의 용병처럼 다루었다. 아브라함은 자신의 개인 군사들의 희생에 부합되는 대가를 치르는 것을 제외하고는 아무 소유권도 주장하지 않겠다고 말했다. 아브라함은 소돔 왕의 요청 이상을 들어주었다. 그것이야말로 아브라함이 용병 취급을 받지 않을 최선의 방안이었다. 그런데 이때 전쟁의 해당 나라들과는 전혀 다른 새로운 왕이 등장한다.

"살렘 왕 멜기세덱이 떡과 포도주를 가지고 나왔으니 그는 지극히 높으신 하나님의 제사장이었더라"(창 14:18).

멜기세덱이라는 살렘의 왕이 갑자기 나타나 아브라함을 축복하기 시작했다. 그런데 아브라함이 이 살렘의 왕에게 대하는 자세가 소돔의 왕과는 사뭇 달랐다. 아브라함은 자기가 가진 모든 것에서 십분의 일을 떼어 멜기세덱에게 준다. 이 멜기세덱이 어떤 왕인지, 살렘이라는 나라는 어떤 나라이며, 어디에 있는지, 그의 백성은 어떤 백성들인지 성경에는 전혀 소개되지 않는다. 살렘이란 곳이 예루살렘의 옛 지명이라고는 하지만 아직 예루살렘은 있지도 않은 때였다. 더욱이 멜기세덱은 그 이후로 성경에서 더 이상 등장하지 않는다. 시편에서 단 한 번 언급이 되고(시 110:4), 히브리서에서는 레위 자손이 아닌 예수님이 어떻게 대제사장일 수 있는지를 증명할 때 쓰일 뿐이다(히 4-5장). 더욱이 멜기세덱이 하나님의 제사장이라고 되어 있는 것을 보면 그는 제사장이면서 왕이었다. 제정(祭政)을 동시에 소유하고 있는 멜기세덱은 여러 가지로 미스터리한 인물이 아닐 수 없다.

중요한 것은 아브라함이 멜기세덱에게 십일조를 바쳤다는 사실이다. 십일조의 계산은 매우 쉽다. 소유물의 1/10을 하나님께 드리면 된다. 현물, 곡식, 기름, 과일, 가축 등 모든 것을 10등분하고 그중에 하나를 드린다. 후에 십일조는 레위 지파의 몫이 된다. 레위는 따로 생산활동에 참여할 수 없는 지파였기 때문에 십일조에 의존할 수밖에 없었다. 레위 지파 역시 그렇게 소유하게 된 십일조에서 다시 1/10을 거둬서 하나님께 드렸고, 그것은 제사장의 몫이 되었다(민 18:26). 성막(또는 성전)에서 제사와 관련된 일을 하는 레위 지파와 제사장 그룹은 농업, 어업, 목축업 등에 참여할 수 없었다. 가치를 만들어내는 제작과 판매, 생산에 일체 관여할 수 없었다. 그렇기 때문에 이스라엘 전체가 균등하게 먹고살려면 십일조가 절대적이었고, 그것은 말하자면 유대교를 존속할 수 있게 만들어주는 원천이 아닐 수 없었다. 십일조는 기독교나 이슬람교에서도 비슷한 수준을 따른다.

생산해내는 것만이 가치를 창출하는 것은 아니다. 물질적인 가치만이 인간을 인간답게 만드는 것도 아니다. 가진 것의 십분의 일을 하나님께 드림으로써 하나님은 그것을 보다 더 가치 있는 것에 사용할 수 있게 해주신다. 아브라함은 살렘 왕에게 십일조를 드리면서 특별한 의도를 계산하지는 않았다. 그러나 아브라함이라는 신앙의 원조가 십일조의 원조가 되는 계기가 되었다. 여기서 우리가 한 가지 묵과해서는 안 되는 것이 있다. 그것은 십일조의 가치는 경제적인 영향력으로만 끝나는 게 아니라는 사실이다. 아브라함의 십일조에는 한 가지 더 큰 의미가 숨어 있었다.

아브라함시대에 전쟁은 일상사였다. 그리고 전쟁에서의 승리는 모든 것을 소유하게 되는 것을 의미했다. 있던 나라가 사라지기도 하고, 전에 없던 나라가 힘을 규합해서 새로운 나라로 세워지기도 했다. 지금처럼 국가적인 의미에서의 나라가 아니었다. 보호와 규제가 없는 원시적인 사회였다. 그래서 전쟁이 벌어지면 그것은 대참사를 의미했다. 소돔과 고모라라는 나라처럼 이기적이고 동물적인 본능으로 가득한 나라가 당시 패권국가였던 그돌라오멜의 나라에 반기를 든 것은 그돌라오멜이 독재자였거나 그가 다른 나라들을 착취했기 때문만은 아니었다. 전쟁을 통해서 소돔과 고모라도 한몫 잡겠다는 의도가 있었다. 그런데 상대가 생각보다 너무 셌다. 그래서 재산과 백성을 다 잃고 자기 혼자만 어디 안전한 곳에 숨어 있었던 비겁한 왕이 소돔의 왕이었다.

전쟁은 모 아니면 도였다. 전쟁에서 졌기 때문에 소돔과 고모라의 왕들은 모든 것을 잃어야 마땅했다. 그런데 아브라함이 혜성처럼 등장했다. 승전국들을 상대로 그는 홀로 승리를 거두었다. 아브라함은 패전국가들을 연합해서 그 집단의 왕이 될 수 있었다. 그것은 자연스러운 일이었다. 그러나 아브라함은 그렇지 않았다. 전쟁을 통한 억압에 동참하지 않았고, 전쟁에 이겨 마땅히 소유해야 할 모든 전리품을 욕심내지 않음으로써 그 당시의 사회적인 흐름에 저항하거나 적어도 동조하지 않았다.

더 나아가 아브라함은 자신이 소유하고 있는 것의 십일조를 멜기세덱에게 바쳤다. 그가 살렘의 왕이고, 하나님의 제사장이라는 사실을 인정하는 한 그의 십일조는 하나님께 드려진 것이다. 십일조란 계산상으로는 1/10을 드리는 것이지만 내용상으로는 전체를 다 드리는 것이나 다름없었다. 아브라함은 자기 자신을 보호하기 위한 정당성을 가지고 조직을 이끌었고 전쟁에 참여했다. 자신의 아들과 같은 롯을 구해오는 일을 목숨 걸고 수행했다. 그렇게 해서 얻게 된 모든 것을 하나님께 아낌없이 드렸다. 무엇을 의미하는 것일까? 아브라함은 단지 전쟁의 과실을 챙김으로써 전쟁의 억압에 동참하지 않았을 뿐 아니라 정당하게 참여하여 획득한 그 승리마저도 자신의 것이 아님을, 모든 것은 오직 하나님으로부터 왔음을 인정한 것이다. 이것이 아브라함이 드린 십일조의 의미였다.

이번에는 할례에 대하여 생각해보자. 할례 역시 아브라함이 시초가 되었고, 이후에 유대인을 구별해내는 매우 중요한 기준이 되었다. 할례가 제일 처음 등장한 때는 아브라함의 나이 99세로 건너뛴다(창 17장). 그 앞 장인 창세기 16장은 아브라함이 86세, 즉 그의 첫 번째 아들 이스마엘이 태어난 이야기가 나온다. 임신을 한 하갈은 그의 여주인 사라를 업신여기다가 집에서 쫓겨나게 되었다. 그러다가 하나님의 중재로 하갈은 다시 집으로 들어오게 된다. 아브라함의 나이 86세에 하갈은 들나귀 같은 이스마엘(창 16:12)을 낳는 것으로 창세기 16장은 끝이 난다.

그리고 바로 이어 17장으로 가면 아브라함의 나이가 99세라고 소개하고 있다. 순식간에 13년의 세월이 지나갔다. 13년 동안 무슨 일이 벌어졌는지 성경은 침묵한다. 그 사이에 무슨 일이 있었을까? 아마 아무 일도 없었을 것이다. 하갈은 사라의 눈치를 보면서 숨죽여 살았고, 아브라함은 티내지 않으면서 이스마엘을 지켜봤고, 사라는 불편한 심기를 감추면서 하갈을 받아주었다. 살얼음 같은 평화가 아브라함의 집에 머물렀던 시기였다. 그러다가 갑자기 13년이 지난 17장에서 하나님이 아브라함에게 나타나 일방적인 명령을 내리신다.

"남자들은 다 할례를 받아라. 아브라함을 비롯해서 아브라함의 집에 사는 모든 남자는 한 명도 예외 없이 할례를 받아야 하며 새롭게 태어나는 남자는 팔 일이 지나면 할례를 받아야 한다"(창 17:10-14 요약).

그래서 아브라함을 비롯한 집안의 모든 남자가 할례를 받는다. 이스마엘이 할례를 받을 때의 나이는 열세 살이었다. 할례란 남성의 성기 끝부분을 벗겨내는 것이다. 하나님은 할례를 베풀면서 아브라함에게 이스마엘 말고 진짜 아들이 태어날 것이라고 말씀하셨다. 13년의 세월이 흐르는 동안 침묵하던 성경은 하나님의 침묵도 내포하고 있다. 13년 간 아무 말씀도 없으셨던 하나님이 사라를 통해 아들이 태어날 것을 거듭 약속하면서 할례를 명령하셨다. 아브라함은 그 기간 동안 아들에 대한 집착을 버렸을 것이다. 살얼음판 같기는 하나 그 정도의 평화가 집안에 있는 것으로 만족했다. 엄연히 이스마엘은 자기의 씨였다. 핏줄이 섞이지 않은 종보다야 이스마엘이 낫지 않겠는가? 아브라함은 아들에 대한 기대와 약속을 지워갔다. 그런데 하나님은 사라를 통해 아들을 주시겠다는 약속을 다시 한번 확실히 하셨다. 그리고 할례를 명령하셨다.

아들을 낳으려면 할례를 해서는 안 되는 것이었다. 십일조가 단지 1/10을 하나님께 드리는 것이 아니라 전부를 하나님께 드린다는 것을 의미하는 것처럼 할례를 단지 성기의 끝부분을 자른다는 뜻이 아니라 성기 자체를 절단한다는 의미로 받아들였을 것이다. 할례를 명령받은 아브라함은 물론이고, 아브라함을 통해 할례를 명령받은 모든 남자는 할례의 의도를 이해할 수 없었다. 자식을 주시겠다는 약속과 할례를 받으라는 명령이 모순되기 때문이다. 할례의 명령 뒤에는 "이제는 자식일랑 꿈꾸지도 말라"가 와야 맞는 소리이다. 자식을 주시겠다는 약속을 하시려면 자신의 성기를 강화시키는 쪽이어야 된다. 그런데 하나님은 할례를 명령하셨다. 하나님은 왜 그것을 명령한 것일까? 이 뜬금없어 보이는 하나님의 명령을 이해하려면 창세기 15장으로 되돌아가야 한다. 그돌라오멜과의 전쟁을 승리로 끝낸 이후에 하나님께서 아브라함에게 나타나셔서 이렇게 말씀하신다.

"이 후에 여호와의 말씀이 환상 중에 아브람에게 임하여 이르시되 아브람아 두려워하지 말라. 나는 네 방패요 너의 지극히 큰 상급이니라"(창 15:1).

여기에서 '큰 상급'은 히브리어 '샤카르카'로 '가치, 보상, 값' 등의 의미가 있다. 당시 사회에서 가장 좋은 가치와 보상은 자식이었다. 지금 우리가 하나님께 뭔가 대단한 것을 했을 때 하나님이 "너에게 매우 값진 보상을 하겠다"라고 하신다면 우리는 권력이나 명예, 돈, 장수, 건강 등을 떠올리겠지만 그 당시에 최고의 '대단한 보상'은 바로 자식이었다. 더욱이 아브라함은 그의 아버지가 70세에 낳은 아들 아니던가! 자손이 귀한 집의 장자로서 아무리 기다려도 태어나지 않는 자식을 포기한 아브라함은 자조적으로 "나는 자식이 없사오니 나의 상속자는 이 다메섹 사람 엘리에셀이니이다"라고 말했다. 하나님이 주실 보상은 없다는 의미였다.

그러자 하나님은 아브라함을 밖으로 끌고 나가 사막 한가운데 반짝이는 별들을 보여주시면서 "네 몸에서 나올 자식이 있고, 그 자손이 이 별처럼 많게 되리라"고 말씀하신다. 그다음에 하나님은 이상한 일을 시키셨는데 소, 양, 염소, 비둘기 등을 가져다가 반으로 쪼개게 하셨다. 고대 언약에는 동물들을 쪼개서 그 사이로 지나가는 풍습이 있었다. 약속을 안 지키면 이렇게 된다는 일종의 위협이었다. 아브라함은 시키는 대로 했다. 어둠이 깊어졌을 때 타는 횃불이 쪼갠 고기 사이로 지나갔다. 하나님의 임재가 쪼개진 동물 사이로 지나간 것이다. 아브라함은 그저 멍하니 그것을 보기만 했다. 아브라함이 지나가는 것이 아니라 하나님이 그 사이를 지나가셨다. 우리는 이것을 주목할 필요가 있다. 약속을 지키지 않으면 하나님인 내가 이 동물들처럼 쪼개지겠다는 의미였다.

그리고 세월이 흘러 다시 한번 하나님은 자식을 주겠다는 약속을 하신다. 그리고 이번에는 동물을 쪼개는 것이 아니라 할례를 명령하신다. 그 이전에는 하나님이 단단히 약속을 했으니 이번에는 아브라함의 차례였다. 아브라함의 성기를 자르는 행위를 통해 자식에 대한 아브라함의 생각을 지우고, 이제 거기에서부터 하나님이 친히 그 약속의 집행자로 서시겠다는 의미였다. 하나님은 항상 그런 식이셨다. 먼저 찢겨지고 벗겨져서 자신의 진심을 보여주신다. 그리고 인간에게 지워진 책임마저도 하나님께서 담당하신다. 그 정점이 바로 예수 그리스도의 십자가였다. 인간은 찢겨지고 벗겨진 하나님 앞에서 구원약속의 수혜자가 된다. 정확히 일 년 뒤에 아브라함은 사라로부터 아들 '이삭'을 얻어 품에 안았다.

아브라함과 사라는 아들에 대한 이야기를 들었을 때 둘 다 "웃었다." 아브라함은 17장에서, 사라는 18장에서 웃었다. 그 웃음의 의미는 무엇일까? 말도 안 되기 때문이었다. 더욱이 아브라함은 할례까지 하지 않았던가! 상징적인 의미로 자신의 성기를 자른 자가 무슨 아들이 있을 수 있겠는가! 이들에게 아들은 그냥 자식이란 의미로만 국한되지 않았다. 그들의 미래였고 민족의 미래였다. 그 미래를 결정짓는 아주 중요한 자리에서 부부는 약속이나 한 듯 웃음으로 받아들였다. "하나님, 말도 안돼요. 주시면 좋고, 안 주셔도 괜찮아요. 한 번 웃었네요!" 그런 의미였다. 그런데 놀랍게도 그 실소가 웃음으로 바뀐다. 말도 안 되는 것이 말 되는 것으로 바뀌었다. 이것이 할례라는 하나님의 명령 뒤에 숨은 준엄한 하나님의 책임이었다.

이삭이 태어남으로써 아브라함의 이야기가 끝이 났다면 어쩌면 행복했을지도 모른다. 아브라함은 아브라함대로 자신의 역할을 잘 마쳤고 무대에서 내려와 그의 아들에게 바통을 넘겨주면 되었다. 그런데 창세기 22장에 가면 우리가 이해하기 어려운 사건을 접하게 된다. 어느 날, 하나님께서 아브라함을 시험하기 위해 모리아산으로 가 그 아들 이삭을 번제로 바치라고 하신다. 그런데 아브라함이 이 명령을 들었을 때 가장 먼저 든 생각은 무엇이었을까?

아브라함은 가는 곳마다 하나님께 번제를 드렸다. 처음부터 그랬다. 하나님의 부르심을 받은 이후부터 아브라함은 줄곧 제사를 드렸다. 가나안에서 제단을 쌓고, 벧엘에서 제단을 쌓고, 롯과 헤어질 때도 제단을 쌓고, 헤브론에서도 제단을 쌓고… 이사를 가거나 특별한 사건을 만나거나 아브라함은 늘 제단을 쌓았다. 그 쌓은 제단에 소나 양의 각을 떠서 번제를 드린 것은 물론이었다.

아비멜렉의 종들이 아브라함이 파놓은 우물을 빼앗은 일로 인해 다투다가 중재한 후에 블레셋 땅에 살면서 제단을 쌓아 하나님께 번제를 드린 것도 바로 21장 마지막에 한 일이었다. 제단이야 전문가니까 얼마든지 쌓을 수 있지만 거기에 그의 아들을 번제로 드리라는 것은 도저히 이해할 수 없는 명령이었다. 처음부터 아들을 주시지 않았거나, 혹은 다른 사람을 바치는 거라면 몰라도 사라를 통해 태어난, 100년 동안 기다린 아들 이삭을 번제로 바치라는 것은 있을 수가 없는 명령이었다.

그 시대에 인신제사는 낯선 것이 아니었다. 아브라함은 늘 동물제사를 드렸지만 사람을 신에게 바치는 일은 타종교에서 제사의 절정에 이르렀을 때 드렸던 항상(恒常)적인 일이었다. 사람은 피를 보면 흥분하게 된다. 그 피의 강렬한 색깔도 그렇고, 살아 숨 쉬던 동물이 피를 흘려 목숨이 꺼져가는 것도 그렇고, 매우 강도 높은 시각적인 자극이 있는 행위이다. 그런데 거기에 동물이 아닌 인간이 들어간다면 그 충격은 동물을 압도한다. 그런데 그 인신제사의 대상이 자기 아들이라면, 더욱이 100세에 얻은 아들이라면… 생각만 해도 몸서리쳐지는 일이 아닐 수 없었다. 어떻게 보면 하나님은 가장 잔인한 일을 아브라함에게 시킨 것이었다. 이 일에 대한 다양한 해석이 있다. 그러나 우리는 그 명령에 따른 아브라함의 행동에 주목해 보려고 한다. "이삭을 번제로 바치라"는 명령이 떨어지자마자 아브라함은 이렇게 행동한다.

"아브라함이 아침에 일찍이 일어나 나귀에 안장을 지우고 두 종과 그의 아들 이삭을 데리고 번제에 쓸 나무를 쪼개어 가지고 떠나 하나님이 자기에게 일러주신 곳으로 가더니 제삼일에 아브라함이 눈을 들어 그곳을 멀리 바라본지라. 이에 아브라함이 종들에게 이르되 너희는 나귀와 함께 여기서 기다리라. 내가 아이와 함께 저기 가서 예배하고 우리가 너희에게로 돌아오리라 하고"(창 22:3-5).

하나님께서 명령하신 곳인 모리아 땅의 산은 3일 정도 걸리는 거리였다. 다른 곳에 한눈팔지 않고 3일간 부지런히 나귀를 타고 가야 멀리에서나마 바라보이는 곳이었다. 아브라함은 모리아산 아래에 종들과 나귀를 맡기고, 산으로 올라갈 때는 이삭과 자신만 동행했다. 아들 이삭에게는 번제에 쓸 나무를 지우고, 자신은 칼과 불을 들고 갔다(창 22:6).

아브라함이 가는 곳마다 번제를 드릴 때에 가장 필요로 하는 물품 세 가지가 바로 나무, 불, 칼이었다. 번제는 제물을 그냥 불 위에 던져넣는 게 전부가 아니다. 제물의 각을 뜨고 그 내장을 갈라서 차례차례로 올려놓는다. 제물을 다 태우려면 나무의 양도 적지 않게 필요했다. 이삭이 지고 간 번제용 나무는 그 양이 꽤 되었다. 그러려면 이삭의 나이가 적은 나이가 아니었을 것이다. 적어도 십대 후반, 나무를 한 가득 지고서 산을 올라갈 정도로 힘이 넘치는 때였다. 이윽고 번제를 할 장소에 도착하자 아브라함은 벌여놓은 나무 위에 이삭을 눕혔다.

"하나님이 그에게 일러주신 곳에 이른지라. 이에 아브라함이 그곳에 제단을 쌓고 나무를 벌여놓고 그의 아들 이삭을 결박하여 제단 나무 위에 놓고 손을 내밀어 칼을 잡고 그 아들을 잡으려 하니"(창 22:9-10).

아브라함의 손길이 분주했다. 평생 제사를 드려본 사람답게 능숙한 손놀림으로 땅 위에 나무를 차곡차곡 깔고 제물(이삭)을 그 위에 올려 놓고 칼을 들었다. 이제 피를 흘리며 제물은 쓰러질 것이고, 칼로 능숙하게 그 제물을 조각낼 것이며, 준비해간 불로 제물을 태울 것이다. 불은 그 뜨거운 혀로 제물을 남김없이 사를 것이다. 아브라함이 평생 해온 익숙한 일이었다. 그때 하늘에서 음성이 들렸다.

"여호와의 사자가 하늘에서부터 그를 불러 이르시되 아브라함아 아브라함아 하시는지라. 아브라함이 이르되 내가 여기 있나이다 하매"(창 22:11).

아브라함은 시험에 합격했다. 눈을 들어보니 아들 이삭을 대신해서 바칠 숫양의 뿔이 수풀에 걸려 있었다. 아브라함은 이삭을 풀어주고 숫양의 배를 가르고 내장을 내어놓고 불로 살라 바쳤다. 숨 가쁘게 이어진 22장의 전말이 이렇다. 그런데 가만히 보면 아브라함의 행동이 이전과 다르다. 수동적이고 피동적이었던 아브라함은 창세기 22장에서는 끌려가는 입장이 아니었다. 뭐든지 뒤늦게 움직이고, 주어진 상황에 어쩔 수 없다는 듯 억지로 따라가던 아브라함이 아니었다. 하나님의 명령을 듣자마자 아무 망설임도 없이 다음날 아침 일찍 짐을 싸서 출발하는 것도 그렇고, 종들을 산 아래 남겨두는 주도면밀한 것도 그렇고, 필요한 물품들을 챙기는 것도 그렇고, 번제의 모든 과정에서도 아브라함은 능동적이고 적극적으로 해냈다.

무슨 까닭일까? 아브라함이 이삭을 바치는 사건에 이르러서야 아브라함은 하나님이 어떤 분인지를 비로소 깨달은 것이다. 100년을 기다린 아들 이삭을 바쳐도 될 정도로 하나님은 믿을 만한 분이셨다. 주도권은 하나님께 있었다. 하나님은 믿을 만한 분이시고, 그 하나님이 원하시는 게 순종이라면 아브라함은 더 이상 끌려가는 소극적인 아브라함이 아니라 자발적인 순종의 사람이어야 했다. 아브라함은 하나밖에 없는 소중한 아들 이삭을 바치는 것, 아들에 대한 적극적인 포기를 통해 하나님은 믿을 만한 분이라는 사실을 웅변적으로 보여주었다. 그것이 아브라함을 가장 아브라함답게 만들어주었던 그의 이야기의 절정이었다.

Chapter 12

성장하지 않는 상처 입은 어린아이

아브라함은 시험을 통과했다. "네가 무엇이든 순종할 수 있겠느냐"
는 하나님의 시험에 아브라함은 적극적이고 능동적이며 자발적인 순
종을 보였다. 백 살에 얻은 아들을 기꺼이 포기하는 것을 통해 하나님
이야말로 믿을 만한 분임을 증명했다. 그래서 그는 믿음의 조상이라고
불리기에 충분한 인물이 되었다. 그렇다면 그 아들 이삭의 입장에서 생
각해보자. 결론적으로 말하자면 이삭은 순종해서는 안 되었다. 그는 순
종함으로써 그의 인생을 망치고 하나님의 뜻을 거스르는 결과를 초래
했다.

이삭은 왜 순종하지 말았어야 했을까? 그의 순종이 '감당할 수 없는
순종'이었기 때문이다. 창세기 22장은 이삭에 대한 시험이 아니라 아브
라함에 대한 시험이었다는 점을 상기해보라. 하나님은 아브라함을 시험

하려고 했지 이삭을 시험의 대상으로 두지 않으셨다. 아브라함은 적극적이고 자발적으로 순종을 했고, 그것은 아브라함이 하나님을 평생토록 만나는 과정이 있었기에 가능한 일이었다. 그러나 이삭은 아니었다. 이삭은 시험에 대한 순종의 차원에서 아버지 아브라함을 따른 것이 아니었다. 아브라함에게 아들 이삭을 죽여도 다시 살릴 수 있다는 믿음이 있었다면(히 11:17-19), 이삭은 아버지가 자신을 죽여도 다시 살아날 수 있다는 믿음이 있지는 않았다. 이삭은 그냥 평소처럼 순종했을 뿐이다.

그렇다면 이삭이 자신을 죽이려는 아버지에게 순종할 수 있었던 이유는 무엇일까? 아버지가 제단을 설치하고 자신을 묶으려고 할 때, 아버지가 진짜로 자신을 죽일 수도 있겠다고 느꼈을 바로 그 순간에 이삭은 4가지 정도를 선택할 수 있었다. 첫째, 반항하는 것. 그는 아버지를 밀치고 그 자리에서 도망칠 수 있었다. 아버지가 불과 칼이라는 가벼운 도구를 든 것에 비해 힘 있는 소년 이삭은 어깨에 짊어진 나무더미를 아버지에게 던지며 반항할 수 있었다. 둘째, 설득하는 것. 아버지에게 자신을 죽이지 말아달라고 요청하고 흥분한 아버지를 안정시킬 수 있었다. 셋째, 질문하는 것. 무엇 때문에 자신이 죽어야 하는지, 자신이 죽으면 아버지는 어떻게 되는지를 물을 수 있었다. 넷째, 순종하는 것. 아버지가 자신을 죽이든 말든 그저 순종해서 그 자리에 무기력하게 있는 것이다. 이 네 가지 선택 중에 이삭은 네 번째를 택했다. 그는 묶인 뒤 쌓아놓은 나무 위에 올라가 누웠다. 그의 눈에 높이 들려진 아버지의 칼이 보였다. 그의 배는 갈라지고 피를 흘리며 죽게 될 것이다. 이런 상황에서 인간이라면 누구나 한 번쯤은 반항했을 것이다. 자신이 왜 죽어야 하는지 따지기라도 했을 것이다. 그런데 이삭은 묵묵히 순종했다. 왜 그랬을까? 이삭은 왜 다른 선택이 아닌 '순종'을 선택했을까?

아버지 아브라함에게서 순종할 만한 신뢰를 얻었다면 가능하다. 아버지를 전적으로 믿을 수 있는, 그것도 자신을 죽음 가운데 밀어 넣어도 아버지가 그것마저도 책임질 수 있는 분이라고 이해했다면 가능한 일이었다. 혹은 어떤 기적적인 경험이 이미 있었다면 가능했다. 그러나 성경 어디를 살펴봐도 이삭이 경험한 기적은 없었다. 아브라함에게는 사람을 죽이고 다시 살릴 능력이 없었다. 그렇다면 이삭은 아버지에게 순종을 강요받았고 순종할 수밖에 없는 불가항력적인 힘 아래 놓였다고 볼 수밖에 없다. 그는 아브라함으로부터 강한 위압감을 받았다. 이삭은 아버지에게 반항하거나 저항할 수 없었다. 아버지를 설득할 수 있는 논리도 없었다. 이삭은 아버지에게 맹목적으로 순종할 수밖에 없는 위계질서에 놓여 있었다.

아브라함과 이삭의 나이 차이가 백 살이다. 100년의 차이는 극복될 수 있는 나이가 아니다. 그렇다고 아브라함이 무시해도 될 그냥 늙은이도 아니었다. 그는 80세가 넘은 나이에도 전쟁에 참여했다. 평생 지칠 줄 모르는 현역으로 일했다. 아브라함은 사라를 먼저 보내고 나서 이삭을 결혼시킨 뒤에 다시 결혼을 했고 무려 여섯 명의 자녀를 낳았다(창 25:1-2). 아브라함은 죽을 때까지 혈기왕성하게 활동한 사람이었다. 아브라함이 이삭을 모리아산으로 데리고 갔을 때 그의 나이를 아무리 많이 잡아도 이삭이 20세가 되지 않았을 때니까 아브라함의 나이는 120세 이전이 된다. 아브라함이 175세의 나이로 죽었으니까 오늘날 남자의 평균 수명을 80세로 보면 아브라함은 50세 중반쯤의 나이에 모리아산에 간 것이다.

그 정도의 나이라면 아브라함은 이삭에게 얼마든지 위압적이었을 것이며, 이삭은 아버지에게 절대 반항할 수 없었을 것이다. 비록 이삭이 부잣집의 소중한 아들로 태어났지만 아브라함은 늘그막에 낳은 외아들이라 해서 이삭을 버릇없게 놔두지는 않았을 것이다. 오히려 이삭은 아버지의 압도적인 위엄 속에서 자랐다. 이삭은 은연중에 아버지로부터 순종을 요구받게 된 셈이다. 그렇기 때문에 이삭은 자신을 죽이려는 아버지일지라도 아무 거역도 할 수 없었다. 그의 순종은 결코 순전하지 않았다. 이런 순종이 바로 '감당할 수 없는 순종'이다. 자발적이 아닌 이삭의 나이로서는 힘에 부치는 순종이었고, 어쩌면 복종이나 맹종에 가까운 일이었다. 그렇게 '감당할 수 없는 순종'에는 반드시 대가가 따르게 된다.

그 대가는 자신의 인생을 망치는 것이었다. 아버지로부터 받은 상처, 어쩔 수 없이 순종해야만 했던 그의 상처는 결국 어디에선가는 역효과가 나기 마련이었다. 그가 받은 상처를 보상받으려는 첫 번째 대상은 어머니였다. 어머니 사라는 90세에 아들을 낳았다(창 17:17). 아버지보다 섬세하고 부드러운 어머니는 아버지가 채워주지 못한 사랑을 채워주었다. 사라는 127세에 죽을 때까지 아들 이삭을 곁에 두었다. 이삭의 나이 37세에 사라가 죽었는데 그때까지도 이삭은 결혼하지 못했다. 아들을 곁에 오랫동안 두려는 어머니의 의도가 거기에 있었다. 아브라함의 아버지 데라를 제외한 그의 조상들이 서른 살 즈음에 첫아이를 낳은 것에 비하면 이삭은 마흔이 다 될 때까지 혼인하지 않았고 결혼에 대한 필요성을 느끼지 못했다.

이삭은 어머니 사라 품에서 안전과 보호를 느꼈다. 그러다가 결국 사라는 아들이 가정을 꾸미는 것도 보지 못하고 죽고 말았다. 아버지 아브라함이 175세에 죽었으니까 앞으로 이삭은 38년의 세월을 어머니 없이 아버지의 그늘에서 살아야했다. 노총각 이삭이 어머니의 죽음으로 인해 겪었을 상실감을 우리는 충분히 이해할 수 있다. 어머니 사라가 죽은 뒤에 이삭은 아내 리브가를 만나 위로를 얻었다(창 24:67). 그러나 그 위로도 잠시, 리브가는 어머니가 아니었고 어머니의 빈자리를 완전히 채워주지 못했다. 정작 이삭이 위로받고 그의 상처를 달래준 것은 다른 데 있었다. 이삭은 먹는 것에 집착했다.

"이삭은 에서가 사냥한 고기를 좋아하므로 그를 사랑하고 리브가는 야곱을 사랑하였더라"(창 25:28).

이삭이 받으려는 보상은 고기였다. 그는 미각이 위로를 받으면 모든 것에 만족했다. 고기에 대한 집착이 사냥과 요리에 능한 에서를 자신의 후계자로 선택하는 데까지 이르렀다. 어차피 에서는 큰아들이기 때문에 그에게 장자권을 주는 것에는 잘못이 없어 보였다. 그러나 하나님은 이미 자신의 뜻을 이삭에게 보여주셨다. 결혼한 지 20년 만에 리브가가 임신하게 되는데 쌍둥이를 갖게 된다. 쌍둥이가 배 속에서 얼마나 요란하게 싸우는지 임산부인 리브가가 견딜 수 없을 정도였다. 리브가가 왜 이렇게 아파야 하는지를 하나님께 물었고, 하나님은 그에 대하여 이렇게 말씀하셨다.

"여호와께서 그에게 이르시되 두 국민이 네 태중에 있구나. 두 민족이 네 복중에서부터 나누이리라. 이 족속이 저 족속보다 강하겠고 큰 자가 어린 자를 섬기리라 하셨더라"(창 25:23).

큰 자가 어린 자를 섬기리라. 쌍둥이 중에서 형이 동생을 섬기리라, 즉 장자는 형 에서가 아니라 동생 야곱임을 분명히 하신 것이다. 이삭의 후예는 장자 에서가 아니라 차자 야곱이었다. 야곱이 장자권을 이어받게 될 것이란 예언은 이미 리브가가 임신했을 때부터 하나님께서 정하신 뜻이었다.

후에 야곱은 마침 배가 고팠던 형에게 팥죽을 팔아 장자권을 사게 된다. 야심찬 야곱의 뒤에는 어머니 리브가가 있었는데, 리브가는 야곱이 후계자가 되는 데 보이지 않는 후견인 역할을 했다. 그래서 그 이유로 이삭의 가정에는 큰 풍파가 일어난다. 속은 것을 알게 된 형 에서가 야곱을 죽이려고 했다. 이때 이삭은 어떻게 해야 했을까? 형제간의 일이니까 그냥 모른 체 해야 했을까? 아니다. 하나님의 뜻이 무엇인지 알았던 이삭은 큰아들 에서를 설득하여 그에게 하나님의 뜻을 따르도록 해야 했다. 그러나 이삭은 그렇게 하지 못했다. 어린 시절 아버지 아브라함에게 질문하거나 설득하지 못했던 우유부단한 그 성격이 그 아들 에서에게도 그대로 이어졌다. 이삭은 하나님의 뜻보다 자신의 미각이 행복하면 그것으로 만족했고, 자신을 기분 좋게 한 에서에게 축복하고 모든 장자권을 주려고까지 했다. 이삭은 하나님의 뜻에 대한 분별력이 점점 없어졌다. 그의 위로는 오직 고기의 맛일 뿐이었다.

"이삭이 나이가 많아 눈이 어두워 잘 보지 못하더니 맏아들 에서를 불러 이르되 내 아들아 하매 그가 이르되 내가 여기 있나이다 하니 이삭이 이르되 내가 이제 늙어 어느 날 죽을는지 알지 못하니 그런 즉 네 기구 곧 화살통과 활을 가지고 들에 가서 나를 위하여 사냥하여 내가 즐기는 별미를 만들어 내게로 가져와서 먹게 하여 내가 죽기 전에 내 마음껏 네게 축복하게 하라"(창 27:1-4).

이삭은 자신의 눈이 어두워 잘 보지 못하기 때문에 자신이 죽을 때가 가까웠다고 생각했다. 그러나 야곱이 형 에서의 위협으로부터 삼촌 라반의 집으로 도망쳐 20년 동안 온갖 고생을 하고, 우여곡절 끝에 고향으로 돌아와 기럇아르바의 마므레로 가서 그의 아버지 이삭을 만날 때까지 이삭은 살아 있었다(창 35:27). 두 눈이 침침하다고 죽을 때가 가까운 것이 아니었다. 이삭은 명민하게 하나님의 뜻을 살피고, 자신의 운명을 예견하며, 자식들의 삶의 길을 잘 지도해야 할 족장이었다. 그러나 그는 그렇게 하지 못했다. 족장이 장자에게 축복을 하고 장자권을 계승하는 것은 평범한 일이 아니었다. 그것은 하나님의 나라에 대한 예시이며, 하나님의 뜻을 이루어가는 통로로서의 역할을 한다. 그런데 그 중요한 축복을 이삭은 자신의 기분에 따라, 특히 고기의 맛을 보는 본능적인 만족에 따라 내키는 대로 하려고 했다. 도대체 왜 이런 일이 벌어졌을까? 그것은 이삭이 모리아산에서 아버지로부터 받은 상처가 완전히 해결되지 못했다는 것을 의미한다. 이삭은 어머니 사라를 통해 자신의 상처를 달래려고 했고, 어머니가 죽은 이후에는 먹을 것을 통해 위로를 받으려고 했다. 나이가 들었어도 여전히 그는 어린아이에 불과했다.

그렇다면 이삭은 왜 어머니의 부재로 인한 허전함을 리브가로부터 채우지 못했을까? 리브가 역시 성숙하지 않았기 때문이다. 둘 다 늦은 나이에 결혼했지만 그들은 외부에서 얻은 상처로 인해 어린아이에 머물러 있었다. 리브가는 가정에서 사랑을 많이 받기보다는 오히려 억압 속에서 살았을 가능성이 높다. 처음 엘리에셀을 만났을 때 리브가가 그의 아버지와 오빠 라반에게 한 말은 그의 억제된 배경을 짐작하게 한다.

> "리브가의 오라버니와 그의 어머니가 이르되 이 아이로 하여금 며칠 또는 열흘을 우리와 함께 머물게 하라. 그 후에 그가 갈 것이니라. 그 사람이 그들에게 이르되 나를 만류하지 마소서. 여호와께서 내게 형통한 길을 주셨으니 나를 보내어 내 주인에게로 돌아가게 하소서. 그들이 이르되 우리가 소녀를 불러 그에게 물으리라 하고 리브가를 불러 그에게 이르되 네가 이 사람과 함께 가려느냐. 그가 대답하되 가겠나이다"(창 24:55-58).

엘리에셀이 리브가를 아브라함의 며느리로 데려가겠다는 제안을 하기 전 리브가는 딱 한 번 엘리에셀을 만났을 뿐이었다. 그가 살아야 할 곳이 어디인지, 그가 만나 결혼할 대상은 누구인지 전혀 알 수 없었다. 그런데 리브가는 한치의 망설임도 없이 엘리에셀을 따라가겠다고 말한다. 리브가는 자신이 속해 있는 환경이 싫었다. 새로운 곳으로 떠나고 싶었다. 그곳이 먼 타향이든, 전혀 모르는 사람과의 결혼이든 간에 자신의 집안에서 멀어질 수 있기만을 바랐다. 만약 리브가의 환경과 배경이 따뜻하고 좋았음에도 선선히 엘리에셀을 따라가겠다고 한 거라면 그녀는 철이 없는 것이었다. 이렇든 저렇든 리브가는 어린아이였다. 그러므로 이삭이라는 어린아이와 리브가라는 어린아이, 이렇게 (나이는 많지만) 두 명의 어린아이가 결합을 한 것이다.

리브가가 시집을 간 곳에는 자신을 이끌고 가르쳐줄 시어머니(사라)가 없었다. 그를 가르쳐주어야 할 어른인 시아버지(아브라함)는 재혼을 해서 다른 살림을 차렸다. 그리고 남편 이삭은 여전히 어린아이에 불과했고, 당연히 두 어린아이 관계가 좋을 수 없었다. 이삭과 리브가가 좋지 않은 사이라는 것은 두 아들 에서와 야곱의 관계를 보면 알 수 있다. 형제끼리 싸우는 일은 다반사이다. 그런데 에서와 야곱의 싸움은 서로 죽고 죽이려는 싸움판이었다. 장자권의 소유자인 에서는 그것을 하찮게 여겼고, 장자권이 없는 야곱은 그것을 집요하게 추구했다. 그리고 20년간 원수로 지냈다. 이런 에서와 야곱의 분란은 두 형제의 탓이 아니다. 그것은 전적으로 부모 이삭과 리브가 때문이었다. 에서를 축복하고자 할 때 이삭은 아내와 한마디 의논도 하지 않았다. 리브가 또한 남편에게 자신의 의견을 말하지 않았다. 오히려 서로 속이려고 했다. 그 부부간에는 어떠한 성숙함도 찾아볼 수 없었다. 그들은 신체만 성장한 어린아이였을 뿐이다.

이삭은 야곱이 마음에 들지 않았다. 주로 집에서 지내는 야곱보다 날쌘 사냥꾼으로 들에 살면서 사냥한 고기를 척척 잡아다 요리해주는 에서를 사랑했다. 이삭은 야곱이 남성답지 못하다고 생각했을 것이다. 아버지 앞에서 남자답지 못하고 아버지에게 대꾸하거나 반항 한 번 하지 못했던 자신의 과거가 떠올랐을 수도 있다. 그런데 보라. 하란에서의 야곱의 모습은 천생 남자였다. 의리도 있고, 박력과 힘도 넘쳤고, 책임감과 능력, 지혜를 겸비했다. 야곱은 대가족을 이루고 그 가족을 오직 자신의 힘만으로 건사해냈다. 아버지 이삭이 인정하지 못했던 야곱은 이미 아버지가 이상적으로 여겼던 모습을 갖추고 있었다. 이삭은 그것을 몰라봤다. 이삭이 에서만 편애하자 리브가는 야곱만 사랑했다. 이삭과 리브가는 어린아이들이었다.

이런 상황에서 이삭은 어떻게 해야 했을까? 그는 스스로 주도권을 잡았어야 했다. 이삭의 과거로 돌아가보자. 그가 아버지에게 이끌려 모리아산에 갔을 때 이삭은 아버지 아브라함과 싸웠어야 했다. 얼마든지 아버지에게 저항할 수 있는 나이였다. 육체적으로 반항하거나 맞서는 것이 그에게 어울리지 않을 수 있다. 그렇다면 꼭 물리적인 수단이 아니어도 아버지 앞에서 말로라도 호소하고 항의해야 했다. 분명하고 똑똑한 소리로 질문을 했어야 했다. 물론 이삭은 아버지에게 질문을 하기는 했다. 불과 나무는 있는데 번제할 어린 양은 어디에 있는지를 물었다. 좋은 질문이다. 이에 대해서 아브라함은 "번제할 어린 양은 하나님이 친히 준비하실 것이다"라고 대답했다.

이삭은 하나님이 번제를 어떻게 친히 준비하시는지를 기다렸을 것이다. 그러나 양은 없고 자신이 제물로 결박되어 제단 위에 올라가게 되었다. 이삭은 바로 그때 다시 한번 더 물었어야 했다. 하나님이 준비하신다는 어린 양은 어디에 있는지, 왜 양이 아닌 자신이 묶여야 했는지(아직 그의 입은 결박되지 않았다), 아버지가 과연 자신을 죽일 것인지, 하나님이 친히 준비하신다는 양은 나를 말하는 것인지, 내가 죽는다면 남은 아버지는 어떻게 되는 것인지…. 이삭은 묻고 또 물어야 했다. 납득할 수 있을 때까지 아버지에게 물었어야 했다. 그래서 아버지의 정확한 대답을 듣고 그것이 아버지만의 시험이 아니라 자기 자신의 일로도 받아들여야 했다. 여전히 감당하기는 힘든 일이지만 아버지가 시험으로 인해 고민하고 그에 대한 답을 찾아가듯 이삭 역시 자기 스스로 답을 찾았어야 했다. 아버지를 통해 하나님의 시험이 아버지만의 시험이 아니라 자신의 시험으로도 받아들여서 그것을 하나님에 대한 자신의 '순종'으로 결론 내려야 했다. '감당할 수 없는 순종'이 아니라 '감당할 수 있는 순종', 자신의 의지와 믿음으로 하나님을 받아들일 수 있는 기회를 잡았어야 했다. 아버지가 하나님의 시험에 합격하듯 이삭도 자기 스스로 하나님의 시험을 받아들여 순종했어야 했다. 만약 그랬다면 이후 이삭의 행보는 반드시 달라졌을 것이다.

이삭은 질문이 없는 인물이었다. 질문을 해도 한 번밖에 하지 않는 '더 이상 질문 없는' 인물이었다. 의심하지 않는 인물, 질문이 없는 인물, 그런 인물은 답을 얻지 못한다. 질문이 없으면 답도 없다. 그러나 질문을 하면 놀라운 답이 항상 따라오기 마련이다. 우선은 질문을 받는 대상으로부터 대답을 들을 수 있다.

어떤 율법교사가 예수님을 시험하기 위해 질문했다.

"무엇을 해야 영생을 얻습니까?"

예수께서는 "율법에 무엇이라 기록되었는지를 말하라"고 반문하고, 이에 율법교사는 마음과 목숨과 힘과 뜻을 다해서 하나님을 사랑하고 네 이웃을 자신같이 사랑하는 것이라고 대답을 했다. 예수님은 "맞다. 그렇게 하면 영생을 얻는다"라고 대답을 하셨다. 여기까지만 해도 충분한 대답이고 훌륭한 대화였다. 그런데 율법교사는 여기에서 질문을 멈추지 않았다. 그는 이렇게 묻는다.

"내 이웃이 누구입니까?"

이 질문은 답을 구하려는 질문이 아니라 자신을 돋보이게 하려는 질문이었다. 그럼에도 예수님은 그 질문에 '강도 만난 사람을 도와준 사마리아인'의 이야기를 하셨다. 율법교사의 질문이 없었다면 선한 사마리아인 비유를 우리는 모두 몰랐을 것이다.

질문에는 반드시 대답이 나온다. 만약 질문을 들은 사람이 대답할 마음도 능력도 없다면 어떻게 될까? 그럼에도 대답이 생긴다. 질문을 던지는 본인 스스로가 답을 찾아낼 수 있다. 질문에 대해서 곱씹고 고민함으로써 스스로 그 답을 찾아가게 된다. 그 답이 맞든지 틀리든지 질문에 대해서 고민하고 추구하고 찾아갈 때 어떤 모습으로든 답을 찾게 될 것이다. 이것이 바로 질문의 힘이다. 이삭은 질문이 없었기에 답을 찾지 못했고, 어른이 되어서도 여전히 답을 모르는 어린아이와 같은 모습으로 끝이 나고 말았다. 그래서 우리에게 가장 아쉬운 믿음의 조상이 바로 이삭이다.

그럼에도 이삭은 여전히 믿음의 선조이다. 그렇다면 그가 믿음의 반열에 오를 수 있었던 이유는 무엇일까? 두 가지가 있는데 하나는 하나님의 입장이다. 하나님은 이스마엘을 택하지 않고 이삭을 택하셨다. 불가역적이고 불변하는 하나님의 약속이다. 하나님은 아브라함에게 사라를 통해 태어난 아들이 진짜 자손임을 분명히 하셨다. 아무리 이삭이 어린아이처럼 나약한 존재였어도 하나님의 선택은 그에게 있었고, 그는 그런 하나님의 선택 속에서 믿음의 선조로 굳건히 자리매김을 하게 되었다. 또 한 가지는 이삭의 입장이다. 이삭은 끝까지 아버지 아브라함과 어머니 사라를 떠나지 않았다. 이스마엘이 이집트 쪽으로 떠나고, 아브라함의 세 번째 부인 그두라의 자식들이 동쪽으로 이주하는 것(창 25:6)과 달리 이삭은 부모가 죽은 이후에도 그 지역을 떠나지 않았다.

아브라함이 아버지 데라가 살아 있는 동안 아버지를 떠나는 것과는 대조된다. 이삭이 주로 머물렀던 지역은 아브라함과 사라가 생전에 있었던 지역, 그리고 죽어서 묻힌 지역이다. 그 주변에서 멀리 떠나지 않았다. 이삭이 리브가를 만날 때 그는 브엘라해로이에서 떠나 네겝 지역에 살고 있었다(창 24:62-67). 아브라함이 죽은 후에는 브엘라해로이 근처에서 살았다(창 25:11). 이삭이 살던 땅에 흉년이 들어서 이집트로 가려고 할 때 하나님의 만류로 그랄에서 살고(창 26:1-3), 우물로 인해 시비가 붙었을 때는 브엘세바로 갔다(창 26:23). 야곱이 온갖 고생을 다하고 고향에 돌아와 아버지 이삭을 찾았을 때 이삭이 살던 곳은 헤브론이었다. 이삭은 그곳에서 180세의 나이로 자기 열조에게로 돌아갔다(창 35:27-29).

이삭이 평생 살았던 곳을 보면 브엘라해로이, 네겝, 그랄, 브엘세바, 헤브론이다. 이삭은 사해 남서편을 떠나지 않았다. 그리고 최종적으로는 헤브론의 마므레에 있는 가족 공동묘지인 막벨라 굴에 안장되었다. 결국 바로 그것 때문에 이스라엘의 후손들이 이집트에서 다시 그곳으로 돌아오게 되고, 현대에 와서는 이스라엘의 독립에까지 영향을 끼쳤다. 이삭이 비록 부족한 것이 많았지만 그의 부모를 떠나지 않았고, 하나님의 뜻을 계속해서 이어가도록 그곳에 머문 것은 죽고 나서도 아주 오랫동안 그의 후손들을 지키는 일이 되었다.

>>> Chapter _ 13

인간적인 너무나 인간적인

야곱은 꿈틀대는 힘과 욕망의 화신이었다. 낯선 땅에 정착하기 위해 고생했던 할아버지 아브라함이나 상처 입은 어린아이로 자신의 앞가림하기에도 바빴던 아버지 이삭에 비해 야곱이 성장하던 사회는 여러모로 안정되었다. 이런 야곱의 파란만장한 인생을 시간을 쫓아가보면 이렇게 전개된다.

야곱은 태어나면서부터 욕망이 강했다. 어머니 리브가의 배 속에서 쌍둥이로 들어 있을 때 두 형제는 서로 옥신각신했다. 쌍둥이를 임신하면 한 아이를 가졌을 때보다 두 배의 열량, 두 배의 심장 부담, 두 배의 영양소 섭취를 필요로 한다. 쌍둥이 임신이 임산부에게 부담이 될 것임은 자명한 일이지만 리브가가 겪는 임신의 고통은 단지 쌍둥이를 가졌다는 데만 있지 않았다. 두 아이가 배 속에서부터 계속 싸우고 있었기 때문이다. "그 아들들이 그의 태 속에서 서로 싸우는지라. 그가 이르되 이럴 경우에는 내가 어찌할꼬 하고 가서 여호와께 묻자온대"(창 25:22). 하나님은 배 속에 두 민족이 있고, 서로 나뉘게 될 것이며, 최종적으로는 큰 자가 작은 자를 섬기리라는 말씀을 해주셨다.

쌍둥이는 먼저 세상 밖으로 나오면 형이 되는 법. 먼저 나온 붉게 상기된 녀석은 그 생김새를 따라 '에서' 라는 이름으로 불렀고, 둘째로 태어난 녀석은 '야곱' 이라고 불렀다. 야곱은 에서처럼 겉으로 보이는 특별한 모습이 없었다. 붉다던가, 털이 많다던가, 눈이 푸른색이라던가, 발이 길다던가…. 그런데 야곱은 특별한 행동을 하면서 태어나는데, 형의 뒤꿈치를 꽉 쥔 상태로 태어났다. 아이가 태어날 때 다리부터 나오면 난산이라 제왕절개를 해야 한다. 아이는 반드시 머리로 나와야만 안전하다. 그런데 야곱은 형의 발꿈치를 잡은 채 손부터 나왔으니 출산의 고통 또한 심했을 것이다. 야곱은 쌍둥이 형의 발뒤꿈치를 잡고 태어났으니 무언가 인물이 될 가능성이 있었다. 더욱이 하나님은 "작은 자가 큰 자의 섬김을 받는다"고 말씀하셨으니 동생인 야곱은 형 에서보다 많은 혜택을 누릴 주인공이었다.

그러나 야곱은 그 신탁이 더 빨리 이루어지기를 바랐다. 에서가 사냥을 갔다 오면 사냥한 고기를 먹기 전까지 허기를 쉽게 느낀다는 점을 간파한 야곱은 형의 이름처럼 붉은 팥죽을 준비해서 형 앞에 내밀었다. 세상에 공짜는 없는 법. 야곱은 장자의 명분을 팔면 그것으로 팥죽을 주겠다고 했고, 에서는 대수롭지 않게 장자권을 넘기고 팥죽으로 허기를 채웠다. 장자의 권리는 사고 팔 수 있는 성질의 것이 아니었다. 세상에서 사고 팔 수 없는 것은 많다. 사랑이라든가, 구원이라든가, 무형의 감정들은 사고 팔 수 없다. 장자의 명분 역시 그랬다. 장자라는 것은 먼저 태어난 사람인데, 먼저 태어나는 것은 사고 팔 수가 없다. 야곱이 에서로부터 장자의 명분을 팥죽 한 그릇에 산 장면은 실제로 장자의 명분을 야곱이 샀다는 뜻이 아니라 야곱의 성격과 욕망을 그대로 보여주는 모습이라 할 수 있다.

그러나 그런 무형의 것을 가지려면 팥죽 같은 것으로는 완전하지 못했다. 야곱이 형으로부터 장자권을 실제적으로 빼앗고 그 권리를 소유하기 위해서는 배후에 누군가의 조력이 필요했다. 어린아이와 같은 아버지 이삭과 어머니 리브가는 자식들을 놓고 한바탕의 권력 싸움을 벌인다. 그것도 아주 유치하게, 어린아이와 같이. 리브가는 에서가 사냥한 고기의 요리를 맛본 뒤에 모든 축복을 에서에게 쏟아주겠다는 남편의 계획을 알아챘다. 그래서 에서가 사냥을 하러 간 사이 에서의 자리에 야곱을 갖다 놓는다. 맛있는 요리와 에서 분장. 아무리 야곱이 욕망이 들끓는 인물이어도 리브가의 조종이 없었다면 그는 아버지의 축복을 받지 못했을 것이다.

그렇다면 도대체 장자권이 무엇이기에 그토록 암투를 벌여야 했을까? 구약시대에 장자에 대한 권리는 굉장한 힘을 발휘했다. 우선 자녀들이 있는 가정은 차자는 없어도 장자(처음 태어난 아이)는 반드시 있다. 그리고 맨 처음이라는 것은 언제나 낯설고 기대되는 것이어서 가장 애정이 가고, 가장 많은 사랑을 주게 되는 것은 자연스러운 일이다. 더욱이 장자는 아버지의 성품을 가장 많이 닮았을 것이며, 그에게 모든 권력과 유산이 주어진다.

아버지 이삭은 자신의 마음에 드는 아들 에서를 장자로 인정했고,

에서에게 모든 축복을 주려 했으나 에서가 사냥감을 구하러 간 사이 맛있는 고기 요리와 전신을 염소의 털로 감싼 야곱이 나타난다. 생각보다 일찍 고기를 구해온 아들이 무엇인가 미심쩍어 가까이 다가오게 한 이삭은 그의 팔을 만져본다. 야곱의 팔에는 이미 염소의 털이 있었다. 이삭은 말한다. "목소리는 야곱의 목소리인데, 손은 에서의 손이로구나." 그럴 리가 있나! 목소리와 손이 다르면 둘 중에 하나는 가짜라는 말이다. 이삭은 금방 탄로 날 거짓도 알아차리지 못했다. 자신의 눈과 함께 이성과 판단력도 마비가 되었다. 그리고 맛있는 고기의 식감이 그의 의심을 거두었다. 식사 후에 이삭은 그야말로 마음껏 야곱에게 축복을 했다.

"내 아들의 향취는 여호와께서 복 주신 밭의 향취로다. 하나님은 하늘의 이슬과 땅의 기름짐이며 풍성한 곡식과 포도주를 네게 주시기를 원하노라. 만민이 너를 섬기고 열국이 네게 굴복하리니 네가 형제들의 주가 되고 네 어머니의 아들들이 네게 굴복하며 너를 저주하는 자는 저주를 받고 너를 축복하는 자는 복을 받기를 원하노라"(창 27:27-29).

여호와의 복 주신 밭의 향기라든가, 하늘의 이슬과 땅의 기름짐이라든가, 풍성한 곡식과 포도주는 모두 물질적인 축복이라 할 수 있다. 아브라함 때와는 달리 이삭의 때는 정착이 상당히 이루어졌고, 그 정착의 결과로 이삭의 아들들 때에 유목민에서 농경민으로 그들의 직업이 바뀌었다. 이삭의 축복은 아들이 정착민으로서 농사가 잘되기를 빈 것이었다. 안정되게 정착을 하려면 주변에서 전쟁을 걸어오거나 시비를 걸지 않아야 했다. 그래서 이삭의 축복은 만민과 열국의 굴복을 노래하며 저주는 튕겨져 나가고 축복은 가까이 되기를 빌었던 것이다. 그런데 야곱은 그 축복을 받은 결과로 자신의 집에서 도망쳐 무려 20년 가까이 유목민으로 삼촌 라반의 가축을 친 걸 보면 그 축복대로 된 것 같지 않다. 뒤늦게 고기를 들고 온 에서는 어떤 축복을 받았을까? 이미 야곱에게 모든 축복을 다 주었다는 아버지를 졸라서 받은 축복은 소소하기 그지없다.

"네 주소는 땅의 기름짐에서 멀고 내리는 하늘 이슬에서 멀 것이며 너는 칼을 믿고 생활하겠고 네 아우를 섬길 것이며 네가 매임을 벗을 때에는 그 멍에를 네 목에서 떨쳐버리리라"(창 27:39-40).

이삭이 에서에게 내린 축복을 현대인의 성경으로 옮겨보면 "네가 사는 땅은 기름지지 않고, 하늘의 이슬이 내리지 않을 것이며, 네가 칼을 믿고 살 것이나 네 동생을 섬길 것이다. 그러나 네가 끊임없이 몸부림치게 될 때 그의 지배 하에서 벗어나게 될 것이다." 기름지지 않은 땅, 하늘의 이슬이 내리지 않는 땅은 에서가 농사꾼으로 적합하지 않다는 얘기이다. 에서는 날쌘 사냥꾼이었다. 화살이나 칼을 쓰는 데는 전문가였다. 에서는 죽을 때까지 칼을 쓰는 직업을 가지게 될 것인데, 그것은 동물이든 사람이든 무엇인가를 죽여야 하는 운명, 그 죽은 고기를 칼로 썰어야 하는 운명, 칼이 가져다주는 피 비린내 나는 운명을 암시하는 것이었다. 그가 아무리 애를 써도 동생을 앞서지 못하며, 동생에게 모든 것을 양보하게 될 것이고, 나중에서야 겨우 그 인생의 멍에로부터 자유롭게 될 것이다. 이삭의 예언처럼 에서는 야곱과 화해를 하기 전까지 20년 동안을 불타는 복수심에 칼을 갈면서 살았다.

에서의 복수심 때문에 야곱은 어딘가로 피신을 해야 했는데, 부모가 추천한 장소는 어머니의 고향 하란이었다. 이삭이 머물고 있는 곳에서 하란까지는 약 1000km가 넘는 곳이었다. 아브라함은 일찍이 며느리를 고르기 위해 하란으로 종을 보냈고, 그곳에서 리브가를 얻었다. 이삭과 리브가는 다시 하란으로 야곱을 피신시켜 보냈다. 거기에는 도망의 목적도 있었으나 며느리를 얻으려는 의도도 있었다. 큰아들 에서가 가나안 출신의 여인과 결혼을 해서 어머니의 근심을 샀고, 아버지역시도 며느리들을 탐탁지 않게 여겼다. 에서는 실망하는 부모님을 더실망시킬 일을 한다. 이스마엘의 딸 마할랏을 아내로 한 명 더 얻었다. 아버지 이삭의 배다른 형의 딸이었다. 이삭과 리브가는 에서의 행위가 마음에 들지 않았다. 리브가는 야곱을 하란으로 피신시키면서 말했다. "우리가 어찌 하루에 아들 둘을 잃으랴." 그리고 이삭은 야곱에게 축복을 다시 해준다.

> "이삭이 야곱을 불러 그에게 축복하고 또 당부하여 이르되 너는 가나안 사람의 딸들 중에서 아내를 맞이하지 말고 일어나 밧단아람으로 가서 네 외조부 브두엘의 집에 이르러 거기서 네 외삼촌 라반의 딸 중에서 아내를 맞이하라"(창 28:1-2).

어느덧 어린아이와 같던 이삭과 리브가는 야곱을 피신시키는 상황에서 한마음이 되었다. 그들은 야곱을 도망치게 하는 것과 동시에 에서처럼 가나안의 딸들이 아니라 하란에서 라반의 딸 중 아내를 맞이하는 것, 그래서 아브라함처럼 생육하고 번성하여 하나님의 복을 누리는 것이 그들의 바람이었다. 그것은 명실공히 장자로서의 인정이었다. 며느리를 그들의 손으로 지정하고 선택하는 것은 아브라함이 이삭에 대해서 했던 것과 똑같은 형태였다. 야곱이 머물렀던 헤브론에서 밧단아람까지는 1000km이므로, 성인의 걸음으로 1시간에 4km 정도를 걷는다고 할 때 하루에 10시간 정도를 걸으면 25일쯤 걸리는 거리였다.

눈을 뜨면 걷고, 중간 중간 쉬면서 끼니를 챙기고, 밤이면 노숙하면서 그곳까지 갔다. 온종일 걸으면서 야곱은 무슨 생각을 했을까? 장밋빛의 새로운 인생까지는 아니지만 무엇인가 인생의 새로운 막을 열었다는 느낌은 가졌을 것이다. 이제 며칠만 지나면 새로운 삶의 터전이 기다리고 있다. 나에게도 아내가 생기고, 나만의 새로운 가정을 이루게 된다. 내가 이루게 될 새로운 가정은 어떤 모습일까? 나의 아내는 어떤 사람일까? 그렇게 야곱은 어려운 발걸음을 옮겼다. 그리고 드디어 하란에 이르게 된다.

야곱이 새로운 삶의 터전에서 자신의 아내로 삼은 사람은 라반의 둘째딸 라헬이었다. 왜 큰 딸 레아가 아니고 라헬이었을까? 많은 사람은 레아가 못생겼고, 라헬이 예쁘기 때문이라고 말한다. 그것은 구약의 한 구절 때문이다. "레아는 시력이 약하고 라헬은 곱고 아리따우니"(창 29:17). 레아의 시력이 나쁜 것으로 성경은 기록되어 있으나 여러 성경들은 레아의 눈매가 부드럽다거나(Leah was tender eyed KJV, NET Bible), 오히려 매력이 있는 눈(Leah had attractive eyes GOD'S

WORD? Translation)이라고 하는 경우도 있다. 백번 양보해서 눈이 나쁘다고 해보자. 그것이 그녀의 외모가 떨어졌다는 것을 의미할까? 그렇지 않다. 레아의 시력이 나빠진 것은 사막의 모래 바람 때문이었다. 양떼를 치기 위해 뜨거운 모래 바람을 맞으면서 돌아다녀야 했던 레아의 나쁜 시력은 그녀의 책임감을 말해준다. 오히려 더 매력적이지 않은가?

반대로 라헬은 곱고 예쁜 모습을 보이나 '아름답다'고 번역된 히브리어 원어 '마레'라는 표현은 '호감을 얻다'(flavored)의 의미가 강하다. 예쁘다거나 아름답다는 것은 아무래도 주관적이기 때문에 야곱의 눈에 라헬이 예뻐 보였을 뿐이다. 그렇다면 언제 라헬은 야곱의 호감을 얻었을까? 야곱이 제일 처음 하란에 이르렀을 때였다. 야곱은 사람들이 많이 모이는 우물가에서 하란에 사는 나홀의 손자 라반을 아는지를 물었다. 라반이 유명한 인물이었던지 그곳에 모여 있던 목자들은 라반을 다 알고 있었다. 한 달 가까이 매일 매일 지루하게 걸었던 그의 도보여행이 비로소 막을 내리는 순간이었다.

그런데 이상한 것은 목자들이 양떼를 데리고 우물가에 와서도 누구 하나 우물물을 길어 올리지 않는 것이었다. 우물 입구에는 묵직한 돌이 놓여 있었는데, 그들의 말이 일정한 수 이상의 목자들이 모였을 때에야 같이 힘을 합쳐 입구의 돌을 굴려 양떼에게 물을 준다고 했다. 마침 저 멀리에서 라반의 딸 라헬이 양떼를 이끌고 우물가로 오고 있었고, 목자들은 저 아가씨가 라반의 둘째딸이라고 알려주었다. 이때 야곱이 한 행동이 무엇인가? 야곱은 우물을 덮고 있던 돌을 혼자의 힘으로 굴려내고 라헬에게 물을 길을 수 있게 해주었다.

"야곱이 그의 외삼촌 라반의 딸 라헬과 그의 외삼촌의 양을 보고 나아가 우물 아귀에서 돌을 옮기고 외삼촌 라반의 양 떼에게 물을 먹이고"(창 29:10).

각자가 사는 지역에는 그 지역마다의 법과 원칙이 있다. 목자들이 충분히 모이지 않았기에 그들은 아직 우물의 뚜껑을 열지 않았다. 처음 그곳의 방문자는 그들의 법칙을 따르고 지켜볼 수밖에 없었다. 그런데 야곱은 마치 그 우물의 주인이라도 되는 양 무거운 돌을 옮기며 자신의 힘을 과시했다. 라헬 때문이었다. 어떻게든 라헬에게 잘 보이려는 야곱의 의도였다. 야곱은 라헬을 호감 있게 보았고, 그 역시 라헬에게 좋은 인상을 남기고 싶었다. 실제로 라헬이 예뻤을 수 있다. 그러나 긴 시간의 여행 끝에 드디어 자신이 필요로 하는 사람을 만났다는 점, 드디어 그의 인생의 새로운 막이 열렸다는 점, 마치 운명처럼 자신이 한 달 이상을 묵상하고 생각했던 바로 그 사람을 만났다는 점이 라헬을 실제보다 더 멋지고 아름답게 포장해주었을 수도 있다. 한눈에 반했다거나 운명적인 사랑을 만났다고 할 때 그것은 그 시간, 그 자리에, 그 사람이었다는 것을 의미한다. 하필이면 바로 그 자리, 그 시간에 야곱의 눈과 마음에 라헬이 들어왔다. 야곱의 라헬을 향한 마음이 뜨거운 사랑이 되었다. 야곱의 성격상 한번 그의 마음에 들어오게 되면 오직 그 사람만 바라보고 어떤 대가를 치르더라도 그것을 소유하게 된다. 그 대상이 바로 라헬이었다.

야곱이 라반의 집에 들어와 한 달을 묵었다. 여독은 어느덧 풀렸고, 지쳤던 심신은 새로운 힘을 얻었다. 라반은 집에서 더 이상 놀고먹는 사람을 봐주는 인물이 아니었다. 어느 날, 라반이 물었다. "자네의 사정이 아무리 딱하지만 그냥 계속 놀고 있을 수만 없는 노릇 아니냐. 그렇다고 우리 집에서 무료로 봉사하는 것은 맞지 않는 얘기다. 너에게 어떤 보수를 주는 것이 좋겠느냐?" 여기서 야곱은 놀라운 조건을 제시했다. 7년 동안의 무보수. 오직 급여를 준다면 그것은 둘째 딸 라헬이면 충분하다고 말한다. 야곱이 라헬을 위해 7년의 기간을 제시한 것은 그가 감당할 수 있는 기간이기도 했고, 라헬에 대한 자신의 사랑을 입증하는 기간이기도 했다. 7은 완전 숫자이며, 또 7년이면 안식년을 맞을 때이기도 했다. 삼촌 라반이 이성과 상식이 있는 사람이라면 7년 후 야곱을 풀어주어야 했다.

그런데 라반은 야곱보다 머리를 더 잘 쓰는 사람이었다. 야곱에게 약속한 7년이 지나고 라헬과 백년가약을 맺는 날 밤에 엉뚱하게도 큰딸 레아를 신방으로 들여보냈다. 아침에 눈을 뜨고 보니 사랑하는 라헬이 아닌 그 언니 레아가 자신의 옆에 누워 있을 때 야곱의 당황과 충격은 대단했다. 야곱은 배신감에 치를 떨었다. 그러나 삼촌으로부터 들려온 답변은 "언니보다 아우를 먼저 주는 것은 우리 지방에서 하지 아니하는 바이라"였다. 그러면 미리 얘기를 하던가! 7년간 그 지방에서 살았으니 야곱도 그런 관습을 모르지는 않았을터. 한마디로 삼촌의 계략에 말려들어간 것이었다. 야곱은 울며 겨자 먹기로 라헬을 얻기 위해 7년을 더 일해야 했다. 이런 상황에서 과연 그 가정이 온전할 수 있을까? 이것은 라반이 조카인 야곱은 물론이고, 그의 딸들마저도 자신의 소유물이며, 자신의 목적을 위한 도구로 여겼다는 것을 의미한다. 야곱은 이로써 라반의 노예가 되는 길을 걸어갔다.

야곱은 머리가 좋고, 용기가 있으며, 힘과 실력이 가득하고, 신의를 지킬 줄 아는 사람이었다. 야망이 불타고, 그 꿈틀대는 욕망을 위해 물불 안 가리며 뛰어들 줄 아는 사람이었다. 그런 야곱을 위해 어머니 리브가는 자신이 저주를 받더라도 야곱이 원하는 바를 얻도록 도와주는 조력자였다(창 27:13). 어머니가 곁에 없는 야곱은 어머니의 오라버니 라반의 함정에 빠지고 말았다. 야곱의 삼촌 라반은 머리가 좋고 욕망을 위해 물불을 안 가리는 지점에서 야곱보다 언제나 한 수 위였다. 그런 사람에게 걸리면 인생은 끝장난다. 야곱이 아무리 머리를 써도 그를 이길 수 없다.

야곱이 헤어 나올 수 없는 함정에 빠졌다는 사실을 느낀 것은 노예처럼 일한 지 20년이 지났을 때였다. 그가 계획했던 7년에서 13년이나 더 긴 세월이 속절없이 흘러가 버렸다. 그동안 라헬은 얻었지만 그가 원하지 않았던 아내들이 세 명이나 더 있었고, 자녀들만 열두 명이 되었다. 비록 야곱의 슬하에는 있었지만 어쩌면 아내들과 자녀들 역시 여전히 라반의 소유물이 아닌가 싶을 정도였다. 야곱은 용기 내어 라반에게 말했다.

"야곱이 라반에게 이르되 나를 보내어 내 고향 나의 땅으로 가게 하시되 내가 외삼촌에게서 일하고 얻은 처자를 내게 주시어 나로 가게 하소서"(창 30:25-26).

야곱은 그동안에 라반의 재산이 얼마나 늘었는지, 자신이 얼마나 충성되게 일했는지를 말했다. 그러자 라반은 부드러운 어조로 "네 품삯을 정하면 그대로 주겠네"라고 대답했다. 꼭 그런 사람이 있다. 앞에서는 모든 것을 다 줄듯이 철석같이 약속하지만 뒤에서는 온갖 술책과 속임수로 자신의 이익만을 위해 충실한 사람, 그가 바로 라반이었다. 야곱은 20년 동안 겪었던 외삼촌 라반의 이기심을 알았기에 자신의 몫을 "아롱진 것과 점 있는 것과 검은 것을 가려내며 또 염소 중에 점 있는 것과 아롱진 것을 가려내리니 이 같은 것이 내 품삯이 되리이다"(창 30:32)고 말하면서 흠 있는 것으로 한정했다.

소, 양, 염소와 같은 가축들 중에 한 가지 색깔이 아닌 변색되거나 점이 있는 것은 열성이라서 쉽게 죽고 재산 가치가 없는 것들이었다. 더욱이 많이 생산되지도 않았다. 야곱은 그런 불량품이라도 소유하려고 협상을 했다. 라반이 충분히 납득할 만하며 양보할 만한 것이었다. 그러나 야곱은 여전히 라반을 몰랐다. 그날 라반은 아들들에게 아롱지고, 점 있고, 검은 가축들을 따로 골라 야곱에게서 멀리 떨어뜨렸다. 말하자면 야곱을 거지로 보내려는 셈이었다. 야곱은 이제 라반의 가축만 치게 되었고 빈손으로 고향에 돌아가게 생겼다. 그렇게는 갈 수 없으니 영원히 라반의 노예로 살 수밖에 없는 일일까? 야곱이 할 수 있는 일은 뭐가 있을까?

"야곱이 버드나무와 살구나무와 신풍나무의 푸른 가지를 가져다가 그것들의 껍질을 벗겨 흰 무늬를 내고 그 껍질 벗긴 가지를 양 떼가 와서 먹는 개천의 물 구유에 세워 양 떼를 향하게 하매 그 떼가 물을 먹으러 올 때에 새끼를 배니 가지 앞에서 새끼를 배므로 얼룩얼룩한 것과 점이 있고 아롱진 것을 낳은지라"(창 30:37-39).

동물들이 교미할 때 눈앞에 보이는 것으로 태어날 새끼의 색이 결정되지 않는다. 황금을 보면 황금색 소를 낳고, 무지개를 보면 무지개 소를 낳을 수 없는 것과 마찬가지다. 버드나무, 살구나무, 신풍나무의 가지를 아무리 흔든다고 원하는 대로 색깔 있는 새끼가 태어날 수 없는 일이다. 그런데 야곱은 그렇게 했고, 야곱의 의도대로 아롱지고, 점 있고, 검은 가축들이 태어났다. 야곱은 부실한 가축 말고 토실토실한 가축들이 교미할 때 가지들을 흔들었더니 역시 토실토실한 아롱지고, 점 있고, 검은 가축들이 태어났다. 그래서 야곱은 부자가 되었다. 이것은 무엇을 뜻하는 것일까?

야곱은 때가 되었다고 생각하고 라반 몰래 아내들과 자녀들, 그리고 불어난 가축 떼를 데리고 야반도주한다. 어찌나 주도면밀했던지 라반이 그 소식을 들었을 때는 이미 3일이 지난 후였다. 그러나 선선히 야곱을 보내줄 라반이 아니었다. 그는 친족들을 급하게 불러 모아 7일 동안 집요하게 야곱을 쫓아갔다. 라반의 성격상 야곱을 도둑으로 몰고 그의 가축과 아내들, 자녀들을 빼앗아갈 터였다. 다시 노예가 되면 다행이고, 어쩌면 야곱을 죽일 수도 있었다.

그런데 바로 그날 밤, 지척에 있는 야곱을 놓고 복수심을 불태우던 라반의 꿈에 하나님이 나타나셨다. 라반은 신앙이 있는 사람이지만 그것이 여호와에 대한 신앙을 의미하지는 않았다. 라반의 집에는 드라빔 같은 가족 수호신이 항상 놓여 있었을 뿐 하나님에 대한 신앙심은 없었다. 그러니 꿈에 무엇이 나타난들 자기 계획대로 야곱을 죽이고 재산을 뺏을 사람이었다. 그런데 급하게 야곱을 찾아낸 라반의 눈은 맥없이 풀려 있었다. 야곱이 그동안 맺혔던 한을 뿜어내듯 라반에게 따져도(창

31:36-42) 라반은 꿀 먹은 벙어리마냥 아무 대꾸도 하지 못했다. 이것은 무엇을 말하는 것일까?

다른 이야기를 하나 해보자. 야곱이 형 에서와 극적인 화해를 하고, 이제 가벼워진 마음으로 가나안 땅, 부모님이 계신 고향에 거의 가까이 왔을 때 그의 딸 디나에게 사고가 생겼다. 가나안 여인들을 보러나갔다가 그만 그 지역 추장의 아들에게 강간을 당한 것이다. 추장은 아들을 대신해서 사과하고 이렇게 된 김에 서로 통혼하여 두 가문이 사돈을 맺자고 제안을 한다. 여동생이 못쓸 짓을 당한 것을 참지 못한 오빠들은 제안을 받아들이는 것처럼 그들에게 할례를 받게 하고서는 하루 사이에 그 지역 남자들을 다 죽여버렸다. 야곱에게는 청천벽력과 같은 소식이었다. 삼촌 라반의 노예에서 풀려나고, 형 에서와의 문제를 해결한 지 얼마 되지 않은 때였다. 아들들의 경솔함 때문에 고향 땅에 다 와서 가나안 족속들에 의해 온 가족이 몰살될 위기에 처했다. 바로 그때 하나님은 온 가족을 벧엘로 올라가게 하셨다. 그러는 동안 야곱 일가에 대한 복수심을 갈던 가나안 족속들의 마음에 두려움이 일었고, 아무도 야곱의 가족에게 해를 가하는 사람이 없었다.

"그들이 떠났으나 하나님이 그 사면 고을들로 크게 두려워하게 하셨으므로 야곱의 아들들을 추격하는 자가 없었더라"(창 35:5).

이것은 무엇을 말하는 것일까? 야곱이 버드나무, 살구나무, 신풍나무의 가지를 흔들 때 아롱지고, 점 있고, 검은 가축들이 태어나게 된 것은 야곱의 힘이 아니었다. 과학적으로 그렇게 될 수가 없다. 전적인 하나님의 역사(work)였다. 라반이 야곱을 해치려고 할 때 그날 밤에 라반의 꿈에 나타나 라반의 입을 봉해버린 것 역시 하나님의 역사였다. 야곱의 일가족에게 참사가 일어날 수 있었던 그날, 가나안 족속들에게 공포심을 선사하신 분 역시 하나님이셨다. 에서와 드라마틱하게 화해하게 된 것 역시 하나님의 역사임은 말할 나위가 없다. 아무리 똑똑하고 실력 있는 야곱이라도 그의 머리로는 당할 수 없는 것이 많다. 그의 힘으로는 빠져나오려고 할수록 더 빠져버리는 인생의 함정이 있었다. 그런 야곱에게 하나님이 계셨다. 하나님 외에는 야곱을 풀어줄 수 있는 사람이 없었다. 하나님은 함정에 빠진 야곱을 풀어주셨다. 문제를 일으킨 것은 인간이지만 언제나 그 문제를 풀어주시는 분은 하나님이시다. 오직 하나님만이 인생의 문제를 풀어주실 수 있다.

창세기 37장으로 가보자. 이제 야곱의 인생에서 하반기가 찾아온다. 더 이상 야곱은 성경의 주인공이 아니다. 그의 아들 중 열한 번째이며 사랑하는 아내 라헬의 아들 요셉이 주인공이 되었다. 요셉이 형들의 미움을 사서 이집트에 팔려가고, 거기에서 보디발의 집에서 가정총무로 인정을 받다가, 어느 날 보디발의 아내의 유혹을 거절했다가 누명을 쓰고 감옥에 가고, 감옥에서 왕의 신하들의 꿈을 잘 해몽하고, 그 왕의 신하에 의해 바로 왕이 꾼 꿈을 해석할 기회를 얻고, 바로 왕의 꿈을 정확히 해몽해낸 뒤에 드디어 이집트의 총리가 되는 이야기는 우리가 매우 잘 알고 있는 것이다.

그 기간에 야곱은 어땠을까? 가나안 족속들이 공포심을 가져 야곱 일가에게 어떤 위해도 가하지 못하게 되었을 무렵에 야곱은 벧엘에 이르러 어머니 리브가의 유모인 드보라를 벧엘의 상수리나무 아래에 묻는다(창 35:8). 그리고 야곱은 에브랏(베들레헴의 옛 이름)에서 사랑하는 라헬이 둘째를 낳다가 죽는 걸 보게 된다. 죽어가던 라헬은 '슬픔의 아들(베노니)' 이라고 불러달라 했으나 야곱은 '오른손의 아들(베냐민)' 이라고 부르며 슬픔을 달랬다.

아내가 죽은 후 부모님이 사는 헤브론에서 야곱은 또다시 아버지 이삭을 장사 지내야 했다(창 35:29). 한 지방 족속들을 한꺼번에 죽이는 아들들, 자신의 아내 중에 하나와 통간을 하는 장남(창 35:22)을 둔 야곱은 어느 아들도 믿을 수가 없었다. 그래서 자신이 제일 아끼는 요셉을 형들에 대한 감시자로 두었고, 요셉은 꽤나 그 일을 잘해 냈다. 그러나 형들의 잘못을 곧이곧대로 일러바치면서 형들을 감시하는, 볏단이나 별들이 자신에게 절을 했다는 허황된 꿈이나 얘기하는 요셉이 형들의 눈에 좋게 보일 리가 없었다.

야곱은 아들들을 일터에 보내놓고 돌아오기를 기다리는데, 자기가 가장 아끼는 아들 요셉이 맹수에게 찢겼다는 이야기를 듣게 된다. 자신이 직접 지어준 요셉의 화려한 옷은 참혹하게 찢겨진 채 검붉은 피를 머금고 있었다. 야곱은 사랑하는 아내를 잃고, 아버지를 잃고, 아들을 잃었으니 더 이상 살고 싶은 마음이 없었다. 그러나 사실을 말하자면 야곱이 본 피는 요셉의 피가 아니라 염소의 피였다. 요셉을 팔아버린 형들의 계략이었다. 아버지 이삭을 염소의 털로 속였던 야곱이 이번에는 아들들에 의해서 염소의 피에 속게 되었다. 요셉을 잃었을 때 요셉의 나이가 17세였고, 그가 30세에 이집트의 총리가 되었으며, 요셉의 꿈 해몽처럼 7년의 풍년이 지나고 이후 7년의 흉년 중 2년 정도가 되었을 때(창 45:6) 야곱이 요셉을 만났으니까, 죽은 줄 알았던 요셉은 무려 22년(13년+7년+2년)만에 야곱 앞에 다시 나타난 것이다.

"그들이 애굽에서 올라와 가나안 땅으로 들어가서 아버지 야곱에게 이르러 알리어 이르되 요셉이 지금까지 살아 있어 애굽 땅 총리가 되었더이다. 야곱이 그들의 말을 믿지 못하여 어리둥절하더니 그들이 또 요셉이 자기들에게 부탁한 모든 말로 그에게 말하매 그들의 아버지 야곱은 요셉이 자기를 태우려고 보낸 수레를 보고서야 기운이 소생한지라. 이스라엘이 이르되 족하도다. 내 아들 요셉이 지금까지 살아 있으니 내가 죽기 전에 가서 그를 보리라 하니라"(창 45:25-28).

22년의 세월은 야곱에게 어떤 기간이었을까? 그는 라헬을 얻기 위해서 7년의 무보수 노동을 호기롭게 장담했다가 20년 이상을 라반의 노예로 살아야만 했다. 고향으로 돌아와 모든 문제가 다 해결되는가 싶더니 자녀들이 문제를 일으키고, 사랑하는 라헬과 부모를 잃고, 심지어 가장 아끼는 요셉마저 죽어버렸다. 노예로서 20년, 아들을 잃고 22년의 세월, 도합 42년 동안 야곱은 암흑의 세월을 보냈다. 극적으로 요셉을 만난 뒤에 요셉은 아버지에게 바로 왕을 만나게 해주었다.

"야곱이 바로에게 아뢰되 내 나그네 길의 세월이 백삼십 년이니이다. 내 나이가 얼마 못 되니 우리 조상의 나그네 길의 연조에 미치지 못하나 험악한 세월을 보내었나이다 하고 야곱이 바로에게 축복하고 그 앞에서 나오니라"(창 47:9-10).

야곱이 바로를 알현할 때의 나이가 130년인데, 그의 암흑기는 42년이란 세월이었다. 그의 인생에서 가장 황금 같은 시기에 그는 가장 큰 아픔을 겪었다. 그래서 야곱이 바로 앞에서 하는 고백 "내 나이가 비록 조상들에 비하면 턱없이 적지만 험하고 악한 세월을 보냈습니다"라는 말이 가슴을 저미게 한다. 야곱은 가장 인간적인 인물이었다. 남을 속이고 갈취하였으나 자신도 속고 갈취를 당하고, 자신의 머리와 계획으로 온갖 좋은 것을 기대했지만 결국 가장 혹독한 대가를 치러야했던 인물이었다. 그래서 그가 바로에게 하는 말이 예사로 들리지 않는다. 가장 인간적이었던 야곱, 가장 험악한 세월을 보냈던 야곱, 그에게 하나님이 계시지 않았다면 그는 기막힌 세월의 영욕을 견딜 수 있었을까?

Chapter 14

어떻게 한 민족의 대표가 되었을까?

이 모든 사건은 야곱이 동생으로 태어났기 때문에 벌어진 일이었다. 장자에게 모든 것이 집중되는 그 시대에 만약 야곱 같은 야망으로 가득한 사람이 장자로 태어나 정상적인 절차로 부모의 축복을 받고, 부모의 보호 아래 아내를 얻고, 자녀들을 낳고 그 아이들을 교육하면서 자신의 가정을 꾸려갔다면 삼촌으로부터 노예 대접을 받을 리도 없고, 자녀들이 삐뚤어질 리도 없고, 형제들이 동생을 팔아넘기는 일도 없었을 것이다. 어디까지나 가정이기에 야곱이 형으로 태어난다고 해도 여전히 그의 인생은 암흑 같았을 수도 있다.

그럼에도 아쉬움이 남는 것은 사실이다. 억지로 받았던 장자의 축복은, 이삭이 마음을 다해 빌었던 축복은 어떻게 된 것일까? 이삭은 땅의 기름짐을 소원해주었고, 곡식과 포도주가 넘치는 삶을 바랐다. 그리고 주변의 민족과 백성들이 야곱을 섬길 것을 예언했다(창 27:28-29). 형 에서로 변장한 야곱에게 주었던 축복의 내용이다. 이삭의 축복은 그 것만이 아니었다. 밧단아람으로 피신을 시키면서 이삭은 다시 한번 야 곱에게 복을 빌어주었다.

> "전능하신 하나님이 네게 복을 주시어 네가 생육하고 번성하게 하여 네가 여러 족속을 이루게 하시고 아브라함에게 허락하신 복을 네게 주시되 너와 너와 함께 네 자손에게도 주사 하나님이 아브라함에게 주신 땅 곧 네가 거류하는 땅을 네가 차지하게 하시기를 원하노라" (창 28:3-4).

이삭은 야곱을 통해 여러 민족이 나오고, 야곱이 가나안 땅을 당당 하게 소유할 수 있게 되기를, 생육하고 번성하여 여러 민족을 낳기를…. 이삭이 다시 한번 빌었던 축복의 내용이다. 이러한 축복은 그 내용만으 로도 야곱이 실질적인 장자권자임을 인정한 것이다. 야곱은 이 축복을 받기 위해서 형과 싸우고 어머니와 더불어 술책을 썼다. 그런데 과연 그 축복대로 됐을까?

이삭이 빌었던 축복의 내용을 크게 네 가지로 정리할 수 있는데, 첫 째, 농산물의 많은 소출, 둘째, 타민족의 섬김, 셋째, 민족의 조상되기, 넷째, 가나안 땅 소유가 그것이다. 그러나 야곱의 삶을 돌아보면 아버 지의 축복대로만 되진 않았다. 농업을 통해 소출을 얻은 것이 아니라 주로 목축업을 했고, 그것도 오랫동안 삼촌의 집에서 머슴 노릇을 해야 했다. 그리고 타민족에게 늘 쫓겨나는 삶을 살아야 했으며, 말년에는 가나안 땅에서 이집트로 이민을 가야했고, 그가 죽기 전까지는 가나안으로 돌아오지도 못했다. 살아 있는 동안에는 농산물의 많은 소출도, 타민족의 섬김도, 가나안 땅을 소유하지도 못했다. 아버지의 축복과는 거리가 있는 삶이었다.

그러나 야곱 이후의 역사를 조망해보면 결국 야곱과 그의 자손들은 가나안 땅의 소유자가 되었고, 가나안 땅의 기름진 소산물을 얻게 되었으며, 타민족의 우러름을 받게 된다. 야곱이 죽은 후 형인 에서가 아니라 자신의 자손들이 주인공이 되었고, 하나님의 선택을 받았다. 말하자면 야곱은 실질적인 장자로서 인정을 받은 것이다. 더욱이 아브라함이나 이삭에게서는 발견되지 않는 선민 이스라엘이라는 영예가 야곱에게 주어졌다. 이것은 이미 하나님의 뜻이 야곱을 향하여 있었다는 방증이다. 하나님의 선택이 야곱에게 있음을 밝히는 성경구절들이 있다.

"그 아들들이 그의 태 속에서 서로 싸우는지라. 그가 이르되 이럴 경우에는 내가 어찌할꼬 하고 가서 여호와께 묻자온대 여호와께서 그에게 이르시되 두 국민이 네 태중에 있구나. 두 민족이 네 복중에서부터 나누이리라. 이 족속이 저 족속보다 강하겠고 큰 자가 어린 자를 섬기리라 하셨더라"(창 25:22-23).

"여호와께서 이르시되 내가 너희를 사랑하였노라 하나 너희는 이르기를 주께서 어떻게 우리를 사랑하셨나이까 하는도다. 나 여호와가 말하노라. 에서는 야곱의 형이 아니냐. 그러나 내가 야곱을 사랑하였고 에서는 미워하였으며 그의 산들을 황폐하게 하였고 그의 산업을 광야의 이리들에게 넘겼느니라"(말 1:2-3).

"그 자식들이 아직 나지도 아니하고 무슨 선이나 악을 행하지 아니한 때에 택하심을 따라 되는 하나님의 뜻이 행위로 말미암지 않고 오직 부르시는 이로 말미암아 서게 하려 하사 리브가에게 이르시되 큰 자가 어린 자를 섬기리라 하셨나니 기록된 바 내가 야곱은 사랑하고 에서는 미워하였다 하심과 같으니라"(롬 9:11-13).

하나님은 형 에서가 아니라 동생인 야곱을 택하셨고, 그를 아담에서부터 이어지는 장자권의 계승자로 삼으셨다. 이것은 단지 에서보다 야곱을 편애했다는 의미로 그치지 않는다. 야곱은 야곱이라는 자연인 한 사람에 국한되지 않고 이스라엘이라는 전체 민족을 의미하며, 하나님의 선택을 받은 이스라엘 민족 전체를 대변하는 인물이 된다. 하나님은 야곱을 선택하셨는데, 그것은 야곱이라는 한 사람을 선택한 것이 아니라 야곱을 통하여 야곱 이후에 펼쳐질 이스라엘의 역사와 그 구원의 사역 속에서 야곱을 주인공으로 삼으셨다는 것을 의미한다. 야곱을 선택한 것은 이스라엘 민족을 선택하신 것이었다.

그렇다면 야곱이 선택된 게 민족을 택한 것이란 어떤 뜻일까? 그것의 극명한 예는 야곱의 이름이 바뀐 것에 있다. 야곱이라는 '발뒤꿈치를 잡은 자'라는 뜻에서 이스라엘이라는 '하나님을 이긴 자'라는 이름으로 바뀌었다. 성경에서 개명의 예는 야곱만이 아니다. 아브람(고귀한 아버지)에서 아브라함(열국의 아버지)으로 바뀐 것이나, 사울이 바울로 불리게 된 것 등이 있으나 이런 개명은 큰 의미가 있지 않다. 그러나 유독 야곱이 이스라엘로 바뀐 것에는 대단한 의미가 있다. 성경에도 야곱이라는 이름과 이스라엘이란 이름을 혼용해서 쓰는데, 많은 부분에서 하나님은 야곱이라는 이름에서 이스라엘이란 이름으로 바꾸었다는 것을 상기시킨다(왕상 18:31, 왕하 17:34). 때로는 성경에서 아예 야곱과 이스라엘을 혼용해서 사용하기도 한다(시 14:7 등). 그러니까 야곱이 곧 이스라엘이고 이스라엘이 야곱이 되는 것이다. 포로시대에 이스라엘 백성들이 돌아올 때에 그들은 아담, 노아, 아브라함, 이삭, 요셉, 유다, 다윗, 솔로몬 등 수많은 이름 중에서 하필이면 야곱이라는 이름을 이스라엘의 대표로 정해서 부르며 자랑스러워했다.

"주님 주님께서 주님의 땅에 은혜를 베푸시어 포로가 된 야곱 자손을 돌아오게 하셨습니다"(시 85:1, 새번역)

그러므로 야곱은 이스라엘 민족에게서도 그렇고, 성경 전체에서도 매우 중요한 인물이 아닐 수 없다. 야곱이라는 인간적인 한 인물이 이스라엘 전체 민족을 대표하는 인물이 되었고, 그러다 보니 야곱이라는 한 개인의 삶뿐만 아니라 그의 삶을 이어받은 그의 자녀들, 그의 후손들, 그의 민족들까지도 야곱이라는 한 개인에게 귀속된 존재로서 기능하게 되었다. 그러나 야곱에 대한 하나님의 평가는 좋은 편이 아니었다. 약삭빠르고, 머리를 의지하면서도 결국 당하고 넘어지는 어리석은 인간의 전형을 보여준다. 하나님은 그런 야곱을 '버러지'라고까지 표현하셨다(사 41:14). 아무짝에도 쓸모없는 징글징글한 모습이다.

그럼에도 인간적이고 어리석은 야곱이 어떻게 한 민족을 대표하는 사람이 될 수 있었을까? 그것은 전적으로 하나님의 주권에 속해 있다. 자연인인 야곱은 우리가 닮을 필요도 없고 닮아서도 안 된다. 야곱이 이스라엘 전체 민족을 대표하는 인물이 되었던 것은 단지 그의 이름이 바뀌었기 때문이 아니라 하나님의 선택 속에서 야곱이라는 인물을 그의 백성으로 삼으려는 하나님의 의지가 있었기 때문이다. 그래서 이제는 야곱이 이스라엘 민족 전체를 뜻하게 되고, 이스라엘은 야곱을 의미하게 되었다. 야곱이라는 개인은 없어지고 민족만 남았다. 도대체 왜 하나님은 이토록 극적인 선택을 하신 것일까? 도대체 야곱의 어떤 모습이 하나님의 선택에 들도록 작용한 것일까? 야곱 같은 인물이 어떻게 민족의 대명사가 되었을까? 그 힌트는 성경 곳곳에서 발견된다. 먼저 호세아서 12장 2~6절을 살펴보자.

"여호와께서 유다와 논쟁하시고 야곱을 그 행실대로 벌하시며 그의 행위대로 그에게 보응하시리라. 야곱은 모태에서 그의 형의 발뒤꿈치를 잡았고 또 힘으로는 하나님과 겨루되 천사와 겨루어 이기고 울며 그에게 간구하였으며 하나님은 벧엘에서 그를 만나셨고 거기에서 우리에게 말씀하셨나니 여호와는 만군의 하나님이시라. 여호와는 그를 기억하게 하는 이름이니라. 그런즉 너의 하나님께로 돌아와서 인애와 정의를 지키며 항상 너의 하나님을 바랄지니라."

이 말씀에서 우리는 야곱의 인생에서 발견되는 매우 중요한 두 가지 사건을 만나게 된다. 하나는 벧엘 사건이고, 또 하나는 얍복 나루 사건이다.

▶ 첫째, 벧엘 사건

야곱이 증오심에 사로잡힌 에서를 피해 도망을 갈 때의 일이다. 부모의 집인 브엘세바에서 하란으로 가는 중간에 벧엘이라는 곳에 이른다. 브엘세바에서 벧엘까지는 130km니까 브엘세바에서 하란까지인 1000km에 비하면 가까운 거리이고, 도망치던 초반의 일이었다. 야곱은 도망가던 중에 길에서 잠을 자다가 꿈을 꾸게 된다. 꿈속에서 하늘 끝까지 뻗어 있는 사다리(층계)가 보이고 그곳을 천사들이 끝도 없이 오르락내리락하는데, 제일 꼭대기에는 하나님께서 서 있는 게 아닌가! 하나님은 그 위에서 아래를 내려다보시며 친히 야곱에게 말씀하셨다.

"나는 여호와니 너의 조부 아브라함의 하나님이요 이삭의 하나님이라. 네가 누워 있는 땅을 내가 너와 네 자손에게 주리니 네 자손이 땅의 티끌같이 되어 네가 서쪽과 동쪽과 북쪽과 남쪽으로 퍼져 나갈지며 땅의 모든 족속이 너와 네 자손으로 말미암아 복을 받으리라. 내가 너와 함께 있어 네가 어디로 가든지 너를 지키며 너를 이끌어 이 땅으로 돌아오게 할지라. 내가 네게 허락한 것을 다 이루기까지 너를 떠나지 아니하리라"(창 28:13-15).

고대시대의 꿈은 신의 뜻인 경우가 많았다. 고단한 피란길에서 범상치 않은 꿈, 그것도 직접 하나님의 음성이 들리는 꿈이었으니 그냥 넘길 수는 없는 일이었다. 이것은 아버지 이삭의 축복과 비슷하나 전혀 다른 내용을 담고 있었다. 하나님의 축복에는 소산물에 대한 축복이 없고, 대신에 어디를 가든지 함께하며 반드시 다시 고향으로 데리고 오겠다는 약속이 있었다. 인간 아버지의 축복은 그 책임을 다할 수 없는 한 계가 있으나, 하나님은 언약을 지킬 능력과 실력을 갖추셨다. 아버지 이삭은 야곱을 떠나보낼 뿐이지만 하나님은 야곱이 가는 곳에 함께하 실 수 있었다. 야곱이 삼촌 밑에서 노예처럼 고생하고 있을 때 아버지 의 축복이 아닌 하나님의 약속이 더 큰 힘이 되었을 것임은 물론이다. 하나님은 야곱을 고향 땅으로 돌아오게 해주실 뿐만 아니라 그 모든 것 을 이루기까지 야곱과 계속 같이 있어 주시겠다는 약속을 하셨다.

잠에서 깨어난 야곱은 그 꿈을 허투루 여기지 않았다. 그는 아무도 없는 벌판에서 자신이 베었던 돌을 세우고 거기에 기름을 부었다. 여기 에서 기름이란 성스럽게 만들고 구별하는 역할을 했다. 야곱은 기름부 은 돌베개가 세워진 그곳 이름을 '벧엘'이라고 불렀다. 벧엘은 '하나님 의 집'(House of God)이란 뜻으로 자신이 하나님의 집에서 자고 있었 음을 자각하고, 거룩한 그 땅을 하나님의 집으로 인정하고 고백한 것이 다. 더불어 자신도 하나님께 세 가지를 약속하는데 하나님의 약속이 지 켜진다면 첫째, 하나님이 야곱의 하나님이 되실 것과 둘째, 이 장소가 하나님의 집이 될 것이며, 셋째, 십일조를 하나님께 드리겠다는 것이었 다. 물론 이 약속은 지켜지지 않았다. 나중에 시므온과 레위가 세겜 성 읍의 남자들을 다 몰살시킨 후에 위기를 느낀 야곱에게 하나님이 벧엘 로 올라가라고 말씀하시고(창 35:1), 그제야 야곱은 자신이 했던 약속 을 기억해냈다.

야곱은 호세아가 말한 것처럼 '벧엘'이라는 곳에서 하나님을 만나 고, 위기가 닥칠 때 '벧엘'로 돌아갔다. 야곱 이후 이스라엘 백성들의 행보를 보면 '벧엘'이 가진 중요성을 알게 된다. 사사기 말엽에 베냐민

지파 하나가 사라질 위기에 처하자 이스라엘 백성들이 '벧엘'에서 울었고(삿 21:2), 사무엘이 이스라엘을 다스릴 때 반드시 순회했던 곳이 '벧엘'이며(삼상 7:16), 남과 북으로 나뉜 이스라엘의 북쪽을 차지한 여로보암 왕이 예루살렘을 견제하기 위해 세운 금송아지를 '벧엘'에 두었다(왕상 12:29). 이스라엘은 벧엘을 상당히 의식했다. 벧엘은 야곱과 그의 후손에게 하나님을 만나는 장소로 여겨져서 예루살렘과 비교될 만한 곳으로 간주되었다. 벧엘에서 야곱을 만나주신 하나님은 야곱이 이스라엘이 되도록 그곳에서 그를 택하셨다.

▶ 둘째, 얍복나루 사건

야곱의 인생에서 빼놓을 수 없는 또 하나의 사건은 야곱이 이스라엘이라는 이름으로 바뀐 사건이다. 야곱은 형 에서를 만날 예정이었는데 심부름꾼을 보내 살펴보니 형은 여전히 화가 풀리지 않았고 400명이나 되는 부하들을 거느리고 야곱을 죽이려고 온다는 소식을 들었다. 야곱은 형에게 줄 선물을 고르고, 혹시 모를 형의 공격에 대비하여 식구들을 나누고서도 불안에 떨었다. 가족들이 먼저 강을 건넌 후 쉽게 얍복 나루를 떠나지 못하는 야곱은 낯선 이를 만나 밤새 씨름을 했다. 씨름을 하면서도 그를 놓아줄 생각을 않자 야곱의 허벅지 관절은 위골되기까지 했다. 낯선 이는 '야곱'이라는 이름 대신에 '이스라엘 : 하나님을 이긴 자'라는 이름을 주었다. 그는 하나님이었다. 그 이후 야곱은 때로는 이스라엘로, 또 때로는 야곱으로 불리면서 두 가지를 혼용해서 사용하게 된다. 얍복강은 요단강의 지류로 흘러가는 96km의 강이다. 그런데 흥미로운 것은 얍복강의 상류지역, 그러니까 요단강과 가까이에 마하나임이란 곳이 있다는 사실이다.

야곱은 얍복강을 건너기 전, 형의 상황을 살피기 전에 이곳에서 하나님의 천사들을 만나게 되고 직관적으로 그들이 하나님의 군대라는 사실을 알게 되었다. 그래서 그 지역의 이름을 '마하나임' (two camps 두 개의 진영)이라 불렀다(창 32:1-2). 야곱은 하늘에 있는 하나님의 군대와 땅에 있는 하나님의 군대로 두 진영의 군대를 보았던 것일까? 아니면 그들의 군사가 너무 많아서 두 개의 진영으로 나뉘어져 있는 것을 보았던 것일까? 그래서 자신도 형 에서를 피하기 위해 가족을 두 진영으로 나뉘었던 것일까? 중요한 것은 하나님의 군대를 보았던 야곱이 얍복나루를 건너지도 못하고 형 에서의 위협 앞에 끙끙댄 것이었다. 형의 공격에 대한 대안을 짜고, 형의 마음을 달래기 위한 선물을 준비하고, 사람과 물건들을 먼저 강을 건너게 하면서도 자신은 어찌할 바를 몰라 전전긍긍하고 있었다.

하나님은 사람의 모습으로 야곱에게 나타나 다짜고짜 씨름으로 힘을 겨루었는데, 절대 지지 않으려는 의지가 대단해서, 심지어는 하나님을 이기기까지 했다. 야곱에게는 하나님의 군대가 있었고, 야곱 스스로의 힘으로 하나님을 이길 수 있는 능력까지 있었는데 야곱은 그런 사실을 눈치 채지도 못하면서 형과 400명의 형의 부하들 앞에서(그것도 아직 소식으로만 들었을 뿐이다) 벌벌 떨고 있었다. 그래서 하나님은 수많은 이름 중에 '이스라엘' 이라는 이름을 주시면서 "거봐라, 너는 형하고 비교할 정도가 아니야. 너는 강한 힘이 있어"라고 말씀해주셨다.

"야곱의 남은 자는 많은 백성 가운데 있으리니 그들은 여호와께로부터 내리는 이슬 같고 풀 위에 내리는 단비 같아서 사람을 기다리지 아니하며 인생을 기다리지 아니할 것이며 야곱의 남은 자는 여러 나라 가운데와 많은 백성 가운데에 있으리니 그들은 수풀의 짐승들 중의 사자 같고 양 떼 중의 젊은 사자 같아서 만일 그가 지나간즉 밟고 찢으리니 능히 구원할 자가 없을 것이라"(미 5:7-8).

야곱이라는 인물을 개인적으로 보면 호불호가 나뉜다. 너무나 인간적이고 간사해서 흉하게 생각할 수도 있고, 그의 파란만장한 인생을 보면서 우리의 모습과 겹쳐지기 때문에 측은히 여기는 마음도 있다. 그러나 중요한 사실은 하나님은 야곱에 대한 무차별적인 사랑을 퍼부어주셨다는 데 있다. 하나님은 야곱 같은 부족하고 연약한 사람을 사랑하시고, 야곱 같은 교활한 인물도 아끼셔서 그의 인생에 언제나 동행하셨을 뿐만 아니라 위기의 순간에 그를 건지셨고, 야곱의 가능성을 크게 열어주시면서 그의 후손에게 '이스라엘'이란 새로운 이름을 붙여 부르며 귀하게 여기셨다. 그런데 정작 이스라엘은 "내가 언제 하나님의 사랑을 받아보았지?"라면서 하나님의 사랑과 선택을 의심하고 거부한다.

"여호와께서 이르시되 내가 너희를 사랑하였노라 하나 너희는 이르기를 주께서 어떻게 우리를 사랑하셨나이까 하는도다. 나 여호와가 말하노라. 에서는 야곱의 형이 아니냐. 그러나 내가 야곱을 사랑하였고 에서는 미워하였으며 그의 산들을 황폐하게 하였고 그의 산업을 광야의 이리들에게 넘겼느니라"(말 1:2-3).

야곱의 후손들인 이스라엘은 하나님께서 "내가 너를 사랑한다"라
는 말씀에 언제, 어떻게 우리를 사랑하셨냐고 항변한다. 하나님은 너희
들의 이름 '이스라엘' 이 그 증거이고 이스라엘인 야곱을 내가 일방적
으로 사랑했다고 말씀하신다. 그러나 오히려 이스라엘 자손들은 그런
하나님의 말씀을 믿지 않았고, 하나님의 마음을 괴롭히고 늘 아프게 할
뿐이었다. 더 슬픈 사실은 이스라엘이 하나님을 괴롭혔다는 것조차 인
식하지 못했다는 것이다. 오히려 적반하장으로 하나님이 공의롭다면
서 왜 우리를 이렇게 못살게 구느냐고, 악한 사람을 그대로 방치하면서
우리 같은 좋은 사람은 괴롭히느냐고 항변했다.

"너희가 말로 여호와를 괴롭게 하고도 이르기를 우리가 어떻게 여호
와를 괴롭혀 드렸나이까 하는도다. 이는 너희가 말하기를 모든 악
을 행하는 자는 여호와의 눈에 좋게 보이며 그에게 기쁨이 된다 하
며 또 말하기를 정의의 하나님이 어디 계시냐 함이니라"(말 2:17).

이에 대한 하나님의 대답은 무엇일까? 하나님의 선택은 아담에서
시작해서 노아를 거쳐, 아브라함, 이삭, 야곱에까지 이르면 이제는 야
곱(이스라엘)이라는 민족을 하나님의 민족으로 삼아 하나님의 공의와
사랑, 자비, 인애를 드러내는 수단으로 그들을 택해주셨다. 그런데 구
약성경의 말미에 가서 이스라엘은 그토록 많은 일방적인 사랑을 누리
면서도 "하나님이 해주신 것이 도대체 무엇이냐"고 따진다. 하나님은
그러한 이스라엘의 저항에 대해 이런 대안을 보여주신다.

"만군의 여호와가 이르노라. 보라. 내가 내 사자를 보내리니 그가 내 앞에서 길을 준비할 것이요 또 너희가 구하는 바 주가 갑자기 그의 성전에 임하시리니 곧 너희가 사모하는 바 언약의 사자가 임하실 것이라"(말 3:1).

하나님은 사자를 보내어서 하나님의 길을 준비하게 하신다. 하나님께서 무엇인가를 준비하고 계셨다. 그렇게 준비한 뒤에는 무엇을 하실까? 갑자기 주님이 임하신다. 이스라엘의 불만 가득한 눈길 앞에 주님이 등장하신다.

"그가 임하시는 날을 누가 능히 당하며 그가 나타나는 때에 누가 능히 서리요. 그는 금을 연단하는 자의 불과 표백하는 자의 잿물과 같을 것이라. 그가 은을 연단하여 깨끗하게 하는 자같이 앉아서 레위 자손을 깨끗하게 하되 금 은같이 그들을 연단하리니 그들이 공의로운 제물을 나 여호와께 바칠 것이라"(말 3:2-3).

먼저 하나님께 예배드리는 데 앞장서야 하는 레위 자손을 깨끗하게 하시고, 금과 은처럼 연단해서 하나님 앞에 바르게 서게 만드신다. 그것뿐이 아니다.

"그때에 유다와 예루살렘의 봉헌물이 옛날과 고대와 같이 나 여호와께 기쁨이 되려니와 내가 심판하러 너희에게 임할 것이라. 점치는 자에게와 간음하는 자에게와 거짓 맹세하는 자에게와 품꾼의 삯에 대하여 억울하게 하며 과부와 고아를 압제하며 나그네를 억울하게 하며 나를 경외하지 아니하는 자들에게 속히 증언하리라. 만군의 여호와가 말하였느니라"(말 3:4-5).

유다와 예루살렘이 회복되어 하나님의 기쁨으로 바뀌게 된다. 하나님은 심판의 하나님으로 임하셔서 억울하고 아프게 하는 사람들, 우상을 숭배하고 하나님을 경외하지 않는 자들에게 나타나 그들의 잘잘못을 판결하신다. 그때에 이스라엘, 야곱의 자손들이 걱정하지 말아야 할 것은 하나님이 아무 기준도 없이, 아무 맥락도 없이 아무나 심판하고 아무나 형벌에 넣지 않는다는 사실이다(말 3:6). 그렇다면 하나님은 심판을 받을 자와 그렇지 않은 자를 어떻게 나누는 것일까?

"만군의 여호와가 이르노라. 나는 내가 정한 날에 그들을 나의 특별한 소유로 삼을 것이요 또 사람이 자기를 섬기는 아들을 아낌같이 내가 그들을 아끼리니 그때에 너희가 돌아와서 의인과 악인을 분별하고 하나님을 섬기는 자와 섬기지 아니하는 자를 분별하리라"(말 3:17-18).

하나님이 택한 시간에 하나님은 의인과 악인을 구별하며, 하나님을 섬기는 자와 그렇지 않은 자로 분별하게 될 것이다. 의인과 악인의 구별이다. 이것은 아담과 하와가 선악을 알게 하는 나무의 열매를 먹고 나서 에덴동산에서 쫓겨난 이후 모든 인간에게 주어진 시험대와 같은 것이었다. 악한 자들은 지푸라기처럼 다 날아갈 것이지만 선한 자에게는 의로운 해가 떠오르게 될 것이다(말 4:2-3). 하나님은 아버지께로 돌아오지 않으면 저주로 그 땅을 치게 될 것이라고 결연한 의도를 말씀하시면서 구약의 대단원을 닫아버리신다.

> "그가 아버지의 마음을 자녀에게로 돌이키게 하고 자녀들의 마음을 그들의 아버지에게로 돌이키게 하리라. 돌이키지 아니하면 두렵건대 내가 와서 저주로 그 땅을 칠까 하노라 하시니라"(말 4:6).

야곱에 대해 우리가 갖는 혐오와 경멸의 느낌은 야곱의 모습에 우리의 모습이 비춰지기 때문이다. 하나님의 일방적인 사랑에도 여전히 불안해하고, 여전히 믿지 못하는 모습을 가지고 있다. 야곱 이후 이스라엘로 대변되는 하나님의 백성들의 실상을 보라. 그들은 출애굽의 경이로운 경험보다 당장 눈앞의 먹는 것에 급급하며, 가나안 땅에 기적적으로 들어간 것보다 그 땅에서 적응하며 살아가야 할 일상에 대해 불만을 갖고, 하나님을 향한 신실함보다 자기 눈에 보이는 우상을 좇기에 바빴다. 그러면서도 내가 너를 사랑한다는 하나님의 말씀에 "언제 당신이 우리를 사랑하셨느냐?"라고 따져 묻기 바쁘다. 전형적인 야곱의 근성과 사고이다. 그럼에도 야곱을 포기하지 않는 하나님은 그의 나라와 의를 위해서 여전히 야곱을 불러주고 믿어주신다. 실패했지만 기다려주고 회복시켜주신다. 하나님은 실패한 이스라엘, 실패한 온 인류, 실패한 나 같은 인생에게도 하나님의 때에 예수 그리스도를 통해 한줄기 빛으로 다가오신다.

Chapter 15

요셉이 아니라 왜 하필 유다인가?

야곱(이스라엘)에게는 열두 명의 아들이 있었다. 그들이 이스라엘의 12지파가 된다. 그중에서 우리가 특히 주목해봐야 할 인물이 있다. 창세기의 비중으로 따지자면 주인공은 요셉이다. 요셉의 삶은 매우 드라마틱했다. 형들의 미움으로 이집트에 팔렸다가 그곳에서 생존해냈을 뿐 아니라 대부호이자 최고 공무원인 보디발의 모든 집안을 총괄하는 업무를 맡게 되었다. 재무와 경영의 정점에 섰으나 그것은 주인 아내의 유혹을 거부하기 전까지였다. 요셉은 그녀의 유혹에 넘어가지 않음으로써 혹독한 대가를 치러야했다. 감옥에 갇혔고, 그때까지 유지했던 모든 신분은 박탈되었으며, 기대되던 미래는 완전히 무너졌다. 꼬임에 빠지지 않은 대가치고는 너무 가혹했다.

그러나 요셉은 감옥에서도 인정을 받아 죄수들을 관리, 봉사하는 업무를 맡게 되었다. 감옥에 갇힌 죄수들은 대역죄를 저지른 고위공무원들이었다. 그들을 위한 다양한 인사와 운영을 맡았고, 그들의 고민까지도 상담하는 일을 했다. 왕의 음식을 준비하는 신하들 중에 떡 맡은 관원장과 술 맡은 관원장이 꿈을 꾸었는데, 요셉은 그들의 꿈을 정확하게 해석했다. 왕을 보필하는 자리에 재등용 된 술 관원장은 2년이 지났을 때 이집트의 왕 바로의 꿈을 해석하는 자로 요셉을 추천했다. 요셉은 바로의 꿈을 정확하게 해몽해낸 뒤 일약 이집트의 총리가 된다. 불과 얼마 전만 해도 죄수들 뒤치다꺼리나 하던 사람이 이집트 전체의 국사를 맡게 되었다.

부자집 도련님에서 노예로, 노예에서 죄수로, 죄수에서 총리로 그의 신분은 흥망과 등락을 거듭했다. 요셉의 삶은 예수님의 그림자와 같아 높은 보좌 위에서 하나님과 본체였던 예수께서 낮고 천한 인간의 자리, 종의 신분으로 오셨다가 십자가에서 죽으시고, 부활하셔서 하나님의 영광에 오르신 '그리스도의 비하와 승귀'의 패턴을 엿볼 수 있다. 그럼에도 우리가 주목할 인물은 요셉이 아니다.

아담에서부터 시작된 하나님의 선택은 노아를 거쳐 아브라함, 이삭, 야곱이라는 족장의 시대로 이어져서 야곱(이스라엘)의 열두 아들에게까지 왔다. 그들 중에서 예수 그리스도 계보의 인물은 요셉이 아니었다. 요셉은 창세기 후반부의 주인공이지만 하나님의 선택은 그에게 있지 않았다. 열두 명의 아들 가운데에서 예수 그리스도의 계통을 이을 우선권은 장자에게 있었다. 그러나 장자 르우벤도 그 선택에 있지 않고, 둘째 시므온, 셋째 레위 역시 그 대상이 아니었다. 하나님이 선택하신 주인공은 이스라엘의 네 번째 아들인 유다였다. 유다의 후손들 중에서 다윗이라는 이스라엘 최고의 왕이 나왔고, 예수 그리스도의 계보가 이어졌다. 유다를 통해 왕족과 그리스도에까지 도저한 흐름이 이어졌다. 그래서 우리가 주목해봐야 할 인물은 바로 유다이다. 그렇다면 왜 하필 유다인가?

이스라엘의 장자인 르우벤은 그 이름의 뜻이 "보라. 아들이라"이다. 히브리어로 르우벤이라 불리는 이름을 풀어쓰면 르우(보라)+벤(아들)이 된다. 아버지 라반의 계략에 의해 본인 또한 원치 않았던 사람에게 시집을 가야했던 레아. 남편은 자기 동생 라헬만 바라보는 사랑받지 못하는 여인인 레아. 그녀의 입장에서 이 아들이 얼마나 자랑스러웠을까? 레아는 아들을 낳자마자 소리쳤다. "보세요, 아들입니다." 그리고 그것은 단지 한 아이가 태어났다는 것에 그치지 않고, 남편의 마음이 자신에게로 향할 것이며, 그 아들이 남편의 족보를 이어갈 것이고, 모든 축복이 그 아들을 통해 자신에게로 향한다는 의미였다.

그러나 르우벤은 그런 기대와는 다르게 자랐다. 어렸을 때부터 독특한 아이였는데 그는 들판에서 합환채를 꺾어 어머니에게 드렸다. 합환채라고 번역된 이것은 히브리어로 '두다임'이라고 하는데, 영어로는 맨드라케(mandrake)로 강력한 마취제 성분이 있는 식물이었다. 식용이나 약용으로 쓰이는 이 식물은 생김새가 인삼처럼 사람의 몸을 닮아 고대부터 정력제로 사용이 되었다. 어린 르우벤이 이 식물을 발견한 것도 그렇고, 그 효용과 진가를 알았다는 것도 그렇고, 그것을 어머니에게 가져왔다는 것도 뭔가 석연치 않았다.

"르우벤아 너는 내 장자요 내 능력이요 내 기력의 시작이라. 위풍이

월등하고 권능이 탁월하다마는 물의 끓음 같았은즉 너는 탁월하지 못하리니 네가 아버지의 침상에 올라 더럽혔음이로다. 그가 내 침상에 올랐었도다"(창 49:3-4).

"이스라엘의 장자 르우벤의 아들들은 이러하니라. 르우벤은 장자라도 그의 아버지의 침상을 더럽혔으므로 장자의 명분이 이스라엘의 아들 요셉의 자손에게로 돌아가서 족보에 장자의 명분대로 기록되지 못하였느니라"(대상 5:1).

르우벤은 라헬(작은 어머니)의 종이며 아버지의 첩인 빌하와 동침을 했다. 히브리어 성경에는 '샤카브'라고 되어 있어서 '눕다, 자다'라는 뜻으로 해석되지만 완곡하게는 '강간하다'는 뜻도 있다. 이때가 라헬이 막내 동생 베냐민을 낳고 죽은 지 얼마 되지 않은 때였다. 야곱이 가장 사랑하는 아내 라헬을 잃고 실의에 빠졌을 때 야곱의 장자는 라헬의 종이었던 자신의 서모를 성폭행했다. 그는 어릴 때부터 성적인 부분에 약했고 그 집안을 끌어갈 나이가 되었을 때는 극악한 일을 벌였다. 그러나 르우벤이 그런 비도덕적인 행위만으로 장자의 권리를 잃어버린 것은 아니었다. 그의 마음속에는 남에 대한 적대적인 태도, 어려운 일이 있을 때에 도망치고자 하는 도피적인 성향이 자라고 있었다.

요셉이 이집트로 팔려가는 장면을 보자. 평소에 아버지의 편애를 받는 요셉은 얄밉게도 좋은 옷(채색옷)을 독차지해서 입었다. 마치 왕족이라도 되는 것처럼 요셉은 그 옷을 입고 형들의 잘못을 아버지에게 일러바쳤다. 자신의 허물이 고자질 당하게 되자 형들의 미움은 커졌다.

어느 정도냐면 동생을 죽이고 싶을 정도였다. 그때 르우벤이 나섰다. "목숨만은 해치지 말고 구덩이에다 집어넣기만 하자." 맏형으로서 요셉에 대한 책임감이었다. 그러나 그것이 다였다. 형제들이 식사를 하면서 요셉에 대해서 의논하는 동안에도, 형제들이 구덩이에 있는 요셉을 꺼내 미디안의 상인들에게 팔아버리는 동안에도 장자 르우벤은 자리에 없었다.

> "르우벤이 돌아와 구덩이에 이르러 본즉 거기 요셉이 없는지라. 옷을 찢고 아우들에게로 되돌아와서 이르되 아이가 없도다. 나는 어디로 갈까"(창 37:29-30).

요셉의 생사가 왔다 갔다 하는 자리에서 그는 도대체 어디에 있던 것일까? 요셉에 대한 책임감을 갖고 죽음을 막았다면 요셉을 빼낼 때까지 면밀하게 살피고 끝까지 책임을 다해야 했다. 그러나 르우벤은 그 자리에 없었다. 만약 있으면서도 동생들이 요셉을 파는 것을 막지 못했다면 무능한 것이고, 모르는 척 했다면 무책임한 것이다. 그의 무능 혹은 무책임은 거기서 끝나지 않았다. 요셉이 총리가 되고, 그의 꿈 해석처럼 7년의 풍년이 지나 7년 흉년이 시작된 지 2년이 될 때 가나안에 살던 야곱의 일가는 식량을 구하지 못해 고생이었다. 야곱은 막내 베냐민을 제외한 아들들을 이집트에 보내 양식을 얻어오게 했는데, 아들들이 양식은 가지고 왔지만 더불어서 고민거리도 안고 왔다. 이집트의 총리가 둘째 아들 시므온을 볼모로 잡고 막내 베냐민을 데리고 오라는 명령을 내렸던 것이다. 아버지 야곱은 허락하지 않았다. 라헬을 통해 낳은 베냐민까지 잃을 수는 없는 노릇이었다. 그때 르우벤은 이렇게 말한다.

> "르우벤이 그의 아버지에게 말하여 이르되 내가 그를 아버지께로 데리고 오지 아니하거든 내 두 아들을 죽이소서. 그를 내 손에 맡기소서. 내가 그를 아버지께로 데리고 돌아오리이다"(창 42:37).

막내 베냐민과 자신의 두 아들의 목숨을 바꾸자는 제안이었다. 반드시 베냐민을 데리고 오겠다는 의지를 보여줄 수도 있겠으나 상상해보면 끔찍한 발언이었다. 베냐민에게 무슨 일이 일어나면 야곱은 손자 두 명까지 죽여야 한다는 말이었다. 아버지로서도, 할아버지로서도 못할 일을 강요하는 꼴이 된 셈이었다. 당연히 야곱은 허락하지 않았다. 르우벤은 아버지로부터 핀잔만 들었다. 자신의 목숨을 담보로 하면 몰라도 자신의 아들을 담보로 하겠다는 발상이 도대체 어디에서 나온 것인지 모를 지경이었다.

장자권은 큰아들에게 있다. 장자는 하나님의 것이다. 장자의 권리는 재산권과 축복권을 포함하고 있다. 그러나 안타깝게도 처음 태어났다는 이유만으로 장자권을 자동 소유하게 되는 게 아니라는 사실을 성경은 여러 차례 보여준다. 큰아들이어도 자신이 통과해야 할 과정이 있다. 약자에 대한 보호의식과 장자로서의 책임감을 검증받아야 할 때가 있다. 그러나 르우벤은 어느 정도 시도는 했으나 끝까지 해내지는 못했다. 요셉을 지키려는 마음은 드러났으나 끝까지 지키는 데 성공하지 못했다. 가족을 먹여 살리려는 마음은 보였으나 그 자신이 위기에 대한 책임을 지지는 못했다. 언제나 약한 자들 뒤에 숨었다. 어려운 일이 있을 때에 도망치는 도피적인 성향으로는 절대로 장자로서의 역할을 다하지 못한다. 책임으로부터 벗어날 때 결과의 주인공도 되지 못한다. 첫 번째로 태어났으면서도 그 책무와 소임을 다하지 못했던 르우벤은 하나님의 선택에서 제외되는 불운의 인물이 되었다.

순서로 따지자면 둘째인 시므온과 셋째인 레위의 차례였다. 그러나 이들 역시 예수 그리스도의 혈통을 잇기에는 부족한 부분이 많았다. 야곱이 죽기 전 아들들을 축복할 때 이 둘에 대해서 이렇게 말한다. "시므온과 레위는 형제요 그들의 칼은 폭력의 도구로다"(창 49:5). 여기서 '형제'(히. 아힘)란 형제(brother)라는 뜻도 있지만 '닮았다'(like)라는 뜻도 있다. 야곱 일가가 가나안 땅에 도착했을 때 그의 딸 디나가 가나안 여인들에 대한 호기심을 가지고 그들을 보러갔다. 그런데 그만 세겜이라는 추장이 디나를 강간하고 만다. 뒤늦게 추장의 아버지 하몰이 야곱 가족에게 와서 기왕 이렇게 된 것, 디나를 자기 아들에게 주고 자기 자녀들과 야곱의 자녀들 사이에 사돈을 맺자고 했다. 더불어서 정착지도 주겠다는 파격적인 제안이었다. 가나안 땅에서 살아야 할 야곱의 입장에서는 솔깃한 일이었으나 신앙적으로는 결혼에 대해 그렇게 쉽게 결정할 수는 없었다. 야곱이 주저하는 동안 두 아들이 일을 저지르는데, 제안을 받아들이는 것처럼 하면서 그 부락 남자들의 할례를 요구한다. 하몰은 조건을 받아들여 모든 남자가 할례를 받게 했고, 고통이 가장 큰 삼 일째 되는 날 문제의 두 아들 시므온과 레위가 그곳에 쳐들어가 남자들을 몰살시켰다.

"제삼 일에 아직 그들이 아파할 때에 야곱의 두 아들 디나의 오라버니 시므온과 레위가 각기 칼을 가지고 가서 몰래 그 성읍을 기습하여 그 모든 남자를 죽이고"(창 34:25).

인간이 살아가면서 당하지 말아야 할 일이 많다. 그러나 막상 그 일이 일어났을 때 어떻게 수습하고 처리하느냐에 따라 그 사람이 얼마나 성숙하고 얼마나 지혜로운지를 가늠해볼 수 있다. 여동생이 강간을 당함으로 인해 시므온과 레위는 당사자뿐 아니라 그 부락의 모든 남자까지 다 죽이는 강수를 뒀다. 두 형제는 닮았다. 그러나 두 형제만으로 그 결과를 감당할 수 없다는 데 문제가 있었다. 후련할 수는 있겠으나 성숙하고 지혜롭지는 못했다. 하나님께서 그 난관을 해결함으로 야곱 가족의 위기는 무산되지만 그로 인해 시므온과 레위는 폭력적인 칼잡이라는 별칭을 얻게 된다. 고작 두 사람이 한 마을의 남자들을 전멸시킬 정도면 할례의 후유증을 고려하더라도 그들의 폭력이 얼마나 가혹했는지를 우리는 짐작할 수 있다.

시므온은 폭력적이고 잔인한 성품이었다. 요셉이 베냐민을 데려오라고 형들을 가나안으로 돌려보낼 때 인질로 잡은 것이 '시므온'이었다. 중책으로 치면 르우벤이겠고, 가깝기로 치면 나이 차이가 가장 적은 스불론(요셉이 태어나기 바로 전에 태어난 이복형)이 적합했다. 어머니 라헬의 몸종 빌하의 자식들인 단이나 납달리여도 인정이 되고, 자신을 위해 준 유다였으면 이해가 된다. 그런데 하필이면 시므온을 볼모로 잡았다. 요셉의 입장에서 베냐민을 만나기 전까지 자신의 정체를 밝히지 않아도 될 정도의 거리감이 있던 사람이 시므온은 아니었을까?

이스라엘 백성들이 출애굽할 때 그들의 인구를 조사하는데 광야에 들어설 때 므낫세 지파가 가장 적었다(민 2:21). 그러다 40년의 세월이 흘러 가나안 땅에 거의 도착했을 때 다시 인구를 조사하는데 이번에는 가장 적은 수가 시므온 지파였다(민 26:14). 가나안 초입에서 이스라엘 백성들이 모압의 여인들과 음행을 하기 시작했다. 그들은 바알 신들 제사에 합세하여 음란하게 우상을 숭배했다. 아론의 손자인 비느하스는 음행한 사람들 중에 우두머리를 잡으려고 장막 안에 들어가 남녀가 뒤섞인 현장에서 창으로 두 사람을 꿰뚫었다. 비느하스의 결행에 따라 이스라엘 백성 2만 4천 명을 죽였던 전염병은 그쳤다(민 25:9). 그 음행의 우두머리가 바로 시므온 지파 시므리였다.

> "죽임을 당한 이스라엘 남자 곧 미디안 여인과 함께 죽임을 당한 자의 이름은 시므리니 살루의 아들이요 시므온인의 조상의 가문 중 한 지도자이며"(민 25:14).

40년 광야생활 후에 가장 적은 인구로 추락한 지파가 시므온인 것과 음행의 우두머리가 시므온 지파 지도자 시므리였다는 사실에 아무 관계가 없어 보이지 않는다. 그 정도로 시므온의 성정과 본성이 얼마나 타락했는지를 보여주는 지표라고 볼 수 있다. 또한 레위의 후손들은 후에 송아지를 우상으로 숭배한 이스라엘 백성 3천 명가량을 칼로 죽였고(출 32:28), 더 후에는 소와 양, 염소를 칼로 잡아 제사를 지내는 데 헌신되었다. 레위 지파와 칼의 사용은 밀접한 관계가 있다. 그렇다면 사납고 폭력적인 시므온, 레위가 그리스도의 계보에 들지 못한 것은 당연해 보인다. 이렇게 되면 이제 나머지 형제들 중에서 가장 가능성이 높은 요셉을 생각해보자.

우선 요셉의 아내가 이방인인 것을 지적할 필요가 있다. 에서가 이 방인을 아내로 얻어 부모의 미움을 산 것을 안 야곱은 아무리 아끼는 요셉이라도 며느리가 이방인이면 곤란하게 여길 수 있었다. 요셉은 감 옥에서 나와 이집트 총리 자리에 오른 후 이집트의 유명한 제사장 보디 베라의 딸 아스낫과 결혼을 했다(창 41:45). 그러나 단지 요셉의 아들 들이 이방인의 피가 섞였다고 하나님의 선택에서 제외되지는 않는다. 왜냐하면 우리는 룻, 라합, 밧세바라는 이방 여인들이 예수님의 족보에 오른 것을 알고 있기 때문이다. 하나님은 이들 이방 여인들과 이스라엘 의 족장들의 결혼을 허락하셨고, 그들의 후손에서 그리스도가 태어나 게 되는 것도 인정하셨다. 그러므로 요셉이 이방 제사장의 딸과 결혼했 다는 것이 그가 선택되지 않을 이유가 되지는 않는다. 그렇다면 무엇 때문일까?

요셉이 형들을 만났을 때 그의 마음에 원망과 분노가 있었다. 그때 요셉의 나이는 마흔(요셉은 서른 살에 이집트의 총리가 되었고, 7년의 풍년이 지났고, 흉년은 2년이 지났으므로(창 45:11) 이것을 계산하면 30+7+2=39 현재 그의 나이는 39세가 된다)에 가까운 나이였다. 그가 열일곱 살이었을 때 자신을 죽이려고 했던 형들, 낯설고 먼 땅에 팔아 서 그의 인생을 고생으로 점철되게 만들었던 형들에 대한 복수심이 가 득할 수 있었다. 22년 동안 복수의 칼을 갈면서 형들을 만나면 처절하 게 응징할 생각을 했을 수도 있다. 그러나 요셉은 큰 아버지 에서가 아니었다. 복수심으로 인생을 낭비하지 않았다. 요셉은 당시 절대 권력을 누리고 있는 바로 왕의 다음 권력을 쥐고 있었다. 그럼에도 그는 자신을 감옥에 가둔 보디발이라든가, 자신을 유혹해서 구렁텅이에 빠뜨린 보디발의 아내라든가, 2년 동안 자신의 은혜를 잊어버린 술 관원장이라든가, 자신의 인생을 망쳐버린 형들에 대한 복수심이 없었다.

이런 면에서 그의 심성은 예수님을 닮았다. 원수가 뺨을 치면 왼뺨을 돌릴 정도의 성숙한 모습이었다. 요셉은 형들의 생사여탈을 쥐고 있었을 때 오히려 자비를 베풂으로써 예수님의 사랑을 닮은 모습을 보인다. 그러나 그가 형들을 용서해주는 매우 중요한 시험을 할 때 그는 주도권에서 살짝 벗어난다. 요셉은 막내 베냐민을 데리고 오게 한 뒤에 자신의 은잔을 베냐민의 식량에 넣고 그를 도둑으로 몰았다. 그 역경 속에서 형들이 어떻게 위기를 헤쳐나가는지, 그들이 과연 베냐민을 어떤 식으로 구해내는지, 한때 한 마을의 남자들을 몰살시키고 동생인 요셉마저도 시기와 질투심으로 팔아버린 잔인한 형들이 어떻게 변했는지를 시험해 보았다.

그러나 그 지혜로운 요셉은 시험의 자리에서 자신이 한 역할이 없었다. 시험은 했을지 모르지만 그들을 선도하지도 않았고, 그들에게 추상같은 불호령을 내리지도 않았으며, 그들의 삶과 태도를 바꾸도록 유도하지도 않았고, 그들의 삶을 새롭게 결단할 수 있도록 주도한 것도 아니었다. 형들이 시험에 합격했을 때 요셉은 자신의 정체를 밝혔고 형들의 권위를 인정해주었다. 아버지의 장례 이후에 벌벌 떨고 있는 형들에게 이렇게 말했다.

"당신들은 두려워하지 마소서. 내가 당신들과 당신들의 자녀를 기르
리이다 하고 그들을 간곡한 말로 위로하였더라"(창 50:21).

어쩔 수 없는 막내의 한계인지는 모르지만 요셉이 야곱의 가족과
합류한 이후에는 그가 아버지를 만난 뒤에도, 아버지가 돌아가신 이후
에도 이스라엘 가족들을 인도하거나 그들에게 자신의 지도력을 발휘
하려고 하지 않았다. 요셉이 던진 그 중요한 시험의 순간에 주도권을
잡은 인물은 따로 있었다. 그것은 바로 유다였다.

누구나 인생에서 결정적인 사건을 만난다. 누구에게나 일어날 수
있는 일이지만 그 사건의 파장이 너무 커서 그의 인생을 완전히 붙들어
버리는 사건이 있다. 한순간의 말 한마디, 행동 하나가 그 인생을 규정
짓고 사로잡아버리는 경우가 있다. 누구든지 기회를 잡을 수 있을 것
같지만 웬만한 결정과 각오로는 해낼 수 없는 일이 있다. 막내 베냐민
을 놓고 벌이는 요셉의 시험에서, 이스라엘 가족에게 닥친 가장 어려운
시험의 한가운데에서 가장 중요한 역할을 해냄으로써 새로운 역사를
이루어낸 사람은 바로 유다였다.

막내 베냐민을 잃을까 봐 아들들의 이집트행을 결사반대하던 야곱
의 마음은 어떻게 바뀌었을까? 르우벤은 베냐민을 데리고 오지 못하면
자기 아들들을 죽이라고 했다. 르우벤은 야곱의 마음을 더욱 완강하게
만들뿐이었다. 그러나 유다는 아버지 야곱에게 이렇게 말한다.

"내가 그를 위하여 담보가 되오리니 아버지께서 내 손에서 그를 찾
으소서. 내가 만일 그를 아버지께 데려다가 아버지 앞에 두지 아니

하면 내가 영원히 죄를 지리이다"(창 43:9).

유다는 베냐민에 대한 책임을 남에게 미루지 않고 자기 자신에게 두었다. 그리고 덧붙여서 "우리가 지체하지 아니하였더라면 벌써 두 번 갔다 왔으리이다"(10절)라고 말한다. 지금 야곱의 집안에는 아끼고 아껴 먹던 식량이 모두 떨어진 상황이었다. 더 이상 지체하다가는 막내는 고사하고 모든 식구가 다 굶어죽을 판이었다. 이렇게 급하게 되었을 때 유다는 지금의 상황이 얼마나 절박한지를 얘기한다. 그리고 막내 베냐민을 자신이 책임지겠다고 분명히 약속했다. 그제야 야곱은 허락을 해주었다. 혹시라도 이집트의 총리에게 잘못한 것이 있으면 사죄하도록 집안에 남아 있는 가장 좋은 것들을 다 털어서 준비했다. 더 중요한 것은 그다음에 있었다.

형제들이 이집트에 도착해서 양식도 받고 시므온도 돌려받고 융숭하게 대접받은 뒤에 기분 좋게 이집트 도시를 막 벗어날 때였다. 이집트의 호위 군사들이 심각한 표정으로 그들을 막아섰다. 이집트 총리가 가장 아끼는 은잔이 사라졌다고 말했다. 형제들의 짐을 나이 순서로 뒤졌더니 막내 베냐민의 자루에서 은잔이 발견되었다. 그들은 경악했다. 이 일을 어찌할까! 불같이 노여워하는 이집트의 총리는 한숨을 몰아쉬며 말한다. "너희들은 봐주겠다. 다 돌아가라. 그러나 은잔을 훔친 자는 종이 되어야 한다." 막내 베냐민은 이제 이집트의 혹독한 노예가 되어야 한다.

이것은 그 형제들에게 주는 심각한 시험이었다. 형들에 의해 이집트에 팔려간 요셉이 이번에는 막내 베냐민을 두고 형들을 시험했다. 예전에 자신을 팔아버렸던 것처럼 형들은 막내 베냐민을 이집트의 노예로 끌려가게 그냥 둘 것인가? 형들은 막내마저 무책임하고 매정하게 외면할 것인가? 아니면 혹시라도 전과 다른 태도를 보일 것인가? 형제들은 아무 말이 없었다. 그때 요셉 앞에 용감하게 나선 사람이 있었다. 유다였다. 그가 요셉을 설득한 내용은 무려 열아홉 개의 구절에 이르도록 길게 나열되어 있다. 창세기 44장에 나오는 유다의 말을 요약하면 이런 것이었다(16-34절).

은잔이 베냐민에게서 발견된 것은 우리 모두의 잘못이므로 모두가 다 노예가 되어야 합니다. 그동안에 총리께서 우리 가족에 대해서 상세히 물으셔서 저희는 아버지의 사랑하는 아들이 죽은 것과 그의 동생에 대한 이야기를 드렸을 뿐입니다. 아버지가 사랑하던 아들은 찢겨죽었습니다. 이제 아버지에게는 사랑하는 베냐민밖에 남지 않았고, 베냐민이 죽으면 아버지가 죽은 것이고, 베냐민이 종이 되면 아버지가 종이 되는 것입니다. 그 둘은 하나로 연결되어 있습니다. 베냐민에 대해서는 제가 책임을 지기로 했습니다. 저를 대신 종으로 삼아주십시오. 막내를 잃게 되면 아버지의 마음은 지옥으로 빨려 들어가게 됩니다. 늙으신 아버지의 최후가 지옥이 되어버립니다. 저를 노예로 써주시고 제발 베냐민은 풀어주십시오.

유다의 말은 최대한의 예의를 갖추었으나 끈질기고 집요했다. 베냐민이 어떤 존재인지를 밝히고 자신이 종이 되어야 할 이유를 설명했다. 그동안 있었던 일을 마치 눈앞에 보이듯이 묘사하고 설명해 내면서 듣는 이의 마음에 아버지의 고통과 슬픔을 새겨 넣었다. 유다는 이 말을 하기 위해 계획을 세우고 전략을 짰던 것일까? 그가 한 모든 이야기는 즉흥적으로 나올 수 있는 성질의 말이 아니었다. 그가 그토록 길게, 논리적으로, 설득력을 가지고 마음을 울리도록 말할 수 있었던 것은 그가 오랫동안 그 말을 준비했기 때문이다. 그것은 머리를 굴리고 시나리오를 짰다는 의미가 아니다. 사람은 진심을 금방 알 수 있기 때문에, 더욱이 요셉처럼 오랜 기간 사람의 속마음을 알아보았던 전문가에게 연극으로, 거짓으로 대하면 금방 탄로날 수 있다. 요셉이 한가족을 받아들이느냐 마느냐를 결정할 때 절대로 순간만 모면하려는 거짓으로는 그의 마음이 열리지 않을 것이다. 그런데 유다의 말은 요셉의 굳었던 마음을 열게 만들었다.

그는 형제들 앞에서 수십 년간 참았던 울음을 터뜨렸다. 둑이 무너지는 듯했다. 유다는 분명한 전략을 세웠다. 컴퓨터같이 기계적인 논리성을 담아낸 것이 아니라 해야 할 말들과 실천할 수 있는 내용들을 미리 담아두었다. 그 말들을 끊임없이 묵상하고 생각하고 내면화했다. 가나안에서 이집트로 가는 오랜 여정 동안 만일에 일어날 일에 대해서 유다는 곱씹고 곱씹었을 것이다. 그래서 언제 어떤 상황에서라도 그 말들을 뽑아낼 수 있고 진심이 들어갈 수 있게 만들었다. 유다의 말은 마치 눈에 보이듯이, 피가 철철 흐르듯이 아버지의 슬픔을 드러냈다. 요셉의 심장은 부서질 것 같았다. 유다는 이집트의 총리로서의 요셉이 누구인지 전혀 몰랐다. 요셉의 가족과 그의 아버지가 누구인지 전혀 모르는 상태였다. 그러나 보편적인 인간의 정서가 무엇인지는 알았다. 누구나 아버지가 있다. 당신에게도 아버지가 있을 것이다. 당신은 아버지에게 잔인한 고통을 줄 수 있겠는가? 유다는 묻고 또 물은 것이다.

　유다와 같은 마음가짐은 어떤 상황에서도, 어떤 사람에게도 상대의 마음을 움직일 힘을 지니게 된다. 그리고 그의 그와 같은 태도와 모습은 하나님의 마음도 움직이게 된다. 이미 하나님은 그를 선택하셨겠지만 시험에 대한 유다의 태도는 바로 이 순간에 절정을 이루었다. 그리고 하나님의 선택은 유다를 통해 유유하게 계속 이어질 수 있었다.

Section 3. 정리 _ 아브라함에서 유다까지

아담 → 셋 → 에노스 → 게난 → 마할랄렐 → 야렛 → 에녹 →
므두셀라 → 라멕 → 노아 → 셈 → 아르박삿 → 셀라 → 에벨 → 벨렉 →
르우 → 스룩 → 나홀 → 데라 → **아브라함 → 이삭 → 야곱 → 유다**

유다에서
다윗까지

GOD
History

Chapter 16

본능적인 인간에서 사람다운 사람으로

유다는 야곱(이스라엘)의 네 번째 아들이면서도 위로 형들을 제치고 하나님의 선택을 받았다. 위기의 상황에서 책임감과 리더십이 빛났고, 그것이 선택에 중요한 영향을 끼쳤다. 그러나 여전히 그는 모든 요건이 다 갖춰진 사람은 아니라는 의심이 든다. 특히 그의 며느리와 관련된 사건을 보면 의심은 확신으로 굳어진다. 유다는 과연 자격이 있는 사람인가? 하나님은 유다를 장자로 인정하셔서 그의 아들을 통해 메시아의 계보를 이어가시는데, 놀랍게도 그 아들이 며느리 다말과의 사이에서 태어났다. 그렇기 때문에 의구심은 계속된다. 유다는 맞는 선택인 것일까?

이번 섹션에서는 유다 이후부터 다윗까지의 족보를 추적해 가려고 한다. 그들은 구약성경에서 두 군데 등장하는데 하나는 룻기이고, 또 하나는 역대기상이다. 그리고 신약에서는 마태복음 1장 예수님의 족보에 등장한다. 말씀을 보자.

> "베레스의 계보는 이러하니라. 베레스는 헤스론을 낳고, 헤스론은 람을 낳았고, 람은 암미나답을 낳았고, 암미나답은 나손을 낳았고, 나손은 살몬을 낳았고, 살몬은 보아스를 낳았고, 보아스는 오벳을 낳았고, 오벳은 이새를 낳고, 이새는 다윗을 낳았더라"(룻 4:18-22).

> "베레스의 아들은 헤스론과 하물이요, 세라의 아들은 시므리와 에단과 헤만과 갈골과 다라니 모두 다섯 사람이요, 갈미의 아들은 아갈이니 그는 진멸시킬 물건을 범하여 이스라엘을 괴롭힌 자이며, 에단의 아들은 아사랴더라. 헤스론이 낳은 아들은 여라므엘과 람과 글루배라. 람은 암미나답을 낳고, 암미나답은 나손을 낳았으니, 나손은 유다 자손의 방백이며 나손은 살마를 낳고, 살마는 보아스를 낳고, 보아스는 오벳을 낳고, 오벳은 이새를 낳고"(대상 2:5-12).

> "유다는 다말에게서 베레스와 세라를 낳고, 베레스는 헤스론을 낳고, 헤스론은 람을 낳고, 람은 아미나답을 낳고, 아미나답은 나손을 낳고, 나손은 살몬을 낳고, 살몬은 라합에게서 보아스를 낳고, 보아스는 룻에게서 오벳을 낳고, 오벳은 이새를 낳고"(마 1:3-5).

이 내용의 공통점을 정리해보면 오른쪽 표와 같다.

유다(+다말) - 베레스 - 헤스론 - 람 - 암미나답 - 나손 - 살몬(+라합) - 보아스(+룻) - 오벳 - 이새 - 다윗

그러니까 유다의 10대 손이 바로 다윗이다. 그러나 이 열 명의 인물들의 면면을 살펴보기 전에 한 가지 오류가 보인다. 이들의 연대가 맞지 않다. 유다는 아버지 야곱(이스라엘)이 살아 있을 때 가족 전부가 이집트에 들어갔다. 그리고 430년의 세월이 흘렀다. 그동안 이스라엘(야곱)의 후손들은 이집트의 노예가 되었고, 모세의 인도로 이집트를 탈출하여 가나안을 향했다. 광야생활 40년이 지난 후에 모세가 죽고 여호수아를 리더로 해서 가나안에 들어갔다. 가나안 땅의 첫 번째 관문인 여리고성에는 라합이란 여인이 있었는데, 그녀는 살몬과 결혼을 했다. 살몬은 유다의 6대손으로, 유다 때 이집트에 들어갔고 살몬 때에 가나안에 들어간 것으로 보인다. 유다와 살몬 사이에는 430년 노예생활과 40년 광야생활, 합쳐 470년의 기간이 놓여 있다. 그러므로 유다와 살몬의 나이 차이는 470년이 넘게 된다. 유다와 살몬 사이에 놓인 베레스, 헤스론, 람, 암미나답, 나손을 470년으로 나누면 117.5년이 된다. 적어도 이들은 최소한 평균 80세 이상의 나이에 아들을 낳아야 말이 된다. 그것도 평균이다. 그래야 유다와 살몬의 470년 이상의 간극을 메울 수가 있기 때문이다.

따라서 이 연대 계산은 도저히 맞을 수가 없다. 아마도 족장들의 이름이 누락되었거나 자손들 중 대표적인 이름만 나열했을 터이다. 더욱이 이들 베레스부터 다윗까지의 열 명의 조상들에 대한 어떤 정보도 성

경에는 기록되지 않았다. 몇 살에 결혼했고, 몇 살에 자녀를 낳았고, 자녀들은 몇 명이며, 그들의 이름이 무엇이며, 언제 죽었는지 성경을 통해 확인되지 않는다. 아담에서 노아까지 열 명의 조상들도 몇 살에 아들을 낳았고, 몇 살에 죽었는지가 나와 있고(창 5장), 셈에서 아브라함까지 열 명의 조상들은 몇 살에 아들을 낳았고, 몇 살을 더 살았는지가 기록되어 있다(창 11장). 그러나 베레스부터 다윗까지의 열 명의 조상들은 이전과는 매우 상이하고 간략하다. 성경은 오직 '누구를 낳았고'만 나오는데, 그것도 대표적으로 한 명의 이름만 나온다. 그리고 몇 살까지 살았는지, 몇 살에 죽는지는 아예 언급조차 하지 않는다. 연대기를 일부러 맞추지 않았다고도 볼 수 있다. 유다의 10대 손이 다윗이 되는데, 어쩌면 이 10이라는 숫자를 중요시 여겨 그렇게 맞춘 것 같다.

만약 그렇다면 이 사람들을 전부다 다루는 것은 불필요한 일이 된다. 그들을 전부 다룰 만큼 정보가 많은 것도 아니다. 우리는 이중에서 중요한 인물들을 다루면서, 특히 마태복음 1장에 나오는 여인들의 이름에 주목해보려 한다. 그 여인들과 남편들을 살펴보면서 "하나님의 선택은 왜 그 여인들인가? 혹은 그 여인들의 남편인가?" 하는 문제를 살펴보려고 한다. 그 첫 번째가 유다와 다말이다.

다말은 매우 기구한 여인이었다. 결론적으로 말하자면 다말이 원한 것은 오직 하나, 아들뿐이었다. 이 당시 시대상에 의하면 아들은 어머니의 생존과도 직결되었다. 독자적으로 가질 수 있는 직업이 거의 전무한 상태에서 남편의 노동과 소득에 의존해야 하는 여자의 입장에서는 남편이 죽었을 때 자신의 생존을 담보할 수가 없었다. 유일한 길은 대대로 내려오는 재산을 분할받는 것인데, 그것도 아들이 있는 경우에만 가능했다. 그러니까 재산상의 권리, 경제적인 권리를 누리려면 아들이 있어야 했다.

다말은 히브리어로 '타마르'라고 해서 '야자나무'(palm tree)라는 의미가 있다. 평범하게 태어나 평범한 이름을 가진 여인이었다. 그런데 다말은 평범함과는 다른 삶을 살았다. 그의 시어머니(유다의 아내)는 아들을 셋이나 낳았는데, 그녀는 그 집의 맏며느리로 들어와 아들을 낳지 못한 상태에서 남편의 죽음을 맞이했다. 아들이 없음으로 인해 얻게 되는 서러움은 상상을 초월했다. 당시 여인에게 아들은 존재의 이유였으며 가장 중요한 업적이었다. 아들이 없는 상태에서 남편이 죽었으니 다말은 재산도 분할받을 수 없었다. 그러나 이런 때를 대비해 아들을 낳을 수 있는 기회가 율법에 있었다.

"형제들이 함께 사는데 그중 하나가 죽고 아들이 없거든 그 죽은 자의 아내는 나가서 타인에게 시집 가지 말 것이요, 그의 남편의 형제가 그에게로 들어가서 그를 맞이하여 아내로 삼아 그의 남편의 형제 된 의무를 그에게 다 행할 것이요, 그 여인이 낳은 첫 아들이 그죽은 형제의 이름을 잇게 하여 그 이름이 이스라엘 중에서 끊어지지 않게 할 것이니라"(신 25:5-6).

다말은 다른 사람에게 시집을 가는 대신에 남편의 형제 중 하나와 다시 결혼을 해서 아들을 낳을 기회를 가질 수 있었다. 다행히 죽은 '엘'에게는 두 명의 동생이 있었으니, 둘째인 '오난'이 재혼의 대상이 되었다. 오난은 죽은 형을 대신해서 다말을 책임져야 했다. 유다는 오난에게 명령하여 남편의 의무를 다하라고 했다. "유다가 오난에게 이르되 네 형수에게로 들어가서 남편의 아우 된 본분을 행하여 네 형을 위하여 씨가 있게 하라"(창 38:8). 이제 다말은 먹고살 수 있는 길이 열렸다. 오난을 통해 아들을 낳기만 하면 죽은 남편의 이름으로 재산이 돌아올 수 있었다. 그런데 오난과의 잠자리를 갖는 날, 오난은 이상한 행동을 했다.

"오난이 그 씨가 자기 것이 되지 않을 줄 알므로 형수에게 들어갔을 때에 그의 형에게 씨를 주지 아니하려고 땅에 설정하매"(창 38:9).

오난은 자신의 의무를 다해야 하는 그 순간에 땅에다 정액을 쏟아 버렸다. 당연히 자식이 생길 리가 없었다. 자식이 생기지 않으면 다말은 재산을 받을 수 없고, 그러면 그는 굶어죽어야 할 처지였다. 오난은 자신의 씨를 통해 태어난 자식이 죽은 형의 아들이 되는 것을 참을 수가 없었다. 형이 없으므로 이제 자신이 장자가 되어 모든 재산을 차지할 수 있는데, 자신의 씨를 형수에게 줌으로써 형수에게 재산이 돌아가는 것을 용납할 수 없었다. 그래서 오난은 씨를 주지 않기로 했다. 오난은 형수와 잠자리는 갖되 씨를 주지 않는 방법을 사용했다.

그러나 오난은 그날 밤 그 자리에서 죽고 말았다. 하나님이 치셨다. 오난의 악한 행위 때문이었다. 오난의 죽음으로 다말이 아들을 낳을 기회도 날아가 버렸다. 다행히 다말에게 한 번의 기회가 더 남아 있었다. 오난의 동생인 셀라가 있었다. 그러나 유다는 셀라를 내주지 않았다.

아직 어리다는 것이 핑계였지만 셀라마저도 죽을까 염려했기 때문이었다. 시간이 흘러 셀라가 어른이 되었지만 유다는 셀라가 형수에 대한 의무를 행하도록 허락하지 않았다. 세월은 점점 흐르고 이러다가는 영영 아들을 얻지 못할 것이라 생각한 다말은 꾀를 냈다. 양털을 깎는 축제의 날에 시아버지 유다가 딤나에 왔다는 소식을 듣고, 다말은 창녀처럼 분장하고 얼굴을 가렸다.

무엇을 의도했던 것일까? 유다를 만날 기회가 없었기에 그에게 따지고 하소연하고 싶었던 것일까? 아니면 유다가 없는 틈을 타서 셀라를 만나러 가려던 것이었을까? 다말은 더 대담한 일을 했다. 며느리를 알아보지 못한 유다의 씨를 받아내려는 것이었다. 유다는 화대로 염소를 약속하고 창녀(며느리)와 관계를 맺었다. 현물이 아닌 신용거래였기에 다말은 담보물로 도장, 끈, 지팡이를 요구했다. 관계를 치른 뒤에 다말은 드디어 임신하게 되었다. 도대체 어떻게 이 일을 감당하려고 이런 일을 저질렀을까? 임신한 사실이 알려지게 된 뒤에 유다는 불같이 화를 냈다. 유다는 다말이 불륜으로 임신한 거라 여겼다. 당연하지 않은가! 유다는 셀라를 허락한 적이 없었다. 가문의 책임자인 유다는 며느리의 간음에 대한 단호한 처리를 명령했다.

"석 달쯤 후에 어떤 사람이 유다에게 일러 말하되 네 며느리 다말이 행음하였고 그 행음함으로 말미암아 임신하였느니라. 유다가 이르되 그를 끌어내어 불사르라"(창 38:24).

유다는 며느리 다말의 변명을 들으려고 하지 않았다. 어차피 골치

아픈 문제였다. 다말이 죽으면 셀라는 자유의 몸이 되고 재산문제도 쉽게 풀릴 일이었다. 유다는 어쩌면 속으로 잘됐다고 생각했을지도 모른다. "며느리를 불태워 죽여라!" 유다는 눈 하나 깜빡하지 않으면서 판결을 내렸다. 다말은 끌려가면서 유다에게 마지막 말을 전했다.

"여인이 끌려 나갈 때에 사람을 보내어 시아버지에게 이르되 이 물건 임자로 말미암아 임신하였나이다. 청하건대 보소서. 이 도장과 그 끈과 지팡이가 누구의 것이니이까 한지라"(창 38:25).

유다는 망치로 맞은 것 같은 충격을 받았다. 아무도 모를 것이라 여겼던 자신의 은밀한 욕망이 만천하에 드러났다. 며느리의 부정에 자신이 연루되었을 것이라곤 짐작조차 하지 못했다. 며느리의 간음의 대상은 바로 자신이었다. 자신의 욕망의 발현이 마치 쇠꼬챙이가 되어서 그의 가슴을 뚫고 그의 양심을 찔렀다. 그는 영혼의 껍질이 벗겨지는 것 같았다. 유다는 며느리를 살려주었다. 그리고 그렇게 잉태되어 태어난 아이를 자신의 아이로 받아들였다. 쌍둥이였다.

그렇다면 다말은 왜 그렇게 자식에게 집착했을까? 문제는 유다에게 있었다. 유다는 다말을 보내주어야 했다. 합법적으로 재가를 시켜줘서 가정을 이루게 해야 했다. 아니면 남은 막내아들이 어느 정도 컸을 때 율법에 따라 그를 다말에게 주어 의무를 다하게 해야 했다. 그러나 유다는 아무것도 하지 않았다. 다말은 단지 살고 싶었을 뿐이었다. 합법적으로 아들을 낳아서 자신의 생존을 보장받는 것만이 목표였다. 모든 길이 닫혔을 때 며느리 다말은 유다의 약점을 보았다. 당시 모든 생존권을 쥐고 있는 유다의 씨를 통해 아들을 얻는다는 것은 자신의 목숨을 담보로 한 모험이었다. 하나님은 적어도 그런 그녀의 악행을 용인해주셨다. 야만스러운 일이었으나 다말이 아닌 유다의 잘못으로 인정하고 그녀가 그토록 바랐던 아들을 허락해주신 것이다.

메시아의 계보는 이런 다말의 끈질김으로 만들어졌다. 목숨을 담보로 죽을 수도 있고, 비도덕적이고 비윤리적이라는 비난도 감수해야 하는 일이었다. 에스더가 목숨을 각오한 것에는 민족을 살리려는 대의(大義)가 있었다. 그러나 다말은 그런 대의도 없는데 목숨을 걸었다. 그것은 생존에 대한 것이기도 했고 절실함에 대한 것이기도 했다. 하나님의 인정 속에서 다말은 목표하는 것을 얻었고 하나님의 선택은 계속 이어지게 되었다.

반면에 유다의 모습을 살펴보자. 그는 절대 우리가 인정할 만한 인물이 아니었다. 유다는 메시아의 조상으로서 전혀 어울리지 않았다. 요셉의 은잔 시험에서 그는 진심을 다함으로 온 가족을 구해냈으며, 요셉의 시험에 번듯하게 합격했다. 그러나 며느리 다말과의 관계 속에서 드러난 유다의 모습은 전혀 다른 사람처럼 보일 정도였다. 창세기 38장 1절에서 "그 후에"라고 할 때 그것이 형들에 의해 요셉을 이집트에 팔아버린 뒤라면 유다는 아직 인간다운 인간이 아니었을 때로 볼 수 있다. 유다와 그의 형제들은 동생을 죽이려고 했다가 팔아버리는 악행을 저질렀고 한마을을 몰살시키는 잔혹한 모습도 보였다. 유다는 그중에서 그래도 좀 낫다고 생각되지만 창세기 38장을 살펴보면 금방 실망으로 바뀐다. 유다는 다말로 인해 적나라한 자신의 모습을 드러내고야 말았다. 그렇다면 유다는 어떤 인간이었나?

한 사람을 알려면 그의 친구를 보면 알 수 있는데, 유다가 가깝게 지내는 친구로는 아둘람 사람 히라가 있었다. 유다는 가나안 여자 수아의 딸과 결혼해서 세 아들을 낳았고, 아내가 죽은 뒤에는 히라와 함께 딤나로 올라가서 양털 깎는 일을 했다. 유다는 아내를 잃고서도 열심히 생업에 종사했다. 그런데 그는 아내가 죽은 지 얼마 되지도 않았을 때에 낯선 여자로부터 위로를 받으려고 했다. 일정한 재산(염소 새끼)을 아낌없이 쓰면서 욕망을 채우려 애썼다. 그 대상이 누구인지 제대로 확인하지도 않은 채로. 유다는 창녀와의 관계에 대한 정산을 위해 친구 히라에게 염소 한 마리를 보내고 자신의 담보물을 찾아오도록 했다. 유다는 지저분한 일을 본인이 직접 하지 않고 남에게 시켰다. 유다의 친구가 그런 추한 일을 감당하는 사람이었다. 반대로 히라가 저급한 일을 할 때 유다가 뒷수습을 감당했을지도 모른다. 유다는 그런 인간이었다. 유다의 정욕은 우리가 정죄했던 르우벤이나 다른 형제들 못지않았다.

유다가 창녀(며느리)에게 맡겼던 담보물은 도장, 허리끈, 지팡이였다. 흔하고 값싼 것이지만 주인이 명확한 것이었다. 도장은 양에게 인두를 찍는 것이고, 허리끈은 딱 그 사람한테 맞을 테고, 지팡이 역시 주인의 손에 익은 것이었다. 유다는 그동안의 언행으로 보아 며느리에게 얼마든지 그 부정을 덮어씌우고, 자신의 뒤처리를 친구인 히라에게 전가하면서 뻔뻔스럽게 살았을 것이다. 그런데 며느리가 증거물로 내놓은 물건들은 유다가 발뺌을 할 수 없는 것들이었다. 가짜로 만들어낼 수 있는 그런 성질의 물건이 아니었다.

유다는 그 물건을 보면서 영혼의 바닥에서 절규하는 하나님의 소리를 들었다. "이래도 더 도망칠래!" 그 이전까지 유다는 동물과 같은 사람이었다. 본능을 따랐고 본능에 충실했다. 그의 아내와 그의 자식들, 그가 만나고 있는 사람과 그의 친구들 모두 그의 본능에 따른 결과물들이었다. 그는 하나님의 선택은커녕 하나님의 백성 된 모습조차 보이지 못했다. 그의 본능이 최정점에 서 있었던 그날, 그는 눈에 보이는 창녀를 샀다. 그것은 눈에 보이지 않는 며느리였고 그의 양심이었다. 동물은 성찰하지 않는다. 고민하지 않는다. 그는 동물적인 충동에 따랐고, 며느리에 대한 소문을 들었을 때 동물적으로 판단했을 뿐이었다. 며느리가 도장, 끈, 지팡이를 보여주었을 때에야 유다는 비로소 고민하고 성찰하기 시작했다. 깨달음의 순간이 왔다. 아, 내가 잘못했구나. 내가 본능을 따라 살았구나. 내가 하나님의 자녀로서 도망치며 살았구나.

유다는 그것을 깨닫자마자 이렇게 소리쳤다. "그는 나보다 옳도다"(창 38:26). 아무리 며느리가 간음을 했더라도, 그것이 의도적으로 자신에게 접근해서 아들을 잉태하려는 수작이라 하더라도 며느리가 옳았다는 것. 즉 자신은 옳지 않았고, 선과 악 중에서 악에 종속되어 있었다는 사실을 깨달았다. 유다는 며느리를 통해 자신을 보았다. 며느리는 자신의 정체를 드러내는 거울이었다. 그러나 며느리 다말이 했던 일은 그것만이 아니었다.

다말과 결혼했던 유다의 맏이 엘은 구체적으로 어떤 죄를 지었는지 성경은 묘사하고 있지 않다. 다말과 결혼을 하고 이윽고 "여호와가 보시기에 악하므로 여호와께서 그를 죽이신지라"(창 38:7)고만 되어 있을 뿐 엘이 어떤 인물인지, 어떤 악을 행했는지 우리는 알 수가 없다. 엘은 모든 것을 갖춘 사람이었다. 유수한 야곱(이스라엘) 가문의 장자

중에 하나였으며, 더욱이 족장 유다의 큰아들이었다. 부잣집 도련님으로 승승장구할 조건을 갖춘 사람이었다. 그런데 결혼하자마자 바로 죽었다. 당연히 그에게는 아들이 없었고, 그래서 아들을 원했던 다말을 비극으로 몰고 갔고, 남아 있는 그의 동생들과 아버지에게도 부정적인 영향력을 미쳤다.

도대체 얼마나 악했기에 결혼하자마자, 자식도 못 낳은 그 목숨을 거둬가야 했던 것일까? "하나님 보시기에 악했다"라고 할 때 그 악은 히브리어로 '라' 인데, 이 단어가 제일 처음 쓰인 곳은 창세기 6장 5절이다. "여호와께서 사람의 죄악이 세상에 가득함과 그의 마음으로 생각하는 모든 계획이 항상 악할 뿐임을 보시고." 하나님께서 홍수로 이 세상의 모든 인간을 다 쓸어버릴 정도의 급박하고 처절한 죄가 '엘' 에게 있었다. 도대체 엘이라는 인간이 누구로부터 영향을 받았기에 이 정도로 악했던 것일까? 그것은 멀리 갈 것이 없다. 바로 그 아버지 유다의 아주 깊은 곳에 숨겨져 있던 것이었다. 유다가 하는 일과 행동과 결정을 보라. 우리는 유다를 통해 그의 아들 엘을 엿볼 수 있다.

엘의 동생 오난은 어떤가? 그는 급사할 정도로 악했다. 엘과 달리 오난의 악은 성경에 그대로 묘사되어 있다. 오난은 죽은 형을 대신하여 그 형수인 다말을 책임져야 했다. 남편 없이 생활이 불가능한 다말을 위해 씨를 주고 아들을 낳게 해서 재산을 가질 수 있도록 도와주어야 했다. 그러나 오난 역시 "주님이 보시기에 악했다!" 그는 형수와 관계를 맺으면서도 그 씨를 주기가 싫어서 땅에 설정하고 말았다. 그러자 그 즉시 죽게 되었다. 오난의 악은 이기적인 자기 정욕이었다. 책임과 의무는 다하지 않으면서 쾌락만 누리는 자였다. 쾌락의 순간, 그의 죄가 가장 최고조에 이른 그 순간에 하나님은 그의 목숨을 가져가셨다. 오난이 의무를 거부하려면 방법이 없었던 것은 아니었다.

"그러나 그 사람이 만일 그 형제의 아내 맞이하기를 즐겨하지 아니하면 그 형제의 아내는 그 성문으로 장로들에게로 나아가서 말하기를 내 남편의 형제가 그의 형제의 이름을 이스라엘 중에 잇기를 싫어하여 남편의 형제 된 의무를 내게 행하지 아니하나이다 할 것이요 그 성읍 장로들은 그를 불러다가 말할 것이며 그가 이미 정한 뜻대로 말하기를 내가 그 여자를 맞이하기를 즐겨하지 아니하노라 하면 그의 형제의 아내가 장로들 앞에서 그에게 나아가서 그의 발에서 신을 벗기고 그의 얼굴에 침을 뱉으며 이르기를 그의 형제의 집을 세우기를 즐겨 아니하는 자에게는 이같이 할 것이라 하고 이스라엘 중에서 그의 이름을 신 벗김 받은 자의 집이라 부를 것이니라" (신 25:7-10).

율법은 죽은 남편을 대신해서 씨를 주어야 할 의무도 말하고 있지만 동시에 그것을 피해갈 방법도 알려준다. 오난이 자신의 씨를 주기 싫다면 다말에게 그 말을 하면 됐고, 다말은 성문에 늘 앉아 있는 장로들에게 사실을 밝히고 신을 벗어 다말에게 줄 때 다말은 침을 뱉으면서 "당신의 의무는 이것으로 끝이다"라고 인정하면 그만이었다. 잠시 창피를 당하겠지만 더 이상 의무와 책임을 지지 않아도 되는 처사였다. 그런데 오난은 그 일을 하지 않았다. 오난이 형수와의 관계에 대해 묘사하고 있는 성경을 보자. NIV(New International Version) 성경이다.

But Onan knew that the offspring would not be his; so whenever he lay with his brother's wife, he spilled his semen on the ground to keep from producing offspring for his brother.

오난은 다말과의 관계를 한 번만 가진 것이 아니었다. 관계를 가질 때마다(Whenever he lay with his brother's wife) 정액을 땅에 쏟아 냄으로써 자식을 낳을 수 있는 길을 완전히 차단해 버렸다. 의무는 다 하지 않고 쾌락만 마음껏 누렸던 것이다. 다말이 그렇게도 원하는 일에는 전혀 관심도 없었다. 철저하게 형수의 인격을 짓밟았을 뿐이다. 그 것은 자신의 재산을 지키려는 행위를 넘어선 일이었다. 오난은 의도적으로 죄악 된 일을 행했다. 그렇기 때문에 하나님은 강력하게 분노하신 것이다. 그렇게 보면 오난의 형인 엘이 죽게 된 원인 역시 성적인 죄일 가능성이 높다. 그 동생 오난이 성적인 것과 관련되어 죽었고, 그의 아버지 유다 역시 성적으로 약한 사람이었다. 엘과 오난의 할아버지는 야곱이고, 증조할아버지는 이삭, 고조할아버지는 아브라함이다. 그의 큰아버지들과 작은아버지들이 모두 이스라엘의 12지파가 되는 위대한 가문에서 엘과 오난은 죄악을 택했고, 하나님의 심판으로 즉결 처분되었다.

겉으로만 그렇지 실제로는 야곱과 유다 가문은 영적인 분위기만 가득하진 않았을 것이다. 문중 안에만 있어도 자동적으로 신앙이 채워지지 않았다. 부모나 조부모의 신앙이 자손의 신앙을 담보하지 않는다. 특히 하나님의 선택을 이어가는 유다는 죄악의 실마리였다. 유다의 악행이 은연중에 그 아들들에게 심겨졌을 것이다. 큰아들 엘의 악, 둘째 아들 오난의 악… 이런 추세로 간다면 셀라 역시 죽을 가능성이 높았다. 아직 셀라가 어려서 드러나지 않았을 뿐이었다. 어쩌면 그 집안의 남자는 다 죽을 수도 있었다.

유다 역시 무사했을까? 유다가 한 일 역시 오난과 비교해서 그리 잘한 일은 아니었다. 유다의 주변에 있는 사람을 보아도 그렇고 유다가 정욕을 해소하는 방식을 보아도 "하나님 보시기에 충분히 악했다." 그런데 유다는 죽지 않았고 그의 며느리를 통해 쌍둥이가 태어났다. 그리고 계속 메시아의 계보를 이어갈 수 있게 되었다. 비록 며느리 다말은 잘못된 선택을 했지만 결정적으로는 셀라와 유다를 살리고 그 가족을 유지하는 일을 했다. 의도적인 것은 아니었지만 큰 흐름으로 보면 며느리 다말이 한 일은 유다의 죄악상을 고발함과 동시에 그 가족을 살리는 것이었다. 그리하여 다말은 어엿이 메시아의 계보에 오른 몇 안 되는 여인 중에 하나가 되었다.

"해산할 때에 보니 쌍태라. 해산할 때에 손이 나오는지라. 산파가 이르되 이는 먼저 나온 자라 하고 홍색 실을 가져다가 그 손에 매었더니 그 손을 도로 들이며 그의 아우가 나오는지라. 산파가 이르되 네가 어찌하여 터뜨리고 나오느냐 하였으므로 그 이름을 베레스라 불렀고 그의 형 곧 손에 홍색 실 있는 자가 뒤에 나오니 그의 이름을 세라라 불렀더라"(창 38:27-30).

유다와 다말 사이에 태어난 자식들을 보자. 놀랍게도 쌍둥이가 태어나는데 재미있는 일화가 있다. 큰 아이가 태어날 때에 손이 먼저 나온다. 산파가 나온 손에 홍색 실을 매자 손은 다시 어머니 배 속으로 들어가고 이번에는 다른 아이가 먼저 나온다. 어머니의 자궁을 뚫듯이 나왔고 피가 흥건하게 흘렀다. 산파는 "어째서 터뜨리고 나오느냐?"라고 하면서 '터뜨리다'라는 뜻의 베레스(히. 페레츠)라고 불렀다. 그리고 뒤이어 태어난, 원래는 맏이여야 했을 두 번째 아이는 세라(히. 자라)라고 불렀다. 그 의미는 바위였다.

이 사건에 어떤 의미가 있는 것일까? 우선 쌍둥이는 한 아들보다 더 큰 축복의 의미가 있다. 다말이 그렇게도 아들을 원했는데 두 명의 아들을 동시에 주셨으니 두 배의 복이 되었다. 그러나 우리가 이미 살펴보았듯이 쌍둥이 에서와 야곱이 얼마나 싸웠던가? 축복은 두 배가 되었지만 부모의 근심 역시 두 배가 되었다. 첫째가 손을 먼저 내밀고 나온 것을 보면 그 역시 욕심과 욕망에 충실한 자였고, 둘째가 그런 첫째를 끄집어내서 어머니의 자궁을 찢으면서까지 첫째가 되어버리는 더 큰 욕망의 덩어리였다. 이 둘을 통해 하나님은 다말과 유다의 부정을 용인해주셨지만 그것을 잊지는 않으셨다. "보아라. 너희들은 이와 같은 본능에 충실한 동물적인 인간들이다." 이제 남은 것은 그들 스스로 본능적인 인간에서 사람으로 점차 향상되어 가는 길밖에는 없었다.

>>> Chapter _ 17

우연을 가장한 필연

야곱과 그의 가족들 총 칠십 명이 이집트에 이민자로 들어간 지 430
년 만에 그들의 숫자는 기하급수적으로 늘어나서 무려 60만 명이 넘는
대인원이 되었다. 그러나 인구가 늘어나는 것과 동시에 비극적인 일도
있었는데, 그들이 모두 이집트의 노예가 되어버렸다. 성경은 400년이
넘는 세월을 몇 문장으로 정리하고 만다.

"이스라엘 자손은 생육하고 불어나 번성하고 매우 강하여 온 땅에
가득하게 되었더라. 요셉을 알지 못하는 새 왕이 일어나 애굽을 다
스리더니"(출 1:7-8).

"이스라엘 자손에게 일을 엄하게 시켜 어려운 노동으로 그들의 생활

을 괴롭게 하니 곧 흙 이기기와 벽돌 굽기와 농사의 여러 가지 일이라. 그 시키는 일이 모두 엄하였더라"(출 1:13-14).

이집트에서 괴로운 종살이를 하는 이스라엘 민족을 해방시켜 준 것은 모세였다. 이집트의 절대 권력자인 바로 왕과의 대결에서 승리하고 이스라엘 백성들은 그곳을 탈출하기에 이른다. 보무당당하게 갖은 전리품을 다 안고 이집트를 떠난 그들은 안타깝게도 출애굽하자마자 길을 잘못 들어선다. 불순종이라는 막다른 길로. 그 결과 눈앞에 있던 약속의 땅을 돌아 무려 사십 년 동안 광야에서 헤매는 처량한 민족이 되고 말았다.

그리고 세월이 흘러 방황의 시간은 끝났다. 이스라엘 백성들은 사십 년의 세월을 이겨내고 약속의 땅 가나안을 코앞에 두게 되었다. 광야에서의 사십 년 세월은 이집트를 탈출한 1세대들을 모두 무덤으로 데려갔고, 새로운 세대가 약속의 땅을 눈앞에 두게 되었다. 1세대 중에서 유일하게 여호수아와 갈렙만 살아남았다. 그중에서도 신임 리더인 여호수아는 모세를 대신하여 이스라엘 백성 전체를 이끌어가야 할 막중한 책임이 있었다. 여호수아는 가나안 땅 바로 앞에서 전열을 정비한 뒤, 가나안 땅의 첫 관문인 여리고성에 두 명의 정탐꾼을 보냈다.

"눈의 아들 여호수아가 싯딤에서 두 사람을 정탐꾼으로 보내며 이르되 가서 그 땅과 여리고를 엿보라 하매 그들이 가서 라합이라 하는 기생의 집에 들어가 거기서 유숙하더니"(수 2:1).

두 명의 정탐꾼은 여리고에 몰래 들어가서 그 땅에 대해 살피고 확인하는 임무를 부여받았다. 그들은 라합이라는 기생의 집으로 들어갔다. 결론적으로 얘기하면 라합은 가족을 살리기 위해 국가를 버린 여인이었다. 자기가 속해 있는 나라의 왕과 백성들을 속이고 적국을 이롭게 하는 일을 했다. 그리고 그 대가로 자신과 가족은 살아남았다. 라합의 가족은 살아남았지만 여리고성은 완전히 초토화되었다. 두 정탐꾼이 라합을 만난 것은 우연일 것이다. 라합의 집은 낯선 사람이 들어와도 이상하지 않은 주막이나 여관 같은 곳이었다. 많은 사람이 드나드는 곳에서 자신을 은폐한 채 정보를 파악하는 일은 정탐꾼이 가져야 할 상식이었다.

여기서 우리는 라합의 직업이 사회적으로 멸시받는 부류라는 사실을 주목할 필요가 있다. 만약 안정된 직장을 갖춘 부유층의 여인이었다면 이 두 명의 정탐꾼을 만났을 리도 없거니와 그렇더라도 정탐꾼의 민족과 타협하지도 않았을 것이다. 라합은 무시받고 천대받는 집단에 속했다. 억울한 일을 당하는 사회적 약자는 사회 질서의 전복과 기득권 세력의 붕괴를 기대한다. 라합 역시 그랬을 것이다. 그러나 라합의 선택은 위험한 도박이었는데, 만약 이스라엘이 쫓겨나고 여리고성은 그대로 건재했다면 제일 처음 처형당할 사람은 라합과 그의 가족이었을 것이다.

라합이라는 이름은 히브리어 '라하브'로서 동사 '라하브'(넓다, 넓게 하다)에서 왔다. 그래서 우리는 라합의 모습을 뚱뚱했거나 기생치고는 좀 넉넉한 모습으로 상상할 수 있을 것이다. 라합의 직업은 기생이었다. 기생이라고 하는 것은 창녀, 매춘부라는 뜻이다. 몸을 팔아서 돈

을 벌어야 했기에 남편이 없었거나 있더라도 별로 도움이 못되는 사람
이었을 것이다. 히브리어 원어에는 라합의 직업을 '조나'(매춘부)라고
해서 창녀임을 분명히 밝히고 있다. 그리고 라합의 집은 성벽 위에 있
었다. 성 안이 아니라 성벽이었다.

> "라합이 그들을 창문에서 줄로 달아내리니 그의 집이 성벽 위에 있
> 으므로 그가 성벽 위에 거주하였음이라"(수 2:15).

여리고 성벽은 이중구조로 되어 있어서 두 개의 성벽을 꼭대기에서
연결하면 밑은 천 길 낭떠러지지만 위는 나름대로 평평한 지역이 나온
다. 독수리가 둥지를 틀듯 그 성벽 위에 위태롭게 서 있던 게 라합의 집
이었다. 사람들이 그곳을 들락거리면서 먹을 것과 성(性)을 샀다. 라합
의 집은 여관을 겸하기도 했다. 라합의 이름과 직업과 집은 모두 그녀
가 그 시대에 어떤 위치에 놓여 있는지를 잘 보여준다. 라합은 최하층
민이었다.

라합은 자신의 집에 들어온 낯선 두 사람을 보았다. 평소에 보던 뜨
내기들과는 뭔가 달라보였다. 라합이 그들이 누구인지 파악하기도 전
에 밖에서 소란스러운 소리가 들려왔다. 창밖을 내다보니 여리고 왕이
보낸 심복들이었다. 여리고 왕의 부하들이 집안에 들이닥치기 전에 라
합은 낯선 두 정탐꾼을 숨겼다. 부하들은 가쁜 숨을 내쉬며 라합을 몰
아세웠다. 부하들의 입에서 라합이 궁금했던 그들의 정체가 드러났다.

> "여리고 왕이 라합에게 사람을 보내어 이르되 네게로 와서 네 집에

들어간 그 사람들을 끌어내라. 그들은 이 온 땅을 정탐하러 왔느니라"(수 2:3).

라합은 모른 체하면서 그들이 방금 성문 밖으로 나갔으니 지금이라도 따라가면 잡을 수 있을 거라고 둘러댔다. 오랫동안 사람들을 거쳐 왔던 노련한 여인의 말이었다. 부하들은 서둘러 성벽의 라합 집에서 내려가고 라합은 그들이 사라진 것을 거듭 확인한 후에야 숨은 정탐꾼들을 나오게 했다.

우리는 여기에서 여리고성이 얼마나 최첨단의 사회인지를 엿볼 수 있다. 그들은 정탐꾼들이 요단강을 건너 여리고성 라합의 집에 들어간 것을 이미 알고 있었다. 라합이 그들의 신분을 파악하기도 전에 여리고 왕은 자기가 앉아 있는 자리에서 성에 오고 가는 사람들의 정체를 훤히 꿰뚫고 있었다. 여리고성의 문은 일정한 시간이 되면 열리고 닫혔다. 성문을 지키는 문지기들과 그곳에 사는 사람들이 입에서 입으로 순식간에 정확한 정보를 여리고 왕에게 보냈다. 빛보다 빠른 정보와 최고의 과학이 만나는 곳이 여리고성이었다.

그 성에서 닳고 닳은 라합은 왕의 부하들을 거짓말로 따돌렸다. 만약 의심을 받아 집이라도 뒤지는 날엔 라합은 큰 곤경에 빠질 수도 있었다. 처음 보는 두 명의 정탐꾼의 정체도 모르면서 일생일대의 모험을 벌인 것이다. 그런데 라합은 왜 그렇게 무모한 행동을 한 것일까?

"그리고 나의 부모와 나의 남녀 형제와 그들에게 속한 모든 사람을 살려주어 우리 목숨을 죽음에서 건져내라"(수 2:13).

라합은 정탐꾼에게 자신과 부모 형제의 목숨을 부탁했다. 라합은 그의 부모와 일가친척을 책임져야 하는 위치였다. 그런데 어떻게 처음 보는 사람들에게 자신의 운명을 맡기는 제안을 할 수 있었을까? 정탐꾼들의 귀를 의심할 만한 이야기가 라합의 입에서 나왔다.

"말하되 여호와께서 이 땅을 너희에게 주신 줄을 내가 아노라. 우리가 너희를 심히 두려워하고 이 땅 주민들이 다 너희 앞에서 간담이 녹나니 이는 너희가 애굽에서 나올 때에 여호와께서 너희 앞에서 홍해 물을 마르게 하신 일과 너희가 요단 저쪽에 있는 아모리 사람의 두 왕 시혼과 옥에게 행한 일 곧 그들을 전멸시킨 일을 우리가 들었음이니라. 우리가 듣자 곧 마음이 녹았고 너희로 말미암아 사람이 정신을 잃었나니 너희의 하나님 여호와는 위로는 하늘에서도 아래로는 땅에서도 하나님이시니라"(수 2:9-11).

정탐꾼들은 부모세대로부터 전해들은 이야기를 처음 만난 기생의 입을 통해 들을 줄은 몰랐다. 이집트를 탈출해서 나온 이야기의 최정점은 홍해를 건넌 일이었다. 광야에서 태어났기에 그들 부모로부터 전해들었을 뿐이지만 생생하게 전달되던 홍해의 기적 이야기가 지금 낯선 여인의 목소리를 통해 들렸다. 라합은 어디에선가 그 전말을 들었다. 사십 년의 세월이 흘러 이스라엘의 광야세대가 가나안 땅 근처에 이르러 시혼과 옥이라는 막강한 실력자들을 물리친 것은 얼마 전이었다. 라합은 그 사실도 정확히 알고 있었다. 라합은 이스라엘의 출애굽부터 시작하여 최근 가나안 가까이에서 있었던 일들까지 모두 다 알고 있었다.

그리고 그 모든 일의 중심에는 하나님이 계시다는 사실도 분명히 알고 있었다. 그렇기에 이제 가나안 땅을 차지하는 일은 시간문제이며, 그들이 여리고성에 온 이상 이 성도 금방 이스라엘이 차지하게 될 것은 불을 보듯 명확한 일이었다. 그런 상황이다 보니 라합은 자신과 가족들을 살리고자 목숨 걸고 정탐꾼들을 숨겨준 것이었다.

정탐꾼들은 가나안의 위치와 적군의 수, 여리고성의 크기, 거리, 위치, 입지, 지역 등에 대해서 알아보려 왔다가 그것보다 훨씬 더 중요한 소득을 올렸다. 라합의 이야기는 출애굽의 시작과 끝을 말하고 있지만 그 속에 구름 기둥과 불기둥, 반석에서의 물, 만나와 메추라기, 적들에 대한 섬멸 등의 이야기들이 은연중에 숨겨져 있었다. 그리고 그것이 단지 먼 곳에서 일어난 일이 아니라 여리고성을 향한 하나님의 진군이었다는 것, 이제 여리고성 차례라는 것을 분명히 보여주었다.

라합은 가나안의 대표가 아니었다. 여리고의 왕도 아니었다. 그러나 라합은 두 정탐꾼을 상대하면서 이스라엘 전체를 대표해서 만나는 것과 같은 태도를 갖추었다. 그리고 정탐꾼은 오직 라합과 만난 이야기만 가지고 여호수아에게로 돌아왔다. 더 이상 첩보는 필요 없었다.

여리고성은 대단히 빠른 정보가 있는 땅이었다. 여리고의 왕은 그 정보를 가지고 손쉽게 사람들을 움직이며 그 지역을 장악하고 있었다. 430년 동안 이집트에서 영욕의 삶을 거쳤던 이스라엘 백성들로서는 여리고성이 만만한 상대가 아니었다. 그곳은 가나안과 타 지역의 접경 지역이므로 군사적, 방어적으로 더 철저하게 무장된 곳이었다. 여리고성 자체가 이중구조의 성벽이라 적을 완벽하게 방어하고 있었다. 그런 자신감으로 인해 여리고성에는 많은 사람이 자유롭게 드나들었다. 언제든 수상한 사람들은 쉽게 잡혔다. 겨우 두 사람이 왔다 하더라도 그들의 위치를 알아챌 수 있는 체계가 있었다.

여리고 왕은 이 모든 정보를 취합하여 정확한 시간(오늘 밤)에 정확한 장소(여리고성)에 정확한 대상(라합)을 끄집어내어 그들에게 무장한 부하들을 보냈다. 그러나 라합이라는 가난하고 비천한 여인의 믿음에 비하면 그 모든 것은 아무것도 아니었다. 여리고 왕의 부하들은 라합의 말을 듣고 성 밖으로 나갔다가 성문이 닫히면서 영원히 정탐꾼들을 놓치게 되었다. 여리고 왕은 앉아서 당할 뿐이었다. 이것이 최첨단 정보와 물리적인 군사력을 뛰어넘는 믿음의 힘이었다. 정탐꾼들은 라합의 말을 믿고 약속했다.

> "우리가 이 땅에 들어올 때에 우리를 달아 내린 창문에 이 붉은 줄을 매고 네 부모와 형제와 네 아버지의 가족을 다 네 집에 모으라"
> (수 2:18).

> "여호수아가 그 땅을 정탐한 두 사람에게 이르되 그 기생의 집에 들어가서 너희가 그 여인에게 맹세한 대로 그와 그에게 속한 모든 것을 이끌어 내라 하매 정탐한 젊은이들이 들어가서 라합과 그의 부모와 그의 형제와 그에게 속한 모든 것을 이끌어 내고 또 그의 친족도 다 이끌어 내어 그들을 이스라엘의 진영 밖에 두고 무리가 그 성과 그 가운데에 있는 모든 것을 불로 사르고 은금과 동철 기구는 여호와의 집 곳간에 두었더라. 여호수아가 기생 라합과 그의 아버지

의 가족과 그에게 속한 모든 것을 살렸으므로 그가 오늘까지 이스라엘 중에 거주하였으니 이는 여호수아가 여리고를 정탐하려고 보낸 사자들을 숨겼음이었더라"(수 6:22-25).

여호수아와 이스라엘 백성들은 요단강을 건너고 할례를 받은 후에 첫 번째 관문인 여리고성을 만났다. 이스라엘 백성들이 가나안의 여러 지역을 차지할 때마다 그 방식이 여러 가지인데, 첫 번째는 완전히 전멸하는 방식이었다(수 6:18). 그 지역을 하나님께 바친 것이라 여기고 물건이나 사람에게 손을 대지 않고 전멸시키는 것인데, '전멸'이라는 단어는 히브리어로 '하렘'이라고 '저주를 받았다'는 의미가 있다. 하렘, 즉 저주를 받은 지역은 사람이든 물건이든 모든 것을 다 없애야 했다. 두 번째는 사람은 죽이고 물건은 전리품으로 차지하는 방식인데, 이것은 아이성을 점령할 때 썼던 유형이었다(수 8:2). 세 번째는 사람과 물건을 모두 살리는 방식이다. 이 방식으로 기브온 거민들은 여호수아와 화친을 맺고 자발적으로 그들의 종이 되었다. 그렇게 되면 그들 목숨과 재산은 모두 이스라엘의 소유가 된다(수 9:26). 여리고는 그중에서 첫 번째, 다 없애는 방식이었다.

이스라엘은 여리고성을 점령하고 그 모든 것을 다 죽여야 했다. 아무리 좋은 것이어도 없애야 했는데 아간이 물건을 훔쳤다가 자신과 가족이 그 대가를 치러서 죽어야 했다. 전멸하는 방식은 매우 엄격한 방식이었다. 그런데 유일하게 라합과 가족들은 살아남았다. 두 점탕꾼과의 약속 때문이었다. 라합과 그의 가족은 붉은 줄이 내걸린 창문 아래에 숨어서 구조의 손길을 기다렸고, 정탐꾼들은 라합과 그 가족을 구해냈다. 라합은 처음부터 신뢰와 믿음을 바탕으로 정탐꾼들을 선대했고, 정탐꾼들 역시 그러한 라합에 대한 약속과 신의를 지켜주었다.

라합이 정탐꾼들을 선대하고 믿음을 주었다는 것은 거꾸로 말하면 자기 민족에게는 불신과 배반을 주었다는 뜻이다. 그렇다면 우리는 라합의 배신과 거짓말을 어떻게 보아야 할까? 첫째, 거짓말은 무조건 나쁘다고 생각할 수 있다. 굳이 라합이 거짓말을 하지 않았어도 하나님은 정탐꾼을 살려주셨을 것이고, 라합의 가족을 보호하셨을 것이다. 둘째, 악한 세상 속에서 선한 가치를 지키기 위해 일정한 거짓말은 용납된다고 생각할 수 있다. 여리고의 가치와 이스라엘의 가치가 충돌할 때에 보다 우선되는 가치가 있는데, 그것을 위해서는 거짓말도 용인될 수 있다. 과연 어떤 것이 맞을까? 성경이 라합에 대해서 어떻게 판단하고 있는지를 살펴볼 필요가 있다.

"믿음으로 기생 라합은 정탐꾼을 평안히 영접하였으므로 순종하지 아니한 자와 함께 멸망하지 아니하였도다"(히 11:31).

"또 이와 같이 기생 라합이 사자들을 접대하여 다른 길로 나가게 할 때에 행함으로 의롭다 하심을 받은 것이 아니냐"(약 2:25).

히브리서 기자는 라합이 한 일을 믿음의 일이라 높이 평가하고, 야고보 기자는 행함을 강조하는 성경답게 라합이 정탐꾼을 살리고, 여리고 왕의 부하들을 엉뚱한 길로 유도했던 일이 의로운 일이라고 해석한다. 라합이 거짓말을 했느냐 안 했느냐가 중요한 것이 아니라 그녀가 행한 일 자체의 중요성을 높이 평가하고 있는 것이다. 라합이 거짓말을 하고 자기 민족을 배반하면서도 끝내 정탐꾼들의 편이 되었던 이유를 그녀의 입을 통해 다시 한번 확인해보자.

> "이는 너희가 애굽에서 나올 때에 여호와께서 너희 앞에서 홍해 물을 마르게 하신 일과 너희가 요단 저쪽에 있는 아모리 사람의 두 왕 시혼과 옥에게 행한 일 곧 그들을 전멸시킨 일을 우리가 들었음이니라"(수 2:10).

라합은 여호와께서 하신 대표적인 일을 두 가지 말하는데, 하나는 홍해 물을 마르게 하신 일, 또 하나는 아모리 두 왕 시혼과 옥에게 행한 일이었다. 그런데 가만히 보면 그 두 가지 사건 속에서 강자와 약자는 분명히 나뉜다. 홍해와 관련된 사건에는 이집트라는 세계 최대의 강자가 있었다. 아모리 두 왕인 시혼과 옥은 요단 동편의 최강자였다. 특히 옥은 키가 커서 아홉 규빗(대략 4미터가 넘는다)의 철로 만든 침대를 애용하던 사람이었다. 그런 강자가 노예 출신의 이스라엘에게 철저하게 유린당했다.

그런데 라합은 왜 하필 이 두 가지 사건을 말한 것일까? 라합은 강자와 약자 사이에서 약자를 보호하시는 하나님에 대해서 주목했다. 그래서 그런 하나님이라면 최하층민인 자신의 인생도 걸 만한 분이라고 생각했다. 그녀의 믿음대로 여리고성이 완전히 무너지는 가운데 성벽 꼭대기에 위태롭게 놓여 있던 그의 집은 붕괴되지 않았고, 가족들은 모두 무사히 구출되었다. 그리고 라합의 가족은 더 이상 이방인이 아닌 이스라엘 백성으로 편입되어 같은 민족의 대접을 받게 되었다.

라합은 유다의 6대손인 살몬과 결혼을 했다. 라합의 남편이 살몬이라고 증언하고 있는 것은 마태복음 1장의 족보이다. 마태복음은 여호수아서에서 드러나지 않는 라합의 남편 이름을 드러내는데, 살몬이 라합의 남편임을 분명히 밝히고 있다.

"살몬은 라합에게서 보아스를 낳고, 보아스는 룻에게서 오벳을 낳고, 오벳은 이새를 낳고"(마 1:5).

성경은 살몬이 어떤 인물이고, 어떤 역할을 했는지 드러내지 않고, 다만 유다의 6대손이라는 사실만 보여준다. 그런데 그 살몬의 아내가 라합이라고 밝힘으로써 살몬에게 입체성이 부가된다. 살몬은 유구하게 이어져오는 이스라엘 지파의 장자임에도 라합이라는 이방 여인을 택함으로써 메시아의 계보에 색깔을 드리웠다. 만약 살몬이 여리고성을 정탐했던 두 명 중에 하나였다면 이들의 이야기는 보다 더 특별한 로맨스를 담을 수 있었겠지만 아쉽게도 그런 설명은 성경에 없다. 살몬은 메시아 계보의 흐름 속에서 자칫 흐릿하고 맥없이 이름만 나열되는 족보에 라합이라는 여인을 아내로 맞이함으로써 그 의미를 더 강하고 입체적으로 만들었다.

라합이 자신과 가족을 살리기 위해 나라를 팔아먹었다는 비난을 할 수도 있다. 가나안의 입장에서는 충분히 폄하할 수 있다. 만약 여리고가 이겼다면 라합은 배신자로 능멸을 당했을 것이다. 그러나 라합은 가나안에서도 최하층이었다. 라합은 여리고 왕을 상대해서 당당하게 자신의 소신을 밝혔다. 여리고 왕의 부하들에게 "누군가가 왔으나 정탐꾼인지 나야 알바가 없고 지금이라도 따라 잡으러 가시든지"라고 태연하게 말했다. 그 정도로 독립적이고 독자적인 당당함을 지닌 여인이었다. 부모 형제를 살리고, 집안을 일으키기 위한 것일 수도 있고, 단지 먹고살기 위한 일일 수도 있으나 남자들도 버티기 힘든 생존의 생활전선에서 홀로 최전선에 서 있는 전사 같은 여인이었다. 라합은 모든 사건을 능동적으로 처리했다. 심지어 정탐꾼으로 왔던 두 사람도 라합에게 이끌려갔다. 부하들이 성 밖으로 나간 후에 정탐꾼들의 목숨은 온전히 라합의 손 안에 있었다.

라합은 나라와 민족의 개념이 아직 덜한 상황에서 논리적이고 합리적인 선택을 했다. 당시 가나안은 여러 민족들의 느슨한 연합체였다. 그들을 하나로 묶는 특별한 이론이나 민족의식은 없었다. 가나안 땅에 사는 가나안 족속들은 헷, 아모리, 브리스, 여부스, 히위, 가나안, 기르가스였으나(수 3:10), 그 민족들만 있는 것이 아니라 비셈족계 종족들과 인도-아리안계 종족들인 후리족도 있었고, 그 외에도 에돔 족속이나 기브온, 세겜 등이 혼재되어 있었다(존 브라이트, 「이스라엘 역사」, 크리스찬 다이제스트, 1993, p.151). 그렇기에 가나안이라는 곳을 한 나라로 볼 수 없다. 당시 정세를 하나로 묶을 수도 없다. 동일한 땅에 하나의 문화권이라고 굳이 말할 수 있겠으나 정치적으로는 어떤 동일성도 없었다. 규모가 큰 국가는 하나도 없었고 이집트와 같은 강대국에 의해서 착취를 받는 것이 가나안 땅의 현실이었다(위의 책, p.154). 그러므로 라합은 자기 나라와 민족을 배신한 것이 아니었다. 처음부터 라합은 가나안이나 여리고에 속한 것이 아니었다. 그녀는 자유인이었다. 라합이 이스라엘을 선택한 것이었다. 라합의 판단으로 보건데 여리고가 망하는 것은 시간문제였다. 이미 라합은 모든 정보를 취합하고 있었다.

가나안의 최하층민으로서 라합은 똑같이 가난하고 희망 없는 노예였던 이스라엘을 일으키고 인도하신 하나님을 보았다. 비록 그녀는 힘없는 창녀이자 여관 주인에 불과했지만 이스라엘과 연합하여 변혁과 혁신의 기회를 붙잡았다. 이집트의 노예였던 히브리인들에게 베풀어주신 은혜에 대한 소문만으로도 라합은 얼마든지 선택할 수 있었다. 이스라엘은 무너진 여리고성에서 붉은 줄이 매달려 있는 라합의 집을 보호했다. 정탐꾼들은 라합과 그 가족을 살려주는 은혜를 베풀었다.

그러나 실제로는 그렇지 않았다. 오히려 이스라엘은 이 여인에게 빚을 졌다. 라합이라는 지혜로운 여인으로부터 엄청난 혜택을 받았다. 라합이야말로 정탐꾼들을 살려주었고, 가나안 땅의 전반적인 상황과 정보를 안겨줌으로써 이후에 여호수아가 엄청난 기세로 가나안 땅을 점령할 수 있는 그 시발점이 되어주었다. 그리고 하나님이 살아계심을 보여주었다. 저주와 멸시 속에 살던 라합은 똑같은 상황 속에 있던 이스라엘을 대변하는 인물이었다. 이스라엘 민족이야말로 라합에게 고마워해야 했으며, 그녀가 메시아의 족보에 오른 것은 어찌 보면 조금도 이상할 게 없는 당연한 일이었다.

그녀는 예뻤다

라합 덕분에 가나안 땅의 첫 번째 관문인 여리고를 통과한 이스라엘 백성들, 이후 그들의 가나안 점령과정은 파죽지세였다. 하나를 점령하면 뒤이어 또 다른 하나도 점령하고, 서로, 남으로, 북으로 다양한 방향으로 가나안을 정복해 나갔다. 이스라엘의 가나안 점령방식은 이러했다. 우선 중요한 지역을 선점하고 나중에 각 지파들이 제비를 뽑아 그들이 차지할 지역을 선택하게 했다. 그 후 할당된 지역은 선택된 지파가 직접 점령하면 되었다. 여호수아는 중요지역을 점유한 후에 각 지파에게 제비뽑기로 지역을 분배하는 데까지 성공했다. 그런데 여호수아가 죽은 뒤 이스라엘 지파들은 유다 지파를 제외하고 가나안 땅을 점거하는데 계속 실패하고 말았다.

"이스라엘이 강성한 후에야 가나안 족속에게 노역을 시켰고 다 쫓아
내지 아니하였더라"(삿 1:28).

다 쫓아내지 않았던 이유가 무엇일까? 가나안 원주민들에게는 땅
에 대한 선지식이 있었다. 이스라엘은 그들을 쫓아내지 못하기도 했지
만 일부러 쫓아내지 않기도 했다. 땅을 개간하고 농사를 지으려면 가나
안 사람들의 지식이 필요했다. 이스라엘은 타협의 길을 갔다. 가나안의
모든 농경지식은 종교적인 제의나 우상 숭배와 연결되었기에 이스라
엘은 자연스럽게 농경지식과 더불어 가나안의 신들도 받아들였다. 하
나님을 향한 믿음을 제외하면 아무것도 아닌 이스라엘은 우상을 받아
들이기 무섭게 가나안 족속들에게 노예취급을 받았다. 기껏 일궈놓은
농산품들을 강탈당하거나, 가나안의 종이 되는 수치를 당했다. 그때마
다 마치 구원자처럼 그들을 이끌어간 사람들이 있으니 바로 사사들이
었다. 옷니엘, 에훗, 삼갈, 드보라, 기드온, 입다, 삼손 등 사사들이 각
지역을 장악하면 다시 자유를 누리다가 사사들이 죽으면 다시 노예생
활을 반복했던 것이 사사시대였다. 바로 그 사사시대 말엽에 이스라엘
이 살던 지역, 특히 베들레헴에 가뭄이 찾아왔다.

"사사들이 치리하던 때에 그 땅에 흉년이 드니라. 유다 베들레헴에
한 사람이 그의 아내와 두 아들을 데리고 모압 지방에 가서 거류하
였는데"(룻 1:1).

베들레헴은 '벳트'(집)와 '레헴'(떡, 빵, 음식)이 합쳐진 말로 빵집

이 많았고 먹을 것이 풍부한 곳이었다. 그러나 흉년이 들자 제빵을 할 곡식이 모자랐다. 그 지역의 유지로 살고 있던 엘리멜렉은 아내 나오미, 두 아들 말론과 기룐을 데리고 모압 지역으로 이주했다. 거기에서 흉년을 피해 볼 참이었다. 장성한 아들들은 모압인 이방 여자들과 결혼하게 되었다. 안타깝게도 얼마 못 가서 엘리멜렉 자신과 아들 둘이 차례로 세상을 뜨게 되고, 나오미와 두 며느리만 처량히 남게 되었다. 그렇게 십 년이란 세월이 훌쩍 지났다.

> "말론과 기룐 두 사람이 다 죽고 그 여인은 두 아들과 남편의 뒤에
> 남았더라"(룻 1:5).

엘리멜렉 집안이 망한 것은 이스라엘과 그 양상이 비슷했다. 엘리멜렉은 '엘'(하나님)과 '멜렉'(왕)이 합쳐진 이름으로 '나의 하나님은 왕이시다'는 뜻이다. 그러나 엘리멜렉은 상황과 형편에 더 기대다가 망했다. 마치 이스라엘이 하나님을 왕이라고 하면서도 눈에 보이는 왕을 요구했던 것처럼 엘리멜렉은 하나님이 왕이시라는 이름과는 다른 인간적인 계산으로 살았다. 그 결과 엘리멜렉의 노력에도 본인도 죽고 아들들도 다 죽는 비극을 겪었다. 이는 하나님을 안 믿었기 때문에 저주를 받았다는 의미가 아니라 본인과 자식이 죽는 몰락이 자신의 이름과는 반대되는 삶에서 기인했기 때문에 더욱 비극적이었다. 그러나 다행히 하나의 불씨가 남아 있었다.

남편과 두 아들을 잃은 시어머니 나오미가 비통한 심정으로 며느리들에게 재가를 허락할 때 기다렸다는 듯이 자기 집으로 돌아간 며느리

오르바와 달리 룻은 끝까지 나오미를 좇았다. 나오미가 자신은 더 이상 해줄 것이 없음을 밝혔어도 룻이 대답하는 것을 보라. "어머니께서 가시는 곳에 나도 가고 어머니께서 머무시는 곳에서 나도 머물겠나이다. 어머니의 백성이 나의 백성이 되고 어머니의 하나님이 나의 하나님이 되시리니"(룻 1:16). 며느리 오르바가 떠난 것은 시어머니와 헤어지는 것만이 아니었다. 그것은 이스라엘 민족의 정체성을 떠난 것이었고, 하나님을 떠난 것이었고, 신앙을 떠난 것이었다. 오르바는 영적으로 전혀 다른 세계의 사람으로 돌아가 버렸다. 그런데 룻은 끝까지 나오미를 따라 가겠다고 말했다. 그것은 그 집안에 붙어 있겠다는 정도가 아니라 민족과 백성과 하나님과 신앙의 세계 속으로 들어가겠다는 의미였다. 엘리멜렉과 나오미, 그리고 죽은 룻의 남편은 은연중에 하나님에 대한 믿음을 알려주었고, 그것이 위기의 순간에 반짝이는 빛처럼 룻의 말 속에서 반사되었다. "어머니의 하나님이 내 하나님이십니다!"

이야기를 더 진행하기 전에 우리가 알아야 할 것이 있다. 그것은 이미 유다와 그의 며느리 다말의 이야기에서 밝혔듯이 큰아들이 죽으면 그다음 아들을 통해 자식을 낳고 그 자식을 통해 재산을 분할 받을 수 있는 형사취수제도(兄死娶嫂制度, levirate marriage)에 대한 것이다. 나오미가 며느리들을 보낼 때 그 근거로 자신에게는 아들들이 다 죽었고, 이미 늙어서 다시 자식을 낳을 수도 없으며, 만약 재혼을 해서 아들을 낳는다고 해도 그 아이들과 결혼을 하려면 세월이 많이 필요하다고 말했다. 따라서 너희 며느리들은 새로 시집을 가는 것이 낫겠다는 현실적인 조언이었다. 아무리 형사취수제가 있어도 소용없다는 뜻이었다. 룻이 시어머니를 따라가면 다시 결혼할 가능성도 없거니와 죽은 남편을 대신할 형제도 없는 상황이었다. 그럼에도 룻이 시어머니를 따라갈 수 있었던 것은 인간적인 타산이 아닌 신앙적인 결단이었다.

　나오미가 며느리를 데리고 고향 땅인 베들레헴으로 돌아오니 떠날 때와 달리 마을의 분위기는 활기를 띠고 있었다. 곡식들이 영글기 시작했는데 가뭄이 완전히 해갈이 되었는지 실한 곡식들이 들판에 널려 있었다. 보리를 추수하는 시기는 3월 말부터 4월까지였다. 그들이 고향 베들레헴에 도착했을 때 들판에는 보리 수확이 한창이었다. 룻은 아무 밭에나 가서 이삭을 주우려고 했다. "네가 밭에서 곡식을 벨 때에 그 한 뭇을 밭에 잊어버렸거든 다시 가서 가져오지 말고 나그네와 고아와 과부를 위하여 남겨두라. 그리하면 네 하나님 여호와께서 네 손으로 하는 모든 일에 복을 내리시리라"(신 24:19). 구약의 설명에 의하면 과부는 당시 보호받아야 할 약자이기에 떨어진 곡식을 주워갈 수 있는 권리가 있었다. 룻은 과부로서 아무 밭에나 들어가 떨어진 이삭을 주울 수 있었다. 그런데 하필이면 그 밭의 주인이 보아스였다. 보아스는 낯선 여인이 자기 밭에서 낟알을 줍는 것을 보고 일꾼에게 물었다. 저 여인은 누구인가?

　"베는 자를 거느린 사환이 대답하여 이르되 이는 나오미와 함께 모압 지방에서 돌아온 모압 소녀인데 그의 말이 나로 베는 자를 따라 단 사이에서 이삭을 줍게 하소서 하였고 아침부터 와서는 잠시 집에서 쉰 외에 지금까지 계속하는 중이니이다"(룻 2:6-7).

　이 말 속에는 이 여인이 이방인 여자라는 것, 몰락한 집안의 며느리라는 것, 그리고 가난하다는 정보가 포함되어 있었다. 어떤 것도 보아스의 호감을 살만한 것이 없었다. 호기심이 강한 사춘기 소년이면 몰라도 그녀의 배경이나 상황은 바쁜 농사일에 귀찮고 성가시게 만드는 존재에 다름없었다. 열심히 일하고 있는 일꾼들을 따라 낟알을 줍다보면 일에 방해도 되고 성한 곡식들을 밟을 수도 있었다. 그런데 보아스는 룻을 좋게 보았다. 아침부터 지금까지 잠시 쉰 것을 빼고는 부지런히 일하고 있다는 것과 홀로 된 시어머니를 봉양한다는 것이 마음에 들었다. 룻은 보아스에게 잘 보이려고 그 밭에 간 것이 아니었다. 밭의 주인이 누구인지도 몰랐다. "룻이 가서 베는 자를 따라 밭에서 이삭을 줍는데 우연히 엘리멜렉의 친족 보아스에게 속한 밭에 이르렀더라"(룻 2:3). 만약 그 밭이 아니었어도 룻은 똑같이 성실하고 부지런하게 일했을 것이다. 룻에게는 절박한 상황이었고 룻은 성실한 성품의 사람이었다.

보아스의 호의는 계속되었다. 일하는 사람들이 치근대지 못하도록 주의를 주고, 룻에게 다른 밭에 가지 말 것과 목마를 때 일꾼들을 위한 물을 마셔도 된다고 말했다. 점심식사 시간에는 수확하는 사람들과 함께 빵도 먹게 해주고, 일꾼들에게는 일부러 룻 앞에서 곡식들을 떨어뜨려 놓으라고까지 해놓았다. 룻은 온종일 밭에서 이삭을 주워다가 집으로 가져갔다. 그때 그녀가 가져간 이삭의 무게가 한 에바였다. 그것은 지금으로 치면 22L로 두툼한 등산용 가방이 채워질 정도였다. 절대로 땅에 떨어진 것을 주워서만은 얻을 수 없는 수준의 양이었다. 많은 양의 곡식에 반색하던 시어머니 나오미는 가만히 보아스를 떠올려 보더니 이렇게 말했다.

"나오미가 자기 며느리에게 이르되 그가 여호와로부터 복 받기를 원하노라. 그가 살아 있는 자와 죽은 자에게 은혜 베풀기를 그치지 아니하도다 하고 나오미가 또 그에게 이르되 그 사람은 우리와 가까우니 우리 기업을 무를 자 중의 하나이니라 하니라"(룻 2:20).

"가만 있자. 보아스라. 많이 들어본 이름인데, 그렇구나. 우리 집과 친척 집안이다. 대대로 내려오는 우리 집안의 중요한 대소사에서 함께 본 적이 있었지. 우리 돌아가신 바깥양반하고도 가까운 분이야. 우리 이스라엘은 큰아들이 죽으면 둘째가 형수를 책임지지만 너도 알다시피 우리 집안에는 아들이 다 죽었잖니. 그런데 친척들을 통해 우리 가문에 내려오는 밭과 기업을 이어 받을 사람이 있는데 아마 보아스가 그 순서 안에 드는 것 같구나. 룻아, 앞으로도 계속해서 보아스 어르신의 밭에만 가거라." 나오미는 룻에게 그렇게 말했다. 룻은 시어머니의 말에 순종했다.

"이에 룻이 보아스의 소녀들에게 가까이 있어서 보리 추수와 밀 추수를 마치기까지 이삭을 주우며 그의 시어머니와 함께 거주하니라"(룻 2:23).

이 지역의 보리 추수기간은 양력으로 3월에 시작해서 4월이면 끝이 난다. 그리고 보리 추수가 끝나자마자 바로 밀 추수가 시작된다. 밀 추수는 짧게는 5월에서 길게는 6월경에 마치게 된다. 그러니까 룻은 3월부터 6월까지 무려 3개월 이상 보아스의 밭에서 곡식을 주웠다. 어쩌면

이 3개월 동안 1년 치의 양식을 구했을지도 모른다. 그렇게 시간이 흘러갈 때 나오미는 룻에게 이런 제안을 했다.

"룻아, 내 딸과 같은 룻아. 언제까지 나하고만 살 수 있겠니? 네가 앞으로 잘 지낼 안락한 가정이 필요한 것 같구나. 내가 그동안 생각을 해보니 보아스 어르신은 우리의 친족이고 우리의 기업을 물어줄 수 있는 분이더구나. 룻아, 내가 시키는 대로만 하려므나. 오늘 밤이 그동안 거둬들인 보리를 타작하는 축제의 날이란다. 틀림없이 보아스 어르신도 타작을 할 텐데, 그러면 집으로 들어가시지 않을게야. 너는 목욕을 하고 몸을 깨끗이 한 뒤, 가장 좋은 옷을 입고 그분의 타작마당으로 가거라. 모든 작업이 끝나고 어르신이 쉴 때까지 숨어 있다가 그분이 자리에 누우면 조용히 들어가서 그 이불 아래쪽으로 들어가 누워라. 그러면 어르신께서 다 알아서 해주실 게다."

룻은 나오미의 말에 대해 아무 대꾸도 하지 않았다. 그저, 네, 라고 대답할 뿐이었다. 깜깜한 밤중에 곤히 잠들어 있던 보아스는 발치에 무언가 툭 걷어채는 소리가 나서 잠에서 깼다. 낟알을 주워 먹으려고 산짐승이 내려왔나 싶어 이불을 펼쳤더니 뜻밖에 한 여인이 웅크려 누워 있었다. 보아스는 놀라 여인을 깨웠다. 누구인지를 묻자 룻이 대답한다. "나는 당신의 여종 룻이오니 당신의 옷자락을 펴 당신의 여종을 덮으소서. 이는 당신이 기업을 무를 자가 됨이니이다"(룻 3:9).

이런 순간이 닥칠 때 우리는 어떻게 해야 할까? 사위(四圍)는 깜깜하고 주변에는 인기척조차 없는데 평소 호감을 가졌던 한 이방 여인이 잠자리에 있다. 이미 깨끗한 옷을 갖춰 입었고 좋은 향기도 언뜻 스민다. 이럴 때 꽉 붙들어야 할 것은 이성이다. 룻은 기업을 무를 자, 라는 표현을 썼다. 보아스는 룻을 안심시켰다.

"당신이 수고하고 애쓴 것을 모르는 사람이 없소. 더욱이 가난한 시어머니를 따라 나선 것은 귀하디 귀한 마음씨요. 이제 두려워마시오. 당신이 말한 대로 내가 다 하겠소. 당신의 지혜로움과 고결함은 이 마을에 이미 정평이 나 있소. 그리고 당신 말대로 나는 당신을 책임질 수 있는 가문의 사람이오. 그러나 나보다 더 우선시 되는 사람이 있소. 그가 그 책임을 다 할 수 있으나 만일 그가 그것을 거부하면 반드시 내가 당신을 책임지겠소. 아직 밤이 깊으니 조금 더 누웠다가 사람들이 깨기 전에 움직이는 것이 좋을 것 같소. 그리고 옆에 있는 당신의 겉옷을 펴서 잡으시오. 여기 막 타작한 보리가 있소. 이것을 줄 터이니 시어머니께 가져다 드리고 내 말을 전하시오."

보아스는 넉넉하게 여섯 번이 넘치도록 보리를 겉옷에 담아주었다. 곧 해돋이가 시작될 어스름이었다. 룻은 인적이 없는 농가를 지나 집으로 돌아갔다. 밤새 뜬 눈이었던 나오미는 룻이 오는 기척에 자리를 박차고 일어났다. 룻은 겉옷이 터지도록 가득 찬 보리를 시어머니에게 내려놓으면서 보아스가 한 말을 전했다. 나오미는 말했다. "내 딸아 이 사건이 어떻게 될지 알기까지 앉아 있으라. 그 사람이 오늘 이 일을 성취하기 전에는 쉬지 아니하리라"(룻 3:18).

아침이 밝기 무섭게 보아스는 성문으로 올라갔다. 일이 잘되려고 그랬는지 마침 기업 무를 책임의 우선권이 있는 문중 사람이 막 성문을 지나는 참이었다. 보아스는 그를 성문 자리에 앉히고는 장로들 열 명을 불렀다. 성문은 많은 사람이 지나가는 곳이며, 원로와 장로들이 각종 재판과 민원을 해결하는 곳이었다. 이스라엘 백성들에게 토지는 지파

별로, 가문별로 상속할 수 있었다. 그들은 조금이라도 넓은 땅을 소유하고 싶었지만 이미 분배되어 있어 마음대로 넓힐 수가 없었다. 땅의 소유주가 자식 없이 죽는 경우에 가장 가까운 친척부터 그 땅을 매입할 수 있었는데 그때가 절호의 찬스였다. 죽은 엘리멜렉의 그 넓은 소유지는 남자들이 다 죽었으므로 가장 가까운 친척이 순서대로 소유할 기회가 되었다. 기업 무를 우선권이 있는 그에게 보아스는 물었다. "당신이 그 땅을 사겠소?" 누군들 거절할 수 있겠는가! 아침부터 좋은 소식에 눈이 크게 떠진 그는 말했다. "내가 그 땅을 사겠소." 이제 그의 땅은 이전보다 훨씬 넓혀지게 되었다.

기쁨을 감추지 못하는 그에게 보아스는 한마디를 덧붙였다. "그 땅을 산다면 그 땅의 소유자였던 미망인과 결혼도 해야 하오. 그것이 우리 이스라엘의 풍습이오." 그의 눈이 흔들렸다. 만약 미망인을 거둬들여 아들이 생기면 땅을 더 넓게 소유하는 게 아니라 새로 결혼한 여인에게 그 땅이 돌아갈 터였다. 그는 세차게 머리를 흔들더니 신고 있던 신을 벗었다. "마음은 그 땅을 사고 싶지만 포기해야겠소. 잘못하다가는 오히려 손해만 날 것 같소. 다음 순서인 당신이 책임을 지든지 하시오." 그는 장로들 앞에서 신발 한 짝을 벗어주고는 황망히 자리를 떠났다. 신발 한 짝을 벗어주는 것으로 땅에 대한 포기의 의향을 보여주는데 보아스는 그 신발을 장로들에게 들어 보이면서 말했다. "이제 다음 순위인 제가 그 땅을 사겠소!" 보아스는 아무 거리낌 없이 룻을 데리고 올 수 있게 되었다. 보아스 역시 계산을 해보면 손해가 나는 일이었다. 그러나 보아스는 이해득실을 헤아리지 않는 사람이었다. 보아스는 장로들과 마을 사람들 앞에서 이렇게 외쳤다.

"내가 엘리멜렉과 기룐과 말룐에게 있던 모든 것을 나오미의 손에서 산 일에 너희가 오늘 증인이 되었고 또 말룐의 아내 모압 여인 룻을 사서 나의 아내로 맞이하고 그 죽은 자의 기업을 그의 이름으로 세워 그의 이름이 그의 형제 중과 그 곳 성문에서 끊어지지 아니하게 함에 너희가 오늘 증인이 되었느니라"(룻 4:9-10).

열 명의 장로들은 판결을 내렸다. "당신이 룻을 선택했고 그 가문을 택해주었소. 이제 룻은 이스라엘이라는 집안과 민족을 일으킨 라헬과 레아, 두 사람의 몫을 해내기를 빕니다. 그리고 보아스는 베들레헴에서 세력을 떨치는 사람이 되십시오." 그들의 축복을 뒤로 보아스와 룻, 두 사람은 곧 혼인을 올렸다. 정식 부부가 되고 시간이 흐르자 두 사람 사이에서 자식이 생겼다. 소식을 들은 사람들은 순식간에 모여들었다. 모두들 자기 일처럼 기뻐하며 말했다. 축하를 받은 사람은 룻이 아니라 시어머니 나오미였다.

"여인들이 나오미에게 이르되 찬송할지로다. 여호와께서 오늘 네게 기업 무를 자가 없게 하지 아니하셨도다. 이 아이의 이름이 이스라엘 중에 유명하게 되기를 원하노라. 이는 네 생명의 회복자이며 네 노년의 봉양자라. 곧 너를 사랑하며 일곱 아들보다 귀한 네 며느리가 낳은 자로다 하니라"(룻 4:14-15).

며느리 룻은 낳은 아들을 어머니께 드렸다. 나오미는 늘그막에 아이를 안고 자기 아들처럼 키웠다. 아이의 이름은 '오벳'이라고 지었는데, 그것은 '오베드'(to work, serve 섬기다)라는 말에서 나왔다. 룻은 결혼을 하고 자식을 낳았음에도 계속해서 시어머니를 자기 어머니처럼 섬겼다. 동네 아낙네들이 지어준 아이의 이름을 통해 우리는 룻이 이후로도 얼마나 잘했는지를 알 수 있다. 그리고 오벳은 다윗 왕의 할아버지가 되었다.

그런데 여기서 인간적인 궁금증이 한 가지 생긴다. 보아스는 어떻게 그리도 쉽게 룻을 받아들였을까? 예뻤기 때문에? 마음씨가 훌륭해서? 그러나 이스라엘인들에게는 아주 오랫동안 축적되어온 피부색과 언어, 문화의 차이에 대한 배타의식이 있었다. 이방인에 대한 뿌리 깊은 배척정신이 있었다. 사람은 누구나 나와 다른 것을 받아들이기 힘들어한다. 미지에 대한 두려움, 모르는 사람에 대한 불안이 있다. 보아스가 룻을 받아들이는 것을 설명할 때 단지 예쁘다는 것만으로는 이해가 안 되는 부분이 있다. 더욱이 예쁘다는 것은 익숙하고 편안한 데서 온다. 보아스의 눈에 이방인 여자가 특이하고 뭔가 달라 보일 수는 있으나 예뻐 보이려면 차별과 배타성을 뛰어넘을 무엇인가가 필요하다.

이스라엘 민족에게 깊이 뿌리 내린 이방인에 대한 이질감은 때로는 적대감으로, 때로는 혐오감으로 변질되며 갈등의 요소가 되었다. 그렇다면 보아스의 눈에 룻이 예뻤을까? 그랬을 것이다. 아니, 확실히 예뻤다. 예뻤고 사랑스러웠고, 기꺼이 받아들일만 했다. 왜 그럴까? 보아스에게 룻은 익숙했기 때문이다.

그것을 확신할 수 있는 이유가 있다. 보아스가 뭔가 고상하고 남들보다 더 나은 인격의 사람이라고 생각하지 않는다. 보아스 자체가 어떤 사람이라도 다 받아들일 수 있는 넉넉한 마음의 소유자라고도 생각되지 않는다. 그러나 적어도 보아스에게는 남들과는 다른 배경이 있었다. 그것은 보아스의 어머니가 이방인이라는 사실이다. 보아스의 어머니가 누구인가? 바로 이방 여인 라합이다. 보아스는 태어날 때부터 다른 피부색, 다른 언어, 다른 문화를 사용하는 사람들과 익숙했다. 어머니와 외가식구들이 이방인이었기 때문이다. 그리고 그 이방 여자로부터 여호와 신앙과 이스라엘의 정체성을 배웠다. 그래서 보아스에게는 이방 여인 룻이 전혀 이질적으로 보이지 않았다. 보아스는 이방 여인과 대화하고 이방인과 삶을 나누는 것에 익숙했다. 보아스의 눈에는 라합이 예뻤다.

보아스는 어렸을 때부터 친구들로부터 놀림을 받았다. 너희 엄마는 왜 피부색이 다르냐. 너희 엄마의 눈동자 색은 이상하다. 너희 엄마는 이방 여자다. 너희 엄마는 창녀다. 친구들과 싸울 때 못된 친구들은 더 큰 상처를 주기 위해 그렇게 놀렸을 것이다. 보아스는 슬펐고 원망스러웠다. 왜 하필 나의 어머니가 이방 여자였던가? 한탄하고 불평했을 것이다. 그러나 보아스가 그런 어머니를 두었기 때문에 룻을 받아들이는 데 아무 거리낌이 없었다. 룻이 이방 여자라는 것도, 그가 과부라는 사실도 전혀 장애가 되지 않았다. 룻이 예쁘고 마음씨가 착해서가 아니었다. 이미 하나님은 보아스로 하여금 그의 어머니인 모계의 혈통으로부터 룻을 받아들이도록 준비시키셨고 토대를 만들어 놓으셨다. 그리하여 보아스를 통한 룻의 받아들여짐이 자연스럽고 완전해졌다. 그렇게 생겨난 그 부부에게 오벳이라는 아들이 태어났고, 그 손자가 다윗이라는 사실은 전혀 이상한 일이 아니었다. 그렇게 하나님의 계보는 계속 이어진다.

Chapter 19

이새 집안의 막내아들

롯기의 마지막은 이렇게 끝을 맺고 있다. "오벳은 이새를 낳고 이새
는 다윗을 낳았더라"(룻 4:22). 보아스와 룻의 아름다운 사랑 이야기는
다윗이라는 인물이 태어났다는 이야기로 마무리를 짓는다. 그래서 룻
의 모든 이야기가, 심지어 사사시대의 모든 이야기도 다윗이라는 한 인
물로 초점이 모아진다. 이제 성경은 다윗이란 인물을 보여줄 것이라 기
대하게 된다. 그러나 막상 사무엘상으로 들어가도 다윗은 등장하지 않
는다. 롯기의 결말이 다윗이라고 마무리해놓고 다윗은 사무엘상 16장
에 이르기까지 한동안 그림자도 보이지 않는다. 대신에 엘리 제사장과
그 가문의 이야기, 그리고 어두운 시대의 희망 사무엘 이야기와 이스라
엘 초대 왕 사울의 명멸이 그 자리를 채운다. 그러다가 16장에 가면 드
디어 다윗이 모습을 드러낸다. 다윗의 출현은 등장 자체부터가 매우 드

라마틱했다.

> "여호와께서 사무엘에게 이르시되 내가 이미 사울을 버려 이스라엘
> 왕이 되지 못하게 하였거늘 네가 그를 위하여 언제까지 슬퍼하겠느
> 냐. 너는 뿔에 기름을 채워 가지고 가라. 내가 너를 베들레헴 사람
> 이새에게로 보내리니 이는 내가 그의 아들 중에서 한 왕을 보았느
> 니라 하시는지라"(삼상 16:1).

끝도 없이 실망만 안겨주는 사울 왕, 연이은 실패와 불순종, 하나님
의 마음을 속이고자 하는 저급하고 얄팍한 꾀… 사울에게 손수 기름을
부어 왕을 세운 사무엘의 마음은 어지러웠다. 하나님은 그런 사무엘을
위로하면서 새로운 왕을 준비했노라고 말씀하셨다. 사무엘은 기름이
가득 채워진 뿔을 움켜쥐고 베들레헴으로 향했다. 하나님은 베들레헴
이새의 집으로 가라고 하시면서도 혹시 누가 물어보기라도 할까 봐 핑
계거리도 하나 주셨다. 제사를 지내러 왔노라고. 베들레헴의 유력한 인
사들은 제사를 드리러 왔다는 사무엘을 열렬히 환영해주었다. 하나님
은 그 제사 자리에 이새를 청하면 모든 것을 알게 될 거라고 하셨다. 그
때까지만 해도 성경에는 다윗이 등장하지 않는다. 다만 베들레헴이라
하면 룻이 그 시어머니 나오미를 모시고 돌아갔던 보아스의 고향인 것
만은 기억해두자.

사무엘은 한 시대를 대표하는 인물이었다. 종종 그런 사람들이 있
다. 비틀즈라든가, 마틴 루터 킹 주니어 목사라든가, 아인슈타인이라
든가 이름만 들어도 다 아는 유명한 사람. 사무엘이 바로 그런 사람이

었다. 이스라엘에서 사무엘은 전설적인 인물이었고 유명한 정치인이면서 동시에 종교인이었다. 이스라엘을 대표하는 사사시대의 마지막 인물이었다. 그가 가는 곳마다 사람들이 몰려들었고, 그가 하는 모든 일은 공적인 일이었다. 그런 인물이 베들레헴에 나타났다. 마을은 술렁거린다. 베들레헴의 모든 장로가 분주하게 사무엘을 맞이했다. 사무엘이 수행원들과 함께 베들레헴에서 제사를 드린다고 했다. 사무엘은 이새와 그의 아들들을 제사에 참여하도록 권유했다.

제사에 이새를 참석시키는 이유는 무엇일까? 또 그 아들들은 무슨 일로 부르는 것일까? 이새는 얌전한 어미 새처럼 영문도 모른 채 아들들을 데리고 사무엘 앞에 섰다. 사무엘은 경연대회를 심사하듯 아들 하나하나를 차례로 살폈다. 큰아들 엘리압이 등장하자 사무엘은 속으로 중얼거렸다. '과연 하나님께서는 새로운 왕을 준비시켰구나. 그의 키는 사울 못지않고, 그의 외모는 젊었을 적 사울을 넘어서는구나.' 흡족하게 여기며 기름 뿔을 잡는 그에게 하나님이 말씀하셨다. "그의 용모와 키를 보지 말라. 내가 이미 그를 버렸노라. 내가 보는 것은 사람과 같지 아니하니 사람은 외모를 보거니와 나 여호와는 중심을 보느니라"(삼상 16:7).

사무엘은 적잖이 실망했으나 차남 아비나답과 삼남 삼마가 차례로 앞에 섰을 때만 해도 희망은 사라지지 않았다. 그러나 하나님은 계속해서 고개를 저으셨고, 그것은 이새의 일곱 아들이 다 지나도록 계속되었다. 더 이상 앞에 서는 아들이 없었다. 기대가 좌절되자 사무엘은 이새에게 물었다. "다른 아들은 없는가?" 잔뜩 주눅 든 이새는 말했다. "막내가 하나 남아 있기는 하나 지금 양을 지키고 있는데요." 사무엘은 막내가 올 때까지 식사를 하지 않겠다고 버텼다. 그렇게 얼마나 시간이 흘렀을까? 멀리서 우리의 주인공 다윗이 등장하는데, 그의 모습은 이렇게 묘사된다.

"그의 빛이 붉고 눈이 빼어나고 얼굴이 아름답더라. 여호와께서 이르시되 이가 그니 일어나 기름을 부으라 하시는지라"(삼상 16:12).

다윗은 첫 등장부터 사람들을 압도하는 게 있었다. 그는 햇빛에 그을려 홍안이었지만 그의 눈빛은 살아 있었고 전체적인 표정은 세련되고 훌륭했다. 다윗의 외모는 우선 '붉었다' (ruddy, 불그레한). 그리고 그의 눈빛과 용모에 대해서 성경은 '야파' (아름답다)와 '토브' (좋다)라는 단어를 썼다. 앞서 다른 아들들을 심사할 때 그 용모를 보지 말고 중심을 보라고 하셨는데, 다윗이 등장한 첫 모습에서 그의 빛나는 용모가 부각되어 보였다. 그러나 여기서 '용모'라는 단어의 표현이 앞에서와는 달랐다. 둘 다 '라아' (see, 보다)라는 말에서 나왔지만 7절의 용모는 '말라하'라고 해서 주로 부정적인 의미에 사용이 되었고(창 12:11, 신 28:34, 레 13:4), 12절의 용모는 '로이'라고 해서 보다 긍정적인 부분에서 발견이 된다(창 16:13). 다윗이 나타났을 때 그 자리에 있는 사람들, 특히 사무엘의 관점에서는 다윗의 겉모습이 두드러지게 보였을 것이다. 사람은 어쩔 수 없이 겉모습에 눈길이 갈 수밖에 없다. 그러나 다윗은 외모와 키만으로 뽑힌 것이 아니었다. 형제들과는 다른 점이 다윗에게 있었다. 어떤 것이 달랐을까?

"사무엘이 기름 뿔병을 가져다가 그의 형제 중에서 그에게 부었더니 이날 이후로 다윗이 여호와의 영에게 크게 감동되니라. 사무엘이 떠나서 라마로 가니라"(삼상 16:13).

다윗은 기름 부음을 받았다. 기름 부음을 받을 때에야 비로소 '다 윗'이라는 이름이 나왔다. 다윗이라는 이름은 히브리어로 '사랑을 받 다'(be loved)라는 의미였다. 솔로몬의 사랑의 시인 아가서에서 수없 이 많이 나오는 '사랑'이라는 단어에 쓰인 바로 그 단어이다. 사랑을 받는 다윗은 '하나님의 사랑에 힘입어서' 왕으로 세움을 받게 되었다. 다윗에게 여호와의 영이 크게 감동했다. 사무엘은 사울을 대신할 다윗 을 새로운 왕의 후보로 세운 뒤에야 안심을 하고는 고향으로 돌아갔다. 그런데 그렇게 사랑을 받는 다윗은 아버지에게 사랑을 받지 못한 존재 처럼 보인다. 왜 이새는 다윗을 양치는 일에 버려두었을까? 사무엘이 라는 당대 최고의 유명인사가 이새의 아들들을 찾는데 왜 다윗만 배제 되었을까? 더욱이 다윗은 막내이기에 모든 집안일이나 어려운 일들로 부터 면제받아야 마땅할 텐데, 양이나 지키는 천덕꾸러기 신세가 된 것 은 다윗이 사랑받지 못했다는 방증은 아닐까?

이새의 할아버지는 보아스였고 그때만 해도 그 가문은 유력한 집안 이었다. 룻과 결혼을 한 보아스는 오벳을 낳았다. 그리고 그 오벳을 이 어 이새가 태어났을 때는 그 집안의 생업에 변화가 생겼다. 여전히 베 들레헴에 살았으나 농사만이 아니라 양도 기르기 시작했다. 보아스 때 만 해도 보리와 밀 추수를 통해 종들을 먹여 살리고 가업을 이어가는 데 전혀 지장이 없었지만, 그 손자인 이새 때는 불어난 식솔들과 환경의 어려움으로 생업을 하나 더 늘려야했다. 농사로 손해를 볼 때에 목축업을 통해서 보전했다. 그러므로 양치는 일은 매우 중요한 일이었다.

이새는 여덟 명의 아들 중에서 가장 믿음직하고 가장 듬직한 아들로 다윗을 선택했다. 아무에게나 이 일을 맡길 수 없었는데 비록 막내이기는 하지만 가장 신뢰할 만하고, 가장 지혜로운 막내 다윗에게 양치는 일을 맡겼다. 이새는 다윗을 사랑하지 않은 것이 아니라 그 누구보다 더 인정했고, 다윗은 그 아버지의 믿음에 따라 양치는 일에 최선을 다했다. 사무엘이 왕을 뽑으러 왔다는 사실을 전혀 알지 못하는 이새의 입장에서는 양들을 내버려둘 수가 없었고, 막내이나 가장 책임감 있는 다윗에게 양치는 일을 맡기지 않을 수 없었다. 다윗은 먼저 아버지에게 사랑받았고, 가정에서 책임을 다했으며, 결국 하나님은 숨어 있던 다윗을 알고 사랑하셨다.

다윗이 기름 부음을 받았을 때, 한편 사울은 망가질 대로 망가진 모습이었다. 그에게 임했던 하나님의 영광은 떠났고, 악령이 그를 괴롭히기 시작했다. 왕궁 내에 용하다는 의사들이 진료를 해봐도 딱히 좋은 처방이 나오지 않았다. 그때 신하들이 "혹시 음악 연주를 들으면 머리가 좀 나아지지 않을까요?" 하면서 왕에게 연주자를 권했다.

"소년 중 한 사람이 대답하여 이르되 내가 베들레헴 사람 이새의 아들을 본즉 수금을 탈 줄 알고 용기와 무용과 구변이 있는 준수한 자라. 여호와께서 그와 함께 계시더이다 하더라"(삼상 16:18).

사울 왕은 전령을 보내어 다윗을 데려오게 하고, 이새는 다윗의 손에 포도주와 염소 새끼를 보내어 왕을 알현하게 했다. 다윗을 본 사울은 "그를 크게 사랑하여"(삼상 16:21) 자기 가까이에서 무기를 들고 심부름을 하는 자로 세웠다. 다윗은 이름처럼 어디서든 사랑받았다. 다윗은 사울이 정신적으로 괴로워할 때 수금을 연주했고, 그러면 사울은 또 금방 나았다. 그런데 여기에서 한 가지 생각해볼 것이 있다. 다윗이 수금을 잘 타는 사람이라는 사실이 궁정에까지 알려졌다는 사실이다. 다윗은 보통 인물이 아니었다. 다윗은 가업인 목축을 맡은 자로서 어려서부터 총명하고 믿음직하게 그 일을 감당했고, 또 한편으로는 유명한 악기연주자이기도 했다. 소년 다윗의 이름이 궁정에서 회자되고 추천될 정도라면 얼마나 잘했겠는가! 다윗은 책임감 있게 양을 잘 쳤고, 음악적인 재능으로도 유명했다. 다윗은 다재다능했다. 그는 왕궁을 들락거리면서도 집에 돌아가면 아버지의 양을 여전히 치고 있었다(삼상 17:15). 다윗의 직업은 목동과 수금연주자 이렇게 두 가지였다. 다윗은 그 모든 일을 잘 감당했다.

어느 날, 아버지가 다윗을 불러 전장에 나가 있는 형들을 위해 먹을거리를 갖다주라고 했다. 성경에는 전쟁에 나갈 연령으로 스무 살 이상을 요구했다(민 1:3). 너무 어리면 전쟁에 참가할 수 없는 게 율법이었다. 이새의 여덟 아들 중에서 위로 세 번째까지 군대에 갔다. 그러니까 네 번째부터는 적어도 스무 살 아래였고, 막내인 다윗은 많이 잡아도 열다섯 살이 되지 않는다는 말이 된다. 아버지는 어린 다윗을 전쟁터로 심부름을 보냈다. 이때 다윗이 가지고 간 물품들은 다음과 같았다.

"이새가 그의 아들 다윗에게 이르되 지금 네 형들을 위하여 이 볶은 곡식 한 에바와 이 떡 열 덩이를 가지고 진영으로 속히 가서 네 형들에게 주고 이 치즈 열 덩이를 가져다가 그들의 천부장에게 주고 네 형들의 안부를 살피고 증표를 가져오라"(삼상 17:17–18).

여기에서 곡식 한 에바란 룻이 온종일 보아스의 밭에서 일하고 받은 곡식의 양과 같았다. 지금으로 치면 22L로 두툼한 등산용 가방이 빵빵하게 채워질 정도였다. 다윗은 곡식 한 에바와 더불어 떡 열 덩이를 가져갔다. 레위기 24장 5절에 의하면 진설병의 떡 한 덩이가 십 분의 이 에바, 즉 4.4L였는데, 지금으로 치면 1.5L 콜라병을 세 개 합친 것이 떡 한 덩이였다. 그것을 열 개나 가져가야 했으니 44L에 해당되는 양이다. 이 곡식과 떡은 형들의 몫이고, 그 외에도 천부장에게 줄 것으로 치즈 열 덩이가 있었다. 이 치즈도 떡과 비슷한 크기의 부피라고 치면 그의 짐은 두 배로 늘어난다.

다윗은 베들레헴에서 형들이 있는 곳에 가야했는데, 당시 이스라엘은 블레셋과 전쟁 중이었다. 그 유명한 골리앗은 소고와 아세가 사이의 에베스담밈에 진을 쳤고, 사울은 엘라 골짜기에 전열을 벌였다. 그러니까 다윗은 엘라 골짜기까지 가야했다. 엘라 골짜기는 예루살렘에서 서남쪽으로 25km 지점에 있었다. 베들레헴에서 예루살렘까지는 20km 정도 되니까 다 합쳐서 약 45km 이상을 곡식과 떡 열 덩이와 치즈 열 덩이의 짐을 나귀에 싣고 가야했다. 열다섯 살에 해당되는 이 작은 소년이 가져가야 할 양으로는 너무 많았고, 가야할 거리로는 너무 멀었다. 그렇다면 왜 하필 이새는 다른 아들들을 시키지 않고 막내 다윗에게 이 부담스러운 일을 맡겼을까? 다른 형제들과 달리 다윗은 아버지로부터 신뢰를 받았기 때문이었다. 다윗은 야무지게 양을 쳤고, 수금을 탈 줄 알며, 얼마든지 심부름을 할 수 있을 믿을 만한 소년이었다.

엘라 골짜기에 도착했을 때 전쟁 상황은 형편없었다. 골짜기를 사이에 두고 블레셋 진영과 이스라엘 진영이 팽팽한 신경전을 벌이고 있었는데, 가드 출신의 골리앗이 블레셋 진영 제일 앞머리에 등장해서 연극의 주인공처럼 소리를 지르곤 했다. 그의 키가 여섯 규빗 한 뼘이니 한 규빗이 45cm라고 해도 2m 70cm가 넘었다. 골리앗은 빛나는 놋 투구를 써서 더욱 도드라지게 보였다. 그는 비늘이 번쩍이는 갑옷도 입었는데 성경에 의하면 그 갑옷의 무게가 오천 세겔이었고, 지금으로 치면 57kg에 해당되는 방탄복을 입고 있는 셈이었다(1세겔의 무게는 11.4g이다. 5000세겔은 57,000g 즉 57kg이 된다). 그의 무기 중에는 당시에 구하기 어려웠던 철로 된 거대한 창도 있었는데 창날 부분만 해도 7kg에 가까웠다. 그리고 그의 앞에는 방패를 든 자가 서 있었다. 골리앗은 골짜기가 쩌렁쩌렁 울리도록 외쳤다.

"너희가 어찌하여 나와서 전열을 벌였느냐. 나는 블레셋 사람이 아니며 너희는 사울의 신복이 아니냐. 너희는 한 사람을 택하여 내게로 내려보내라. 그가 나와 싸워서 나를 죽이면 우리가 너희의 종이 되겠고 만일 내가 이겨 그를 죽이면 너희가 우리의 종이 되어 우리를 섬길 것이니라"(삼상 17:8-9).

그가 이스라엘 군대를 모욕했다(삼상 17:10)고 하는 걸로 봐서는 얌전하게 도전장만 내민 것은 아니었다. 그는 온갖 욕을 섞어서 이스라엘 진영을 자극했다. 위압적인 키와 겉모습, 그리고 온 골짜기를 울리는 목소리, 그가 외치는 소리에 이스라엘 진영은 찬물을 끼얹은 것처럼 조용해졌다. 위축되고 주눅이 들어 누구하나 나서는 이가 없었다. 골리앗은 위세를 떨치며 아침과 저녁으로 도발했다. 그게 벌써 사십 일이나 지난 터였다. 금방이라도 터질 것 같은 팽팽한 긴장감 속에서 다윗은 진영 안의 형들을 만났다. 그때 예의 골리앗이 몸을 드러내며 소리를 질렀다. 다윗의 귀에 그의 말이 꽂혔다. 이스라엘 군인들은 슬금슬금 옆 사람의 눈치를 보고 있었다. 군인들은 골리앗과 너무 대조되게 잔뜩 어깨를 움츠리고 있었다.

"저 사람이 또 우리를 모욕하러 나왔네." "도대체 저 목소리를 참을 수가 없어." "누가 저런 괴물과 싸우려고 목숨을 걸겠어." "만약 골리앗을 죽이면 왕께서 딸을 주고, 재물도 주고, 세금도 면제해주신대." "그거 바라다가 먼저 죽으면 자네가 책임을 지려나." "아무도 나설 수 없는 일이지." 의기소침해져서 그런 얘기를 나누는 군인들 사이를 지나다니면서 다윗은 말했다. "도대체 저 놈이 누구길래 하나님의 군대를 모욕하는 겁니까? 저놈이 우리 이스라엘 군대를 함부로 대해도 됩니까?" 다윗의 소리를 듣고 군인들은 실소를 터뜨렸다. 큰 형 엘리압이 다윗에게 다가와서 화를 냈다. "너 같은 꼬맹이가 뭘 안다고 큰소리냐. 빨리 집에 가서 양이나 치지 못할래? 전쟁은 놀이가 아냐." 다윗은 형의 핀잔에도 상관없이 군인들 사이를 헤집고 다니면서 골리앗을 죽여야 한다고 소리를 높였다. 다윗으로 인해 이스라엘 진영에 작은 소란이 일었고, 곧 사울의 귀에까지 들렸다. 다윗은 사울 앞에 불려가서도 담대히 말했다.

"다윗이 사울에게 말하되 그로 말미암아 사람이 낙담하지 말 것이라. 주의 종이 가서 저 블레셋 사람과 싸우리이다 하니 사울이 다윗에게 이르되 네가 가서 저 블레셋 사람과 싸울 수 없으리니 너는 소년이요 그는 어려서부터 용사임이니라. 다윗이 사울에게 말하되 주의 종이 아버지의 양을 지킬 때에 사자나 곰이 와서 양 떼에서 새끼를 물어가면 내가 따라가서 그것을 치고 그 입에서 새끼를 건져내었고 그것이 일어나 나를 해하고자 하면 내가 그 수염을 잡고 그것을 쳐죽였나이다. 주의 종이 사자와 곰도 쳤은즉 살아 계시는 하나님의 군대를 모욕한 이 할례받지 않은 블레셋 사람이리이까. 그가 그 짐승의 하나와 같이 되리이다"(삼상 17:32-36).

사울은 진지한 다윗의 모습을 보고 마지못해 허락했다. 사울은 왜 그리도 쉽게 다윗을 보냈을까? 만약 다윗이 지면 이스라엘 전체가 지는 것인데, 그런 위험한 도박을 한 이유는 무엇일까? 어쩌면 다윗은 이스라엘의 대표 자격으로 참가한 것이 아닐지도 몰랐다. 사울의 입장에서는 오늘 하루를 벌 생각이었다. 골리앗이 사십 일 동안 위협할 때 이스라엘 군인들이 사울 몰래 병영을 이탈해갔다. 이런 식으로는 더 이상 버티기가 어려웠다. 사울은 어쨌든 시간을 벌어볼 참이었다. 다윗이 나가서 죽더라도 적어도 오늘 하루는 무사히 넘어갈 수 있었다. 그런데 다윗이 전혀 예상치 못하게 골리앗을 이기고, 그것이 들불처럼 번져 전체 블레셋 군인들이 다 도망가게 만들어 버렸다.

"다윗이 블레셋 사람에게 이르되 너는 칼과 창과 단창으로 내게 나아오거니와 나는 만군의 여호와의 이름 곧 네가 모욕하는 이스라엘 군대의 하나님의 이름으로 네게 나아가노라. 오늘 여호와께서 너를 내 손에 넘기시리니 내가 너를 쳐서 네 목을 베고 블레셋 군대의 시체를 오늘 공중의 새와 땅의 들짐승에게 주어 온 땅으로 이스라엘에 하나님이 계신 줄 알게 하겠고 또 여호와의 구원하심이 칼과 창에 있지 아니함을 이 무리에게 알게 하리라. 전쟁은 여호와께 속한 것인즉 그가 너희를 우리 손에 넘기시리라"(삼상 17:45-47).

다윗의 입담은 어른을 능가했다. 그의 실력 또한 골리앗을 제압할 정도로 강력했다. 보잘것없는 돌멩이였지만 강한 회전을 하는 돌이 빠른 속도로 골리앗의 이마를 쳤을 때 골리앗은 비명 소리도 못 지르고 쓰러졌다. 다윗은 그대로 골리앗에게 뛰어가 그의 무거운 칼을 들어 머리를 잘랐다. 어린 소년이라고 보기에는 엄청난 활약이었다. 소년의 전광석화 같은 솜씨에 블레셋 군인들은 혼비백산하여 도망가기 시작했다. 이번에는 이스라엘 군인들 차례였다. 피가 뚝뚝 떨어지는 골리앗의 머리가 다윗의 손에서 높이 들려졌다. 마치 그것이 신호탄인 것처럼 이스라엘 군인들은 핏대를 올리며 소리쳤고 되는대로 무기를 들어 도망가는 블레셋 군대를 쫓았다. 그렇게 에베스담밈의 전투는 이스라엘의 완승으로 끝났다.

다윗이 엄청난 일을 벌이고 영웅으로 떠오른 일은 다윗의 선택 때문이었다. 안전한 집안이 아니라 험한 바깥세상을 택했다는 점이 오늘의 다윗을 있게 한 가장 큰 원동력이었다. 다윗의 태도로 보건데 우기

기만 하면 얼마든지 양을 치러 밖으로 나가지 않아도 되었고, 전쟁터에 심부름을 가지 않아도 될 터였다. 그러나 다윗은 아버지의 신임을 얻음과 동시에 거친 외부세계로 나가야 했다. 다윗은 밖으로 나가는 것을 선택했다. 들판으로 나가기를 거리끼지 않았다. 그리고 거기에서 하나님을 만났다. 그의 시편들 중에서 우리는 다음과 같은 노래로 그것을 확인할 수 있다.

> "나의 힘이신 여호와여 내가 주를 사랑하나이다. …그가 또 하늘을 드리우시고 강림하시니 그의 발 아래는 어두캄캄하도다. …그가 흑암을 그의 숨는 곳으로 삼으사 장막같이 자기를 두르게 하심이여 곧 물의 흑암과 공중의 **빽빽한** 구름으로 그리하시도다"(시 18:1,9,11).

다윗은 양을 치는 들판에서 하늘을 보며 하나님의 존재를 체감했다. 구름 속에서 하나님의 임재를 보았다. 넓은 들판에서 하나님을 만났다. 양치기는 출세할 직업이 아니었다. 제사장이라든가 왕족이나 귀족, 혹은 적어도 군인이어야 출세의 가능성이 있었다. 목동은 먹고살 수는 있었으나 세상을 바꿀 직업은 아니었다. 그런데 다윗은 양치기라는 직업으로 그 일을 해냈다. 어떻게 그게 가능했을까? 다윗이 벌판으로 나갔기 때문이었다. 양들이 일단 풀을 뜯기 시작하면 오롯이 자기만의 시간이 시작된다. 방해하는 사람은 없다. 아예 사람 자체가 없다. 주위는 조용하다. 시간은 넉넉히 남아 있다. 그곳에서 하나님을 만났다. 별 뜻 없이 하나님과 대화를 주고받는 일들을 통해 다윗은 날카로운 통찰력을 얻었다. 그리고 거친 들판의 맹수들을 무찌르는 연습과 인생에 대한 끝도 없는 질문에 대한 지혜로운 대답이 자신의 삶 속에 켜켜이 쌓였다. 비록 어린 나이였지만 강인한 육체와 빠른 판단력, 옳고 그름에 대한 정확한 인식과 통제력 등 그것이 모두 그가 밖으로 나가기로 결정한 순간부터 그의 인격과 실력을 통해 형성되기 시작했다.

누구든지 그 사람의 말 속에는 진짜로 하고 싶은 이야기들이 담겨져 있다. 다윗이 골리앗을 만났을 때, 사울 왕 앞에서 자신이 나가서 싸워야 할 이유를 설명할 때 언제나 주어는 여호와였다.

"또 다윗이 이르되 여호와께서 나를 사자의 발톱과 곰의 발톱에서 건져내셨은즉… 오늘 여호와께서 너를 내 손에 넘기시리니"(삼상 17:37,46).

반면에 사울 역시 그의 말에 여호와의 이름을 사용하지만 속내는 전혀 그렇지 않았다.

"사울이 다윗에게 이르되 내 맏딸 메랍을 네게 아내로 주리니 오직 너는 나를 위하여 용기를 내어 여호와의 싸움을 싸우라 하니 이는 그가 생각하기를 내 손을 그에게 대지 않고 블레셋 사람들의 손을 그에게 대게 하리라 함이라"(삼상 18:17).

다윗의 말 속에는 늘 여호와가 주인이며 주체가 되었다. 반면에 사울은 여호와의 이름을 내세우고 있지만 속마음은 다윗을 제거하는 데만 신경을 쓰고 있었다. 맏딸 메랍을 주겠다는 약속도 쉽게 저버리고,

둘째 딸 미갈이 다윗을 좋아한다는 이야기를 듣고서도 그걸로 다윗을 죽이는 빌미를 삼고자 했다.

"사울의 딸 미갈이 다윗을 사랑하매 어떤 사람이 사울에게 알린지라. 사울이 그 일을 좋게 여겨 스스로 이르되 내가 딸을 그에게 주어서 그에게 올무가 되게 하고 블레셋 사람들의 손으로 그를 치게 하리라 하고 이에 사울이 다윗에게 이르되 네가 오늘 다시 내 사위가 되리라 하니라"(삼상 18:20-21).

사울은 그가 속으로 생각하는 것과 겉으로 드러나는 것이 완전히 다른 부류의 사람이었다. 반면에 다윗은 그의 실력이 자신의 것이 아니라 하나님께서 주신 것임을 계속 밝히고 있다. 사울은 속마음을 숨기다가 어느 순간부터 드러내기 시작하는데 "사울이 그의 아들 요나단과 그의 모든 신하에게 다윗을 죽이라 말하였더니"(삼상 19:1). 이제는 대놓고 다윗을 죽이라고 말하기 시작했다. 다윗을 죽이지 못한 사울은 도엑을 통해 놉의 제사장과 주민들을 죽였다(삼상 22:18-19). 속마음이 밖으로 드러나자 엄청난 학살을 일으킨 것이다. 예수님은 세 번씩이나 "감추인 것이 드러나지 않을 것이 없고 숨은 것이 알려지지 않을 것이 없다"고 말씀하셨다(마 10:26, 눅 8:17, 12:2). 속에 있는 것은 언젠가 밖으로 드러나기 마련이다. 사울의 속에 있는 어둠의 그림자는 그렇게 표출되었다. 그렇다면 하나님의 마음은 어떤 것일까?

"여호와께서 다윗과 함께 계심을 사울이 보고 알았고"(삼상 18:28).

여호와의 마음은 다윗을 향해 있었다. 다윗이 어린 시절부터 가계를 책임져야했던 것도, 들판에서 하염없이 하늘만 쳐다보고 있었던 것도, 사나운 짐승들에게 양떼를 뺏길 뻔했을 때 끝까지 양들을 책임진 것도, 벌판에서 수금을 치면서 하나님을 향해 노래한 것도 모두 기억하고 계셨다. 하나님의 속마음은 다윗에게 있었기에 다윗이 다윗될 수 있었다. 다윗은 편하고 안락한 집안을 버리고 밖으로 나갔고, 그곳에서 하나님을 만났으며, 하나님은 그런 다윗을 선택하셨다. 그렇게 다윗의 소년 시절은 무르익었고 전설은 시작되었다.

>>> Chapter _ 20

그 전성기와 몰락의 시작

다윗은 이새 집안에서 막내로 태어나 위로 일곱이나 되는 형들보다 먼저 철이 들었고, 형들이 해내지 못한 일들을 홀로 감내해왔다. 안락한 집을 택한 대신 드넓은 들판에서 지내며 하나님과 깊은 관계가 생겼다. 남들과 다른 선택 속에서 역경을 만나는 길을 택했다. 다윗은 골리앗을 쳐부순 뒤 일약 전쟁영웅으로 떠오르며 모든 이의 주목을 받게 되었다. 처음에는 경이로운 눈빛으로 바라보며 존중과 사랑을 쏟아붓던 사울도 다윗의 인기가 자신을 능가하자 돌연 사랑의 감정은 질투와 시기심으로 바뀌어버렸다. 그리고 소년 다윗에게 주어진 운명은 사울로부터의 끊임없는 도망이었다.

다윗은 자신의 편인 요나단의 도움을 받아 놉 지역의 아히멜렉 제사장에게로 피신했다. 부하들과 함께 진설병을 얻어먹고, 죽은 골리앗의 무기도 획득하게 된 다음 그가 옮긴 곳이 하필 블레셋에서 가장 위용을 과시하고 있는 가드 왕 아기스의 영토였다. 골리앗을 죽인 소문은 이스라엘보다 블레셋에 더 크게 났기 때문에 다윗이 가드에 왔다는 소식에 블레셋 사람들은 일순간 긴장에 빠졌다. 그러나 그 긴장감도 잠시뿐 아기스의 신하들이 다윗을 잡아갔을 때 다윗은 침을 흘리는가 하면 대문에다가 말도 안 되는 글자를 쓰기도 했다. 사울을 피해 경황없이 도망친 지 며칠, 행색도 그러하거니와 영락없는 거지에 미친 괴짜였다. 아기스 왕은 소문의 다윗이 이 미친 사람일 리가 없다며 그를 쫓아냈다. 미친 척을 했던 순간적인 기지가 그를 살린 것이다.

쫓겨난 다윗은 되도록 성 밖 멀리 벗어났다. 베들레헴과 헤브론 사이 서쪽으로 빗겨난 길에 아둘람 굴이 있었다. 다윗은 그 굴로 피신하듯 숨어들었다. 소문은 언제나 실제보다 빨랐다. 어떻게 알았는지 다윗의 부모는 나머지 식솔들을 데리고 다윗을 찾았다.

"그러므로 다윗이 그곳을 떠나 아둘람 굴로 도망하매 그의 형제와 아버지의 온 집이 듣고 그리로 내려가서 그에게 이르렀고"(삼상 22:1).

다윗은 비록 도망자의 신분이지만 어느덧 가족을 책임져야 할 위치에 서 있었다. 혼자 몸을 운신하는 게 어려웠어도 가족을 외면할 수는 없었다. 전쟁터에 나가 있는 몇몇 사람을 빼도 모두 자신보다 형들인데, 그들 역시 다윗에게 몸을 의탁하기는 마찬가지였다. 다윗은 형들과 형수들, 그리고 그들의 식구들까지 모두 받아주었다. 다윗이 책임져야 할 사람들은 가족만이 아니었다. 부모와 형제들을 이어 아둘람 굴에 찾아든 사람은 더 있었다.

"환난당한 모든 자와 빚진 모든 자와 마음이 원통한 자가 다 그에게로 모였고 그는 그들의 우두머리가 되었는데 그와 함께한 자가 사백 명 가량이었더라"(삼상 22:2).

사울이 제대로 나라를 경영하지 못하고 다윗에 대한 질투심으로 추격전이나 벌이는 동안에 권력자들은 재산을 갈취했고 백성들은 약탈을 당했다. 그야말로 무정부 상태였다. 다윗의 가까운 친척들과 억울한 사람들이 다윗을 왕으로 받들고자 아둘람 굴로 모여들었다. 이들은 종잡아 사백 명이 넘었다. 그리고 이들 사백 명은 곧 육백 명으로 불었고, 후에는 다윗의 사병이 되어 다윗 왕국을 건설하는 데 든든한 기초가 되었다. 그들이 당한 한이 육체를 더욱 단련시켰고 원통했던 마음이 그들의 정신을 하나로 묶어주었다.

그런데 다윗이 아둘람 굴에 있다는 사실을 어떻게 알았을까? 사울왕과 같은 높은 직위에 있는 사람에게는 정보가 생명이었다. 곳곳에 숨겨놓은 밀정들로 인해 다윗의 행적이 사울에게 노출될 수 있었다. 환난당하고 원통한 사백여 명의 사람들이 다윗에게 다가오면 주변에 알려질 수도 있는 일이었다. 사울이 알게 될 위험에도 다윗이 있는 곳을 가르쳐준 사람은 누구였을까? 그것은 바로 다윗의 부모였다. 이새는 원통한 자들이 다윗을 수소문할 때 아들이 있는 곳을 가르쳐주었고, 아예 그들을 이끌고 아둘람 굴로 모이게 했다. "우리 아들 다윗이라면 이들을 받아줄 거야." 이새의 아들을 향한 믿음이 무려 사백 명이 넘는 사람들을 그 좁고 어두운 동굴로 집결하게 했다. 이새의 장담처럼 다윗은 그들을 다 받아주었다.

　다윗에 대해 표현할 때 "이새의 아들"이라고 부르는 경우가 잦았다(삼상 16:18, 17:58, 20:27,30,31, 22:7,8,9). 주로 아직 왕이 되기 이전의 다윗을 비하하면서 이르는 말이다. 이것은 '김 씨의 아들' '최가네 막내' 이런 식으로 다윗을 폄하하고 조롱할 때 사용되었다. 다윗에게 반역하는 패거리들이 다윗에 대해 막말을 할 때에도 "이새의 아들"이라고 불렀다(삼하 20:1). 그들은 다윗을 왕으로 인정하고 싶지 않았다. 그런데 다윗은 그것을 알면서도 자기 스스로를 이새의 아들이라고 할 때가 있었다.

> "이는 다윗의 마지막 말이라. 이새의 아들 다윗이 말함이여 높이 세워진 자, 야곱의 하나님께로부터 기름 부음받은 자, 이스라엘의 노래 잘하는 자가 말하노라"(삼하 23:1).

　죽음을 앞두고 유언처럼 자신의 이야기를 펼칠 때 다윗은 자신을 "이새의 아들"이라고 말했다. 다윗이 왜 세간의 시각을 모르겠는가? 그러나 다윗은 아버지의 이름을 고집스레 넣으면서 아버지를 높였다. 더욱이 역대기에서나(대상 2:13, 10:14, 12:18, 29:26), 시편과 사도행전에서도 이새의 아들(줄기)이라는 표현이 나온다(시 72:20, 행 13:22). 이사야는 다윗 왕조의 줄기를 통해서 메시아께서 강림하실 것을 예언하면서 다윗의 후손이라는 표현을 쓰지 않고 이새의 후손이라고 말했다.

"그날에 이새의 뿌리에서 한 싹이 나서 만민의 기치로 설 것이요 열방이 그에게로 돌아오리니 그가 거한 곳이 영화로우리라"(사 11:10).

"또 이사야가 이르되 이새의 뿌리 곧 열방을 다스리기 위하여 일어나시는 이가 있으리니 열방이 그에게 소망을 두리라 하였느니라"(롬 15:12).

이새의 아들, 혹은 이새의 자손이란 다윗을 폄하하기 위해 사용된 말이었으나 다윗 자신과 예언자들은 '이새'를 중요한 인물로 부각시켰다. 이새가 다윗에게 어떤 아버지였는지 우리는 정확히 알 수 없으나 적어도 막내아들을 아무렇게나 팽개친 아버지는 아니었다. 이새야말로 막내인 다윗이 정확히 어떤 인격과 책임감을 가진 아들인지를 알았고, 다윗은 그런 아버지를 실망시키지 않았다. 아둘람 굴에 찾아온 원통한 자들의 배후에는 아버지 이새가 있었다.

다윗은 연로한 부모님을 전쟁터에 합류시키지 않았다. 이제 다윗은 수많은 환난 속으로 들어갈 것이고, 이들 사백 명을 데리고 때로는 도망치고, 때로는 싸워야 할 터인데 부모의 안위가 걱정이 되었다. 다윗은 부모님을 모압 미스베로 보냈다. 모압은 다윗의 증조모 룻의 땅이었다. 비록 이방 땅이기는 하나 현재로서는 가장 안전하게 부모를 피신시킬 수 있는 곳이었다. 다윗이 모압 미스베에서 부모를 맡기고 부하들을 추스르며 앞으로 가야할 길을 생각할 때 선지자 갓이 찾아왔다.

"선지자 갓이 다윗에게 이르되 너는 이 요새에 있지 말고 떠나 유다 땅으로 들어가라. 다윗이 떠나 헤렛 수풀에 이르니라"(삼상 22:5).

그래서 다윗은 그 후부터 주로 광야와 벌판을 배경으로 도피를 해야 했다. 십 광야, 마온 광야, 엔게디 광야, 바란 광야, 하길라 산속 등 눈먼 증오심에 다윗을 죽이려고 덤벼드는 사울 왕의 기세를 피하면서 다윗이 벗어나고 달아난 곳들이었다. 그렇게 정신없이 도망치는 와중에도 다윗의 마음과 정신을 보여주는 일이 두 가지 있었다. 둘 다 비슷한 맥락에서 일어난 일이고 비슷한 결과를 도출해냈다.

하나는 엔게디 광야에서 일어난 일이었는데, 다윗은 광야의 굴 속 깊은 곳에 숨어 있었다. 사울은 다윗을 잡기 위해 삼천 명의 군인들을 동원했다. 사울은 '발을 가리우기 위해' 굴 안으로 들어갔다. '발을 가리운다'는 것은 두 가지로 해석될 수 있는데, 하나는 용변을 본다는 의미이고, 다른 하나는 낮잠을 잔다는 의미다. 아마도 여기에서는 첫 번째가 가깝다고 할 수 있을 것이다. 그런데 사울은 그 안에 다윗과 부하들이 있다는 사실은 꿈에도 몰랐다. 옆에 있던 부하가 다윗에게 귓속말로 사울을 죽일 절호의 찬스라고 말했다. 끔찍한 증오를 끊을 기회였다. 칼을 들고 있는 팔을 한 뼘만 더 길게 뻗으면 사울의 심장이 관통될 거리였다. 그러나 다윗은 사울의 옷자락을 자르고 동굴 안으로 들어갔다. 아무것도 모르는 사울이 볼 일을 보고 밖으로 나왔을 때 다윗은 사울에게 소리를 질렀다. 사울이 돌아보자 큰 절을 했다.

"내 아버지여 보소서. 내 손에 있는 왕의 옷자락을 보소서. 내가 왕을 죽이지 아니하고 겉옷 자락만 베었은즉 내 손에 악이나 죄과가 없는 줄을 오늘 아실지니이다. 왕은 내 생명을 찾아 해하려 하시나 나는 왕에게 범죄한 일이 없나이다"(삼상 24:11).

사울은 다윗의 손에 들려진 자신의 옷자락을 보았다. 사울은 자신이 악한 사람이며 하나님은 다윗을 선택했다고 말했다. 사울은 미안한 마음이었으나 그때뿐이었다. 이와 유사한 일은 또 벌어졌다. 다윗이 하길라 산 속에 숨었을 때 사울은 다시 삼천 명의 군인들을 이끌고 다윗을 잡으러 왔다. 늦은 밤이 되자 피곤했던 사울과 그의 군사들은 캠프에서 잠을 자기 시작했다. 진영의 한가운데 사울이 누워 있었지만 군인들은 최소한의 군사원칙인 불침번도 서지 않았다. 다윗은 부하 아비새와 함께 진영의 한가운데로 들어갔다. 이번에도 아비새는 사울을 죽일 절호의 찬스라고 말했다. 만일 왕을 죽이는 것이 부담스러우면 자신이 해치울 수 있다는 말도 덧붙였다. 그러나 다윗은 사울 왕의 창과 물병을 손에 들고 그 자리를 빠져 나왔다. 다윗은 높은 곳으로 올라갔다. 아침이 되어 길을 가는 사울을 향해 다윗은 소리를 질렀으나 사울의 경호원 아브넬을 향한 외침이었다.

"네가 행한 이 일이 옳지 못하도다. 여호와께서 살아 계심을 두고 맹세하노니 여호와의 기름 부음받은 너희 주를 보호하지 아니하였으니 너희는 마땅히 죽을 자이니라. 이제 왕의 창과 왕의 머리 곁에 있던 물병이 어디 있나 보라 하니"(삼상 26:16).

아브넬은 사울을 지켰어야 했다. 그러나 그들은 모두 세상모르게 자고 있었다. 다윗은 소리쳤다. "네가 왕도 보호하지 못하느냐. 너는 죽어 마땅하다!" 그 말은 다윗이 얼마든지 사울을 죽일 수 있었다는 얘기였다. 사울이 가까이 두던 군장 중 물병과 창이 없었다. 사울은 다윗을 향해 미안하다며 말했다.

"사울이 이르되 내가 범죄하였도다. 내 아들 다윗아 돌아오라. 네가 오늘 내 생명을 귀하게 여겼은즉 내가 다시는 너를 해하려 하지 아니하리라. 내가 어리석은 일을 하였으니 대단히 잘못되었도다 하는지라"(삼상 26:21).

다윗은 사울이 자신의 잘못을 고백하고 있으나 같은 과오는 반복될 것이고, 둘 중에 하나가 죽기 전에는 이 사슬에서 벗어날 수 없음을 직감했다. 기가 죽은 사울은 군인들을 철수시키며 돌아섰다. 그러나 언제든지 군사들을 이끌고 다윗의 턱밑까지 추격할 수 있는 인물이었다. 다윗은 블레셋으로 망명을 택했다. 증오와 미움의 고리를 끊을 다른 방법이 없었다. 그렇다고 자신의 손으로든 남의 손으로든 사울을 죽일 수도 없었다. 옷자락을 자르고, 창과 물병을 들고 나오면서 다윗은 양심의 가책을 받았다. 다윗의 마음으로는 벌써 수백 번도 더 넘게 사울을 죽였을 것이다. 다윗의 마음에는 사울보다 더 큰 증오와 저주가 있었을지도 모른다. 그럼에도 그는 끝내 사울에게 손끝 하나 대지 않음으로써 그의 마음을 지켰다.

증오의 굴레는 사울이 죽음으로 끝이 났다. 길보아 산등성이에서 블레셋에게 패해 쫓기던 사울은 뒤에서 돌진해오는 블레셋 군대의 화살에 쓰러졌다. 사울이 엎어진 자리 가까운 곳에 그의 세 아들 요나단과 아비나답, 말기수아도 함께 쓰러졌다. 한 날 한 시에 사울과 아들들이 죽음으로써 블레셋과의 전쟁도 끝이 났고, 지긋지긋했던 증오도 끝이 났다. 블레셋은 사울의 머리를 자르고 그 시체를 성벽에 못 박음으로써 자신들의 존재를 과시했다. 그때 사울로부터 은혜를 입은 길르앗 야베스 주민들이 사울과 그 아들들의 시체를 거두어 장례를 지내주었다.

그리고 이제 다윗은 헤브론에서 유다 지파의 왕이 되었다. 그 위쪽으로는 사울의 남은 아들 중에 이스보셋이 아브넬의 호위를 받고 마하나임에서 왕이 되었다. 그러나 이스보셋의 왕위는 채 2년을 유지하지 못했다. 약소국들은 내부의 분열로 망하기 일쑤였다. 이스보셋은 아브넬을 의심하고, 아브넬은 실망해서 다윗 편에 들었다가 암살당하고, 공적을 노리던 레갑과 바아나는 이스보셋을 살해하고⋯ 그 이후로 사울의 후손은 누구도 왕의 자리에 앉지 못했다. 다윗은 예루살렘으로 천도하여 전체 이스라엘을 다스리기 시작했다. 사울에게 쫓겨 도망 다녔지만 다윗은 서른 살에 왕이 되었고, 사십 년간 이스라엘을 다스렸으니 헤브론에서는 7년 6개월이고, 예루살렘에서는 33년이었다(삼하 5:4-5).

다윗은 사울을 죽일 두 번의 기회를 선의로 대할 정도의 인격이 있었다. 그렇다면 다윗이 왕으로서 이스라엘을 다스릴 수 있었던 원천은 어디에 있었을까? 다윗은 소년 시절부터 들판에서 하나님과의 깊은 사귐이 있었는데, 그것은 공인이 된 이후에도 변함없었다.

"이에 다윗이 여호와께 묻자와 이르되 내가 가서 이 블레셋 사람들을 치리이까. 여호와께서 다윗에게 이르시되 가서 블레셋 사람들을 치고 그일라를 구원하라 하시니"(삼상 23:2).

다윗이 헤렛 수풀을 지날 때였다. 블레셋의 군사들이 그일라에 사는 무죄한 주민들을 약탈하고 괴롭힌다는 소식을 들었다. 다윗의 옆에는 사백 명의 부하들이 육백 명으로 불어난 터였다. 당장이라도 블레셋을 쫓아가서 전투를 벌여야 할 급박한 시점이었다. 한시가 급한 이때 다윗은 블레셋과 싸워야 할지를 하나님께 물었다. 다윗은 시글락에 두고 떠났던 자신의 가족과 부하들의 식구가 아말렉에게 잡혀 간 긴급한 상황 속에서 하나님께 묻기를 멈추지 않았다. "다윗이 여호와께 묻자와 이르되 내가 이 군대를 추격하면 따라잡겠나이까 하니 여호와께서 그에게 대답하시되 그를 쫓아가라. 네가 반드시 따라잡고 도로 찾으리라"(삼상 30:8). 다윗은 왕이 되어야 할 시점에 어디에서 왕이 되어야 할지 하나님으로부터 들었고(삼하 2:1), 전쟁에 대해서도 늘 하나님께 물으면서 수행했다(삼하 5:19,23). 작전장교가 무전병을 통해 중요하고 급한 내용을 본부로부터 듣듯이 다윗은 하나님께 물었고, 하나님의 대답을 들었다. 하나님과 다윗 사이의 커뮤니케이션은 신속하고 원활하게 이뤄졌다. 그리고 드디어 다윗은 이스라엘 전체의 왕이 되었다. 이스라엘 12지파의 왕으로서 팔레스타인 전 지역을 장악했다. 다윗이 왕이 된 것은 전적으로 하나님께서 하신 일이었다.

다윗이 왕이 된 이후 제일 처음 한 것은 법궤를 옮겨오는 일이었다. 블레셋에 빼앗겼던 법궤는 그들의 신상들이 다 뒤집어엎어진 이후에 이스라엘의 변두리인 아비나답의 집에 20년간 고이 모셔져 있었다(삼상 7:1). 다윗은 법궤를 옮겨올 때 군인 삼만 명을 뽑아 이동하게 했다. 아비나답의 두 아들 웃사와 아효가 율법의 규정이 아닌 변칙적인 방법으로 법궤를 이동하다가 하나님의 진노로 죽고, 두 번째로 다윗은 정확한 법규에 맞춰 제사장들이 법궤를 메고 다윗 성으로 들어오게 했다(삼하 6:13). 하나님의 뜻이라면 작은 것이라도 소홀함이 없는 꼼꼼한 다윗이었다.

다윗은 안전한 곳에 법궤를 모셔두고서도 마치 하나님을 건넌방에 모신 손님과 같아 안타까워했다. 하나님만을 위한 성전을 짓고 싶었다. 그때 하나님은 나단을 통해 자신의 뜻을 드러내셨는데, 첫째로 하나님은 이스라엘과 늘 옮겨 다녔기 때문에 따로 집이 필요하지 않다. 둘째로 하나님은 오히려 이스라엘 백성들이 잘 정착하여 옮겨 다니지 않도록 만들어주겠다. 셋째로 하나님은 그 중심에 다윗을 세워서 영원히 그의 나라를 세워가도록 하겠다. 하나님께서 다윗에게 허락하신 약속은 상당히 파격적이고 편애적인 것이었다. 하나님은 왜 그토록 다윗만을 총애했을까? 하나님은 왜 다윗에게 자신의 사랑과 관심을 쏟아부으셨을까? 다윗의 기도를 통해 우리는 그 이유를 알게 된다. 다윗은 나단으로부터 하나님의 뜻을 다 들은 이후에 성막으로 들어가서 주님 앞에 꿇어앉아 하나님께 기도했다.

우리는 높은 사람으로부터 인정받아 중요한 직책과 역사적인 위업을 맡게 되면 기대에 부응하도록 결연한 의지를 드러낼 것이다. 신앙인이라면 하나님으로부터 더 좋은 방법과 지혜를 달라고 간절히 요청할 것이다. 그러나 다윗은 그렇게 기도하지 않았다. 그의 기도는 사무엘하 7장 18~29절까지 기록되어 있는데, 그것을 분석해보면 첫째로 다윗이 어떤 자격이 있거나 무엇인가를 잘하기 때문에 그 자리에 오른 것이 아니라 하나님이 하셨다는 것. 둘째, 하나님은 이집트에서 이스라엘을 구하셔서 하나님의 백성으로 삼아주셨다는 것. 셋째, 주님의 말씀과 약속이 변하지 않아 다윗과 그의 집, 그리고 온 이스라엘에 영원한 복으로 임하기를 바란다는 것이 주된 내용이었다. 이것을 한 가지로 줄인다면 "하나님이 다 하셨다"는 것이다. 다윗은 하나님의 주권과 하나님의 역사(役事)에 대한 분명한 인식을 가졌고, 모든 게 하나님으로부터 비롯되었음을 분명히 했다.

그다음부터 다윗의 왕국은 주변의 나라들을 복속시키면서 세워지기 시작했다. 처음은 블레셋이었다. 다윗은 블레셋의 메덱암마를 쳐서 이스라엘에 귀속시켰다. 메덱암마가 정확히 어느 지역인지는 알 수가 없다. 그러나 메덱암마는 '메덱'(굴레, 지배)과 '암마'(큐빗, 측정)라는 말이 합쳐진 것으로 보아 블레셋을 지배하고 측정하는 매우 중요한 성읍이었을 것이다. 다윗은 블레셋을 자신의 관리 아래에 두어 더 이상 블레셋이 이스라엘을 점령하거나 괴롭히지 못하도록 했다. 다윗시대에 이스라엘은 블레셋에 대한 확실한 우위를 점하게 되었다. 이어서 다윗은 모압, 소바, 시리아, 하맛, 에돔으로부터 포로를 잡아오거나 은, 금, 놋과 같은 무기와 제기용 재료를 조공으로 받았다. 한 번에 수천 명에서 수만 명을 죽이면서 파죽지세로 몰아간 모든 승리는 다윗과 그의 부하들이 거두어들인 승리였고, 그로 인해 다윗은 중근동 지역의 맹주로 떠올랐다.

사무엘하 10장에는 암몬의 하눈이 다윗이 보낸 조객들에게 모욕감을 주었다가 위기감을 느낀 나머지 시리아, 마아가, 돕으로부터 용병을 고용한 이야기가 나온다. 암몬과의 전쟁의 결과는 이스라엘의 완벽한 승리였다. 아무리 여러 나라가 연대를 맺어도 다윗과 그의 부하들에게 당해낼 수가 없을 정도로 이스라엘은 성장하게 되었다. 그러나 이 일화의 중요성은 승리라든가, 성공에 있지 않았다. 다윗은 암몬과의 전쟁에서부터 더 이상 직접 전장에 나서지 않았다. 다윗 왕국의 기틀이 완벽하게 잡혔기 때문이다.

다윗은 더 이상 참전하지 않고 참전하더라도 후방에서 승리의 열매를 가져갈 뿐이지 맨 앞에서 전쟁을 지휘하지 않았다. 다윗의 부하들만으로도 얼마든지 승리를 이루어냈다. 이제 다윗의 시대는 영원할 것이며, 다윗을 통해 세워진 막강한 이스라엘 왕국은 누구도 막을 수 없는 최고의 시기를 보내게 되었다. 그러나 바로 그 최고의 순간에 다윗은 정점의 자리에서 곧 추락해 버리고 만다.

Section 4. 정리 _ 유다에서 다윗까지

아담 → 셋 → 에노스 → 게난 → 마할랄렐 → 야렛 → 에녹 → 므두셀라 → 라멕 → 노아 → 셈 → 아르박삿 → 셀라 → 에벨 → 벨렉 → 르우 → 스룩 → 나홀 → 데라 → 아브라함 → 이삭 → 야곱 → **유다(+다말)** → 베레스 → 헤스론 → **람** → **암미나답** → **나손** → **살몬(+라합)** → **보아스(+룻)** → **오벳** → **이새** → **다윗**

다윗에서
시드기야까지

GOD
History

GOD
History
다 / 윗 / 과 / 밧 / 세 / 바

>>> Chapter _ 21

경계의 유혹에 넘어가다

다윗의 왕국은 절정기가 되었다. 왕이 전쟁에 나가지 않아도 될 만큼 나라는 성숙했고 시스템은 완벽하게 시행되었다. 그러나 성경은 신기하게도 다윗의 위대한 업적과 그가 해냈던 많은 일을 나열하는 것으로 나머지 부분을 할애하지 않는다. 오히려 성경은 다윗이 얼마나 악한 존재인지, 그가 얼마나 추락하게 되는지를 고발한다. 하나님의 약속이 없었다면 그는 완전히 몰락할 사람이었다. 마치 사울과 그의 자녀들을 아무도 기억하지 않는 것처럼, 아니 그보다 더 신랄하게 비판을 받으며 사라졌어야 했던 사람이 다윗이었고 그의 자손들이었다. 누구의 존경도, 관심도, 시선도 받지 못해야 마땅했다. 도대체 그에게 무슨 일이 일어난 것일까?

다윗은 정상에 오르다가 추락했다. 추락하는 바로 그 순간 거기가 정점이 되었는데 다윗은 다윗 왕국을 완벽하게 건설하자마자 추락했다. 백성들은 고루 잘 살았고, 주변의 나라들은 자발적으로 조공을 바쳤고, 전쟁이 발발하면 잘 구성된 군인들이 나가서 싸웠으며, 더 이상 왕이 참전하지 않아도 될 정도로 든든해졌다. 도덕적, 윤리적, 사회적인 문제가 발생하지 않으면, 그러니까 특별히 애쓰지 않아도 다윗의 정점은 계속 올라갈 수 있었다. 추진력만 얻으면 자동 항해를 계속하는 배처럼 다윗 왕국이라는 거대한 배는 스스로 순항의 길을 가고 있었다. 그런데 바로 그 순간에 다윗은 무너지고 말았다.

그날은 평범한 날이었다. 해마다 여러 나라와 전쟁을 벌일 때 힘이 약한 나라들은 도태되었고 겁을 먹은 나라들은 처음부터 화친을 요청했다. 이스라엘은 전쟁의 최전성기에 있었다. 다윗의 군사들은 용맹과 전술이 뛰어나서 주변국가들을 하나씩 장악해갔다. 다윗은 안락한 왕궁에서 신하들이 가져오는 승전 소식을 기쁨으로 누리면 그만이었다.

"그 해가 돌아와 왕들이 출전할 때가 되매 다윗이 요압과 그에게 있는 그의 부하들과 온 이스라엘 군대를 보내니 그들이 암몬 자손을 멸하고 랍바를 에워쌌고 다윗은 예루살렘에 그대로 있더라"(삼하 11:1).

이제 시간만 지나면 암몬 자손은 완전히 멸망할 것이며, 그들의 재산과 노동력은 이스라엘에 병합될 예정이었다. 다윗은 늘 같은 방식으로 진행되는 전쟁의 내용을 멀리에서도 눈에 그리듯이 보고 있었다. 해가 저물기 시작하자 다윗은 침상에서 일어났다. 하늘이 불꽃처럼 화려하게 지고 있는 것을 궁정 옥상에서 바라보는 게 좋았다. 옥상에서는 예루살렘에 살고 있는 이스라엘 백성들의 지붕들이 보였다. 원근거리의 굴뚝에서 저녁을 짓는 연기가 피어올랐다. 그때 다윗의 눈에 한 여인의 벗은 몸이 희미하게 보였다. 왕궁과 가까운 곳에 장군들의 사택이 밀집되어 있었다. 여염집 마당에서 목욕하는 여인의 모습은 그곳에만 조명이 비추는 것처럼 다윗의 눈에 뚜렷하게 들어왔고 아름답게 보였다(삼하 11:2). 다윗은 신하를 시켜서 그 집이 누구의 집이며, 그 여인이 누구인지를 알아보았다.

> "다윗이 사람을 보내 그 여인을 알아보게 하였더니 그가 아뢰되 그는 엘리암의 딸이요 헷 사람 우리아의 아내 밧세바가 아니니이까 하니 다윗이 전령을 보내어 그 여자를 자기에게로 데려오게 하고 그 여자가 그 부정함을 깨끗하게 하였으므로 더불어 동침하매 그 여자가 자기 집으로 돌아가니라"(삼하 11:3-4).

순식간에 일어난 일이었다. 누가 말리고, 생각하고, 따지고 할 시간이 없었다. 다윗은 무엇엔가 끌리듯 그 여인이 누구인지, 무엇을 하고 있었는지를 알아봄과 동시에 자신의 침실로 데리고 왔다. 지금도 자신의 왕국을 위해 목숨 걸고 전쟁에 참여한 우리아 장군의 아내라는 것도, 그 여인의 아버지가 엘리암이라는 사실도, 그 여인이 가지고 있는 인격, 성향, 외모, 자녀의 유무 등에 대해 아무 관심도 없이, 오직 자신의 욕정을 푸는 도구로 전락시켰다. 다윗은 한 마리의 짐승과 같았다.

다윗은 욕망을 해결하는 중에도 한 가지 믿는 구석이 있었다. 여인이 목욕을 한 이유는 부정을 깨끗이 하기 위한 것이었다. 율법에 의하면 여인의 생리는 부정한 것이었다. "여자가 몸에서 피를 흘릴 때에 그것이 그 여자의 몸에서 흐르는 월경이면 그 여자는 이레 동안 불결하다. 그 여자에게 닿는 남자는 모두 저녁때까지 부정하다"(레 15:19, 새번역). 이 말은 부정하게 되는 기간이 지나기만 하면 부정하지 않다는 말이 아닌가! 더욱이 이 부정이라는 것은 생리가 끝났다는 의미이며 자연적인 현상에 의하면 생리 후 14일이 지나야 배란일이 되므로 생리가 끝나자마자 동침하면 임신되지 않는다는 의미였다. 여인은 부정한 기간이 지났기 때문에, 즉 생리하는 기간이 지났기에 몸을 깨끗이 하기 위해서 목욕을 했다. 따라서 다윗이 여인과 관계를 하여도 임신이 될 확률은 거의 없었다. 그것이 과학의 법칙이며 자연의 순리였다. 다윗은 그것을 믿고 안심하며 여인을 가졌다.

누구나 한순간 타락해서 짐승이 될 때도 마지막 남은 양심이 있기 마련이다. 그런데 양심을 잠재우고 욕망을 발현하려면 논리적인 타협이 필요하다. 때로는 환경을 핑계로 대고("누구나 다 그러는 건데, 뭘"), 때로는 기회의 협소함을 핑계로 대고("지금 하지 않으면 영원히 못할 수도 있어"), 때로는 세간의 평가를 핑계로 대어야만("남자라면 한 번씩은 다 실수하는 거야") 타락의 길로 한 걸음 들어설 수가 있다. 다윗의 타협은 단 한 번밖에 없는 일이며, 필요하면 그에 대한 보상은 충분히 할 것이며, 더욱이 아무도 피해를 입는 사람이 없다고 합리화했다. 다윗 나름대로는 모든 안전장치를 다 생각했다. 부정은 깨끗이 씻겼고 여인과 관계를 가져도 아이는 생겨나지 않을 것이다. 다윗은 단 한 번 짐승처럼 욕망을 누렸다. 그런데 그 한 번의 타락이 걷잡을 수 없는 불길이 되는 순간이 다가왔다.

"그 여인이 임신하매 사람을 보내 다윗에게 말하여 이르되 내가 임
신하였나이다 하니라"(삼하 11:5).

하룻밤의 간음이 거대한 파문으로 퍼진 것은 그녀가 '임신' 했음을
통보하고 난 뒤였다. 다윗은 모든 것을 가질 수 있는 모든 것의 군주였
다. 자신을 쫓던 사울은 사라진 지 오래이며, 귀족에서 일반 백성까지
모든 사람은 행복했으며, 이스라엘 왕정의 기틀은 튼튼히 확보되었고,
주변 나라들은 다윗의 눈치를 보아야 했다. 다윗이 이룬 업적은 지위여
하에 관계없이 무엇이든 자신의 소유가 될 수 있을 정도였다. 그러나
그 여인이 다윗의 자식을 임신하는 것은 또 다른 문제였다. 아무도 몰
랐던 증거가 세상 밖으로 드러나는 일이었고, 이스라엘의 제도 속에서
는 정죄 받아야 할 일이었다. 여인이 임신하지만 않았다면 무덤까지 갈
비밀이 될 수도 있었다. 도대체 어디서부터 일이 꼬인 걸까? 다윗은 머
리를 쥐어짰다.

영원한 비밀은 없었다. 다윗의 생각은 다윗의 착각이었다. 만일 여
인이 임신하지 않았어도 다윗의 죄악은 입을 다문 채 영원 속으로 사라
지진 않을 운명이었다. 다윗은 범죄를 저지르는 동안에 숱한 사람에게
자신의 비밀을 노출시켰다. 우선은 목욕하는 여인이 누구인지를 알아
보라고 시킨 심부름꾼이다. 심부름꾼은 영원히 입을 다물 수 있었다.
그가 다윗의 개인 사정을 떠든다는 것은 자신의 목숨과 바꾸는 일이었
다. 그러나 여전히 그 심부름꾼은 알았고, 들었고, 보았다. 그는 다윗

범죄의 증인이었다. 여인을 자신의 침실로 데리고 와서 관계를 나눌 때 궁궐 구석구석에서 일하는 사람들의 시선 또한 다윗이 막을 수 없는 일이었다. 때로는 가구나 거울처럼 아무 말을 하지 않는다고 궁궐 시녀들의 눈과 귀까지 없앨 수는 없는 일이었다. 다윗과 늘 함께 있는 그의 식구들, 특히 그의 적지 않은 부인들 역시 다윗의 부정을 쉽게 알았을 가능성이 높다. 그들은 자신의 안위를 위해 다윗의 죄악을 눈감아줄 수는 있겠으나 없었던 일로 만들 수는 없었다.

그리고 그 여인 자체가 있었다. 간음이란 항상 상대가 있는 것이어서 본인과 상관없이 상대방이 여전히 남아 있음을 알아야 한다. 한 아버지의 딸이며, 한 남자의 아내인 그 여인의 이름은 '밧세바' 였다. 그녀에겐 아버지가 있었는데 이름은 엘리암(Eliam)이었다. 심부름꾼이 "엘리암의 딸이요 헷 사람 우리아의 아내 밧세바가 아니니이까?"라고 묻는 뉘앙스로 보건데, 다윗은 엘리암을 알고 있었다. 엘리암은 '하나님은 동족이시다' 라는 뜻이다. 밧세바의 아버지인 엘리암은 하나님을 아는 신실한 사람이었다. 그럼에도 다윗은 그 아버지의 딸을 범했다. 밧세바는 자신이 다윗으로 인해 임신한 사실을 알고 심부름꾼을 보냈다. 밧세바의 심부름꾼인 그(혹은 그녀) 역시 다윗의 비밀을 공유하게 되었다.

일이 이렇게 되자, 다윗은 전쟁터에 있는 밧세바의 남편 우리아를 급히 집으로 오게 한다. 그렇다면 우리아는 알았을까? 알았을 가능성이 높다. 다윗이 전쟁의 엄중한 시기에 자신을 집으로 돌아가게 명령한 것을 보고 어느 정도는 짐작했을 것이다. 다윗은 우리아가 자신이 원하는 대로 움직이지 않자 요압을 통해 우리아를 죽게 했다. 다윗의 부정을 율법적으로 제기할 사람은 우리아밖에 없었기 때문이다. 민수기 5장으로 가보자. 거기에는 아내의 부정이 의심될 때 남편이 할 수 있는 규정을 담고 있다. 남편은 아내의 부정에 대해 고발하여 법정에 세울 수 있었다. 즉 우리아가 아내를 추궁하여 율법과 제사장 앞에서 진실을 요구하면 밧세바는 자백하게 될 것이고, 그러면 다윗의 악행이 만천하에 드러나게 되는 것은 시간문제였다.

요압은 왕의 의중을 알아채고 우리아를 죽게 했다. 여기에서 다윗의 비밀을 알게 된 사람으로 요압 장군이 추가된다. 요압은 다윗이 지시대로 했다는 전갈을 송부할 때 전령을 보낸다. 전령 역시 비밀을 공유한 또 다른 사람이다. 전령이 전쟁의 상황을 자세히 얘기하자(더욱이 요압의 잘못된 판단으로 우리아 장군을 잃었음에도) 다윗은 평소와 다르게 온화하고 기쁘게 반응했다. 전령은 다윗의 회답을 요압에게 전달하며 어느 정도 눈치를 챘을 것이다. 그렇게 수많은 사람이 다윗의 범죄 사실을 알게 되었다. 그리고 다윗이 알았다. 다윗의 가슴 속 깊은 곳에 숨어 있는 양심이 알고 있었다. 그리고 마지막이 하나 더 남아 있었다.

우리아의 장례식을 마치고 난 후 다윗은 죽은 우리아의 아내 밧세바를 자신이 직접 거두어준다. 사람들은 남편 잃은 미망인을 왕께서 데려갈 정도로 관대하고 자비롭다는 평가를 할 것이라 다윗은 생각했겠지만, 이미 수많은 사람이 다윗의 진실을 알아채고 있었다. 다윗의 심부름꾼, 궁궐 침실 관리자, 다윗의 부인들, 밧세바, 밧세바의 심부름꾼, 우리아, 요압, 요압의 전령 등 줄잡아 열 명도 넘는 사람들이 직간접적으로 다윗의 범죄 사실을 알았을 것이다. 세간의 평가와 달리 그들은 다윗의 행적을 보며 치를 떨었을지도 모른다. 다만 다윗이 무서워서 아무 말도 하지 못할 뿐이었다. 그리고 마지막으로 하나님께서 그 모든 사실을 지켜보고 계셨다. 하나님은 다윗에 대한 분명한 평가를 내리셨다. 하나님이 보시기에 악했다!

> "그 장례를 마치매 다윗이 사람을 보내 그를 왕궁으로 데려오니 그가 그의 아내가 되어 그에게 아들을 낳으니라. 다윗이 행한 그 일이 여호와 보시기에 악하였더라"(삼하 11:27).

한 번 실수한 사람이 저지르는 또 다른 실수는 실수를 수습하는 과정에서 파생된다. 다윗은 밧세바의 임신으로 자신의 잘못이 노출되기 시작하자 그것을 덮기 위해 우리아를 전쟁터에서 불러냈다. 특별한 이유도 없이 전쟁터에서 호출된 우리아는 다윗의 요구대로 집으로 돌아가거나 아내와 동침하는 시간을 갖지 않았다.

> "그가 또 우리아에게 이르되 네 집으로 내려가서 발을 씻으라 하니 우리아가 왕궁에서 나가매 왕의 음식물이 뒤따라 가니라. 그러나 우리아는 집으로 내려가지 아니하고 왕궁 문에서 그의 주의 모든 부하들과 더불어 잔지라"(삼하 11:8-9).

우리아는 다윗의 명령을 거부할 처지가 아니었다. 그는 수많은 장군 중의 하나였고, 왕이 내리시는 특별한 휴가의 시간을 아내와 보낼 수 있었다. 그러나 우리아는 다윗의 부하들과 함께 노숙을 했다. 성경은 우리아가 왕궁 문에서 주의 모든 부하들과 잤다, 라고 표현하고 있다. 하필이면 왕궁이고, 하필이면 주(다윗)의 부하들과 머물렀다. 우리아는 왕의 요구를 거절하는 대신에 자신의 위치와 자리를 통해 다윗에게 무언의 도전장을 던졌다. 나는 이토록 충성한데, 다윗, 당신은 어떠하오. 다윗은 영문을 모른다는 듯이 우리아에게 왜 집으로 들어가지 않았는지를 묻자, 우리아는 이렇게 대답한다.

> "우리아가 다윗에게 아뢰되 언약궤와 이스라엘과 유다가 야영 중에 있고 내 주 요압과 내 왕의 부하들이 바깥들에 진 치고 있거늘 내가 어찌 내 집으로 가서 먹고 마시고 내 처와 같이 자리이까. 내가 이 일을 행하지 아니하기로 왕의 살아 계심과 왕의 혼의 살아 계심을 두고 맹세하나이다 하니라"(삼하 11:11).

우리아는 다윗에게 자신이 집에 들어갈 수 없는 이유를 말했다. "지금은 성전(聖戰) 중이며 자신의 상관과 부하들이 들에서 자고 있는데 혼자 편히 쉴 수는 없습니다. 왕의 명예와 영광을 위해서 이 일은 있을 수 없는 일입니다." 그런데 그의 대답 중에는 이런 말이 강조되고 있다. 내가 어찌 내 집으로 가서 먹고 마시고 내 처와 같이 자리이까. 여기서 사용된 히브리어는 '샤카브'인데, 단지 '잔다, 눕다'는 의미도 있지만 '성관계를 맺는다, 이성과 잠자리를 같이 한다'라는 의미도 있다. '샤카브'라는 단어는 야곱을 두고 레아와 라헬이 다툴 때 레아가 합환채를 얘기하며 남편과 동침하겠다고 할 때도 쓰였고(창 30:15), 보디발의 아내가 요셉을 유혹할 때도 이 단어가 쓰였다(창 39:7). 다윗이 "집으로 들어가서 좀 쉬어라"는 명령을 내리고 우리아가 거부하자, 그 이유를 물었을 때 "나는 집으로 들어가서 내 아내와 성관계를 맺지 않겠습니다"라고 대답한 것이다. 우리아는 어렴풋하기는 하나 아내와 다윗 사이의 부정과 그것 때문에 다윗이 수습하고 있는 것임을 짐작하고 있었다.

그렇다면 다윗은 우리아에게 흉금을 털어놓고 자신의 잘못을 고백하고, 그에 대한 처벌을 받고, 혹은 우리아의 자비를 구해야했다. 잘못된 것을 다시 돌려놓을 마지막 기회였다. 다윗이 예전처럼 하나님의 뜻에 깨어 있는 자라면 우리아가 하는 말들 속에 녹아 있는 하나님의 뜻을 발견했을 것이다. 그런데 다윗은 짐승과 같았던 실수를 야수와 같은 범죄로 덮으려고 했다. 자기 손에 피 한 방울 묻히지 않으면서도 부하 손을 통해 우리아를 죽이는 수를 썼다. 원수 사울을 죽일 기회 앞에서 부끄러워 떨던 겸손한 다윗은 벌써 사라진 지 오래였다.

끔찍한 죄악으로 인해 다윗이 치러야 할 대가는 다윗 개인에게만 국한된 것이 아니었다. 다윗이 밧세바를 데리고 온 이후 밧세바 사이에서 난 아들이 죽는 비극을 경험하게 되었다. 다윗은 그것으로 죄의 대가가 치러진 것이라 여겼다. 그러나 그것이 끝이 아니었다. 나단 선지자가 다윗 앞에 섰다. 그는 직접적으로 죄를 지적하기보다 한 가지 이야기를 했다. "양과 소를 많이 소유하고 있는 부자가 이웃의 가난한 집안의 딸처럼 소중하게 키우는 유일한 양을 강제로 빼앗았습니다." 그러자 다윗은 분개하면서 말했다. "여호와의 살아 계심을 두고 맹세하노니 이 일을 행한 그 사람은 마땅히 죽을 자라"(삼하 12:5).

다윗은 분명하게 선과 악을 구별했다. 그것도 하나님의 이름으로 맹세까지 할 정도였다. 그러나 선과 악을 구분하는 것과 선을 실천하고 악을 거부하는 것은 또 다른 일이었다. 다윗은 선악을 알고 있었지만 자신이 악에 속해 있다는 사실은 까맣게 잊고 있었다. 나단 선지자는 다윗의 분노의 화살, 즉 악에 대한 응징이 본인을 향해야 한다고 말했다. "당신이 바로 그 사람입니다!" 나단은 비유를 통해 다윗의 악행을 깨닫게 했다. 만약 나단이 직접적으로 다윗의 죄악상을 지적했다면 우리아처럼 다윗의 손에 죽었을지도 모를 일이다. 비유는 이렇듯 숨겨져 있던 양심을 일깨우는 역할을 한다. 나단 선지자는 하나님의 뜻을 다윗에게 전했다.

> "그러한데 어찌하여 네가 여호와의 말씀을 업신여기고 나 보기에 악을 행하였느냐. 네가 칼로 헷 사람 우리아를 치되 암몬 자손의 칼로 죽이고 그의 아내를 빼앗아 네 아내로 삼았도다. 이제 네가 나를 업신여기고 헷 사람 우리아의 아내를 빼앗아 네 아내로 삼았은즉 칼이 네 집에서 영원토록 떠나지 아니하리라 하셨고 여호와께서 또 이와 같이 이르시기를 보라. 내가 너와 네 집에 재앙을 일으키고 내가 네 눈앞에서 네 아내를 빼앗아 네 이웃들에게 주리니 그 사람들이 네 아내들과 더불어 백주에 동침하리라"(삼하 12:9-11).

다윗에게 주어진 대가는 칼이 다윗 집안에서 떠나지 않을 것이며, 집안에 재앙이 일어나고, 다윗의 아내들이 남들과 동침하게 되는 것이었다. 그런데 비극적이게도 칼과 동침의 재앙이 다른 사람이 아닌 바로 자기 아들들을 통해 일어나게 되었다. 밧세바를 통해 태어난 아들이 얼마 지나지 않아 죽은 이후 솔로몬이라는 또 다른 아들이 태어나면서 위로를 얻었다. 그러나 죄의 대가로 태어났던 아기의 죽음은 시작에 불과했다.

여기서 우리는 다윗의 집안을 정리해볼 필요가 있다. 오른쪽의 표에는 헤브론에서 태어난 다윗의 아들들과 예루살렘에서 태어난 아들들의 이름이 기록되어 있다. 헤브론에서 태어난 아들들은 어머니의 이름이 명시되어 있다. 한 아내 당 한 명씩의 아들만 낳았을 리가 없으므로 그중에서 대표적인 아들만 명시한 것으로 보인다. 예루살렘에서 낳은 아들들의 이름도 열거되어 있는데, 역대상에서는 밧세바의 네 명의 아들 이름을 다 열거하고 있다. 그러니까 다윗은 쫓기는 몸이었을 때도 아내들을 늘려갔고, 왕이 된 뒤에도 아내들을 늘렸으며, 예루살렘으로 천도한 후에는 더욱 많은 아내를 통해 아들을 낳았다. 밧세바를 아내로 맞이하고 난 다음에도 아내를 늘렸다고 볼 수도 있다. 다윗은 자녀를 낳기 위해 계속해서 아내를 늘려갔다. 그럼에도 다윗의 욕망은 끝이 나지 않았다.

다윗의 이와 같은 욕망의 결과는 다윗 왕조의 운명에도 큰 영향을 끼치게 되는데, 다윗의 아들들 사이에서의 암투와 혈전이 그것이다. 다윗의 장자 암논이 셋째 아들인 압살롬의 누이 다말에 대한 욕정으로 그녀를 범하고는 버렸다. 압살롬은 여동생의 원수를 갚기 위해 암논을 살해하고 도망쳤다. 우여곡절 끝에 압살롬은 다윗과 극적인 화해를 하게 되었으나 그 사이에 절치부심, 다윗을 몰아내고 반역을 일으켰다. 압살롬에 의해 다윗은 왕의 자리에서 쫓겨났다. 다윗이 피난을 간 후 남아 있던 다윗의 후궁들은 압살롬에 의해 강간을 당했다. 칼과 동침의 재앙이 압살롬에 의해서 이루어진 것이다. 마치 압살롬은 자신의 일을 다

헤브론 (삼하 3:2-5 / 대상 3:1-3)		예루살렘 (삼하 5:14-16 / 대상 3:5-8)	
암논 (아히노암) 길르압 (아비가일) 압살롬 (마아가) 아도니야 (학깃) 스바댜 (아비달) 이드르암 (에글라)	암논 (아히노암) 다니엘 (아비가일) 압살롬 (마아가) 아도니야 (학깃) 스바댜 (아비달) 이드르암 (에글라)	삼무아 소밥 나단 솔로몬 입할 엘리수아 네벡 아비아 엘리사마 엘랴다 엘리벨렛	시므아, 소밥, 나단, 솔로몬 (밧수아) 입할 엘리사마 엘리벨렛 노가 네벡 야비아 엘리사마 엘랴다 엘리벨렛
6명	6명	11명	13명

* ( ) 안은 어머니 이름

마쳤다는 듯이 다윗 참모의 계략으로 결국 죽게 되고, 그의 짧은 반란은 막을 내린다.

다윗이 저질렀던 악의 열매가 아들들에 의해서 살인과 강간 같은 무시무시한 범죄로 드러나게 되었고, 다윗은 왕의 후보 중에 가장 유력한 두 아들을 잃었다. 압살롬에 의해 죽은 암논은 그의 인격이 심히 실망스럽지만 적어도 다윗의 장자임은 분명했다. 반역을 일으켰다가 죽은 압살롬은 비록 아버지에게 대항했으나 그에 대한 묘사는 왕의 후보로서 손색이 없었다.

"온 이스라엘 가운데에서 압살롬같이 아름다움으로 크게 칭찬받는
자가 없었으니 그는 발바닥부터 정수리까지 흠이 없음이라"(삼하
14:25).

누가 되더라도 이상할 것이 없을 정도로 좋은 조건을 갖춘 두 왕자는 서로 죽고 죽이며 아버지에게 반역하는 등 다윗 왕조를 어지럽히고 말았다. 암논이 그의 이복누이 다말과 결혼하고 싶다고 다윗에게 요청을 했더라면, 암논이 다말을 범했을 때 다윗이 따끔하게 혼을 냈더라면, 압살롬이 암논을 죽이려는 계획을 다윗이 말렸더라면, 압살롬이 자신을 반역하려 할 때 다윗이 마음 깊이 용서를 구하고 받아들였다면···. 다윗은 모든 가능성을 다 날려버리고 말았다. 다윗이 몰랐을까? 다 알고 있었다. 다윗이 소심했기 때문일까? 상황을 정리하고 주도하는 것은 다윗의 전문분야였다. 그런데 왜 그는 아들들 앞에서 한없이 무력했을까? 다윗이 아들들을 꾸짖을 형편이 아니었기 때문이다. 자신이 저지른 죄가 자신의 팔과 다리를 꽁꽁 묶고 입을 막아버린 셈이다. 다윗은 죄를 지었고, 그 죄로 인해 자식들을 망쳤고, 왕국을 어지럽혔으며 하나님과의 관계를 완전히 깨뜨리고 말았다.

그 사이에 밧세바는 무엇을 했을까? 비록 암논과 압살롬이라는 주요 왕의 후보는 잃었지만 여전히 다윗에게는 많은 왕자가 있었다. 밧세바는 왕실의 암투 속에서 자신의 아들 솔로몬을 왕으로 앉히기 위해 계략과 술수를 능란하게 사용하는 것처럼 보인다. 늙은 다윗이 후계자를 정하지 못하고 갈팡질팡하고 있을 때 밧세바는 솔로몬을 다윗의 계승자로 확실하게 세웠다. 우리는 그 상황만 보고 마치 남편을 조종하는 밧세바, 그래서 밧세바가 책략과 음모로 다윗에게 접근했을 수도 있다는 의심을 갖게 된다. 그러나 보라. 밧세바가 강간을 당하고 싶어서 당했고 다윗을 유혹하고 싶어서 목욕을 했던가! 밧세바는 철저히 수동적으로 다윗에게 희생당했을 뿐이다. 그렇지만 다윗과 함께 있으면서 다윗의 지혜와 명민함이 사라져가는 동안에 밧세바는 상황을 통제하고 이끌어갈 수 있는 힘과 통찰력을 길렀다. 그래서 솔로몬을 통해 왕위를 계승하는 모든 과정에서 힘 있게 위기를 이끌어갔던 것이다. 솔로몬의 지혜의 절반은 어머니로부터 유전된 것임이 분명해보인다.

에덴동산에서는 선악과라는 경계가 있었다. 네피림 이야기에서는 하나님의 아들들과 인간의 딸들이라는 경계가 있었다. 십계명은 인간으로서 해야 할 일과 하지 말아야 할 일에 대한 경계를 규범적으로 설명하고 있다. 홍해는 노예와 자유인이라는 경계를 보여주고 있으며, 요단강은 약속의 땅 가나안의 경계를 보여주고 있다. 우리에게는 경계에 대한 끝없는 유혹이 있다. 다윗은 왕이라는 넓고 큰 테두리 속에 살면서 많은 것을 누렸지만 밧세바라는 남의 여인이 그의 경계였다는 사실을 잊어버렸다. 다윗은 경계의 싸움에서 지고 만 것이다.

에덴동산에서 모든 것이 허락되었지만 선악을 알게 하는 나무의 열매만큼은 허락되지 않았다. 그런데 유혹이 있었다. 그 유혹은 하나님이 주신 것이 아니라 뱀이 말을 걸어오면서 시작되었다. 정말 뱀이었을 수도 있고, 혹은 그 유혹에 대한 내면의 소리일 수도 있다. 내면의 소리가 뱀으로 형상화되어서 말을 걸어온다. 그것을 먹으라고. 지금까지 일으켜온 하나님의 축복, 그동안에 해낸 많은 업적을 볼 때 내면의 소리가 뱀처럼 혀를 날름거리며 말을 걸어온다. 원하는 걸 가지라고. 그래서 그 경계를 허물어버리라고. 너는 그럴 자격이 있다고. 너는 하나님이 될 수 있다고. 다윗에게 내면의 소리가 뱀처럼 유혹했다. 저 여인을 범하라고. 너는 그럴 자격이 있다고. 네가 갖지 못할 것은 없다고. 그 경계의 싸움에서 실패한 다윗은 에덴동산에서 쫓겨난 아담과 하와처럼 자신의 왕국에서 쫓겨났다. 그 모든 것을 가진 자유인에서 모든 것을 빼앗긴 자로 초라하게 서 있을 뿐이었다.

다윗의 전반부와 후반부는 과연 같은 사람이 맞나 싶을 정도로 추락의 끝을 보여준다. 빛나는 이성과 대의를 향한 의지, 그리고 그것을 실제화해주는 실천. 인간 최고의 경지를 보여주던 다윗은 한 번의 실수로 완전히 만신창이가 되었다. 성경은 다윗의 과거의 업적을 핑계로 현재의 죄악 됨을 상쇄하거나 숨기려고 하지 않는다. 잔인해 보이지만 실수한 다윗의 죄를 적나라하게 고발하는 데 나머지 시간을 사용한다. 그래서 그의 실수는 실수가 아니었고 철저하게 무너진 그의 죄악이었음을 보여준다. 성경의 위대함은 다윗처럼 위대하고 훌륭한 사람이 주인공으로 등장하기 때문이 아니라 다윗의 선행에 감추어졌던 잔인하고 비열하며 악하고 더러운 인간의 모습을 날것 그대로 가차 없이 드러내는 데 있다.

Chapter 22

부유하나 가난한 왕

솔로몬은 헤브론에서 태어난 여섯 명의 대표적인 형님들이 있었고 (비록 암논과 압살롬은 죽었지만), 예루살렘에서도 열 명이 넘는 형제들이 있었다. 솔로몬은 그들 형제 중에 막내로서 거친 경쟁률을 뚫어야만 왕이 될 기회를 잡을 수 있었다. 그렇다면 솔로몬이 왕이 될 수 있었던 이유는 무엇일까? 남의 부인(밧세바)의 아들이기 때문에 선천적인 한계가 있었다. 주변의 선입견으로 보는 시선으로 인해 왕정에서 운신의 폭도 좁았을 것이다. 밧세바는 솔로몬 말고도 세 명의 아들이 더 있었는데, 아무리 그녀가 능란한 솜씨로 솔로몬을 왕위에 앉혔다고 해도 밧세바의 또 다른 아들들까지 제치는 것은 결코 쉬운 일이 아니었다. 그런데 어떻게 솔로몬은 왕이 될 수 있었을까?

솔로몬의 어린 시절은 아픔과 외로움, 상처와 혼돈으로 가득한 시기였을 것이다. 솔로몬이 태어난 뒤에 하나님은 '여디디야' 라는 이름을 지어주시면서 다윗을 위로하셨다. '여디디야' 는 '여호와의 사랑을 받는다'(beloved of Yah)는 뜻이 있다. '다윗' 이란 이름에도 '사랑을 받는다' 는 의미가 있다. 아버지의 이름을 꼭 닮은 한 아기가 하나님의 사랑을 받으면서 태어났다. 다윗의 범죄에도 불구하고 하나님은 솔로몬에게 '여디디야' 라는 이름을 주셔서 그를 위로하셨다. 그러나 어린 시절 솔로몬이 겪었고 보아야 했던 왕궁의 현실은 그렇게 녹록치 않았다. 솔로몬이 왕이 되기 훨씬 전에 다윗을 계승할 후보자로 압살롬이 있었다.

압살롬은 스스로 왕의 자리에 오른 전력이 있었다. 압살롬은 2년 동안 복수를 기다려 이복형 암논을 죽였고, 그 후 어머니의 고향 그술로 도망을 갔다가 다시 예루살렘으로 돌아왔으며, 예루살렘에서 기다리는 데 2년, 재판장으로 백성들의 마음을 훔치는 데 4년의 시간을 보냈다. 압살롬은 최소 8년 이상의 준비기간을 거쳐 아버지를 내쫓고 왕이 되었다. 다윗은 압살롬이 죽은 뒤에도 세바의 반란을 겪었고, 그다음에 3년간 흉년을 맞았으며, 1년간 인구조사로 후유증을 치르는 등 자신의 후반기를 얼룩진 시기로 보내야 했다. 다윗 말년의 덧없는 상황들이 열거될 때도 솔로몬은 등장하지 않았다. 열왕기상으로 넘어가서야 아도니야의 쿠데타 이후 비로소 '솔로몬' 이라는 이름이 언급된다. 사무엘하가 연대기적으로 서술되지는 않았기에 방금 열거한 이야기가 시간 순으로 진행되지는 않았겠지만 어린 솔로몬에게 반란과 전쟁 등이 적잖은 영향을 미쳤을 것임에는 분명해 보인다. 솔로몬은 한동안 이름이 등장하지 않다가 열왕기상에서 등장한다(왕상 1:10).

'솔로몬'이 등장할 때까지 일어난 많은 일은 청소년기의 솔로몬에게 역기능적인 영향력을 미쳤다. 솔로몬이 태어난 뒤에 벌어진 일들은 성경에 기록된 것으로만 따져도 12년 이상의 기간이 걸리는 일들이었다. 그러므로 솔로몬은 어린 시절부터 성인이 될 때까지 왕궁에서 좋은 추억을 쌓고 기쁨에 찬 시기를 보낸 것이 아니라 부정적이고 어두운 환경 속에 놓여 있었다. 본격적으로 솔로몬이 등장할 때는 솔로몬보다 나이가 한참이나 많은 아도니야라는 이복형이 왕의 자리를 노리고 있던 때였다. 아도니야는 다윗의 셋째로서 암논이나 압살롬 다음이라고 할 수 있고, 그들이 죽었으므로 실질적으로 아버지 다윗을 이어 왕이 될 순서였다. 더욱이 그의 겉모습은 훌륭했다.

> "그는 압살롬 다음에 태어난 자요 용모가 심히 준수한 자라. 그의 아버지가 네가 어찌하여 그리 하였느냐고 하는 말로 한 번도 그를 섭섭하게 한 일이 없었더라"(왕상 1:6).

자신이 왕이 되어야겠다고 생각한 아도니야는 준수한 용모에 아버지로부터 특별한 지적도 받은 적 없는 아들이었다. 아도니야는 어떻게 하면 왕이 될 수 있는지를 분명히 알고 있었다. 그는 다윗의 오른팔이었던 요압과 제사장 아비아달을 자신의 편으로 끌어들이는 데 성공했다. 요압은 다윗을 위해서 평생을 바쳤고, 혁혁한 공을 세웠으며, 다윗의 비밀을 소유한 자였다. 아직 힘이 남아 있다면 새로운 왕을 세우고 그 뒤에서 다시 한번 세상을 호령할 준비가 되어 있었다. 아도니야는 요압을 자신의 지지자로 만들었다. 그리고 하나님의 뜻이 필요한데, 주요 제사장 중 한 명인 아비아달을 자신의 옹호자로 세웠다. 늙고 힘없는 다윗이 침묵으로 긍정만 해준다면 아도니야가 왕이 되는 데는 별 어려움이 없을 터였다. 그는 치밀하게 준비했다. 아도니야가 잔치를 벌이고 많은 사람을 초청해서 자신이 새로운 왕임을 선포하는 그 긴박한 순간, 솔로몬의 어머니 밧세바가 나섰다.

하나님의 뜻을 알고 있던 선지자 나단이 밧세바에게 조언을 했다. "만약 아도니야가 이스라엘의 새로운 왕이 되는 것을 막지 못하면 당신과 당신의 아들 솔로몬은 제거됩니다. 왕에게 가서서 상황을 얘기하시면 제가 당신을 거들겠습니다." 밧세바는 심호흡을 하고 다윗의 방문을 열었다. 다윗은 젊은 여종 아비삭의 시종을 받고 있었으나 힘은 없어 보였다. 눈은 이미 노안이라 침침하기 이를 데 없었으며, 검버섯으로 덮인 팔은 가냘프기 그지없었다. 밧세바가 다윗 왕에게 절을 하면서 가까이 가자, 다윗은 영문도 모른 채 눈을 껌벅거렸다.

"밧세바가 몸을 굽혀 왕께 절하니 왕이 이르되 어찌 됨이냐. 그가 왕께 대답하되 내 주여 왕이 전에 왕의 하나님 여호와를 가리켜 여종에게 맹세하시기를 네 아들 솔로몬이 반드시 나를 이어 왕이 되어 내 왕위에 앉으리라 하셨거늘 이제 아도니야가 왕이 되었어도 내 주 왕은 알지 못하시나이다"(왕상 1:16-18).

밧세바가 다윗에게 상황을 설명하고 뒤이어 들어온 선지자 나단은 밧세바에 이어 자세한 상황을 덧붙였다. 아도니야가 자신을 왕으로 선포했으며, 그에게 동조한 무리가 많고, 따라서 이 사태에 대해 다윗의 용단을 촉구한다는 내용이었다. 다윗 왕은 밧세바와 나단의 근심어린 표정을 읽었고 그들의 말 속에서 확신을 얻었다. 무거운 침묵이 흐른 뒤 다윗은 밧세바를 가까이 오게 하며 이렇게 말했다.

"왕이 이르되 내 생명을 모든 환난에서 구하신 여호와께서 살아 계심을 두고 맹세하노라. 내가 이전에 이스라엘의 하나님 여호와를 가리켜 네게 맹세하여 이르기를 네 아들 솔로몬이 반드시 나를 이어 왕이 되고 나를 대신하여 내 왕위에 앉으리라 하였으니 내가 오늘 그대로 행하리라"(왕상 1:29-30).

"제사장 사독과 선지자 나단과 그의 부하 브나야를 불러 솔로몬을 기혼으로 데려간 후 기름을 부어 왕으로 삼아라. 내가 나를 이어 솔로몬을 이스라엘의 통치자로 임명했노라." 왕의 명령이 떨어지자, 그다음부터는 속전속결이었다. 왕명에 따라 그들은 솔로몬을 데리고 기혼으로 내려갔다. 소문은 말보다 빠른 법, 어느새 수많은 백성이 기혼으로 몰려들었다. 기혼은 예루살렘의 동쪽 문밖 기드론 골짜기에 있는 샘으로 하루에도 몇 차례씩 물이 분출되는 유명한 간헐천이었다. 후에 히스기야 왕이 이 기혼의 물을 이용해서 예루살렘 성안으로 물을 끌어들이는 관계 수로사업을 했다.

아도니야가 예루살렘 남쪽 에느로겔샘 근처의 소헬렛이라는 곳에서 왕으로 자칭하는 동안에 솔로몬은 기혼 샘에서 왕으로 추대되었다. 아도니야 곁에는 그의 형제들과 요압의 지휘관들이 모여 있었지만 솔로몬의 곁에는 백성들이 모여 있었다. 백성들의 함성 소리가 커서 소헬렛에 모여 여유 있게 술을 마시고 있는 아도니야 일당들에게도 들릴 정도였다. 그들이 상황을 파악해 보니 다윗 왕이 아도니야가 아닌 솔로몬을 왕으로 인정했고, 공식적으로 왕으로 세웠다는 사실도 알게 되었다.

"아도니야와 함께한 손님들이 다 놀라 일어나 각기 갈 길로 간지라. 아도니야도 솔로몬을 두려워하여 일어나 가서 제단 뿔을 잡으니"(왕상 1:49-50).

잔치는 끝났고 손님들은 혼비백산해서 집으로 돌아갔다. 정신이 나갈 것 같은 현실에 아도니야는 제단의 뿔을 잡았다. 적어도 제단의 뿔을 잡은 사람을 잔인하게 죽일 수는 없었다. 더욱이 솔로몬이 왕이 된 기쁜 날이 아닌가! 아도니야는 자신의 목숨을 부지하기 위해서 낭떠러지의 나뭇가지를 잡은 사람처럼 제단의 뿔을 놓지 않았다. 그렇게 왕위에 대한 아도니야의 욕심은 끝이 났고, 이스라엘의 세 번째 왕으로 다윗의 아들 솔로몬이 등극하게 되었다. 다윗은 솔로몬을 왕으로 세운 뒤에 그에게 유언했다.

"내가 이제 세상 모든 사람이 가는 길로 가게 되었노니 너는 힘써 대장부가 되고 네 하나님 여호와의 명령을 지켜 그 길로 행하여 그 법률과 계명과 율례와 증거를 모세의 율법에 기록된 대로 지키라. 그리하면 네가 무엇을 하든지 어디로 가든지 형통할지라"(왕상 2:2-3).

다윗은 하나님의 명령을 당부하면서 아도니야의 혁명에 가담했던 사람들에 대한 사후처리와 마음에 걸리는 사람들에 대한 권징에 대해서도 말했다. 요압에 대해서는 그가 아브넬과 아마사에게 행한 것으로 얼마나 악한 자인지를 알았으니 "네 지혜대로 행하여 그의 백발이 평안히 스올에 내려가지 못하게 하라"(왕상 2:6). 바르실래에게는 내가 쫓기고 도망갈 때 베풀어준 은혜를 생각해서 선대(善待)하라. 시므이는 내가 쫓기고 도망갈 때 나를 저주했고 다시 돌아왔을 때는 영접했으나 "그러나 그를 무죄한 자로 여기지 말지어다"(왕상 2:9). 다윗은 숨을 거두고 이제 솔로몬의 시대가 도래하게 되었다. 솔로몬은 아버지의 유언을 어떻게 이루었을까?

혁명에 실패한 아도니야는 밧세바에게 다윗의 첩 아비삭을 달라고 요청했다. 왕의 아내나 후궁을 취하는 것은 단지 그 여자만을 노린 것이 아니라 왕이 되려는 의도도 숨겨져 있었다. 사울 왕을 모셨던 아브넬이 사울의 첩 리스바와 간통한 것이 사울의 아들인 이스보셋을 격분시킨 이유가 바로 이런 의도였기 때문이다. 아도니야의 동기를 알아챈 솔로몬은 브나야를 보내서 그 자리에서 처형했다. 솔로몬은 내친 김에 아도니야를 옹위하려던 제사장 아비아달을 직위에서 파면시키고 고향으로 내려가 조용히 지내게 했다. 사태가 급박하게 돌아가자 위협을 느낀 요압은 아도니야처럼 제단뿔을 움켜쥐어서 목숨을 구하려고 했지만 솔로몬은 브나야를 보내 요압을 그 자리에서 죽였다. 시므이는 예루살렘을 벗어나지 않으면 여생을 편히 살 수 있었으나 자기 종을 찾기 위해 예루살렘을 이탈했고 브나야는 그를 죽였다. 정리하자면 솔로몬이 즉위 후 제일 먼저 한 일이 세 명 사형, 한 명 유배였다. 아버지의 유언인 대장부가 되라는 말을 솔로몬은 죽음이라는 방법으로 실천했고,

명단에 포함되지 않은 사람들까지도 용서 없이 사형에 이르게 했다.

솔로몬이 왕이 되기 전에 아도니야를 왕으로 추대한 세력들은 여전히 남아 있었다. 그들 중에는 다윗의 아들들이 포함되어 있었고 요압의 신하들도 다수 끼어 있었다. 솔로몬이 왕으로서 행사한 첫 공식적인 행보는 그들을 자극할 수도 있는 일이었다. 그래서 그는 충분히 관대하게 대할 수도 있었고, 속도를 조절할 수도 있었다. 그런데 솔로몬은 원한을 푸는 사람처럼 그들의 전후 사정을 봐주지 않고 가차 없이 처형을 했다. 꼭 그렇게까지 해야 했을까? 솔로몬이 왕이 된 후 맹렬하고 냉혹하게 대하는 데는 이유가 있었다. 그는 어렸을 때부터 태평스러운 나라를 누리지 못했다. 그가 열 살에 자아에 눈을 떴다면 그 이후 적어도 13년은 암흑기였다. 형제가 형제를 죽이고, 형이 아버지를 죽이려 하고, 아버지가 맨발로 쫓겨나고, 보복과 살인과 암투가 심심치 않게 벌어졌다. 서로 물고 물리는 적의와 분노, 복수 속에서 유년 시절을 보냈다. 솔로몬이 그런 역기능적인 왕실에서 예민한 사춘기 시절을 보냈으니 그가 비뚤어지지 않고 폐인이 되지 않은 것만으로도 기적이라 할 수 있다. 솔로몬은 왕이 된 후에 날카로운 언행을 보이면서까지 자신을 보호하고 왕좌를 지켜야만 했다. 그렇지 않으면 궁중에서 살아남을 수 없음을 본능적으로 알고 있었다.

"그때까지 여호와의 이름을 위하여 성전을 아직 건축하지 아니하였으므로 백성들이 산당에서 제사하며 솔로몬이 여호와를 사랑하고 그의 아버지 다윗의 법도를 행하였으나 산당에서 제사하며 분향하더라. 이에 왕이 제사하러 기브온으로 가니 거기는 산당이 큼이라.

솔로몬이 그 제단에 일천 번제를 드렸더니 기브온에서 밤에 여호와께서 솔로몬의 꿈에 나타나시니라. 하나님이 이르시되 내가 네게 무엇을 줄꼬. 너는 구하라"(왕상 3:2-5).

솔로몬 왕의 초기 통치시절, 그는 기브온이라는 산당에서 일천 번제를 드렸다. 그러자 그날 밤에 솔로몬의 꿈에 하나님이 나타나셔서 소원을 말하라고 하셨다. 솔로몬은 지혜를 달라 했고, 그래서 하나님은 그것을 좋게 여겨 그에게 구하지도 않은 부와 명예도 허락해주셨다. 마치 금도끼, 은도끼 같은 이야기로 우리는 흔히 정직하고 겸손하게 자신의 소원을 얘기하면 하나님은 더 큰 은혜를 내리신다고 이해하기도 한다. 그러나 솔로몬이 자신의 소원을 구하는 장면을 자세히 살펴볼 필요가 있다.

"나의 하나님 여호와여 주께서 종으로 종의 아버지 다윗을 대신하여 왕이 되게 하셨사오나 종은 작은 아이라. 출입할 줄을 알지 못하고 주께서 택하신 백성 가운데 있나이다. 그들은 큰 백성이라. 수효가 많아서 셀 수도 없고 기록할 수도 없사오니 누가 주의 이 많은 백성을 재판할 수 있사오리이까. 듣는 마음을 종에게 주사 주의 백성을 재판하여 선악을 분별하게 하옵소서"(왕상 3:7-9).

솔로몬은 백성들이 많아 그들을 재판하기가 어렵기에 선악을 분별할 능력을 달라고 소원했다. 하나님은 "오직 송사를 듣고 분별하는 지혜를 구하였으니 내가 네 말대로 하여 네게 지혜롭고 총명한 마음을 주겠다"(왕상 3:11-12)고 하셨다. 그래서 우리는 솔로몬이 구한 것이 '지혜'라 이해하고, 솔로몬을 '지혜의 왕'이라고 부르는 데 주저하지 않는다. 그러나 과연 그럴까? 솔로몬이 하나님께 요청한 내용은 백성들의 숫자가 많으니 그들에 대한 선악을 분별하여 재판을 잘하기를 원한다는 것이었다. 솔로몬은 실제로도 어린아이였다. 그들의 형들에 비하면 훨씬 어린 나이였고, 어머니 밧세바의 아들들 중에서도 막내였다. 솔로몬의 형들은 이복형들이었기에 다윗이 막내였던 것보다 훨씬 더 막내였다. 그리고 백성들의 숫자가 많았다. 이는 단지 인구가 많다는 의미만은 아니었다. 솔로몬의 치세에 이스라엘 백성들은 그 정체를 알 수 없는 존재가 되었다.

솔로몬이 왕이 된 후 주변의 모든 사람은 거의가 똑같은 얼굴을 하고 있었다. 그 얼굴은 솔로몬에 대한 두려움과 아첨의 모습이었다. 솔로몬에게 직언을 하거나 그에게 조금이라도 반기를 들면 바로 아도니야나 요압처럼 죽게 될 것이며, 잘 봐줘야 아비아달 짝이 나는 거였다. 그래서 모든 신하와 형제들은 똑같이 비굴한 얼굴로 왕의 눈에 나지 않도록 몸을 사려야 했다. 그것은 모든 백성도 마찬가지였다. 그들의 속마음을 솔로몬에게 들켜서는 안 되었다. 백성들이 많다는 것은 솔로몬이 그들이 어떤 백성들인지를 알 수 없게 되었다는 뜻이다. 솔로몬은 그들 중에 옥석을 가려내야 했다. 누가 거짓말하는 자이고, 누가 자신을 위할 사람인지를 구별해야 했다. 정체가 파악되지 않으면 솔로몬은 모두를 악으로 간주할 수밖에 없었다. 그래서 솔로몬은 선악의 분별을 하나님께 요청한 것이다! 그가 왕으로 살아갈 수 있는 길은 그것밖에 없었다. 솔로몬이 선악의 분별을 달라고 한 것 자체가 지혜였다.

솔로몬이 등극한 이후 나라가 안정되어 갔지만 크고 작은 분쟁은 여전했다. 만약 그가 선악을 분별하지 못하면 사람들을 다 죽이는 것으로 문제를 해결하는 수밖에 없었다. 솔로몬이 왕으로서의 첫 번째 공식적인 행적이 사람들을 처형하는 것이었고, 그는 그런 극단적인 방법으로 문제를 해결하는 것밖에는 몰랐다. 만약 그에게 선악을 분별할 능력이 없다면 백성들이 어려운 문제를 들고 와봐야 솔로몬의 손에 다 죽는 거였다. 그렇게 해서 나라는 잘 굴러갈 수 없었다. 솔로몬은 하나님께로부터 선악을 구별하여 재판을 잘할 수 있는 지혜를 구했다. 그리고 그 지혜를 시험해볼 첫 번째 시험대에 서게 되었다. '누가 진짜 어머니인가'를 가려내는 자리였다.

"그때에 창기 두 여자가 왕에게 와서 그 앞에 서며 한 여자는 말하되 내 주여 나와 이 여자가 한집에서 사는데 내가 그와 함께 집에 있으며 해산하였더니 내가 해산한 지 사흘 만에 이 여자도 해산하고 우리가 함께 있었고 우리 둘 외에는 집에 다른 사람이 없었나이다. 그런데 밤에 저 여자가 그의 아들 위에 누우므로 그의 아들이 죽으니 그가 밤중에 일어나서 이 여종 내가 잠든 사이에 내 아들을 내 곁에서 가져다가 자기의 품에 누이고 자기의 죽은 아들을 내 품에 뉘었나이다. 아침에 내가 내 아들을 젖 먹이려고 일어나 본즉 죽었기로 내가 아침에 자세히 보니 내가 낳은 아들이 아니더이다 하매 다른 여자는 이르되 아니라 산 것은 내 아들이요 죽은 것은 네 아들이라 하고 이 여자는 이르되 아니라 죽은 것이 네 아들이요 산 것이 내 아들이라 하며 왕 앞에서 그와 같이 쟁론하는지라"(왕상 3:16-22).

두 여자는 마치 녹음기처럼 똑같은 이야기를 했다. 상대방이 실수로 자기 아이를 죽인 뒤에 남은 아이를 자기 것이라 우기고 있고, 어느 누구도 그 진위를 가려낼 수가 없었다. 이 문제는 누구도 밝혀낼 수 없는 일이었다. 얼마나 어려운 문제였던지 왕에게로 이 문제가 넘어갔다. 이 여인들의 실수라면 그때의 왕이 솔로몬이란 사실이었다. 솔로몬은 불과 얼마 전까지만 해도 자신의 이복형(그것도 유력한 왕의 후보)을 죽였고, 선대왕의 심복을 처형시켰고, 몸 사리고 있던 부자도 숙청했고, 제사장도 좌천시켰다. 솔로몬 앞에 자비란 없었으며 사람들은 솔로몬을 보면서 냉혈한이라고 수군댔다.

"왕이 이르되 이 여자는 말하기를 산 것은 내 아들이요 죽은 것은 네 아들이라 하고 저 여자는 말하기를 아니라 죽은 것이 네 아들이요 산 것이 내 아들이라 하는도다 하고 또 이르되 칼을 내게로 가져오라 하니 칼을 왕 앞으로 가져온지라. 왕이 이르되 산 아이를 둘로 나누어 반은 이 여자에게 주고 반은 저 여자에게 주라. 그 산 아들의 어머니 되는 여자가 그 아들을 위하여 마음이 불붙는 것 같아서 왕께 아뢰어 청하건대 내 주여 산 아이를 그에게 주시고 아무쪼록 죽이지 마옵소서 하되 다른 여자는 말하기를 내 것도 되게 말고 네 것도 되게 말고 나누게 하라 하는지라"(왕상 3:23-26).

서로 자기 것이라 우기니 너희들이 원하는 대로 딱 반을 나눠서 주겠다. 사람들은 솔로몬의 판결에 대해서 실망을 금치 못했다. 말도 안 되는 방법이었고 최악의 판정이었다. 반으로 나누어서 사이좋게 반반

씩 갖는 게 아니라 아기는 죽고 아무도 아이를 소유할 수 없는 것이었다. 한 여자의 반응인 "내 것도 되게 말고 네 것도 되게 말고 나누게 하라"는 것은 솔로몬 뒤에 있던 신하들의 마음이기도 했을 것이다. "고작 그 정도로 판결하다니, 솔로몬답군. 그래 다 가지지 말자. 다 죽여버리고 다 망해버리자." 그런데 여기에서 반전이 일어난다.

"왕이 대답하여 이르되 산 아이를 저 여자에게 주고 결코 죽이지 말라. 저가 그의 어머니이니라 하매 온 이스라엘이 왕이 심리하여 판결함을 듣고 왕을 두려워하였으니 이는 하나님의 지혜가 그의 속에 있어 판결함을 봄이더라"(왕상 3:27-28).

솔로몬의 신하가 칼을 번쩍이며 아기를 반으로 가르려는 순간, 한 여인이 눈물범벅으로 소리쳤다. "아이를 죽이지 마시고 차라리 저 여인에게 주세요!" 솔로몬 왕은 집행을 멈추었다. "저기 울면서 아기를 살려달라는 여인이 진짜 엄마다. 무릇 어머니란 자기는 죽어도 자식은 살리게 되어 있다. 저 여인이 바로 어머니다. 그러니 이 아이에게 아무도 손대지 말고 저 진짜 엄마에게 아이를 가져다주어라!" 솔로몬은 진짜 어머니를 찾고야 말았다. 솔로몬에게 지혜가 있었다. 사람을 죽이는 것 같지만 사람을 살리는 것, 모호함 속에 감추어졌던 선과 악을 명확하게 분별해내는 것, 수많은 백성이 진짜와 가짜를 구별해내지 못하면서 암흑과 같은 어두움 속에서 방황할 때 그들에게 바른 길을 알려주는 것, 두려움과 아첨 속에서 적과 아군의 구별이 힘들 때 그들을 가려내는 것, 남들이 어리다고 솔로몬을 만만하게 볼 때 가장 혹독한 무력으로 통치하는 듯 해보였으나 그 본질은 사람을 살려내는 것, 그것이 바로 솔로몬이 추구했던 선악을 분별하는 지혜였다. 솔로몬은 그렇게 하나님께 지혜를 구하면서 이제 작은 아이에서 위대한 인물로 변모해갔다.

그렇게 솔로몬이 훌륭한 왕으로 이스라엘을 잘 이끌어갔으면 좋겠지만 그는 곧 한계를 보였다. 특히 그의 결혼에 있어서 치명적인 실수를 저질렀다. 그는 바로의 딸과 결혼했다(왕상 3:1). 당시 최강대국이었던 이집트와 격을 같이 하려는 의도였다. 좋게 보면 국가적 위신을 세우려는 의도였고, 이스라엘이 그만큼 막강해졌다는 이야기도 된다. 그러나 나쁘게 보면 솔로몬은 결혼을 통해 자신의 존재를 높이려 했고, 더 인정받으려는 욕망을 숨기지 않은 것이다. 이방 여인에 대한 하나님의 관용적인 시선을 생각해보면 바로의 딸이라고 솔로몬을 이어 왕의 후손을 낳지 말라는 법은 없었다. 문제는 솔로몬이 바로의 딸뿐만 아니라 무수한 이방 여인들을 자신의 아내로 삼은 것이다. 하나님께서 이스라엘 백성들에 대해 여러 번 경고했음에도 솔로몬은 이방인 아내들을 맞이하는 데 거리낌이 없었다.

> "솔로몬 왕이 바로의 딸 외에 이방의 많은 여인을 사랑하였으니 곧 모압과 암몬과 에돔과 시돈과 헷 여인이라. 여호와께서 일찍이 이 여러 백성에 대하여 이스라엘 자손에게 말씀하시기를 너희는 그들과 서로 통혼하지 말며 그들도 너희와 서로 통혼하게 하지 말라. 그들이 반드시 너희의 마음을 돌려 그들의 신들을 따르게 하리라 하셨으나 솔로몬이 그들을 사랑하였더라. 왕은 후궁이 칠백 명이요

첩이 삼백 명이라. 그의 여인들이 왕의 마음을 돌아서게 하였더라"
(왕상 11:1-3).

후궁이 칠백 명이고 첩이 삼백 명일 정도로 그는 아내를 많이 두었
다. 이스라엘의 주변 나라들의 여인들을 취했고, 그만큼 그의 땅도 넓
어졌다. 하나님의 경고에도 이방 여인들을 아내로 맞이하자 그 여인들
이 가지고 온 우상들도 섬기게 되었다. 이제 솔로몬은 하나님보다 아내
들이 가져온 우상들에 더 심취하게 되었다. 솔로몬이 왜 그렇게까지 되
었을까?

솔로몬은 나라를 넓히고 세력을 확장하려는 욕망을 멈추지 않았고,
이방 여인들, 특히 세력 있는 공주라든가 높은 지위의 여인들을 데려오
는 것으로 욕망을 실천했다. 이방 여인들은 너무 매력적이었다. 솔로몬
은 자기가 가진 힘과 권력으로 자신이 하고 싶었던 모든 일을 해보았
다. 그는 실험정신을 가지고 다양한 일을 했다. 그가 했던 일들이 무엇
이었는지 전도서에 자세히 기록되어 있다.

"내가 내 마음으로 깊이 생각하기를 내가 어떻게 하여야 내 마음을
지혜로 다스리면서 술로 내 육신을 즐겁게 할까. 또 내가 어떻게 하
여야 천하의 인생들이 그들의 인생을 살아가는 동안 어떤 것이 선
한 일인지를 알아볼 때까지 내 어리석음을 꼭 붙잡아 둘까 하여 나
의 사업을 크게 하였노라. 내가 나를 위하여 집들을 짓고 포도원을
일구며 여러 동산과 과원을 만들고 그 가운데에 각종 과목을 심었
으며 나를 위하여 수목을 기르는 삼림에 물을 주기 위하여 못들을

팔았으며 남녀 노비들을 사기도 하였고 나를 위하여 집에서 종들을 낳기도 하였으며 나보다 먼저 예루살렘에 있던 모든 자들보다도 내가 소와 양 떼의 소유를 더 많이 가졌으며 은 금과 왕들이 소유한 보배와 여러 지방의 보배를 나를 위하여 쌓고 또 노래하는 남녀들과 인생들이 기뻐하는 처첩들을 많이 두었노라. 내가 이같이 창성하여 나보다 먼저 예루살렘에 있던 모든 자들보다 더 창성하니 내 지혜도 내게 여전하도다. 무엇이든지 내 눈이 원하는 것을 내가 금하지 아니하며 무엇이든지 내 마음이 즐거워하는 것을 내가 막지 아니하였으니 이는 나의 모든 수고를 내 마음이 기뻐하였음이라. 이것이 나의 모든 수고로 말미암아 얻은 몫이로다"(전 2:3-10).

솔로몬은 술과 사업에 대한 실험들, 포도원 농사에 대한 실험들, 식물에 대한 실험들, 사람에 대한 실험들, 짐승에 대한 실험들, 쾌락에 대한 실험들을 해보았다. 그는 모든 실험을 할 수 있을 정도로 힘과 시간과 능력이 있었다. 모두 지혜 때문이었다. 처음에 그가 생각했던 지혜는 사람들을 살리고, 하나님 나라에 대한 확장과 그 영향력을 위한 것이었는데, 물질과 권력이 많아지다 보니 이제는 그 지혜가 물리적으로 이용이 가능한 도구로 전락하고 말았다. 그는 지혜를 처세술과 비슷한 수순으로 사용하였고, 지혜를 통해 사물에 대한 과학적인 지식을 얻는 수준으로 지혜를 제한시켜버렸다.

지혜가 자신의 호기심을 해결하고, 나라를 부강하게 해주고, 모든 것을 얻게 하는 만능적인 도구로 전락하는 한 솔로몬은 쾌락을 좇고 아내들을 늘리는 데 조금도 주저함이 없을 것이었다. 자신의 권력은 커졌고 그가 누리는 모든 것은 크고 많았다. 그러나 그럴수록 솔로몬은 오히려 점점 더 작은 사람이 되어갔다. 솔로몬은 절대 권력을 가진 자였다. 아무도 뭐라고 하지 않고 아무 눈치를 볼 필요도 없었다. 그의 옆에 나단 선지자는 없었으며 그래서 무서울 것도 없었다.

"나는 생을 즐기라고 권하고 싶다. 사람에게, 먹고 마시고 즐기는 것보다 더 좋은 것이 세상에 없기 때문이다. 그래야 이 세상에서 일하면서, 하나님께 허락받은 한평생을 사는 동안에, 언제나 기쁨이 사람과 함께 있을 것이다"(전 8:15, 새번역).

주변에 무서워할 사람이 없다면 적어도 하나님을 경외하고, 하나님을 무서워할 줄 알아야했다. 하나님을 경외하기 때문에 솔로몬은 성전을 건축했고, 그가 성전을 다 지은 후에 겸손하게 하나님 앞에 섰다. 그러나 하나님에 대한 경외심과 두려움은 그것이 전부였다. 솔로몬은 만능기계 같은 지혜로 세상의 모든 것을 얻었고, 무서워할 사람도, 두려워해야 할 하나님도 그에게는 더 이상 존재하지 않았다. 성전 건축을 마친 뒤에 하나님은 솔로몬에게 나타나셨다.

"솔로몬이 주님의 성전과 왕궁 짓는 일과 자기가 이루고 싶어 한 모든 것을 끝마치니, 주님께서는 기브온에서 나타나신 것과 같이 두 번째로 솔로몬에게 나타나셔서 그에게 말씀하셨다. "네가 나에게 한 기도와 간구를 내가 들었다. 그러므로 나는 네가 내 이름을 영원토록 기리려고 지은 이 성전을 거룩하게 구별하였다. 따라서 내 눈

길과 마음이 항상 이곳에 있을 것이다"(왕상 9:1-3, 새번역).

문제는 바로 여기에 있었다. 하나님은 솔로몬의 인생에 겨우 두 번 나타나셨을 뿐이다. 다윗에게는 수도 없이 많이 나타나셔서 교제하고 나누었던 것에 비해, 솔로몬에게는 너무나 인색하셨다. 솔로몬은 너무나 가난했다. 예루살렘에서 사십 년 동안 이스라엘을 다스렸고, 그가 한 모든 일과 그의 지혜는 솔로몬 왕의 실록에 기록되어 있었으나(왕상 11:41-43), 그의 삶에서 그가 보여주었던 감동적인 이야기는 '누가 아기의 어머니인가'에 대한 재판 장면밖에는 없었다. 그의 삶은 늘 탄탄대로여서 위기가 없었다. 하나님을 찾고 의지할 필요도 없었다. 그래서 하나님과의 풍성한 사귐도 없었기에 깊은 존경도 없었고, 추앙받을 어떤 인생의 기준도 남기지 못했다.

솔로몬이 헤브론에서 태어난 여섯 명의 형님들과 예루살렘에서 태어난 열 명이 넘는 형제들을 제치고 왕이 될 수 있었던 것은 하나님의 특별한 은혜였다. 그가 세운 엄청난 부요함과 재산 역시 하나님의 은혜였다. 그러나 안타깝게도 하나님에 대해서는 가장 가난한 왕이 되어버렸다. 사람에 대해서도 마찬가지였다. 그는 사랑을 갈구했으나 수많은 아내 속에서 사랑은 없었다. 사랑에 허기지고 궁핍한 상태, 거의 기아 상태나 다름없는 사람이 되었다. 그는 어린 시절의 감당할 수 없는 상처를 가지고 있었고, 왕이 되어 지혜를 가짐으로써 그 상처를 딛고 남을 살리고 세우는 일을 하게 되었으며, 그 덕분에 엄청난 부를 취할 수 있었지만 소유하면 할수록 그는 더욱 가난해졌다. 수많은 아내도, 그 아내들이 가지고 온 우상들도 그를 달래주지 못했다. 하나님의 사랑으로부터 소외되었기 때문이었다.

　다 늙어서야 비로소 그는 깨달았다. 헛되고 헛되도다. 평생 열심히 일해서 집 한 채 가진 사람이나, 평생 일해서 저금통장을 소유한 사람은 헛되다는 말을 그렇게 쉽게 하지 못한다. 땀과 눈물이 그 안에 있기 때문이다. 그런데 솔로몬의 부는 헛되었다. 그의 노력과 눈물이 없었기 때문이다. 어쩌다 보니 부자가 되었고, 어쩌다 보니 그의 인생은 헛되고, 슬프고, 허망하게 되었다. 세상 누구보다도 부유했으나 세상 누구보다 가난한 왕이 되어버렸다. 그가 바로 솔로몬이다.

르호보암에서 아하시야까지

솔로몬 왕이 죽은 후 그 아들 르호보암 때에 이스라엘이 남북으로 나누어진 것은 보는 이의 마음을 아프게 한다. 가장 부유했으나 가장 가난했던 왕 솔로몬에게는 상반된 평가가 있다. 훌륭하고 위대한 왕이란 사실은 변함없지만 본인이 다 수습하지 못할 일을 저지른 왕이기도 했다. 아내들을 늘리고 많은 자녀를 낳은 뒤 남은 자들이 겪을 갈등에 대해 솔로몬은 아무 책임도 지지 못했다. 하나님의 약속으로 다윗의 후손들이 왕위를 계속 이어가게 되었다. 그러나 나라가 북이스라엘과 남유다로 두 동강 난 것은 솔로몬에게도 책임이 컸다.

솔로몬 이후 이어지는 하나님의 계보는 남유다만 해당된다. 북이스라엘에도 중요한 왕들이 있었고, 엘리야나 엘리사 같은 선지자들의 활약도 있었으나 우리의 관심사는 아담에서 예수님까지 어떻게 하나님의 선택이 이어지는지를 살펴보는 것이기 때문이다. 다윗 이후 계보를 이어가는 왕들의 이름은 다음과 같다.

다윗 → 솔로몬 → 르호보암 → 아비얌 → 아사 → 여호사밧 →
여호람 → 아하시야 → 아달랴(여왕) → 요아스 → 아마샤 →
웃시야 → 요담 → 아하스 → 히스기야 → 므낫세 → 아몬 →
요시야 → 여호아하스 → 여호야김 → 여호야긴 → 시드기야

1. 르호보암 : 너무 빨리 성공하려다 너무 빨리 실패한 왕

르호보암이 솔로몬에 이어 왕이 되는 장면은 그다지 드라마틱하지 않다. 당연한 이야기처럼 "솔로몬이 그의 조상들과 함께 자매 그의 아버지 다윗의 성읍에 장사되고 그의 아들 르호보암이 대신하여 왕이 되니라"(왕상 11:43)라고 기술된다. 할아버지 다윗이 사울에게 쫓겨 온갖 고생을 했던 것이나, 아버지 솔로몬이 긴박한 상황 속에서 극적으로 왕이 된 것에 비하면 르호보암이 왕이 된 것은 자연스럽고 쉬워 보인다. 이름도 비슷한 여로보암이 등장해서 르호보암 왕에게 조언하기 전까지만 해도 모든 것은 순조롭게 진행되었다. 여로보암이 말했다. "왕의 아버지께서 우리의 멍에를 무겁게 하였으나 왕은 이제 왕의 아버지께서 우리에게 시킨 고역과 메운 무거운 멍에를 가볍게 하소서. 그리하시면 우리가 왕을 섬기겠나이다"(대하 10:4).

르호보암은 원로들을 초청해서 국사에 대한 의견을 청취했다. 원로들은 백성들에게 선하게 대하고 부드럽게 말하기만 해도 다들 따를 것이라 조언을 했다. 그들의 말은 충언이었다. 비록 이스라엘은 가장 부

강한 시절을 보내고 있었으나 솔로몬의 말년에 이방 여인들에 둘러싸여 백성을 외면했기에 그 아들은 올바른 정치를 하기 바라는 마음이었다. 르호보암은 원로들의 말에 귀를 기울였어야 했다. 그것이 백성들의 여론을 수렴하는 길이었다. 그러나 르호보암은 젊은 세대들의 조언도 요청했다. 그들의 조언은 원로들과 정반대였다. 르호보암은 원로의 의견을 묵살하고 백성들 앞에서 이렇게 공포했다. "내 아버지는 너희의 멍에를 무겁게 하였으나 나는 더 무겁게 할지라. 내 아버지는 가죽 채찍으로 너희를 치셨으나 나는 전갈 채찍으로 치리라"(대하 10:14).

그렇다면 르호보암은 왜 원로들의 조언을 일축했던 것일까? 그의 말이 얼마나 교만하며, 백성들에게 얼마나 부담스러운 일이고, 백성의 분노를 살 수 있다는 사실을 르호보암은 몰랐을까? 아니다. 르호보암은 알고 있었다. 젊은 신하들의 조언 중에서 르호보암이 반영하지 않은 말이 있었다. 젊은 신하들은 이렇게 말했다.

> "왕은 대답하시기를 내 새끼손가락이 내 아버지의 허리보다 굵으니 내 아버지가 너희에게 무거운 멍에를 메게 하였으나 이제 나는 너희의 멍에를 더욱 무겁게 할지라. 내 아버지는 가죽 채찍으로 너희를 치셨으나 나는 전갈 채찍으로 하리라 하소서 하더라"(대하 10:10-11).

그러나 르호보암은 "내 새끼손가락이 내 아버지의 허리보다 굵으니"라는 말은 생략했다. 그는 아버지 솔로몬보다 나을 것이 없었지만 일말의 양심이나마 있었다. 그럼에도 그가 백성들에게 좀 더 부드럽게 대하지 못한 이유가 있었다. 르호보암이 왕이 되기 전에 왕위 찬탈에 대한 경쟁이 있었다. 솔로몬에게는 아들이 많았으며 그 아들들은 누구나 왕이 되는 꿈을 꾸었다. 르호보암은 암몬 여인의 아들이었다. 솔로몬의 수많은 아내 사이에는 권력구조가 있었다. 적어도 암몬이란 이방 나라가 그 구조의 가장 윗자리에 있다고는 볼 수 없을 것이다. 솔로몬의 어머니가 이방 여인 밧세바였고, 르호보암의 어머니는 암몬 여인 나아마였다(왕상 14:21). 이스라엘 출신이 아니라 가나안 족속 여인들이 왕의 아내이며, 어머니들이었다. 그런 원죄와 같은 출신 성분이 르호보암에게 일정한 압력으로 작용했다. 더욱이 사십 세라는 비교적 늦은 나이에 왕이 되었기에 왕권을 빨리 강화시키고자 하는 의도도 있었다. 아버지 솔로몬이 이룬 엄청난 업적에 비교되는 부담감도 무리한 강행군으로 이끌었다. 그는 원로들의 온화하고 느린 정책보다는 젊은 신하들의 화끈하고 강력한 정책에 더 끌렸을 것이다.

르호보암의 결정은 곧 패착이 되었다. 마른 풀에 불꽃이 이는 것처럼 이스라엘 백성에게 분노의 불이 일어났다. 르호보암은 자신의 측근인 아도람(하도람)을 보냈다. 다윗 때부터 솔로몬과 르호보암에 이르기까지 지근거리에서 온갖 건설업을 주도했던 아도람이라면 이스라엘 지파들을 진정시킬 수 있을 거라고 생각했다. 그런데 이스라엘은 아도람을 돌로 쳐서 처참하게 죽여 버렸다. 그리고 그것은 북이스라엘 지파와 남유다 지파의 완전한 결별의 종지부를 찍은 셈이 되었다. 그 후 이스라엘은 남북으로 갈라지는 초유의 사태를 맞이한다.

이스라엘이 두 동강이 난 것에는 하나님의 뜻이 있었고, 북이스라엘의 여로보암이라는 새로운 지도자에 대한 아히야의 예언도 있었다.

그러나 원인을 거슬러 올라가면 솔로몬보다 더 윗세대인 다윗에게 잘 못이 있었다. 다윗 이전까지는 남과 북의 대결이 없었다. 오히려 요단 강을 가운데로 두고 동서가 대립되기는 했으나 유다 지파를 중심으로 전체 이스라엘은 협력과 공조의 관계를 이루었다. 그러나 다윗이 압살 롬 사후 왕위가 복권되면서 했던 일이 있었다. 이스라엘 대부분의 지파 들이 다윗을 왕으로 다시 추대하려 의견을 수렴하고 있었을 때 다윗은 사독과 아비아달 제사장을 시켜 유다 지파가 자신을 재옹립하는 데 앞 장서달라는 당부를 했다. "모든 유다 사람들의 마음을 하나같이 기울 게 하매 그들이 왕께 전갈을 보내어 이르되 당신께서는 모든 부하들과 더불어 돌아오소서 한지라"(삼하 19:14).

아니나 다를까. 다윗 왕이 요단강을 건너 예루살렘 궁으로 되돌아 온 뒤에 이스라엘 열 지파와 유다 지파 사이에 큰 갈등이 벌어졌다(삼 하 19:41-43). 열 지파는 다윗에게 왕위 재옹립에 대해 자신들을 소외 시켰다고 항의했다. 옆에 있던 유다 지파의 지도자들은 다윗 왕은 자신 들과 친척관계에 있기에 유다 지파가 앞장 서는 것은 당연하다고 변론 했다. 팽팽한 갈등이었으나 유다 지파가 조금 더 강하게 버텼다. 다윗 이 배후 조종을 하고 있었기 때문이었다. 다윗은 남유다를 품었고 북이 스라엘은 소외시켰다. 그때부터 이스라엘과 유다 사이에 좋지 않은 감 정이 자리 잡기 시작했다. 일종의 지역감정이었다.

북이스라엘은 르호보암이 보낸 아도람을 죽여 버림으로써 돌아오 지 못할 강을 건너게 되었고, 이후 더 이상 북이스라엘과 남유다는 합 쳐지지 못했다. 그러자 다급해진 것은 오히려 북이스라엘의 여로보암 왕이었다. 북이스라엘의 백성들이 남유다와 갈라졌기에 이제 그들은 예루살렘 성전 제사를 할 수 없게 되었다. 여로보암은 북이스라엘의 양 끝 쪽인 단과 벧엘에 여호와를 섬길 제단을 만들었다. 문제는 그 제단이 금송아지 제단이라는 데 있었다. 북이스라엘의 이어지는 왕들은 거의 전부가 이 금송아지 문제에서 자유롭지 못했다. 그들의 악행은 "여로보암의 죄 곧 벧엘과 단에 있는 금송아지를 섬기는 죄에서는 떠나지 아니하였더라"(왕하 10:29)는 평가로 점철된다. 금송아지는 하나님과 아무런 관계가 없었다. 그러나 여로보암 왕은 북이스라엘 백성들을 위해 금송아지 단을 세웠다.

왜 하필 금송아지였을까? 웅장한 신당을 만들고 그 안에 자리 잡은 우상이 금으로 된 송아지인 이유는 무엇일까? 동물이야 송아지 말고도 종류가 많고 사람으로 치면 왕들이나 선지자의 형상을 만들 수도 있었다. 그런데 왜 그들은 금송아지에 끌렸을까? 그것은 인간의 보편적인 욕망의 발현이었다. 가장 탐스럽고, 매혹적이고, 끌리는 것이 금송아지였다. 금송아지는 여로보암의 욕구하는 바였고 이스라엘 백성들의 마음을 끌어당기는 것이었다. 그렇게 본다면 여로보암은 제대로 하나님을 섬기는 사람이 아니었다. 자기의 욕심을 신으로 삼았고, 그것의 이름을 '하나님'으로 붙였을 뿐이었다.

그렇다면 남유다의 르호보암은 어땠을까? 르호보암은 아버지 솔로몬의 잘못과 할아버지 다윗의 실수를 만회해야 했다. 그들의 업적보다 더 큰 성공을 거두는 것이 초점이 아니라 부친과 조부의 죄를 대신 회개하고, 북이스라엘과 협력을 모색하면서 나라 안팎을 안정시켜가는 것이 중점이 되어야 했다. 그러나 실망스럽게도 르호보암은 여로보암보다 조금도 나을 바 없이 언덕과 나무에 있는 우상을 좇고, 돌과 나무로 만든 아세라 여신상을 섬겼다. "이는 그들도 산 위에와 모든 푸른 나무 아래에 산당과 우상과 아세라 상을 세웠음이라"(왕상 14:23). 금송아지는 아니었지만 그보다 더 가증한 우상 숭배를 했다.

르호보암이 다스린 17년의 재임기간 중 5년째가 되었을 때 이집트의 왕 시삭이 쳐들어와 예루살렘 성전의 금과 은으로 된 방패를 다 갈취하자 놋으로 된 초라한 방패로 시위대 교대식이 열렸다. 그제야 "르호보암이 스스로 겸비하였고 유다에 선한 일도 있으므로 여호와께서 노를 돌이키사 다 멸하지 아니하셨더라"(대하 12:12). 그러나 때는 이미 늦었으니, 나머지 치세기간에 르호보암은 어떤 뚜렷한 업적도 남기지 못했다. 르호보암은 다윗과 솔로몬이라는 두 거장을 이어 무리하게 일을 추진하다 과오에 과오를 거듭하고, 급기야 나라를 두 동강낸 왕으로 기억될 뿐이다.

2. 아비야(아비얌) : 통일의 눈앞에서 자기 삶의 안위만 생각한 왕

르호보암의 아들 아비야 왕에 대한 열왕기상과 역대하의 기록은 온도 차가 있다. 열왕기상에서는 거의 존재감이 없는 평범한 왕으로 끝이 나는데, 역대하에서는 그가 무려 40만 명의 정병들을 뽑아서 80만 명의 북이스라엘 군대와 당당히 겨뤄 이긴 왕으로 기록되어 있다. 그의 용맹함으로 북이스라엘 군인 50만 명을 죽였고, 북이스라엘의 여로보암은 급격히 힘을 상실하여 목숨까지 잃고 말았다. 그 주인공이 바로 아비야 왕이었다. 그는 아버지 르호보암에 이어 왕위에 오른 후 3년이 될 때까지 예루살렘에서 유다와 베냐민 지파 백성들을 다스렸다. 이때쯤 북이스라엘의 여로보암은 나라를 안정권에 올려놓았고 왕으로서 위치도 공고하게 다졌다.

즉위한 지 3년밖에 되지 않은 아비야가 전성기를 달리는 여로보암과 한판 붙게 되었는데 여로보암은 정병 80만 명을 준비했다. 그 인원으로 이참에 남유다를 싹쓸이하려는 의도였다. 이 전쟁은 남북 왕조 각 나라의 성인 남성들을 거의 전부 징병한 것으로, 좋게 보자면 누가 이기든 이스라엘이 한 나라로 합쳐질 절호의 기회였다. 그러나 어느 왕도 다른 나라에 흡수되기를 원하지 않았다. 예루살렘에서 10km 정도 북쪽으로 진군한 아비야는 에브라임의 산간지역인 스마라임 산 위에 올라서서 엄청난 인파로 모여 있는 북이스라엘의 군인들을 보았다. 아비야는 소리쳤다.

"이스라엘 하나님 여호와께서 소금 언약으로 이스라엘 나라를 영원히 다윗과 그의 자손에게 주신 것을 너희가 알 것 아니냐. 다윗의 아들 솔로몬의 신하 느밧의 아들 여로보암이 일어나 자기의 주를 배반하고 난봉꾼과 잡배가 모여 따르므로 스스로 강하게 되어 솔로몬의 아들 르호보암을 대적하였으나 그때에 르호보암이 어리고 마음이 연약하여 그들의 입을 능히 막지 못하였었느니라"(대하 13:5-7).

아비야는 하나님의 약속을 상기시켰고, 여로보암이 정통성이 없는 왕조라는 것을 밝혔다. 아버지 르호보암이 서툴고 실수했음을 인정하면서도 자신이 못다 이룬 아버지의 업적을 이루겠다고 했다. 아비야는 여로보암이 금송아지 우상을 섬기고, 율법과 어긋난 제사장 장립을 하는 등 하나님의 계명을 배반한다고 외쳤다. 그렇게 소리를 치는 동안에 유다 군인들이 뒤를 돌아 기습공격을 감행할 준비를 했다. 유다 군인들은 하나님께 부르짖어 기도하고 제사장들은 나팔을 불었다. 매우 급박한 순간이었다. 이스라엘의 전체 역사에서 여러 번 내전이 있었으나 북이스라엘 80만 명에 남유다 40만 명이라는, 합쳐서 120만 명이 넘는 군사들이 충돌하는 전쟁은 이때가 처음이자 마지막이었다.

전쟁의 승기는 숫자가 절반 밖에 되지 않은 남유다가 잡았다. 전쟁을 치르고 보니 북이스라엘의 병사 50만 명이 죽었고, 나머지 군사들은 남유다에 항복했다. 대승이었다. 아비야는 내친김에 벧엘, 여사나, 에브론까지 올라갔고 그 땅을 차지했다. 북이스라엘의 여로보암 왕은 상당한 내상을 입었고 이로 인해 급격히 쇠락해졌다. 그리고 소리 소문 없이 자신의 생애를 마감하게 되었다. 이제 통일이 이루어지는 것일까? 여로보암은 죽었고, 북이스라엘 군대는 대패했으며, 전 이스라엘이 아비야 왕에게 복종할 준비가 되어 있었다. 그러나 남유다와 북이스라엘의 통일은 이루어지지 않았다. 도대체 무슨 일이 벌어진 것일까?

"아비야는 점점 강성하며 아내 열넷을 거느려 아들 스물둘과 딸 열여섯을 낳았더라. 아비야의 남은 사적과 그의 행위와 그의 말은 선지자 잇도의 주석 책에 기록되니라"(대하 13:21-22).

성경에는 정확히 무슨 일이 벌어졌는지 말하고 있지 않다. 다만 위의 구절만 남아 있을 뿐이다. 성경의 행간을 고려해보면 알 수 없는 이유로 아비야는 북이스라엘과의 통일을 이루기 바로 앞에서 행진을 멈추었다. 여로보암이 쇠퇴해간 것을 기회로 전체 이스라엘을 복속시키고 통일 이스라엘을 세워가야 할 것 같은데, 딱 거기서 멈추고 말았다. 그리고 성경은 아비야가 강성해져서 열네 명의 아내와 서른여덟 명의 자녀를 낳았다는 것으로 그의 인생을 마무리한다.

가장 많은 군대를 동원해서, 가장 거대한 전쟁을 치르고, 가장 많은 공을 세워놓고서도 통일을 이루지 못했다. 의지가 없었던 것인지, 야심이 사라진 것인지, 그냥 개인적으로 잘 먹고 잘 살았다는 것으로 자신의 인생을 마무리하고 만다. 모든 업적을 아비야의 사사로운 이익으로 귀착시켜버리고 말았다. 그런 어리석음을 범했기 때문에 열왕기 기자는 아비야 왕을 존재조차 미미한 악한 왕으로 기록해버리고, 역대기에서도 그의 결론은 그저 평범한 왕으로 끝을 낸다. 개인적으로도, 민족적으로도 비극적인 일이었다. 아쉽게도 통일의 기회는 그 이후로 영영 주어지지 않았다.

3. 아사 : 머리(시작)는 좋았으나 발(나중)은 좋지 않았던 왕

아사의 할머니(르호보암의 아내)는 암몬 여인 마아가였는데(왕상 14:21), 공교롭게도 아사의 어머니 역시 마아가였다. 마아가는 압살롬의 딸이었다(왕상 15:2). 마아가는 세월이 지나면서 절대 권력을 획득하게 되었다. 남편인 아비야가 남북통일을 눈앞에 두고 사익에만 신경을 쓰는 바람에 아무것도 이루지 못한 반면에 마아가는 수렴청정 수준으로 성장했다. 누구도 마아가를 말릴 수가 없었는데 그녀는 혐오스럽고 가증한 아세라 상을 세우기 시작했다. 자신과 아세라 여신을 동일시 여겼는지도 모른다. 마아가의 권력 앞에 아무도 그녀를 말리지 못했다.

아사가 왕으로 즉위한 후에 그는 개혁정책을 시행했고 어머니 마아가의 아세라 상을 찍어 기드론 시냇가에서 불태웠다. 마아가는 저항했다. 왕의 명령을 행한 일꾼들에게 분노하면서 온갖 저주를 퍼부었다. 그러나 쫓겨난 것은 마아가였다. 아사 왕은 불호령으로 어머니를 태후의 위에서 내려버렸다. 남편과 아들의 권력을 등에 업고 온 세상에 아세라 여신상을 세웠던 마아가는 역사 속으로 사라졌다. 아사 왕의 출발은 호기로웠다. 그러나 아쉽게도 모든 우상을 다 제거하지는 못했으며 산당도 그대로 내버려두었다.

"아사 왕의 어머니 마아가가 아세라의 가증한 목상을 만들었으므로 아사가 그의 태후의 자리를 폐하고 그의 우상을 찍고 빻아 기드론 시냇가에서 불살랐으니 산당은 이스라엘 중에서 제하지 아니하였으나 아사의 마음이 일평생 온전하였더라"(대하 15:16-17).

이 사건은 아사 왕 인생의 축소판이라 여길 수 있다. 악습에 대해 강하게 밀어붙여서 문제를 해결했으면서도 마지막 여지를 남기는 왕, 그래서 끝까지 완수하지 못한 일 때문에 결국은 넘어지는 사람, 그것이 아사였다. 아사는 41년 동안 남유다를 다스리면서 평화로운 시대를 이끌어갔지만 그의 말년에 발에 병이 걸려 죽었다. 늘그막에 머리도 아니고 몸통도 아니고 발에 걸린 병. 그의 인생의 비유였다.

아사는 28만 명이라는 군인의 숫자로 100만 명의 에티오피아 대군을 이긴 적이 있었다. 이것은 아버지 아비야의 업적을 뛰어넘는 것으로 적의 1/3도 안 되는 인원으로 거머쥔 승리였다. 오뎃의 아들 아사랴 예언자가 아사 왕에게 하나님께로 돌아와야 함을 역설했을 때 아사는 그 말을 금과옥조로 여겼다. 그리고 그 말씀을 자신이 가야 할 길의 지표로 삼아 백성들을 이끌어갔다.

> "아사가 이 말 곧 선지자 오뎃의 예언을 듣고 마음을 강하게 하여 가증한 물건들을 유다와 베냐민 온 땅에서 없애고 또 에브라임 산지에서 빼앗은 성읍들에서도 없애고 또 여호와의 낭실 앞에 있는 여호와의 제단을 재건하고"(대하 15:8).

아사는 여호와의 제단을 재건하고, 하나님께 대한 성대한 제사를 지냈으며, 하나님만을 바라보도록 백성을 선도했다. 나라는 평안해졌고, 넉넉한 금과 은을 하나님께 드릴 수 있었으며, 즉위한 지 35년이 될 때까지 전쟁 없는 평화로운 상태를 유지했다. 그러나 늘그막에 발에 병이 났고 갑자기 그로 인해 죽어버렸다. 왜 발에 병이 들었을까? 그것을 고칠 수는 없었을까? 발의 병이란 어떤 의미일까? 역대하에 가면 그 질문에 대한 답을 추정할 수 있는 내용이 나온다.

아사가 왕이 된 지 36년째가 되는 해부터 그는 이상한 일을 벌이는데 시리아의 벤하닷이란 왕과 동맹을 맺는다. 다른 나라와 동맹하는 게 흠은 아니었다. 나라를 부강하게 하기 위해서 이방 나라와 얼마든지 손을 잡을 수 있었다. 그러나 아사는 그러면 안 되는 사람이었다. 그는 에티오피아의 대군을 이겼던 승리의 주역이었다. 다른 나라와 연합해서 에티오피아를 물리친 것이 아니었다. 선견자 하나니가 왕의 실정에 대해 비판하자 왕은 하나니를 옥에 가둬버렸다. 아사랴의 예언을 달게 여겼던 아사가 아니었던가! 그런데 그는 옳은 소리를 하는 선지자를 감옥에 가뒀을 뿐만 아니라 화풀이로 백성들을 학대했다. 백성들이 하나니의 말에 동조하고 왕에 대해서 비판했기 때문이었다. 아사 왕은 백성들의 입을 막는 것으로 자신에 대한 비판을 차단하려고 했다.

그가 말년에 발에 병이 들어 점점 위독해져감에도 자신의 삶을 고치며 회개할 생각을 하지 않고, 의술에만 매달리다가 발병한 지 2년 만에 죽었다. 그의 치세 39년째 걸린 병은 하나님의 특별한 징조였다. 발을 자르는 한이 있더라도 그는 하나님께 돌아오고, 선지자들의 말을 경청하며, 하나님의 뜻에 철저히 따라야 했다. 그러나 그런 일은 벌어지지 않았으니 그는 썩어가는 발을 부여잡고 용하다는 이방의 의사들, 주술사들을 찾다가 결국 그것으로 운명을 마치고야 말았다. 처음은 창대했으나 나중은 미약했던 왕, 아사였다.

4. 여호사밧 : 아버지를 뛰어넘기 위해 무엇이 필요한지 알았던 왕

아사 왕은 비록 말년에 발병으로 죽었지만 악한 왕은 아니었다. 오히려 업적을 많이 남긴 왕이었다. 그가 죽었을 때 백성들이 향을 피우면서 애도할 정도로 존경받는 유명한 왕이었다. 그렇다면 그 아들 여호사밧은 어땠을까? 결론부터 말하자면 그는 아버지 아사를 뛰어넘은 왕이었다. 유명한 아버지를 두고 있는 사람은 '여호사밧'에게서 배워야 한다. 여호사밧은 아버지가 잘한 것은 따르고 잘못한 일은 개선한 훌륭한 왕이 되었다.

그렇게 하려면 무엇이 선행되어야 할까? 그것은 선대왕에 대한 객관적인 평가가 필요하다. 그래야 따라야 할 것은 따르고 바꿔야 할 것은 바꿀 수 있기 때문이다. 아무리 아버지가 훌륭하다고 해도 반드시 단점이 있기 때문에 결점을 찾는 것이 중요하다. 그리고 그 단점을 객관화하고 교훈을 삼아야 한다. 결점을 찾는다는 것은 아버지를 미워하고 깎아내리라는 의미가 아니다. 선대왕에 대해서 객관화하고 평가하지 못하면 결국 아버지를 뛰어넘지 못하기 때문이다. 비슷해지는 정도도 아니고 오히려 그보다 못한 존재가 되거나 어떤 때는 나라를 망치는 경우도 생긴다. 그런 면에서 여호사밧은 아버지를 객관화해서 그의 업적을 뛰어넘은 위대한 왕이 되었다. 그렇다면 객관화할 수 있는 방법이란 무엇일까?

> "그가 왕위에 있은 지 삼 년에 그의 방백들 벤하일과 오바댜와 스가랴와 느다넬과 미가야를 보내어 유다 여러 성읍에 가서 가르치게 하고 또 그들과 함께 레위 사람 스마야와 느다냐와 스바댜와 아사헬과 스미라못과 여호나단과 아도니야와 도비야와 도바도니야 등 레위 사람들을 보내고 또 저희와 함께 제사장 엘리사마와 여호람을 보내었더니 그들이 여호와의 율법책을 가지고 유다에서 가르치되 그 모든 유다 성읍들로 두루 다니며 백성들을 가르쳤더라"(대하 17:7-9).

여호사밧은 다섯 명의 리더와 열한 명의 종교지도자를 나라 곳곳에 보내어 율법을 가르치게 했다. 그러면서 자신 또한 가르침을 받았다. 자신이 먼저 율법 교육을 받았을 수도 있다. 그래서 백성 전체의 교육의 필요성을 절감했는지도 모른다. 여호사밧이 아버지를 객관적으로 평가할 수 있었던 이유는 바로 이러한 율법적인 '교육' 때문이었다. 교육이란 것은 분명한 잣대와 표준으로 평가하는 것을 말한다. 하나님의 율법에 비추어보면 잘한 것과 못한 것이 명확하게 드러난다. 그래서 아버지의 업적을 객관화할 수 있었다. 여호사밧은 그렇게 아버지를 극복해갔다.

물론 여호사밧에게도 한계가 있었다. 그는 아합 가문과 혼인했다(대하 18:1). 이것은 여호사밧의 실수였고 인간적인 한계였다. 인간은 윗세대를 극복하고 보완해가다가도 꼭 실수를 하고 잘못을 저지른다. 당시 세력을 얻기에 적합한 상대로 북이스라엘의 아합 가문을 택했는지는 모르지만 그것 때문에 여호사밧 왕은 원치 않는 전쟁(길르앗 라못)에 참여해야 했다. 그때에도 전쟁에서 물러날 마지막 기회가 있었는데 그것도 놓치고 말았다.

그나아나의 아들 시드기야를 중심으로 한 400명의 예언자가 북이스라엘의 아합 왕과 남유다의 여호사밧 왕에게 "길르앗 라못을 치면 반드시 이긴다"는 예언을 늘어놓았을 때, 홀로 그들의 예언에 반대한 예언자가 있었다. 미가야 선지자였다. 그는 예언자 시드기야 일당이 거짓된 무리이며 전쟁에 참여하면 반드시 죽는다고 예언했다. 아합 왕은 물론이고 여호사밧 왕 역시 예언자 미가야의 말을 석연치 않게 여겼으나 미가야를 감옥에 가두고 길르앗 라못 전쟁에 참여했다가 아합 왕이 전사(戰死)하는 것을 보게 되었다.

그 실수를 제외하고 여호사밧은 왕위에 있는 내내 선정을 베풀었다. 민간에 암행하면서 백성들의 삶을 하나님께로 돌아오게 만들었으며, 각 도시마다 올바른 판결을 내릴 재판관들을 세우고, 그들을 견제할 종교재판관들도 따로 세워 백성들의 억울함이 없게 했다. 모압과 암몬과 마온이라는 세 나라의 연합군이 여호사밧을 치러왔을 때 적군의 전력에 맞설 수 있는 군인들이 부족했다. 그때 여호사밧은 성가대를 앞세우고 참전하여 완전한 승리를 거두었다. 성경에는 수많은 전쟁이 있으나 성가대의 찬양과 왕의 기도만으로 이긴 것은 여호사밧이 유일할 것이다.

그 외에도 성전의 남창을 쫓아냈고, 오빌에서 금을 운반하던 배가 에시온게벨에서 파선했을 때 북이스라엘의 원조를 거부함으로써 자신의 실수에 대해 스스로 책임을 지려고 했다. 더 이상 북이스라엘과 얽히지 않으려는 의도였다. 서른다섯의 나이에 왕위에 올라 25년간 나라를 올곧게 다스렸던 여호사밧 왕은 남유다 열왕들 중에서도 유독 빛나는 몇 안 되는 왕들 중에 하나였다.

5. 여호람 : 창자가 빠져나와 죽은 왕

서른두 살에 왕이 되어 8년간 남유다를 다스린 여호사밧의 아들 여호람 왕은 북이스라엘 아합의 딸을 아내로 삼았다. 시작부터 안 좋은 조짐이다. 아합 가문에 편입되면서 그 가문의 지대한 영향력을 받게 된 여호람은 결론적으로 하나님께서 보시기에 악한 왕이 되어버렸다. 그렇다면 구체적으로 어떤 일들이 있었는가?

여호사밧에게는 여러 왕자가 있었는데 그중에 맏이가 여호람이었다. 여호람은 동생들에게 은, 금, 보물과 성읍들을 나눠주는 대신에 자신이 대표로 왕의 자리에 앉겠다고 했다. 치열한 경쟁을 벌였어도 어차피 왕은 맏이가 될 가능성이 높은 터라 동생들은 여생을 편히 살 수 있는 대가를 받고 왕의 후보에서 물러섰다. 선선히 왕의 자리를 건네받은 여호람이 왕위에 올라 제일 처음 한 것이 무엇일까? 바로 동생들을 죽인 것이었다. 불안했던 것일까? 금과 은이 아까웠던 것일까? 여호람은 동생들을 모조리 죽이고 금과 땅을 다시 빼앗았다. 그러자 왕의 지근거리에 있던 충성스러운 신하들이 직언을 했고 왕은 그들도 모두 처형했다. 철권통치의 시작이었다. 아합 가문이 저지른 악행을 배웠기 때문일까? 그러나 그것은 핑계가 되지 않는다. 그런 일을 벌인 이유는 여호람이 그런 사람이었기 때문이다.

여호람이 한 치의 망설임도 없이 피를 나눈 아우들을 죽일 정도이고, 국사를 일임한 장관들과 귀족가문들도 가차 없이 손볼 정도라면 일반 백성들을 향해 얼마나 악하게 대했을지 불을 보듯 선하다. 그때를 틈타서 주변 나라인 에돔과 립나가 여호람에게 전쟁을 걸어왔고, 여호람은 너무나 쉽게 역사 속에서 사라지고 말았다. 적국이 쳐들어올 때 무기를 들어 싸워야 할 주체는 여호람 왕이 아니라 일반 백성들과 군인들의 몫이었다. 그러나 백성들의 신의는 옅어졌고 군인들의 사기는 떨어졌다. 군인들이 에돔과 립나의 공격을 방어하고 나라를 지킬 이유가 없어졌다. 민심은 천심이라는 것, 백성들의 마음이 하나님의 마음과 연결되어 있다는 것을 여호람은 끝내 몰랐다.

여호람은 백성들이 이방신을 섬기게 했다. 백성들이 이방신을 통해 타락하게 되면 통치는 매우 쉬워진다. 왕은 자기를 방해하지만 않으면 백성들이 우상을 섬기든, 범죄를 저지르든 그냥 방치해버렸다. 백성들이 타락해가는 동안 자신은 편하게 나라를 통치해갔다. 마치 마약을 합법화해서 백성들이 건강을 잃든, 이성을 잃든 정치에만 관여하지 않도록 내버려둬서 나라가 나락에 빠지는 것과 비슷한 이치였다. 그래서 백성들은 더 어리석어졌고, 국력은 더 쇠약해졌으며, 나라는 더 도탄에 빠지게 되었다. 왕 역시 자신도 모르는 사이에 그릇된 길로 갔고 백성들도 바보가 되어갔다. 참다못한 북이스라엘의 선지자 엘리야가 여호람에게 경고할 정도였다.

"또 너는 창자에 중병이 들고 그 병이 날로 중하여 창자가 빠져나오리라 하셨다 하였더라"(대하 21:15).

이렇게 악에 악을 거듭하는 여호람이었으나 하나님은 다윗 왕가를 멸망시키지 않겠다는 약속대로 그의 치세 동안은 용납해주셨다. 악을 행하는 사람에게 아무 일도 일어나지 않는다면 그것은 하나님이 없다는 증거가 아니라 하나님의 오랜 인내가 있음을 기억해야 한다. 악한 자에게는 반드시 종말이 오고 악행에 대한 평가는 역사에 쌓인다. 여호람의 종말은 어떻게 되었을까? 엘리야의 예언대로 그는 창자가 썩는 병에 걸렸다. 2년 동안 배를 잡고 괴로워하다가 죽었고, 그가 죽은 이후에도 누구 하나 왕을 위해 향을 피우지 않았고 애도하지도 않았다. 어쩌면 한쪽 구석에서 몰래 춤을 춘 백성들이 있었는지도 모른다. 그는 창자가 빠져나와 죽은 왕이었다. "죽음을 슬프게 여기는 사람도 없이 세상을 떠났다"(대하 21:20, 새번역).

6. 아하시야 : 보잘것없는 왕

여호람을 이어 아하시야가 왕이 되었다. 스물두 살에 왕이 되어 딱 1년간 다스렸던 그는 한마디로 보잘것없는 왕이었다. 오히려 우리는 그의 어머니 아달랴를 주목할 필요가 있는데, 이 여인에 대해서는 다음장에서 이야기하게 될 것이다. 아하시야는 아합 가문과 밀접한 관계를 맺고 있었다. 아합의 아들 요람 왕이 시리아 왕과 싸우다가 부상을 당한 뒤 중병에 걸려 이스르엘로 요양을 갔다. 아하시야 왕은 문병을 갔는데 하필 그때 요람 왕의 암살 장면을 목격하게 되었다.

왕을 죽인 사람은 예후였다. 예후는 님시의 손자, 여호사밧의 아들로서 북이스라엘의 중요한 장군 중에 하나였다. 그는 말을 빨리 모는 급한 성격의 사람이었는데 길르앗 라못에서 장교들과 회의를 하고 있을 때 초조하게 자신을 찾는 한 젊은 예언자를 만났다. 선지자 엘리사가 수련생 중에 하나를 예후에게 보낸 것이었다. 젊은 예언자는 예후에게 기름을 부어 왕이 되었음을 선포하고 아합 가문의 집을 완전히 심판할 것을 명령한 후에 황망하게 사라졌다. 예후는 급한 성격답게 곧바로 이스르엘로 가 요양 중이던 요람을 찾았다. 요람은 예후를 마중 나갔다가 그의 화살을 맞고 죽었다. 멀찌감치 요람 왕을 따라가던 아하시야는 화살에 맞아 쓰러지며 자신에게 소리치는 요람의 모습을 보았다. "아하시야 왕이여, 반역입니다." 아하시야는 급하게 고삐를 돌려 예후에게서 도망치지만 그의 부하들을 따돌리지는 못했다. 예후는 아하시야를 살려두지 않았다. 아하시야 역시 아합 가문에 속한 사람이었기 때문이다. 이블르암 부근 구르 오르막길에서 부상을 당한 아하시야는 므깃도까지는 도망갔으나 결국 거기에서 목숨을 잃었다.

예후는 내친 김에 북이스라엘의 이세벨 왕후를 죽이고 아합 가문에 속한 사람들도 모두 죽였다. 남유다 아하시야 가문도 아합 가문과 연결되었기에 예후는 그 가족들까지도 몰살시켰다. 1년이라는 짧은 치세 동안 아합 가문과 연류된 학살 속에서 힘없이 쓰러진 왕 아하시야는 사후에 "그는 전심으로 여호와를 구하던 여호사밧의 아들이라"(대하 22:9)는 평가만 남았다. 살아서는 아합의 그늘에서 벗어나지 못했고, 죽어서도 아버지 여호사밧의 그늘을 벗어나지 못한 참으로 보잘것없는 왕이 아하시야였다.

GOD
History
유다 왕 연대기 (II)

>>> Chapter _ 24

아달랴에서 히스기야까지

7. 아달랴 : 유일한 여왕, 유일한 악한 여왕

여호람 이후 남유다 왕실의 어둠은 끝나지 않았다. 왕자들이 모두
죽자 아하시야의 어머니 아달랴가 왕권을 잡고 남북 이스라엘의 역사
상 유일한 여왕으로 등극하게 되었다. 그러나 그녀는 차라리 여왕이 되
지 않는 것이 나았을 것이다. 아달랴는 아하시야의 어머니라는 것을 제
외하고 나라를 다스릴 어떤 자격도 없는 인물이었다. 아달랴가 여왕이
된 이후 처음으로 시행한 것이 왕족의 씨를 말리는 것이었다.

"아하시야의 어머니 아달랴가 그의 아들이 죽은 것을 보고 일어나
왕의 자손을 모두 멸절하였으나"(왕하 11:1).

어미 토끼가 자기가 낳은 새끼 토끼를 매정하게 물어 죽이듯 아달라는 왕의 자손을 다 죽였다. 여왕은 6년의 재임기간 내내 악정을 펼쳤다. 갓난아기 요아스 왕자만 구사일생으로 살아남았다. 제사장 여호야다가 요아스를 살육의 현장에서 빼내었다. 그의 아내의 이름은 여호세바. 아하시야의 누이였고 요아스의 고모였다. 여호야다는 제사장이라는 직분을 이용해서 성전 안에 아기를 숨긴 채 비밀리에 키웠다. 6년 후 여호야다는 호위병과 군인들을 대동하여 왕궁과 성전을 포위한 뒤 요아스를 왕으로 위임했다. 뒤늦게 소식을 접한 아달랴가 성전에 들어가 보니 그의 손자인 일곱 살의 요아스가 왕의 자리에 앉아 있었다.

아달랴를 따르던 자들은 재빨리 요아스의 편으로 돌아섰다. 사태를 파악하지 못하고 아달랴 곁에 남아 있던 무리는 아달랴와 함께 사형에 처해졌다. 아달랴는 죽을 때도 불명예스러웠는데, 위풍당당하게 드나들던 왕궁 문이 아닌 말이나 드나드는 가축 문으로 끌려가 처형을 당했다. 여왕으로서가 아닌 동물 취급을 당한 것이다. 악하고 교만한 자의 결말로 손색이 없는 대목이다.

아달랴가 실패한 이유는 무엇일까? 그녀는 왕위에 오른 뒤에 한 번도 성전에 들어가지 않았다. 역대 왕들이 성전을 중심으로 정치와 행정을 실천했던 것에 비하면 그녀는 성전 근처에는 얼씬거리지도 않았다. 아달랴는 성전에 계신 하나님을 두려워했다. 성전에는 하나님이 계셨고, 하나님을 만나면 양심이 찔릴 거라 여긴 아달랴는 재임기간에 한 번도 성전과 관련된 정책을 세우지 않았다. 그 덕분에 성전을 중심으로 새로운 왕이 세워질 수 있었고 역사는 새롭게 쓰일 수 있었다.

아달랴는 왕족들을 다 죽였고 귀족이나 높은 관직에 있는 이들도 한갓 노리갯감으로 보았다. 아달랴가 일반 백성에게 지독하고 끔찍한 정책을 펼쳤음은 물론이었다. 자신의 이익과 부합되지 않으면 사람 취급을 하지 않았고, 자신의 마음에 조금이라도 들지 않으면 얼마든지 죽였다. 그래서 아달랴는 착각했다. 자신이 모든 것을 컨트롤할 수 있고, 심지어 자기가 사람들의 마음까지도 다 장악하고 있다고 말이다. 그러나 그녀의 손은 강했으나 너무 부실했으며, 그녀의 심장은 강철 같았으나 너무 무자비했다.

용기 있고 신실한 사람들이 아달랴를 몰아내고 그의 손자 요아스를 새로운 왕으로 선포할 때까지도 아달랴는 세상이 어떻게 돌아가는지 몰랐다. 그녀 주위에 있었던 공신들은 그녀의 마음에 드는 말과 행동만 했으리라. 그렇게 6년간 공포로 다스리던 최초이자 마지막 여왕은 뒤늦게 분노하고 옷을 찢어봐야 아무 소용이 없었고, 그녀의 인생은 다시는 돌릴 수가 없었다.

8. 요아스 : 은혜를 원수로 갚은 왕

요아스는 여왕 아달랴의 손에 죽을 운명이었다. 그러나 그의 고모 여호세바와 고모부 여호야다에 의해 목숨을 건졌고, 그것은 남유다 전체의 운명이 건져진 것과 같았다. 가장 처참했던 여왕의 통치 하에서 새로운 왕으로 왕좌에 앉았을 때의 나이가 겨우 일곱 살이었던 요아스는, 그러나 소리를 지르며 저주를 퍼부어대는 할머니 아달랴 앞에서 눈 하나 깜짝하지 않았다. 요아스는 용맹했다. 그러나 그는 아직 어린 애여서 고모부 여호야다의 정치적 그늘을 피할 수가 없었다. 다행히 여호야다는 섭정을 펼치면서도 선정을 베풀었다. 그는 우상의 단을 허물었고 바알의 제사장을 죽였으며 성전을 수리했다. 요아스 왕은 여호야다의 정책을 잘 따랐으나 아쉽게도 "산당들을 제거하지 아니하였으므로 백성이 여전히 산당에서 제사하며 분향"(왕하 12:3)하게 그냥 두었다.

어느덧 나이가 들어 왕이 된 지 23년, 그의 나이 서른이 되었을 때 국사를 챙겨보니 요아스의 눈에 파손된 성전의 수리가 제대로 되지 않음을 알게 되었다. 정책들은 잘 실현되고 있었으나 성전은 23년이 지나도록 그대로 방치되어 있었다. 요아스는 고모부인 여호야다와 제사장들을 불러 호통을 쳤다. 요아스는 이렇게 말했다.

"요아스 왕이 대제사장 여호야다와 제사장들을 불러 이르되 너희가 어찌하여 성전의 파손한 데를 수리하지 아니하였느냐. 이제부터는 너희가 아는 사람에게서 은을 받지 말고 그들이 성전의 파손한 데를 위하여 드리게 하라"(왕하 12:7).

제사장들은 왕의 명령에 따라 더 이상 아는 사람들에게 은을 받지 않고 성전수리를 재개했다. 이것은 어떤 의미일까? 제사장들은 그동안 개인적으로 은을 받아 착복했으며 그로 인해서 성전 수리가 더디어졌다고 의심할 만한 정황이었다. 그리고 그 의심은 여호야다를 향하고 있었다. 여호야다는 자존심을 굽히고 왕명에 순종했다. 그는 큰 궤를 준비해서 뚜껑에 구멍을 뚫어 백성들의 은을 받았다. 그러자 백성들로부터 은이 쏟아져 들어왔고 넘치는 은으로 성전을 수리할 재료를 사고, 성전 수리전문가를 고용했다. 그러고도 남은 돈은 성전 기구들을 사는 데 사용했다. 일꾼들은 성실히 일했고, 제사장들이나 왕의 서기는 공명

정대하게 돈을 계산했으며, 누구든지 만족할 만하게 일처리가 이루어 졌다. 그런데,

"속건제의 은과 속죄제의 은은 여호와의 성전에 드리지 아니하고 제 사장에게 돌렸더라"(왕하 12:16).

속건제와 속죄제에 대해서는 레위기 5장과 6장에 자세히 나와 있 는데, 간단히 요약하면 여호와께 죄를 지은 백성이 속죄제 제물과 잘못 에 대한 보상으로 오분의 일의 값어치를 더 가져오면 제사장은 그것으 로 속죄제를 드리게 되어 있었다. 유다의 백성들이 성전 수리를 위해 넘치는 은을 내고, 더불어 속건제와 속죄제를 위한 은도 함께 헌납하자 제사장들의 나쁜 버릇이 도졌다. 그들은 제사로 드릴 속죄제, 속건제의 은을 사적 용도로 유용했다. 제사장들의 수장격인, 그리고 현재 왕을 세운 여호야다는 훨씬 많은 은을 차지했다.

그러던 어느 날이었다. 아람의 왕 하사엘이 블레셋의 가드를 접수 한 뒤 예루살렘을 향해 진군해왔다. 위기를 느낀 요아스는 하나님께 바 쳤던 모든 성물, 즉 성전에 모아두었던 금을 모두 하사엘에게 바쳤다. 전쟁을 막기 위해서였다. 거기에 제사장들이 축적했던 은, 금이 포함된 것이 화근이었다. 아람 왕 하사엘은 돈과 함께 예루살렘에서 퇴각했고, 그 사이에 요아스 왕과 여호야다 제사장 사이의 금과 은을 둘러싼 갈등 이 생겨나기 시작했다. 열왕기하에는 요아스의 죽음으로 그의 정치 인 생을 서둘러 끝내고 있지만 역대하 24장 중반 이후에는 좀 더 자세한 내용이 나와 있다. 요아스 왕은 여호야다가 살아 있을 때와 죽은 뒤가

완전히 달랐다.

제사장 여호야다는 요아스 왕을 위해 두 명의 아내를 구해다주는 등 평생 헌신적으로 왕을 섬겼다. 성전 수리가 더딘 것을 발견한 요아스는 백성들에게 헌금을 요구하며 성전 수리에 열정을 쏟았다. 백성들은 궤가 넘치도록 돈을 냈고, 그렇게 거두어진 백성들의 돈을 계산한 사람은 왕실 서기관과 대제사장 관리였으며, 공정하게 그 돈을 사용했다. 감독관, 석수, 목수, 기술자, 기능공 등에게 노동력에 대한 대가로 분배되었고, 남은 돈으로는 기구, 그릇 등을 구입했다. 제사장 여호야다가 요아스를 잘 이끌었기 때문이다. 여호야다는 죽을 때까지 번제가 끊이지 않도록 제사를 지내며 제사장으로, 왕의 보좌관으로 최선을 다했다. 130세의 나이로 죽은 뒤 그의 유해는 일반인으로서는 유일하게 왕의 묘실에 묻혔고 성대한 장례를 치르게 되었다. 그러나 여호야다가 죽은 뒤 문제가 터지기 시작했다.

"여호야다가 죽은 후에 유다 방백들이 와서 왕에게 절하매 왕이 그들의 말을 듣고 그의 조상들의 하나님 여호와의 전을 버리고 아세라 목상과 우상을 섬겼으므로 그 죄로 말미암아 진노가 유다와 예루살렘에 임하니라"(대하 24:17-18).

여호야다의 시신이 아직 다 식지도 않았는데 유다의 리더들은 왕의 비위를 맞추면서 그동안 하나님께 드렸던 정성을 아세라 우상을 섬기는 데로 기울게 했다. 여호야다가 살아 있는 동안 한 번도 끊긴 일이 없었던 번제는 중단되었고, 성전에서 드리던 예배는 아세라 우상 제사로 바뀌었다. 선지자들이 요아스에게 직언하려고 했으나 그들이 왕에게 도달하기도 전에 차단되기 일쑤였다. 참다못한 여호야다의 아들 제사장 스가랴가 백성들을 향해 "너희가 여호와를 버렸으므로 여호와께서도 너희를 버리셨느니라"(대하 24:20)며 경고를 한다. 다분히 왕을 겨냥한 말이었다. 스가랴의 의분에 찬 경고 소리가 끝나자 성전 뜰 어딘가에서 날아온 돌이 스가랴를 쓰러뜨렸다. 그 배후에 요아스 왕이 있었다. 순교자 스가랴는 잊혔다가 예수님의 공생애 후반부에 예루살렘에 입성한 예수께서 완악한 바리새인과 서기관들을 향해 선포하셨던 말씀 속에 다시 등장하게 된다.

> "그러므로 의인 아벨의 피로부터 성전과 제단 사이에서 너희가 죽인 바라갸의 아들 사가랴의 피까지 땅 위에서 흘린 의로운 피가 다 너희에게 돌아가리라"(마 23:35).

성전과 제단 사이에서 순교한 바라갸의 아들 사가랴가 바로 여호야다의 아들 스가랴를 말하는 것이다. 이 사건이 일어난 뒤 해가 바뀌기도 전에 아람의 군대가 요아스를 치려고 다시 예루살렘으로 올라왔고, 요아스는 예루살렘의 부자들을 죽여 뺏은 돈으로 아람의 왕을 회유하려 했으나 이번에는 통하지 않았다. 유다의 군인들에 비하면 적은 수의 아람 군대였음에도 유다는 그들과의 전쟁에서 패배하고 말았다. 그 이유는 간단했다. "이는 유다 사람들이 그들의 조상들의 하나님 여호와를 버렸음이라. 이와 같이 아람 사람들이 요아스를 징벌하였더라"(대하 24:24).

요아스는 전쟁에서 크게 부상을 당해 쓰러졌고 그 틈을 타 사밧과 여호사밧이 왕을 암살했다. 자신의 목숨을 건져주었고 자신을 왕으로 만들어주었던 고모부 여호야다에 대한 은혜를 그의 아들 스가랴를 죽이는 것으로 갚았던 배신자 요아스의 말로(末路)였다. 요아스는 다윗성에 장사되기는 하였으나 왕의 묘실에 장사된 여호사밧과 달리 왕의 묘지에 묻히지는 못했다. 배은망덕한 요아스에 대한 유다 백성들의 사후 평가는 그렇게 차가웠다.

9. 아마샤 : 쓰레기를 버리다가 쓰레기를 섬겨버린 왕

요아스 왕이 죽은 후 그를 이어 왕이 된 아마샤는 25세의 나이에 왕위에 올라 29년간 유다를 다스렸다. 아마샤는 대단한 일을 하지는 않았으나 아버지 요아스만큼은 했다고 성경은 증언한다. 적당히 남유다를 잘 다스렸으나 최선을 다해 다스리지는 않았다. 산당을 없애지 않고 그냥 내버려둔 것을 보면 하나님에 대한 열정도 크지 않았던 것 같다. 아마샤는 왕권을 장악한 후에 아버지를 살해한 신하들을 처형했다. 그러나 그들의 자손까지 멸족시키지는 않고 몇몇 신하들만 처형하는 것으로 끝냈다. 그것은 율법의 정신이기도 했다. 율법은 연좌제를 인정하지 않았다(대하 25:4). 아마샤 왕은 소금 계곡(염곡)에서 에돔 사람 1만 명을 물리치고 셀라를 쳐서 점령했다. 내친김에 전령을 보내 북이스라엘과 겨루려고 했다. 당시 북이스라엘은 예후의 손자인 여호아스가 다스리고 있었는데, 그는 엘리사를 "나의 아버지, 나의 병거와 마병"이라고 부르면서 엘리사의 후계자를 자청한 왕이었다.

여호아스는 아마샤의 선전포고에 대해 레바논 가시나무의 비유를 들면서 "네가 에돔을 쳐서 파하였으므로 마음이 교만하였으니 스스로 영광을 삼아 왕궁에나 네 집으로 돌아가라. 어찌하여 화를 자취하여 너와 유다가 함께 망하고자 하느냐"(왕하 14:10)라고 말했다. 여호아스의 경고대로 막상 전쟁을 해보니 북이스라엘의 승리로 싱겁게 끝이 났고, 북이스라엘의 왕은 아마샤를 포로로 잡아 예루살렘으로 들어갔으며, 거기서 성벽을 400규빗(1규빗이 대략 50cm라면 200미터에 달하는 성벽을 부순 셈이다)이나 허물어버렸다. 예루살렘 성전의 보물들을 약탈하고 백성들을 인질로 끌어가서야 전쟁이 겨우 끝이 났으니 아마샤로서는 뼈아픈 패전이었다. 위안을 삼을 수 있다면 아마샤가 여호아스 왕보다 15년 정도 더 오래 살았다는 것. 아마샤는 평생 라이벌인 북이스라엘을 당해내지 못했다. 그의 끝도 별로 좋지 못했는데 예루살렘에서 반란이 일어나자 라기스까지 도망친 그는 반란군에 의해 죽어 다윗성에 장사지내는 것으로 역사에서 사라졌다.

여기까지가 열왕기의 기록이고, 역대하로 가면 조금 더 상세한 그의 이력을 볼 수 있다. 그는 가문별로 군대를 조직하여 약 30만 명의 대군을 모았다. 그뿐 아니라 은 100달란트를 들여 북이스라엘의 용병을 무려 10만 명이나 모집했다. 외국으로 출정하기 위함이었다. 그런데 아마샤는 북이스라엘 군대를 의지하지 말라는 선지자의 경고를 받아들여 북이스라엘 군대를 해산하고 남유다의 군대만 가지고 출전했다. 그는 염곡에서 세일 자손 만 명을 죽이고, 나머지 만 명도 절벽 아래로 떨어뜨려 죽이는 승리를 거두었다. 그런데 용병인 군인들은 얌전히 고향으로 돌아가지 않았다. 그들은 유다를 약탈하며 3천 명이나 되는 사람들을 죽였다.

그러나 아마샤는 에돔을 치고 돌아오는 길에 세일(에돔의 근거지)에 있는 신상(神像)을 가져왔다. 그러고는 엉뚱하게도 에돔 우상 숭배를 본격적으로 시작했다. 쓰레기를 버리러 갔다가 쓰레기를 섬겨버린 셈이었다. 무명의 예언자가 잘못을 지적하자 아마샤 왕은 도리어 호통을 쳤다. 산당도 모자라 이번에는 자신에게 패배한 나라의 우상을 숭배하는 아마샤. 예언자는 완강한 그의 모습을 보면서 "이제 이 나라는 끝이구나. 적어도 왕은 끝이로구나"(대하 25:16)라는 말을 하며 돌아섰다. 그 이후의 이야기는 이미 앞에서 얘기한대로 북이스라엘의 여호아스 왕에게 선전포고를 했다가 오히려 예루살렘이 약탈을 당하고, 반란군에 의해서 라기스에서 죽었다는 것이 전부이다.

10. 웃시야(아사랴) : 문둥병에 걸린 왕

아마샤를 이어 웃시야가 왕이 되었다. 열여섯 살에 왕이 되어 52년간 유다를 다스린 웃시야 왕이 가장 잘한 일은 엘랏을 재건해서 유다에 귀속한 것이었다. 웃시야 왕은 아버지의 올바른 부분만 본받아 바르게 나라를 이끌어갔다. 그러나 안타깝게도 그 역시 산당을 제거하지는 않았다. 결국 나병으로 죽을 때까지 고통을 겪고 격리되어 쓸쓸하게 죽어갔다. 보다 자세한 이야기는 역대하 26장에 나온다.

웃시야 왕의 곁에는 스가랴 선지자가 있었다. 웃시야는 선지자가 살아 있는 동안에는 그의 조언을 따라 올바른 일을 했다. 이 말인즉슨 스가랴가 죽은 다음에는 엉망으로 다스렸다는 소리. 웃시야 왕은 블레셋과 싸워 블레셋 성벽을 헐고 그곳에 유다의 성읍들을 세웠다. 내친김에 아라비아와 마온도 쳤다. 암몬은 세력을 키우는 남유다의 왕 웃시야에게 조공을 바쳤다. 웃시야의 전성기였다. 웃시야라는 이름이 이집트까지 퍼질 정도였다. 웃시야는 나라를 지키는 길은 방어를 위한 요새를 세우는 것이라 생각해서 예루살렘 망대와 요새를 건설했다. 그리고 장교가 2600명, 군인이 307,500명이나 되는 큰 규모의 군대를 세웠다. 군인의 숫자가 백 명 단위까지 쓰였다는 것은 인원에 대한 정확한 배치와 전략을 의미했다. 군인들에게는 방패, 창, 투구, 갑옷, 활, 무릿매 등으로 중무장을 시켰고, 무기 제조기술자들까지 준비해서 언제든지 공격할 수 있도록 했다.

그런데 힘이 세진 웃시야는 교만해지기 시작했다. 스가랴의 이름이 안 나오는 걸로 봐서는 이때쯤에 스가랴 선지가 죽었고 여기서부터 무너지기 시작한 것 같다. 웃시야 왕은 스스로 하나님께 분향하려고 성전 제사 자리에 나섰다. 그러나 이는 율법을 어긴 것이었다. 당시 제사장이었던 아사랴가 80명의 제사장들과 함께 왕을 말렸지만 역부족이었다. 향로 옆에서 마지막으로 아사랴 제사장이 만류하자 왕은 불같이 화를 냈다. 그런데 바로 그 순간 그의 이마에 하얗게 퍼지는 것이 있었으니 문둥병이었다. 순식간에 그의 얼굴이 일그러지기 시작했다.

웃시야에게는 선지자 스가랴가 있어야 했다. 적어도 스가랴를 통해 배운 바른 통치정신을 구현해야 했다. 그러나 왕은 더 이상 스가랴와 같은 인물을 곁에 두지 않았다. 겉으로 부강해진 웃시야 왕은 스스로 무너지고 말았다. 하나님 앞에 그가 분향하려는 것은 얼핏 보기에는 하나님을 경외하는 것처럼 보인다. 그러나 그것은 월권행위였다. 이스라엘의 초대왕 사울의 예에서 보듯 자기 본분을 망각하면 그나마 있던 자리에서도 내려오게 된다. 제사장의 일과 왕의 일은 엄격하게 구분되어 있었다. 왕이 제사를 드리겠다는 것은 왕권과 제사권을 다 가지려는 욕심이었다. 문둥병이란 썩는 병인데, 웃시야의 부패하고 썩어버린 마음이 문둥병을 통해 외적으로 드러나게 된 것은 아닐까?

11. 요담 : 기본에 충실하기만 해도 좋은 왕이 될 수 있음을 보여준 왕

요담은 아버지 웃시야를 본받아 하나님이 보시기에 올바른 일을 했다. 그러나 요담에게도 한계가 있었는데 산당만은 제거하지 않았다. 스물다섯 살에 왕위에 올라서 16년간 남유다를 다스린 요담은 그것을 제외하고는 대부분 옳은 일을 했다. 그는 성전의 윗 대문을 세웠고, 오벨 성벽을 연장했으며, 유다 산간지방의 성읍들을 건축하고, 유다 산림지역의 요새들에는 망대를 세웠다. 모두 방어용이었다. 그렇게 방어기지들을 구축했어도 요담에게는 적들이 생겼는데, 바로 아람의 르신과 북이스라엘의 베가 왕이었다.

요담이 바른 길을 가기 시작하자 하나님은 그를 강력하게 만들어주셨다. 그 결과 암몬과 싸워 이겼고, 암몬으로부터 3년 동안 은 백 달란트와 밀 만 석, 보리 만 석을 조공으로 받았다. 그는 아버지가 말년에 성전에 들어가 분향하려다가 문둥병에 걸린 사건을 잘 기억했다. 그래서 요담은 아예 성전에 들어갈 생각조차 하지 않았다. 왕권과 신권을 완전히 분리했다. 요담의 적들은 숨을 죽였고, "요담이 그의 하나님 여호와 앞에서 바른 길을 걸었으므로 점점 강하여졌더라"(대하 27:6). 그러나 요담이 베푸는 안팎의 선정에도 불구하고 여전히 백성들은 부패하였다. 왜 요담은 그런 한계에 부딪혔던 것일까? 그것은 '산당' 때문이었다.

성경에 나오는 산당은 히브리어로 '바마' 라고 해서 '고지, 고지대,

장소' 등의 의미가 있다. 한글성경으로는 모두 '산당'(山堂)이라고 번역되어 '산신을 모셔놓은 당집'의 의미를 가진다. 그러나 원래의 의미로 따지자면 높은 곳에 지어진 장소를 말하는 것으로 원래는 여호와 신앙을 위한 곳이기도 했다. 문제는 산당이 원래의 의도대로 하나님께 제사지내는 데만 사용되지 않은 데 있었다. 지켜보는 사람이 없자 유다 백성들은 그곳에다 우상을 가져다 놓고 숭배하기 시작했다. 여호와 신앙과 우상 숭배가 혼합된 것이다. 북이스라엘 벧엘의 금송아지는 예루살렘의 성전을 본받은 게 아니라 산당 제사의 모방이었다. 요담이 아무 생각 없이 내버려두었던 산당은 그의 아들 아하스 때 힌놈의 아들 골짜기에서 아들들을 인신공양으로 바치는 제사를 통해 끔찍한 타락에까지 이르게 되었다.

산당의 기원은 바벨탑이다. 높은 곳에 계신 하나님을 직접 만나기 위해 쌓고 또 쌓은 바벨탑은 하나님에 대한 경외와 존경이 아닌 하나님과 같아지려는 욕망에 다름 아니었다. 요담 왕은 기본에 충실한 왕이어서 하나님의 은혜를 많이 받았고 남유다를 다스리는 동안 별다른 어려움이 없었지만, 산당에 대한 제사를 방치한 것은 요담의 마음 깊숙한 곳에 있는 욕심, 하나님의 자리에까지 서려고 했던 욕망의 발현이었다. 그는 산당을 그냥 내버려둠으로써 백성들 역시 탐욕을 쫓게 만들었다. 다행인지, 그의 인생은 그냥 적당히 끝이 나서 여호와 신앙을 몰아내고 우상 숭배로 대치하는 데까지는 가지 않았다. 그것이 그의 한계이자 복이었다. 평범하고 기초적인 것만 해도 중간은 갈 수 있었던 시대가 바로 남유다가 걸어가고 있는 길이었기 때문이다.

12. 아하스 : 쓰레기를 버리다가 쓰레기를 섬기고 쓰레기가 되어버린 왕

요담의 아들 아하스가 왕이 되었다. 스물두 살의 나이에 왕위에 올라 16년간 나라를 다스린 아하스 왕은 올바른 왕이 아니었다. 그의 롤모델은 역대의 유다 왕들이 아니라 북이스라엘과 이방의 왕들이었다. 아하스는 이방 풍속 중에서 하나님께서 가장 역겨워하는, 아들을 불에 넣는 인신공양 제사를 지냈다. 힌놈의 아들 골짜기에서 벌어졌던 당대 가장 끔찍한 행위였고 아들을 산채로 태워 죽이는 잔인한 일이었다. 아하스는 산당과 언덕과 푸른 나무를 쫓아다니면서 제사를 지내는 등 하나님의 마음을 아프게 했다.

젊은 나이인 이십대 초반에서 삼십대 후반이라는 인생의 절정을 지내면서 그는 하나님의 마음에 가장 거슬리는 일만 했다. 아하스는 아람 왕 르신과 북이스라엘 왕 베가(르말리야의 아들)를 롤모델로 삼았다. 그러나 이들은 아하스의 나라 유다를 공격해왔다. 아버지대의 적이 고스란히 자신의 적이 되었다. 다행히 공격은 실패로 돌아갔으나 아람 왕 르신은 엘랏을 빼앗아 아람으로 복속시켰다. 엘랏에 살던 유대인들은 삶의 터전에서 쫓겨나야했다. 엘랏이 어떤 곳인가? 할아버지 웃시야의 가장 큰 업적이었던 도시가 아니었던가? 남유다의 땅이었던 엘랏은 그렇게 영원히 상실되고 말았다.

그럼에도 아하스는 이방 왕에 대한 숭모를 포기하지 않았다. 성전과 왕궁에 있는 은금을 모아다가 당시 막 떠오르는 앗시리아의 디글랏 빌레셀 왕에게 조공을 보내며 속국을 자처했다. 효과가 있었는지 디글랏 빌레셀은 "다메섹을 쳐서 점령하여 그 백성을 사로잡아 기르로 옮기고 또 르신을 죽였더라"(왕하 16:9). 엘랏을 빼앗은 르신에 대한 복수를 디글랏 빌레셀이 해준 셈이었다. 아하스 왕은 감사를 전할 겸 친히 앗시리아를 순방했다. 앗시리아의 대도시 다메섹을 방문한 아하스는 문화충격을 받았다. 그동안 그가 돌아다니던 산당과 언덕, 푸른 나무의 초라한 제사에 비해 앗시리아의 신전은 거대하고 압도적이었다. 아하스는 제단의 모든 구조와 양식을 그대로 예루살렘에 재현하고 싶었다. 다메섹의 방법이 크고 복잡해서 모자란 제구가 있다면 예루살렘 성전에서 떼어올 정도로 열심을 냈다. 놋제단, 물두멍, 놋바다 등이 그런 식으로 우상 제사의 도구로 전락하고 말았다.

한편 또 다른 적인 북이스라엘의 왕 베가(르말리야의 아들)는 어떻게 되었을까? 그에 대한 이야기는 역대하에 나오는데 베가는 하루 사이에 아하스의 남유다 군인들 12만 명을 죽였다. 사마리아로 끌려간 남유다 포로들은 그 수가 20만이 넘었다. 오뎃이라는 선지자가 베가 왕을 설득해 포로를 돌려보내지 않았더라면 아하스의 남은 임기는 분명히 줄어들었을 것이다(대하 28:6-15). 총체적인 위기 가운데 아하스 왕은 전기(前記)한 것처럼 앗시리아의 왕 디글랏 빌레셀에게 조공을 바치며 도움을 구했다. 그런데 이게 웬일인가? 역대하에서는 열왕기하의 내용과 다르게 디글랏빌레셀이 아하스를 전혀 돕지 않는다고 나와 있다.

"앗수르 왕 디글랏빌레셀이 그에게 이르렀으나 돕지 아니하고 도리어 그를 공격하였더라"(대하 28:20).

어느 역사가의 기록이 옳은지 우리는 알 수가 없다. 열왕기하가 맞다면 디글랏빌레셀이 아하스 왕에게 호의적이어서 그를 도와준 것이

고, 역대하가 맞다면 디글랏빌레셀은 아하스를 하찮게 여겼다는 말이
된다. 그러나 사실을 말하자면 디글랏빌레셀이 아하스가 원하는 대로
조종되지는 않았다. 르신을 죽인 것도 아하스를 대신해서 원수를 갚아
준 것이 아니라 앗시리아의 이익에 부합하기 때문이었다. 결과적으로
는 원수를 갚아준 것이라 고마운 마음으로 앗시리아를 직접 찾은 것이
었다. 앗시리아의 힘을 입어 적들을 물리쳤든지, 아니면 오히려 공격을
받았든지(대하 28:21) 중요한 것은 아하스가 다메섹에 있는 신전을 그
대로 따왔다는 사실이다. 이것은 열왕기와 역대기 두 역사가가 공통적
으로 기술하고 있는 부분이다.

> "이 아하스 왕이 곤고할 때에 더욱 여호와께 범죄하여 자기를 친 다
> 메섹 신들에게 제사하여 이르되 아람 왕들의 신들이 그들을 도왔으
> 니 나도 그 신에게 제사하여 나를 돕게 하리라 하였으나 그 신이 아
> 하스와 온 이스라엘을 망하게 하였더라. 아하스가 하나님의 전의
> 기구들을 모아 하나님의 전의 기구들을 부수고 또 여호와의 전 문
> 들을 닫고 예루살렘 구석마다 제단을 쌓고 유다 각 성읍에 산당을
> 세워 다른 신에게 분향하여 그의 조상들의 하나님 여호와를 진노하
> 게 하였더라"(대하 28:22-25).

말하자면 어려운 상황에 처해진 아하스는 오히려 더욱 범죄해서 하
나님 앞에 가증스러운 짓을 했다. 에돔을 징벌하러 갔다가 그 나라의
우상을 가지고 섬겨버린 아마샤 왕처럼 그는 앗시리아의 쓰레기 같은
우상을 가져다가 성전을 뜯어버리고 성전을 욕보인 왕이 되어버렸다.

젊은 나이인 이십 대 초반에서 삼십 대 후반이라는 인생의 절정에서 그의 인격과 삶은 악으로 점철되었기에 그런 행동을 했을 뿐이다. 그는 쓰레기와 더불어 쓰레기가 되어버린 왕이었다.

13. 히스기야 : 기도로 기적의 주인공이 된 왕

웃시야를 이어서 히스기야가 스물다섯 살의 나이에 왕이 되었고, 29년 동안 예루살렘을 통치했다. 그는 줄곧 올바른 일을 했는데, 드디어 산당을 헐어버리는 일을 했다. 음란한 우상 숭배의 대상이었던 돌기둥을 없앴고 아세라 목상을 찍어버렸다. 그의 통치에서 주목할 만한 일로는 느후스단이라는 우상을 깨뜨린 일이다. '느후스단'이란 모세가 광야에서 들었던 놋뱀이었다. 출애굽이 BC 1446년에 있었고 히스기야가 BC 728년부터 통치를 했으니 대략 700년 가까이 그 놋뱀이 남아 있었다. 광야에서 불평하던 이스라엘 백성들에게 불뱀이 나타나 물려 죽어갈 때 하나님은 장대에 놋뱀을 달고 그것을 쳐다보면 낫게 하셨다.

그리고 세월이 흘러가는 동안 구리뱀은 민가에서 분향을 받으며 우상으로 잔존해 있었다. 인간은 이미 효력이 상실된 놋뱀에게 예배할 정도로 우상 숭배적인 경향이 짙다. 그럴 때는 그 우상의 무엇이 잘못되었는지 설득하고, 연구하고, 토론하고, 타협하는 것이 아니라 그냥 깨버리는 것이 중요하다. 하나님은 그런 것을 하라고 왕의 권력을 주셨다. 히스기야는 하나님이 주신 권력을 그렇게 사용함으로써 하나님만을 신뢰하는 왕이 되었다. 히스기야는 모든 우상을 기드론 골짜기로 가져다가 없앴는데 왕이 된 해 1월 1일에 시작해서 16일 만에 이루어낸 일이었다.

히스기야는 개혁을 성공적으로 이루기 위해 제사장들과 레위 사람들에게 먼저 성결할 것을 요구하였고, 조상의 죄에 대해서 회개하고, 성전을 정화하기 시작했다. 그러나 그의 조상들이 그동안에 얼마나 나라를 망치고 제사를 등한시했던지 소와 양 같은 제물은 많되 제사장의 수는 턱없이 모자라서 레위 사람들이 제물 잡는 일을 거들 정도로 제사 체계가 약화되었다. 히스기야는 유월절을 다시 회복하고 싶었다. 그것도 남유다만이 아니라 북이스라엘까지도 동참시키고 싶었다. 그래서 그는 가장 최남단 브엘세바에서 최북단인 단에 이르기까지 이스라엘 전역에 유월절 제사에 대한 홍보를 하기에 이르렀다. 히스기야의 절절한 호소에도 사람들의 반응은 미적지근했다.

"보발꾼이 에브라임과 므낫세 지방 각 성읍으로 두루 다녀서 스불론까지 이르렀으나 사람들이 그들을 조롱하며 비웃었더라"(대하 30:10).

이렇듯 개혁은 어려운 일이었다. 그러나 비록 유월절이 늦어지기는 했어도 둘째 달 14일에 대대적인 유월절이 시작되었고, 감동을 받은 유다 사람들 외에 많은 사람이 모여들어서 성대한 유월절이 치러지게 되었다. 에브라임, 므낫세, 잇사갈, 스블론에서 온 사람들은 아직 유월절 예식에 대해서 잘 몰라 규례를 어기기도 했다. 히스기야는 그들을 위해서 중보기도를 따로 올렸다. 일주일간의 절기를 마치자마자 다시 일주일의 절기를 드릴 정도로 히스기야는 열정적이었다. 그래서 성경은 "예루살렘에 큰 기쁨이 있었으니 이스라엘 왕 다윗의 아들 솔로몬 때로부터 이러한 기쁨이 예루살렘에 없었더라"(대하 30:26)고 표현한다.

히스기야는 북이스라엘 호세아 왕의 제위 3년에 유다의 왕이 되었는데, 호세아가 제위 9년에 앗시리아에 의해서 멸망당하는 모습을 보았다. 왕이 된 지 6년 만에, 그러니까 그의 나이 서른하나에 북이스라엘의 패망을 보면서 위기감을 느끼지 않을 수 없었다. 원래 북이스라엘과 남유다는 같은 나라였고, 위아래로 붙어 있기에 북이스라엘이 망하면 남유다에게 미치는 영향력이 클 수밖에 없었다. 앗시리아는 다음 목표를 남유다로 잡았다. 앗시리아는 손쉽게 남유다를 얻을 수 있을 거라 여겼다.

"히스기야 왕 제십사년에 앗수르의 왕 산헤립이 올라와서 유다 모든 견고한 성읍들을 쳐서 점령하매"(왕하 18:13).

히스기야는 왕이 된 지 14년 만에, 그러니까 그의 나이 서른아홉에 드디어 앗시리아라는 적과 맞닥뜨리게 되었다. 앗시리아는 은 300달란트와 금 30달란트를 조공으로 요구했고, 히스기야는 성전과 왕궁에 모아 있던 은을 다 내주었다. 솔로몬 때라면 그리 많은 것도 아닐 텐데, 국력이 쇠약해져서 성전 문과 기둥의 금을 벗겨야 겨우 채울 수 있는 금액이었다. 히스기야는 절실했다. 그러나 앗시리아는 조공을 받고서도 물러서지 않았다. 앗시리아 왕은 다르단, 랍사리스, 랍사게 같은 부하들에게 병력을 몰아주어 예루살렘 입구를 차단하고 으름장을 놓았다. 그중에서 랍사게가 가장 교활하고 지독했다.

"랍사게가 그에게 이르되 내 주께서 네 주와 네게만 이 말을 하라고 나를 보내신 것이냐. 성 위에 앉은 사람들도 너희와 함께 자기의 대변을 먹게 하고 자기의 소변을 마시게 하신 것이 아니냐 하고"(왕하 18:27).

랍사게는 유대 말을 할 줄 알았다. 그는 예루살렘의 백성들을 도발했다. 앗시리아가 그동안에 점령한 나라들과 그 나라의 신들의 이름을 열거하면서 여호와 하나님도 별 힘이 없다고 망발을 했다. 백성들은 모욕을 당하면서도 망연히 서 있었다. 히스기야 왕이 도발에 반응하지 말라고 명령을 해놓은 터였다. 반박할 힘도 없었다. 히스기야는 참혹한 마음으로 성전으로 들어갔다. 가장 슬플 때나 입는 베옷을 걸친 채였고 그나마도 찢겨져 있었다. 굴욕적인 현 상황에 대해 선지자 이사야에게 신하들을 보내어 알렸다. 그런데 이사야가 보내온 답신은 놀라웠다.

이사야가 그들에게 대답하였다. "당신들의 왕에게 이렇게 전하십시오. 주님께서 이렇게 말씀하십니다. '앗시리아 왕의 부하들이 나를 모욕하는 말을 네가 들었다고 하여, 그렇게 두려워하지 말아라. 내가 그에게 한 영을 내려 보내어, 그가 뜬소문을 듣고 자기의 나라로 돌아가게 할 것이며, 거기에서 칼에 맞아 죽게 할 것이다'"(왕하 19:6-7, 새번역).

사건은 이렇게 흘러갔다. 나일강 상류지역 구스의 다르하가 군사들을 이끌고 립나로 출정하였고 앗시리아의 총공세가 펼쳐졌다. 랍사게는 예루살렘 성에 대한 일전을 미루고 격전지인 립나에 합세할 수밖에 없었다. 격전의 와중에도 산헤립 왕은 히스기야에게 립나를 차지한 후 다시 예루살렘을 치겠다는 편지를 보냈다. 시간만 연장되었을 뿐인 일촉즉발의 상황에서 히스기야는 이사야로부터 받은 그 답신을 펼치고서 기도했다. 절실한 기도의 시간이 흐르고 이사야는 사신을 통해 하나님의 응답을 다시 한번 히스기야에게 보내주었다.

> "그러므로 여호와께서 앗수르 왕을 가리켜 이르시기를 그가 이 성에 이르지 못하며 이리로 화살을 쏘지 못하며 방패를 성을 향하여 세우지 못하며 치려고 토성을 쌓지도 못하고 오던 길로 돌아가고 이 성에 이르지 못하리라 하셨으니 이는 여호와의 말씀이라. 내가 나와 나의 종 다윗을 위하여 이 성을 보호하여 구원하리라 하셨나이다 하였더라"(왕하 19:32-34).

결과는 어떻게 됐을까? 앗시리아의 엄청난 대군은 히스기야가 기도하고, 이사야가 응답을 들은 바로 그날 밤에 전멸하고 말았다. 무려 185,000명이었다. 립나를 이기고 예루살렘으로 진군해오던 앗시리아의 진영은 초토화되고 말았다. 아침이 밝았을 때 그 많은 숫자가 벌판에 시체로 널브러져 있는 장면은 장관이었다. 소국들은 손쉽게 이기고 대국들도 반드시 이겼던 대제국 앗시리아의 멸망의 시발점이었다. 앗시리아의 산헤립 왕은 수도 니느웨로 돌아갔는데 자기가 섬기는 신전에서 아들들 손에 암살당하고 말았다. 교만한 왕의 비극적인 최후였다.

히스기야는 기도로 기적을 만들어낸 왕이었다. 그의 기적은 앗시리아를 물리치는 것만이 아니었다. 왕이 된 지 14년 만에, 그러니까 그의 나이 서른아홉에 다시 위기를 맞았는데, 이번에는 건강의 문제였다. 끔찍한 병마로 인한 고통이 그를 무너뜨리기 시작했다. 히스기야 이전 왕들 가운데 병에 걸린 경우에는 100%가 죽었다. 대부분의 왕들은 건강하게 살 수 있을 때까지 살았다. 그러나 병에 걸리게 된 경우는 예외 없이 다 죽었다. 아사 왕은 훌륭한 왕임에도 발에 병이 들어 그것 때문에 죽었고, 여호람 왕은 창자에 중병이 들어 2년간 고생하다가 창자가 빠져나와 죽었다. 웃시야 왕은 향로를 들고 분향하려다가 나병이 발하면서 그 병으로 죽었다. 이번에는 히스기야의 차례였다.

히스기야가 걸린 병이 무엇인지 성경은 정확히 말하지 않아서 알 수는 없으나 짐작할 수는 있다. 이사야는 무화과 반죽을 왕의 상처에 놓는데(왕하 20:7), 여기서 '상처'라는 말이 '핫세인'이라고 하며, 같은 단어가 출애굽기 9장 11절, 레위기 13장 18절, 욥기 2장 7절 등에서 사용되었다. 모두 악성 종기, 피부병 등을 지칭할 때 쓰는 용어이다. 그러니까 히스기야는 온몸에 악성 종기가 나서 겉으로 보기에도 끔찍하고 속으로도 고통스럽게 아팠다. 히스기야는 단박에 알았다. '이 병으로 죽는구나. 시름시름 앓다가 고통 속에서 죽겠구나.'

왕은 벽을 향해 돌아앉아 서럽게 울면서 기도했다. 하나님은 기도를 들으셨다. 그의 생명을 15년 연장시켜주겠다는 약속을 이사야를 통해 전달하셨다. 기도의 승리였다. 얼마나 믿기 어려웠던지 해 그림자가 10도나 뒤로 돌려지는 걸 보고서야 마음이 놓일 정도였다. 히스기야의 인생이 보장되었다. 그의 윗대 왕들을 보면 아마샤가 54세, 웃시야가 64세, 요담이 41세, 아하스가 36세에 죽었고, 히스기야는 54세에 죽었다. 만약 히스기야가 병으로 39세에 죽었으면 너무 젊은 나이에 죽는 것이었다. 그러나 15년이 연장되면서 평균은 넘는 나이까지 살게 되었다. 개인적으로도 만족할 만한 나이였다. 기도를 통해 외부의 강대한 적도 물리치고 내부의 병도 물리친 왕이 바로 히스기야였다.

병에서 나은 후에 신흥국인 바벨론 므로닥발라단의 축하사절단에게 모든 무기와 보물들을 다 보여준 것은 그의 패착이었다. 이사야가 그 일에 대해 꾸짖고 그것 때문에 후대에 망할 것이라고 경고하자, 대수롭지 않은 듯 "여호와의 말씀이 선하니이다"라고 말하며 "내가 사는 날에 태평과 진실이 있을진대 어찌 선하지 아니하리요"라는 반응을 보인다. 살아 있는 동안에 더 이상 전쟁이 벌어지지 않고 태평하기만 하면 괜찮다는 생각이었다. 기도 응답을 받은 후 기도를 멈춘 탓이었을까? 하찮아 보이던 바벨론이 엄청난 강대국이 되어 그의 자손 대에 유다를 무너뜨릴 줄은 건강을 되찾은 히스기야가 꿈에도 생각하지 못한 일이었다.

므낫세에서 시드기야까지

14. 므낫세 : 가장 어두운 시대의 가장 악한 왕

히스기야가 죽은 뒤에 12세에 왕위에 올라 장장 55년 동안 남유다
를 다스린 므낫세 왕은 대표적인 악한 왕이었다. 그가 행한 악한 일의
목록을 간단히 살펴보면 이방의 역겨운 풍속을 따랐고, 선대왕 히스기
야가 없앴던 산당을 다시 세웠으며, 바알 신의 제단과 아세라 목상 구
조물을 만들었고, 하늘의 별들을 섬기기 위한 제단을 쌓는 일까지 있
다. 그리고 예루살렘 성전 안에 우상들을 가져다 놓기까지 했는데, 더
욱이 여호와 신앙과 대비되도록 신상을 웅장하게 만들어 성전에 들어
오는 백성들이 우상에게 압도되게 했다. 또한 성전 뜰의 앞, 뒷마당에
도 일월성신 제사 단을 쌓아서 여호와 신앙과 이방 신앙을 혼잡하게
했다.

그것뿐이 아니었다. 므낫세는 힌놈의 아들 골짜기에서 아들들을 살아 있는 채로 불 속으로 던지는 일을 자행했다. 그의 옆에는 신접한 자들과 점쟁이들이 넘쳤으며, 마법과 사술로 어지러웠고, 악령과 귀신을 불러내는 일까지도 마다하지 않았다. 므낫세 왕은 여호와 신앙 자체를 폐기하지는 않았으나 적극적으로 우상을 들여오는 일에 앞장섰고, 그에 따라 백성들은 자석에 끌리듯이 우상에게 끌려 하나님을 등지게 만들었다.

"이 백성이 듣지 아니하였고 므낫세의 꾐을 받고 악을 행한 것이 여호와께서 이스라엘 자손 앞에서 멸하신 여러 민족보다 더 심하였더라"(왕하 21:9).

조상 대대로 하나님을 섬기던 이스라엘 백성들이 잘못된 왕에 의해 잘못된 길로 이끌리기 시작하니까 기존의 우상을 섬기는 나라나 민족들보다 더 심하게 우상에 경도(傾倒)되었다. 므낫세는 우상 숭배로 백성을 이끌었다. 그때 하나님은 모든 선지자를 동원하셔서 므낫세에게 경고하셨다.

"여호와께서 그의 종 모든 선지자들을 통하여 말씀하여 이르시되 유다 왕 므낫세가 이 가증한 일과 악을 행함이 그 전에 있던 아모리 사람들의 행위보다 더욱 심하였고 또 그들의 우상으로 유다를 범죄하게 하였도다"(왕하 21:10-11).

아모리 족속은 초기에 팔레스틴의 거의 전 지역을 장악하던 지역 강자였다. 가나안 땅에 있는 이방 족속을 말할 때 아모리 종족이 그 대명사로 쓰일 정도였다. 그러나 아모리는 가나안에서 새롭게 등장한 또 다른 강자 헷 족속에 의해 쫓겨나면서 산간지역으로 흩어졌다. 그곳에서 아모리 족속의 우상 숭배에 대한 다양한 행위들은 더욱 발전, 보급되었다. 므낫세는 아모리의 우상 숭배를 통치의 한 형태로 가져왔다. 그래서 하나님은 아모리 사람들보다 더 심한 범죄행위라고 지적하신 것이다. 한번 우상에 빠져들기 시작하면 그 결과가 참혹해지는데, 므낫세는 자기 권력을 유지하기 위해 죄 없는 사람들을 죽이기 시작했다. 어느 정도냐면 예루살렘 한쪽 끝에서 반대쪽 끝까지 무죄한 자의 피가 가득할 정도였다(왕하 21:16). 므낫세의 이야기는 악한 정치의 끝이 어떻게 되는지를 보여주는 전형적인 예가 된다. 하나님은 므낫세와 그의 나라에 대한 엄중한 경고를 다음과 같이 내리셨다.

"내가 사마리아를 잰 줄과 아합의 집을 다림 보던 추를 예루살렘에 베풀고 또 사람이 그릇을 씻어 엎음같이 예루살렘을 씻어버릴지라. 내가 나의 기업에서 남은 자들을 버려 그들의 원수의 손에 넘긴즉 그들이 모든 원수에게 노략거리와 겁탈거리가 되리니 이는 애굽에서 나온 그의 조상 때부터 오늘까지 내가 보기에 악을 행하여 나의 진노를 일으켰음이니라 하셨더라"(왕하 21:13-15).

하나님은 계명과 율법으로 나라가 통치되길 원하셨다. 모세를 통해 이스라엘 백성에게 주신 계명과 율법은 이스라엘 백성이 살아가는 데 충분한 통치 기술과 철학이 되었다. 그러나 므낫세는 이에 복종하지 않았다. 하나님은 다림줄의 추와 설거지 비유를 통해 어떻게 유다를 심판할지를 보여주셨다. 그래서 므낫세의 손자인 요시야 왕이 아무리 회개하고, 아무리 개혁적으로 나라를 이끌어가도 므낫세로 인한 심판은 철회되지 않았다(왕하 23:26). 그렇다면 도대체 왜 므낫세는 그렇게 훌륭한 아버지 히스기야를 두고서도 올바른 길을 걷지 못한 것일까? 히스기야라는 걸출한 왕 밑에서 어쩌자고 그는 악한 왕이 되어버린 것일까? 므낫세가 그렇게 된 이유는 멀리 있지 않았다. 바로 그의 아버지 히스기야 왕 때문이었다.

그의 아버지 히스기야는 죽기 15년 전에 큰 병에 걸려 목숨이 위태로웠다. 그러자 히스기야는 몸부림치면서 하나님 앞에 통곡하며 기도했다. 그런 그를 하나님은 불쌍히 여기셔서 15년의 생명 연장을 허락하셨다. 그리고 그 근거로 아하스의 일영표(해 그림자)가 10도 뒤로 물러가는 초자연적인 현상을 보여주셨다. 병에서 나은 히스기야는 어떻게 했을까? 1~2년쯤 지났을 때까지만 해도 히스기야는 자신의 건강이 회복된 것을 믿지 못했다. 그래서 그는 하루하루 겸손하게 살았다. 그러나 해 그림자는 분명 10도 뒤로 물러갔고, 아팠던 흔적은 사라졌으며, 왠지 모를 힘이 솟아오르기 시작했다. 정말로 건강이 회복된 것이다. 히스기야에게는 15년이라는 생명이 보장되었다. 교만이 찾아온 것은 이때부터였다. 바벨론의 사절단에게 모든 내탕고와 무기고를 다 보여주었고, 하나님은 그런 어리석은 행동에 대하여 이사야 선지자를 통해 유다가 바벨론에 의해서 망하게 될 것이라고 질책하셨다. 그러나 이에 관하여 히스기야는 이렇게 말했다.

"히스기야가 이사야에게 이르되 당신이 이른 바 여호와의 말씀이 좋
소이다 하고 또 이르되 내 생전에는 평안과 견고함이 있으리로다
하니라"(사 39:8).

히스기야는 더 이상 예전의 히스기야가 아니었다. 그는 전처럼 옷
을 찢고 마음 아파하며 자신의 경솔함에 대해서 회개하지 않았다. 그의
생명과 안전이 보장되었기 때문이었다. 불안은 없었으며 기도하며 깨
어 있을 이유도 없었다. 히스기야가 겸손과 거리가 먼 인물이었을 때
그의 아들 므낫세가 태어났다. 히스기야의 병이 고쳐진 지 4년째가 되
는 해, 그러니까 병은 더 이상 히스기야의 기도 제목이 아니었고 그의
교만이 서서히 고개를 들 때에 므낫세를 낳았다. 아버지 히스기야의 성
격이 가장 안 좋았을 때에 고스란히 그 모습이 므낫세에게 전달되었다.
므낫세가 태어나고 자라면서 보았던 아버지의 모습에는 겸손도 눈물
도 기도도 없었다. 므낫세는 히스기야의 인생에서 가장 좋지 않았던 후
반기의 아버지만 보았을 뿐이다. 교만하게 바벨론의 사절단에게 자랑
을 일삼고 하나님의 심판에 대해 가볍게 여기는 히스기야의 태도는 고
스란히 므낫세에게 영향을 미쳤을 것이고, 히스기야 역시 그런 태도로
아들을 양육했다.

므낫세는 열두 살의 나이에 왕위에 올랐다. 이 말은 므낫세가 민감
한 청소년 시절에 아버지를 잃었다는 뜻이다. 15년의 생명 연장은 왕
성한 활동과 건강한 생명을 의미했다. 히스기야는 15년간 활발하게 활
약을 하다가 15년이 지나 갑자기 하나님의 부름을 받았다. 히스기야는
건강한 상태로 죽었고, 예민한 청소년기에 건강한 아버지를 데려간 하

나님에 대해서 므낫세는 이해하지 못했다. 하나님을 원망했으며 하나님에 대한 경외심을 잃었다. 그래서 그는 하나님 외에 다른 것을 찾기 시작했고, 그것은 55년의 장기집권 동안 일관적으로 행했던 우상 숭배의 시작이 되었다.

히스기야는 25세에 왕위에 올라 29년을 다스렸고 54세에 죽었다. 그가 죽기 전 15년의 생명을 연장 받았으므로 죽기 15년 전인 39세에 발병(發病)했다. 그리고 4년 뒤인 마흔세 살에 므낫세를 낳았으니 히스기야에게 므낫세는 늦둥이였다. 아직 어린 열두 살 나이에 남유다라는 나라 전체를 책임져야했던 므낫세는 하나님에 대해서 이해할 수가 없었고, 하나님을 이해할 만큼 성숙한 나이도 아니었다. 훌륭한 아버지를 두었지만 아버지로부터 배운 것이라곤 부정적인 것밖에 없었다. 그렇게 그는 대표적인 악한 왕으로 역사의 평가를 받게 되었다.

열왕기하에 없는 부분이 역대하에 나오는데 앗시리아의 군대가 유다를 쳐들어와서 므낫세가 바벨론에 포로로 잡혀간 내용이 소개된다. 나라를 잃게 된 므낫세는 바벨론의 옥중에서 회개하고 다행히 살아서 예루살렘으로 돌아온다. 뒤늦게 방어기지를 구축하고, 군대 지휘관을 정비하고, 이방 신들과 우상을 제거하며, 산당들을 없애고, 하나님께 제사를 지내는 등 개혁적인 일을 하지만 때는 너무 늦었다. 그의 악한 영향력은 그대로 백성들에게 남았고, 그는 역대 가장 악한 왕으로 기억되며 잊혀져갈 뿐이었다.

15. 아몬 : 아버지처럼 악했던 왕
므낫세라는 역대 가장 악한 왕 아래에 그의 아들들이 무사하기는 어려웠다. 힌놈의 아들 골짜기에서 아들을 산채로 불에 던지는 우상 숭배에 빠져 있었기 때문이다. 왕의 아들들은 불에 던져져 죽어갔다. 그런데 그중에서 아몬이 살아남았다. 므낫세 말년에 앗시리아 군대 때문에 바벨론에 끌려갔다온 뒤 므낫세는 더 이상 우상 숭배를 하지 않았다. 아몬은 그 후에 태어나 산채로 불에 던져지는 비극을 면하게 되었다. 므낫세 사후까지 아몬은 살아남아 아버지를 이어 왕위에 올랐다. 그러나 그는 아버지의 악행을 그대로 답습했다.

"아몬이 그의 아버지 므낫세의 행함같이 여호와 보시기에 악을 행하되 그의 아버지가 행한 모든 길로 행하여 그의 아버지가 섬기던 우상을 섬겨 그것들에게 경배하고 그의 조상들의 하나님 여호와를 버리고 그 길로 행하지 아니하더니"(왕하 21:20-22).

아몬은 스물두 살의 나이에 왕위에 올라 2년 동안 악정을 펼치다가 암살당해 욕된 그의 인생을 마쳤다. 므낫세는 67세의 나이에 죽었는데, 그때 아몬이 스물두 살이었으므로 므낫세의 나이 마흔다섯에 태어난 아들이었다. 므낫세는 어렸을 적에 형들이 힌놈의 아들 골짜기에서 불에 던져지는 것을 듣고 보았다. 그는 자신도 언젠가 불에 던져질 것을 기다려야 할 참혹한 시대에 살았다. 그런 상황 속에서 그는 불안과 공포에 떨었다. 그렇다면 그는 아버지 므낫세가 죽은 뒤에 아버지와는 전혀 다른 길을 걸어야 마땅하지 않겠는가? 그러나 오히려 아몬은 진저리가 나는 아버지의 악행을 그대로 본받았다. 왜 그는 그 길을 따라갔을까?

아몬이 아버지에게서 배운 것이 그것밖에 없었기 때문이었다. 악한 아버지 밑에서 악한 것을 그대로 답습하는 게 악한 아버지 밑에서 선한 일을 하는 것보다 훨씬 쉬웠다. 일종의 학습효과였다. 그러나 그보다 더 중요한 것이 있다. 그것은 우상 숭배의 본질이었다. 아몬이 왕이 되었을 때 그의 마음은 일그러진 상태였다. 분노와 증오는 극에 달했으며, 불안과 공포, 살고자 하는 탐욕과 욕망 속에서 왕위에 올랐다. 우상 숭배는 본질적으로 그런 아몬 왕의 욕망을 그대로 반영했다. 인격을 다듬고 잘못된 것을 바로 잡기보다는 욕망을 투영하고 분노를 수용하도록 부추기는 것이 우상이었다. 아몬은 그 우상을 그대로 받아들여 아버지보다 더 악하게 나라를 운영해 나갔다. 그의 욕망과 분노는 우상에 의해 더욱 증폭되었고 왕국이 무너질 정도로 악하게 다스렸다.

그의 치세가 2년이 되었을 때 참지 못한 신하들은 그를 암살하고 왕실이 아닌 웃사의 정원에 묻는 것으로 그의 생애를 마감시켰다. 아몬이 살아생전 잘한 일이 하나 있다면 일찍 장가를 가서 아들을 하나 낳은 것이다. 아몬의 아들 요시야가 여덟 살의 나이에 왕위에 올랐으니 아몬의 나이 겨우 열여섯에 요시야를 낳았다. 아몬은 어린 아들, 유일한 아들일 수도 있는 요시야를 남겨두고 세상을 떠났고, 남유다는 다시 한번의 기회를 갖게 되었다.

16. 요시야 : 마지막으로 밝게 빛났던 왕

아몬이 죽은 뒤 여덟 살이란 어린 나이로 왕위에 오른 요시야는 남유다가 어둠의 그늘로 덮여지는 암담한 시대에 마지막으로 밝게 빛났던 왕이다. 요시야가 강도 높게 개혁을 단행할 수 있었던 것은 그 자신이 숭고한 인격의 소유자이기도 했지만 그의 가장 가까이에 좋은 사람들이 있었기 때문이었다. 31년간 남유다를 다스린 요시야는 왕이 된 지 18년이 지나 본격적인 개혁의 기치를 들었다. 그의 나이 스물여섯이었다. 그때 그의 옆에는 대제사장 힐기야와 서기관 사반이라는 걸출한 인물들이 있었다. 신실하고 충직한 이 두 명의 신하와 더불어 요시야는 전성기를 이루었다. 그들의 시작은 돈이었다.

"그들이 대제사장 힐기야에게 나아가 전에 하나님의 전에 헌금한 돈을 그에게 주니 이 돈은 문을 지키는 레위 사람들이 므낫세와 에브라임과 남아 있는 모든 이스라엘 사람과 온 유다와 베냐민과 예루살렘 주민들에게서 거둔 것이라"(대하 34:9).

"너는 대제사장 힐기야에게 올라가서 백성이 여호와의 성전에 드린 은 곧 문 지킨 자가 수납한 은을 계산하여 여호와의 성전을 맡은 감독자의 손에 넘겨 그들이 여호와의 성전에 있는 작업자에게 주어 성전에 부숴진 것을 수리하게 하되"(왕하 22:4-5).

요시야 왕은 그동안에 모아두었던 돈으로 성전을 수리했다. 이 돈은 남유다 지파들뿐 아니라 북이스라엘의 헌금도 포함된 것이었다. 적지 않은 금액이었다. 이 돈을 어떻게 사용하느냐는 전적으로 왕에게 달려 있었다. 요시야가 돈에 눈먼 사람이었다면 자신의 욕망을 채우기 위해 사용했을 것이다. 그런데 요시야는 그 돈을 힐기야에게 맡겼다. 힐기야는 목수와 석수를 대거 채용한 뒤 성전 곳곳을 고치게 했다. 혹시라도 돈이 새어나갈 것을 방지하기 위해서 네 명의 감독을 따로 채용했고 노동자들에게 확실한 보수를 분배했다. 일꾼들은 꼼꼼히 작업을 했고 그러다가 성전 어느 구석에 박혀 있던 영원히 숨겨질 뻔했던 두루마리 성경책이 발견되었다. 힐기야는 그 책을 사반에게 주었고 사반은 왕 앞에서 낭독했다. 요시야는 낭독되는 소리를 들으며 왜 자신의 나라가 이 모양 이 꼴이 되었는지 깨닫게 되었다. 숨겨졌던 퍼즐이 꿰어지는 순간이었다. 그는 옷을 찢으며 통곡한 뒤 이렇게 말했다.

"너희는 가서 나와 백성과 온 유다를 위하여 이 발견한 책의 말씀에 대하여 여호와께 물으라. 우리 조상들이 이 책의 말씀을 듣지 아니하며 이 책에 우리를 위하여 기록된 모든 것을 행하지 아니하였으므로 여호와께서 우리에게 내리신 진노가 크도다"(왕하 22:13).

왕은 힐기야와 사반뿐만 아니라 사반의 아들 아히감, 미가야의 아들 악볼, 왕의 시종 아사야까지 불러 율법책에 담긴 하나님의 뜻을 알아보게 했다. 그들은 숨겨진 실력자인 여선지자 훌다를 찾아갔다. 훌다는 할하스의 손자 디과의 아들인 살룸의 아내라고 성경은 말하고 있으나 할하스, 디과, 살룸은 대단한 인물이 아니었다. 훌다의 남편 살룸은 궁중 예복을 관리하는 의상실 실장이었다. 그런데 마치 두루마리 성경책이 성전에 숨겨졌던 것처럼 살룸의 아내 여선지자 훌다가 말씀 해석의 능력을 갖춘 채 나라의 어느 구석에 숨겨져 있었다. 훌다는 그녀를 찾아온 다섯 명의 신하들에게 이렇게 말했다.

"훌다가 그들에게 이르되 이스라엘의 하나님 여호와께서 이같이 말씀하시기를 너희는 너희를 내게 보낸 사람에게 말하라 하시니라. 여호와께서 이같이 말씀하시기를 내가 이곳과 그 주민에게 재앙을 내리되 곧 유다 왕 앞에서 읽은 책에 기록된 모든 저주대로 하리니 이는 이 백성들이 나를 버리고 다른 신들에게 분향하며 그의 손의 모든 행위로 나의 노여움을 샀음이라. 그러므로 나의 노여움을 이곳에 쏟으매 꺼지지 아니하리라 하라 하셨느니라. 너희를 보내어 여호와께 묻게 한 유다 왕에게는 너희가 이렇게 전하라. 이스라엘의 하나님 여호와께서 이같이 말씀하시기를 네가 들은 말을 의논하건대 내가 이곳과 그 주민을 가리켜 말한 것을 네가 듣고 마음이 연약하여 하나님 앞 곧 내 앞에서 겸손하여 옷을 찢고 통곡하였으므로 나도 네 말을 들었노라. 여호와가 말하였느니라. 그러므로 내가 네게 너의 조상들에게 돌아가서 평안히 묘실로 들어가게 하리니 내가 이곳과 그 주민에게 내리는 모든 재앙을 네가 눈으로 보지 못하리라 하셨느니라. 이에 사신들이 왕에게 복명하니라"(대하 34:23-28).

말하자면 요시야의 회개와 쇄신에도 불구하고 하나님은 뜻을 굽히지 않으사 남유다를 패망하게 할 것이나, 요시야 왕의 겸손함과 눈물을 보았기에 왕이 죽을 때까지는 평안할 것이란 뜻이었다. 이미 나라는 기울어졌고, 이스라엘 백성들을 향한 하나님의 심판은 그들을 향하고 있었지만 적어도 바르게 서 있는 왕의 품위와 인격은 지켜주신다는 뜻이었다.

요시야 왕이 추진했던 개혁은 한두 가지가 아니었다. 바알과 아세라를 위해 만든 모든 그릇을 성전에서 치워 불살랐고, 선대왕들이 세웠던 수많은 산당을 없앴으며, 우상 숭배의 사제들을 직위 해제시켰고, 성전 한가운데 있었던 남창의 집을 헐고, 당시 가장 유명했던 '여호수아의 대문' 근처에 있던 산당들마저 없애버렸다. 그리고 가증스러웠던 힌놈의 아들 골짜기의 몰록제단도 완전히 제거하여 다시는 아들을 불에 던지는 일을 못하게 했다. 그 외에도 태양신 제사에 쓰였던 말과 수레들을 불살랐고, 아하스 왕, 므낫세 왕, 솔로몬 왕 등 전통적으로 왕들이 섬기던 다양한 우상들과 그것과 관련된 자들을 숙청했으며, 심지어 망한 나라 북이스라엘의 망국의 원형이었던 벧엘의 우상까지도 철거했다.

그리고 그는 사사시대 이후에 가장 최선을 다해서 유월절을 지켰다. 율법책에 나와 있는 대로 그동안 조상들이 잊어버렸던 유월절을 유다 백성들 앞에서 살려놓았다. 요시야 왕은 이 유월절 정신으로 나라를 개혁적이고 깨끗하게 만들어갈 수 있었다. 유월절의 정신은 누룩과 같은 작은 것이라도 모든 악한 것은 다 없애는 것이었다. 조그마한 누룩이라도 다 없애고, 죽음으로부터, 저주로부터 도망치는 것이 유월절 정신이었다. 요시야가 유월절을 잘 지켰다는 것은 그 정신을 잘 지켰다는 의미였다. 그 시대는 모든 백성이, 왕부터 천민에 이르기까지 우상과 관련 없는 사람이 없었을 때였다. 그러나 요시야는 우상들을 다 없애고, 치우고, 청소하고, 제거하는 일에 최선을 다했다. 그것이 유월절 정신이기 때문이었다. 그렇다면 그가 그렇게 개혁의 아이콘이 된 이유는 무엇일까? 요시야 왕에 대한 서술이 나오는 역대하 앞부분을 주목할 필요가 있다. 지나치기 쉬운 구절이다.

"아직도 어렸을 때 곧 왕위에 있은 지 팔 년에 그(요시야)의 조상 다
윗의 하나님을 비로소 찾고 제십이년에 유다와 예루살렘을 비로소
정결하게 하여 그 산당들과 아세라 목상들과 아로새긴 우상들과 부
어 만든 우상들을 제거하여 버리매"(대하 34:3).

요시야는 왕위에 오른 지 팔 년이 되었을 때 하나님을 찾기 시작했
다. 그가 여덟 살에 왕위에 올랐으니까 열여섯 살에 있었던 일이다. 열
여섯 살의 나이는 여전히 어리기는 하나, 인생과 신앙과 믿음에 대해
의문이 가득한 시기다. 왕이 된 지 8년이나 되어 익숙할 만도 하지만
왕이라는 무거운 짐에 대해서도 깊이 생각할 나이가 그때였다. 그는 민
감하고 섬세한 나이에 하나님에 대해 깊이 고민했다. 그때 그는 인생을
바꿀 기이한 경험을 했을 것이다. 청소년 시절에 만났던 하나님에 대해
서 고민하고, 숙고하고, 생각하고, 실천한 결과는 곧 나라 전체에 대한
개혁이었다. 왕이 된 지 12년, 즉 그의 나이 스무 살에 우상을 없애기
시작했다.
그렇다면 요시야의 퇴장은 어땠을까? 그가 31년간 유다를 다스렸
으므로 서른아홉 살에 왕의 자리에서 내려왔다. 한창 일할 나이였고 가
장 전성기에 그의 사명은 끝이 났다. 어떻게 끝났을까? 당시 상황은 이
러했다. 이집트의 느고라는 왕이 앗시리아를 치기 위해서 유브라데강
으로 올라왔다.

"이 모든 일 후 곧 요시야가 성전을 정돈하기를 마친 후에 애굽 왕
느고가 유브라데 강가의 갈그미스를 치러 올라왔으므로 요시야가

나가서 방비하였더니 느고가 요시야에게 사신을 보내어 이르되 유다 왕이여 내가 그대와 무슨 관계가 있느냐. 내가 오늘 그대를 치려는 것이 아니요 나와 더불어 싸우는 족속을 치려는 것이라. 하나님이 나에게 명령하사 속히 하라 하셨은즉 하나님이 나와 함께 계시니 그대는 하나님을 거스르지 말라. 그대를 멸하실까 하노라 하나 요시야가 몸을 돌이켜 떠나기를 싫어하고 오히려 변장하고 그와 싸우고자 하여 하나님의 입에서 나온 느고의 말을 듣지 아니하고 므깃도 골짜기에 이르러 싸울 때에 활 쏘는 자가 요시야 왕을 쏜지라. 왕이 그의 신하들에게 이르되 내가 중상을 입었으니 나를 도와 나가게 하라. 그 부하들이 그를 병거에서 내리게 하고 그의 버금 병거에 태워 예루살렘에 이른 후에 그가 죽으니 그의 조상들의 묘실에 장사되니라. 온 유다와 예루살렘 사람들이 요시야를 슬퍼하고 예레미야는 그를 위하여 애가를 지었으며 모든 노래하는 남자들과 여자들은 요시야를 슬피 노래하니 이스라엘에 규례가 되어 오늘까지 이르렀으며 그 가사는 애가 중에 기록되었더라"(대하 35:20-25).

북이스라엘을 멸망시켰던 앗시리아는 고작 120년 만에 국력이 쇠락하게 되었다. 앗시리아의 마지막 왕이었던 앗수르바니팔(BC 669-627년)이 사라질 때쯤에 나보폴라살(BC 625-605년)이 주도권을 잡으면서 바벨론을 무섭게 일으키고 있었다. 이때를 틈타 망해가는 앗시리아의 하란지역을 수복하기 위해 이집트의 바로 느고가 갈그미스로 올라왔다. 이것이 바로 1차 갈그미스 전투(BC 609년)였다. 이때 요시야는 이집트의 느고 왕과 전투를 치렀다. 안타깝게도 요시야는 변장까지

하는 작전을 썼으나 므깃도 골짜기에서 부상을 당하여 결국 사망하고 만다.

자만심으로 이집트와 바벨론의 전쟁에 끼었다가 죽은 요시야 왕, 조급함으로 이집트와 바벨론의 세력이 약화되는 것을 기다리지 못해 전쟁에 끼어 죽은 요시야 왕에 대한 안타까움으로 볼 수 있다(류모세, 「역사 드라마로 읽는 성경」(3부), 두란노, p.116). 그럼에도 요시야 왕은 다양한 개혁활동을 했을 뿐 아니라 하나님의 예언을 그대로 이루었다는 점을 우리는 주목할 필요가 있다.

"하나님의 사람이 제단을 향하여 여호와의 말씀으로 외쳐 이르되 제단아 제단아 여호와께서 이와 같이 말씀하시기를 다윗의 집에 요시야라 이름하는 아들을 낳으리니 그가 네 위에 분향하는 산당 제사장을 네 위에서 제물로 바칠 것이요 또 사람의 뼈를 네 위에서 사르리라 하셨느니라 하고"(왕상 13:2).

위의 말씀은 북이스라엘의 초대 왕 여로보암 때의 예언이었고, 요시야 왕은 예언 그대로 제사장들의 뼈를 다 태워 여로보암이 세운 벧엘의 단을 없앰으로써 하나님의 말씀을 이루었다. 말하자면 요시야는 하나님이 그를 향해 세우신 목적과 의도를 다 이루었다는 뜻이다. 아쉽게 죽은 것은 맞지만 요시야는 성경의 주인공에서 내려올 때가 되어서 내려왔다는 의미이기도 하다. 요시야가 전사한 곳이 므깃도라는 것도 기억할 필요가 있는데 교통의 요지인 므깃도는 역사상 가장 많은 전투가 벌어진 곳이다. 이집트의 시삭 왕이 므깃도를 파괴하였고, 북이스라의 아합 왕이 다시 재건했으며, 영국과 터키의 전쟁이 벌어진 곳도 바로 이곳이었다. 그리고 이 므깃도는 요한계시록에서 다시 등장한다.

"또 내가 보매 개구리 같은 세 더러운 영이 용의 입과 짐승의 입과 거짓 선지자의 입에서 나오니 그들은 귀신의 영이라. 이적을 행하여 온 천하 왕들에게 가서 하나님 곧 전능하신 이의 큰 날에 있을 전쟁을 위하여 그들을 모으더라. 보라. 내가 도둑같이 오리니 누구든지 깨어 자기 옷을 지켜 벌거벗고 다니지 아니하며 자기의 부끄러움을 보이지 아니하는 자는 복이 있도다. 세 영이 히브리어로 아마겟돈이라 하는 곳으로 왕들을 모으더라"(계 16:13-16).

여기서의 히브리어로 '아마겟돈'이 '할'(Har, 산)+ '므깃도'(Magedon)라는 의미로 '므깃도의 산'이라는 뜻이다. 요시야는 자신의 역할을 다 감당하고 역사의 무대에서 사라졌지만, 마지막 날에 벌어진 '아마겟돈'의 전투에서 생명을 다해 싸울 사람들을 요시야가 예시해놓은 것인지도 모르겠다.

17. 여호아하스 : 짧고도 짧은, 허무하디 허무한 왕

아버지 요시야를 이어 스물세 살의 나이에 왕이 된 여호아하스는 남유다 왕국 역대 왕 중에 가장 짧게 왕좌에 머문 왕이었다. 그가 왕좌에 있었던 기간은 겨우 석 달, 그는 이집트의 느고 왕에 의해 폐위되었다.

"바로 느고가 그를 하맛 땅 립나에 가두어 예루살렘에서 왕이 되지 못하게 하고 또 그 나라로 은 백 달란트와 금 한 달란트를 벌금으로 내게 하고"(왕하 23:33).

성경은 그가 퇴위된 이유를 "여호와 보시기에 악을 행했다"고 말하고 있다(왕하 23:32). 아버지 요시야가 하나님 앞에서 바르게 서고자 개혁하고 하나님께로 돌아가려 몸부림을 쳤는데, 그런 아버지를 두고 여호아하스는 악한 길로만 걸었다. 바로 느고가 남유다에게 요구한 벌금이 은 100달란트와 금 1달란트라는 것만 보아도 당시 국력이 얼마나 쇠약해졌는지를 짐작할 수 있다. 이스라엘이 가장 잘 나가던 때는 솔로몬 즉위기간이었는데 그때의 세수(稅收)가 일 년에 금 666달란트였다.

앗시리아의 산헤립이 남유다를 공격했을 때 히스기야는 은 300달란트와 금 30달란트를 바쳐야했다. 여호아하스는 히스기야의 4대 손이므로 4대가 채 지나가기도 전에 국력이 형편없이 약화되었다. 만약 여호아하스가 짧은 기간을 지나면서도 하나님을 향해 바른 뜻을 펴고 올곧은 길을 갔더라면, 그렇게 허무하게 왕의 자리를 잃지도 않았을 테고 짧더라도 강력한 왕으로 기억됐을 텐데, 3개월이라는 짧은 기간 못지않게 너무나 허무하고 짧은 인생을 살다간 왕이 되어버렸다.

18. 여호야김 : 시대의 긴박함을 몰랐던 왕

바로 느고는 여호아하스를 대신하여 요시야의 아들 엘리야김을 왕으로 세웠다. 그러고는 이름을 여호야김으로 바꾸었는데 그 사이에 여호아하스는 이집트에서 죽었다. 여호야김은 바로에게 은과 금을 바치기 위해 백성들에게 세금을 부과했다. 25세에 왕이 되고 11년간 나라를 다스렸으나 여호야김은 한계가 많은 왕이었다. "여호야김이 그의 조상들이 행한 모든 일을 따라서 여호와 보시기에 악을 행하였더라"(왕하 23:37). 그때는 백성들에게 세금이나 거두면서 자리보전을 할 만큼 한가한 시대가 아니었다. 급격하게 세력을 불려나가던 바벨론의 느부갓네살이 남유다에 쳐들어왔다. 급박한 순간이었다. 여호야김은 항복했고 3년 동안 바벨론의 수하에 들어갔다. 그러나 자신을 왕으로 심어준 이집트를 믿고 바벨론에게 반역을 꾀했다. 하지만 바벨론은 시리아, 모압, 암몬 등을 모아 남유다를 침략했다. 이것이 바벨론의 남유다에 대한 1차 침공이었다.

> "이 일이 유다에 임함은 곧 여호와의 말씀대로 그들을 자기 앞에서 물리치고자 하심이니 이는 므낫세의 지은 모든 죄 때문이며 또 그가 무죄한 자의 피를 흘려 그의 피가 예루살렘에 가득하게 하였음이라. 여호와께서 사하시기를 즐겨하지 아니하시니라"(왕하 24:3-4).

남유다는 왜 이런 비극을 맞아야 했을까? 여호야김의 증조할아버지 므낫세 때문이었다. 온갖 악행으로 나라를 비극으로 몰고간 그의 죄의 열매가 후손에게 고스란히 넘겨졌다. 왕이 잘못하면 백성들이 피해를 보고 그 후대에 대가를 치러야했다. 선지자라든가 제사장들이 왕의 실정을 꾸짖어야 했으나 여호야김시대에는 그런 선구자들이 모두 사라지고 없었다. 느부갓네살 왕은 여호야김을 쇠사슬로 묶어 바벨론으로 잡아갔다. 더불어 예루살렘 성전의 온갖 기구 역시 바벨론의 궁전으로 가져갔다. 그렇게 그의 인생도, 그의 나라도 저물어갔다.

19. 여호야긴 : 100일 천하였던 왕

바벨론은 세력을 펼쳐나가 서쪽 이집트강에서부터 동쪽 유프라테스강까지를 다 섭렵했다. 거의 전 세계라고 할 수 있는 지역이 바벨론에 의해 장악되었고, 바벨론은 거대한 제국으로 성장했다. 그만큼 이집트의 입지는 아프리카 북부 이집트 안으로 축소되어 버렸다. 그때 남유다의 왕위에 오른 사람은 여호야김의 아들 여호야긴으로 열여덟에 왕위에 올라 단 석 달 동안 왕의 직을 수행했다(역대하에서는 석달 열흘이다. 역대하 36:9). 여호야긴은 악한 왕이었다. 느부갓네살이 예루살렘을 포위하자 여호야긴은 어머니와 신하들, 지휘관들, 대신들을 데리고 바벨론 왕을 영접하러 나섰다가 그 자리에서 포로로 잡혔다.

느부갓네살은 예루살렘 성전에 있던 솔로몬의 금 그릇을 깨버리는 등 만행을 저지르면서 성전 안의 보물을 탈취했다. 그들은 물건에만 손을 댄 것이 아니었다. 예루살렘 주민들, 관리, 용사 1만 명과 기술자와 대장장이도 포로로 끌어갔다. 여호야긴은 왕위도, 고향 땅도 다 내어주고 비참하게 바벨론의 노예로 끌려갔다. 그러나 느부갓네살의 아들 에윌므로닥(느부갓네살(BC 605-562)의 아들 아멜 마르둑(BC 562-560)은 2년간 바벨론을 통치한 후에 그의 매부 네리글라살(BC 560-556)에 의해 암살당한다. 그가 성경에 등장할 때의 이름은 에윌므로닥으로 여호야긴을 감옥에서 풀어준 왕이다)에 의해 특사로 풀려나서 죽을 때까지 왕의 직위를 얻은 뒤에 에윌므로닥의 상에서 같이 먹게 되었다(왕하 25:27-30).

그렇다면 도대체 100일 동안 왕으로 군림했던 그가 "여호와 보시기에 악했다"면 얼마나 악했다는 말일까? 그가 한 행적은 성경에 기록되지 않았기에 우리는 알 수 없으나 적어도 그가 바른 신앙관을 가지고, 하나님께 회개하며 온전하게 서려고 한 왕은 아니었을 것이다. 그는 십대 후반의 나이에 왕 위에 올랐으나 2차 포로 때 바벨론으로 잡혀갔고(바벨론이 남유다를 멸망시킬 때 총 3차에 걸친 포로 찬탈이 있었다. 1차 침공: BC 606년, 여호야김시대. 바벨론의 애굽 점령. 이 시기에 다니엘 등이 잡혀갔다. 2차 침공: BC 598년. 여호야긴시대. 에스겔과 여호야긴이 잡혀갔다. 3차 침공: BC 586년. 시드기야시대. 포도원지기, 농부를 제외하고 다 잡아갔다), 에윌므로닥이 왕위에 오르면서 여호야긴을 풀어주었을 때가 BC 562년이었으니 36년을 감옥에 있었다. 감옥에 있는 동안 망국의 왕으로 어떤 마음이 들었을까? 그 기간 동안 왕이 할 수 있는 일은 한 가지밖에 없었다. 회개. 100일 동안의 악정을 그는 감옥 속에서 36년 동안 회개하고 하나님께 기도했을 것이다. 그 이후에 감옥에서 나와 바벨론 왕과 같은 식탁에서 음식을 먹으며 왕의 칭호를 다시 얻게 된 것을 보면 감옥은 그에게 다시 온 기회였던 셈이다.

20. 시드기야 : 왕국의 최후만큼이나 비참한 최후를 맞이한 왕

어느덧 엄청나게 거대한 제국으로 변모한 바벨론은 여호야긴을 왕위에서 끌어내리고 여호야긴의 삼촌 맛다니야를 시드기야라는 이름으로 개명시켜 왕의 자리에 앉혔다. '맛다니야'는 '맛단'(선물)과 '야'(여호와 하나님)가 합쳐진 뜻으로 '하나님의 선물'이란 뜻이다. 그리고

'시드기야'는 '정의'라는 뜻의 '쩨데크'와 '야'(여호와 하나님)가 합쳐진 행태로 '하나님의 정의'라는 뜻이다. 그런데 여기서 생기는 의문점? 이름의 의미가 완전히 바뀐 것도 아닌데 왜 굳이 이름을 바꾸었을까? 바벨론은 '사드락' '메삭' '아벳느고'(단 1:6-7)에서 보듯 유대인들의 이름을 바꿈으로써 소유권이 자신에게 있다는 것을 과시했다. 이제는 유대의 왕의 이름을 바꿈으로써 왕마저도 바벨론의 소유 아래 있다는 사실을 강조하게 된 것이다.

시드기야는 스물한 살에 왕위에 올라 11년간 나라를 다스렸으나 그도 별반 다르지 않았고 "하나님이 보시기에 악한 왕"일 뿐이었다. 그랬던 시드기야가 바벨론 왕에게 반기를 들었다. 이미 기울어져가는 국력을 보면서도 시드기야는 바벨론 왕에게 저항을 했다. 왜 그는 반기를 들었을까? 시드기야 때 활동했던 선지자는 예레미야다. 그는 쓰라린 가슴을 안고 망해가는 유대를 바라보며 눈물 마를 날이 없을 정도로 아파하던 선지자였다. 하나님은 예레미야를 통해 일정한 기간이 될 때까지 바벨론에게 복종하고 섬기라고 요구하셨다.

"내가 이 모든 말씀대로 유다의 왕 시드기야에게 전하여 이르되 왕과 백성은 바벨론 왕의 멍에를 목에 메고 그와 그의 백성을 섬기소서. 그리하면 사시리라"(렘 27:12).

혼미하고 어지럽던 시대라 누가 바른 선지자이고 누가 거짓 선지자인지 구별하기 어려운 때였다. 그러나 적어도 왕이라면 선포되는 말씀 중에 무엇이 하나님의 뜻인지를 구별할 줄 알아야 했다. 아니, 구별하기 위해 조금이라도 애를 써야 했다. 그런데 시드기야는 예레미야의 조언에 대해 정면으로 반박하며, 오히려 바벨론에게 반기를 들었다. 시드기야가 왕위에 오른 지 9년 10월 10일에 바벨론의 군대가 예루살렘으로 다시 쳐들어왔다. 그 빌미는 시드기야가 제공했다. 바벨론에 대한 시드기야의 반기를 핑계로 바벨론은 예루살렘 성을 완전히 장악하기 위해 온 군사를 동원했다. 예루살렘 성벽은 높고 튼튼했지만 상대는 바벨론이었다. 그들은 성벽 바깥 사방에 흙 언덕을 쌓기 시작했다. 2년간의 작업이 끝나자 예루살렘 성은 완전히 포위가 되고 말았다. 성안에 있는 사람들은 물자를 공급받지 못하고 기근까지 겹쳐 아사 직전에 몰리게 되었다. 급기야 성벽까지 뚫리게 되자 예루살렘은 한순간에 바벨론의 손아귀에 들어가고 말았다.

시드기야 왕은 저항을 멈추지 않았다. 그는 야밤을 틈타 군사를 거느리고 왕의 정원 근처의 두 성벽을 잇는 통로로 빠져나가 아나바쪽으로 도망갔다. 그러나 역시 상대는 바벨론. 왕은 멀리 도망도 못한 채 붙잡혔다. 성으로 방어했어도 이기지 못했는데 몇 명의 군사를 데리고 얼마나 버텼겠는가?

체포된 시드기야는 고문을 당했다. 바벨론은 시드기야의 아들들을 끌고 와서 죽인 뒤에 곧바로 시드기야의 두 눈을 빼버렸다. 시드기야의 마지막 눈으로 아들들의 죽음을 담았다. 그는 쇠사슬에 매여 바벨론으로 끌려갔고, 바벨론의 근위대장 느부사라단이 성전과 왕궁 등 큰 건물들을 태워버리면서 예루살렘은 초토화되었다. 사면의 성벽은 헐어지고, 성 안에 남아 있던 이스라엘 백성들은 모두 포로로 끌려갔으며, 가난한 백성의 일부만 포도원을 가꾸기 위해 남았을 뿐이었다. 느부사라단은 성전의 놋쇠, 솥, 부삽, 잔 등 재산이 될 만한 것은 무엇이든지 모두 다 쓸어갔다. 반항하는 대제사장과 제사장들과 문지기를 체포했고 도성 안에 남은 세력들은 다 처형당했다. 이 모든 일은 느부갓네살 19년 5월 7일에 일어난 일이었다.

Section 5. 정리 _ 다윗에서 시드기야까지

아담 → 셋 → 에노스 → 게난 → 마할랄렐 → 야렛 → 에녹 →
므두셀라 → 라멕 → 노아 → 셈 → 아르박삿 → 셀라 → 에벨 →
벨렉 → 르우 → 스룩 → 나홀 → 데라 → 아브라함 → 이삭 →
야곱 → 유다(+다말) → 베레스 → 헤스론 → 람 → 암미나답 →
나손 → 살몬(+라합) → 보아스(+룻) → 오벳 → 이새 → **다윗 →
솔로몬 → 르호보암 → 아비얌 → 아사 → 여호사밧 → 여호람 →
아하시야 → 아달랴(여왕) → 요아스 → 아마샤 → 웃시야 → 요담 →
아하스 → 히스기야 → 므낫세 → 아몬 → 요시야 → 여호아하스 →
여호야김 → 여호야긴 → 시드기야**

시드기야에서
예수까지

GOD
History

포로귀환 후의 개혁

나라가 망했다. 하늘도 그대로이고 태양도 그대로이며 공기도 그대
로인데 유다라는 나라는 통째로 사라졌다. 바벨론은 세 차례에 걸쳐서
예루살렘 사람들을 잡아갔다. 반항하면 처형했다. 반항하지 않아도 젊
다는 이유로 죽였다. 억지로 끌려가서 처형당하기도 했다. 젊은이들이
죽어가면서 이스라엘의 미래는 점점 사라져갔다. 예루살렘에서 죽거
나, 포로로 끌려가거나, 끌려가서 죽거나… 이스라엘에는 한줌도 안 되
는 사람들만 겨우 목숨을 부지하고 있었다.

느부갓네살 왕은 유다 땅에 남은 소수의 백성들을 다스릴 허수아비
총독을 세웠는데 그의 이름이 그달리야였다. 몇몇 사람들이 그달리야
를 중심으로 모여들었다. 어떻게 나라를 재건하고 어떻게 바벨론에게
저항할 것인가? 실낱같은 희망을 안고 비밀리에 모인 그들에게 그달리

야 총독은 이렇게 말했다. "바빌로니아 관리들을 두려워하지 마시오. 이 땅에 살면서 바빌로니아 왕을 섬기시오. 그렇게 하는 것이 여러분에게 이로울 것이오"(왕하 25:24 참조).

실망스러운 답변이었다. 왕족 중에 하나인 이스마엘이 그달리야를 암살한 뒤 부하들을 데리고 이집트로 망명했다. 바벨론이 두려워서 함께 모였던 다른 사람들도 이집트로 죄다 내려갔다. 그렇게 해서 남유다, 예루살렘은 비어버린 땅이 되었다. 느부갓네살이 죽은 뒤 왕위를 이은 그의 아들 에윌므로닥(아멜 마르둑 BC 562-560)이 공지(空地)로 남겨진 예루살렘을 위해 여호야긴을 석방시켰다. 에윌므로닥의 재위 기간이 길었다면 여호야긴은 예루살렘으로 영전(榮轉)되었을 수도 있었다. 그러나 에윌므로닥의 왕위 기간은 겨우 2년에 불과해서 남유다와 예루살렘의 땅은 계속 비어 있었다. 왜 그렇게 되었을까? 성경은 그 이유를 '안식'을 위해서임을 밝힌다.

> "이에 토지가 황폐하여 땅이 안식년을 누림같이 안식하여 칠십 년을 지냈으니 여호와께서 예레미야의 입으로 하신 말씀이 이루어졌더라"(대하 36:21).

다윗이 왕위에 오른 이후 남유다의 마지막 왕 시드기야에 이르기까지 가나안 땅이 비옥해지고 수많은 백성으로 인해 번성한 것은 사실이었다. 그러나 그 땅은 욕심으로 잠시도 쉴 틈이 없었다. 거기에 살던 사람들이 거의 다 죽고 살아남은 사람도 바벨론으로 끌려가자, 땅은 겨우 안식을 누렸다. 하나님은 예레미야를 통해 자신의 뜻을 드러내기 시작하셨다. 예레미야는 말했다. 칠십 년 동안 바벨론 왕을 섬길 것이라고. 그러나 칠십 년이 지나면 바벨론 왕과 그 나라는 영원히 사라질 것이라고(렘 25:11-13).

예레미야의 예언처럼 칠십 년의 세월이 지났다. 그 사이에 바벨론은 파죽지세로 이집트까지 삼켰다. 그러나 바벨론의 전성기는 오래 가지 못했다. 페르시아의 고레스 왕이 혜성처럼 등장했기 때문이다. 그는 바벨론을 함락한 뒤 식민지 국가에 대한 관용정책을 펼쳤다. 유대인들도 예외는 아니어서 고향 땅 예루살렘으로 돌아갈 수 있도록 허락을 받았다. 그것이 1차 포로귀환(BC 536년)이었다.

> "바사 왕 고레스 원년에 여호와께서 예레미야의 입을 통하여 하신 말씀을 이루게 하시려고 바사 왕 고레스의 마음을 감동시키시매 그가 온 나라에 공포도 하고 조서도 내려 이르되 바사 왕 고레스는 말하노니 하늘의 하나님 여호와께서 세상 모든 나라를 내게 주셨고 나에게 명령하사 유다 예루살렘에 성전을 건축하라 하셨나니"(스 1:1-2).

고레스 왕의 명령에 따라 고향 예루살렘과 유다로 돌아온 유대인의 명단이 에스라서 2장에 기록되어 있다. 명단의 숫자들을 다 더하니 합이 29,771명이었다. 그런데 성경에는 온 회중의 합계가 42,360명이라 명시하고 있다(스 2:64). 아이들, 여인들, 노인들처럼 숫자에 해당되지 않은 인원이 그것이다. 그러니까 고레스 왕이 예루살렘으로 돌아가라고 명령했음에도 여자와 아이들까지 다 합쳐야 5만 명도 안 되는 사람들이 귀향한 것이다. 참으로 초라한 숫자가 아닐 수 없었다. 왜 이렇게 되었을까?

이것은 남유다가 망하면서 많은 젊은이가 죽은 게 가장 큰 원인이었다. 그러나 70년 동안 유대인들의 발 빠른 적응력이 그 두 번째 원인이었다. 유대인들은 70년의 세월이 흐르는 동안 바벨론의 구석구석에서 생존해냈다. 그곳은 그들의 제2의 고향이 되었다. 그래서 그 터전을 버리고 떠나기가 어려웠다. 마음을 다잡고 고향으로 돌아간 사람들이 5만 명이 채 안된 이유가 바로 거기에 있었다.

그들이 예루살렘에 도착하자마자 바로 성전을 지은 것은 아니었다. 각자 기억을 더듬어 자신들이 살 만한 지역으로 들어가 집을 짓고 터전을 마련하면서 살았다. 적응을 잘하는 유대인다웠다. 그렇게 일곱 달이 지났다. 일곱째 달 어느 날, 귀환했던 사람들이 예루살렘에 모이기 시작했다. 리더인 스룹바벨과 예수아 등(스 2:2)이 제단을 만들어 아침과 저녁, 하루에 두 번씩 하나님께 드리는 제사를 시작했다. 초막절 절기가 다가오자 절기 제사를 하나님 앞에 드렸다. 그러나 그것으로 만족할 수 없었다. 그들이 예루살렘에 돌아온 이유가 단지 절기를 지키기 위함이 아니었기 때문이다. 가장 중요한 이유는 성전 건축이었다. 주변을 둘러보니 성전의 기초조차 이루어지지 않았다. 그들은 석수와 목수를 고용했다. 솔로몬이 그랬던 것처럼 레바논에서부터 백향목을 공수해와 욥바 항구로 이송시켰다. 성전을 지을 많은 일꾼이 준비되었고, 그들을 감독하는 사람들이 임명되었으며, 성전의 기초를 놓았다. 드디어 성전 공사가 시작되었다.

예복을 입고 등장한 제사장들의 손에 나팔이 들려졌다. 성가대 출신의 후손들, 즉 아삽 자손들은 제금을 들었다. 성전에 대한 본격적인 공사가 시작되기 전에 그들은 하나님 앞에 찬송을 불렀다. "주는 지극히 선하시므로 그의 인자하심이 이스라엘에게 영원하시도다"(스 3:11). 백성들이 한목소리로 찬송을 부르고 그 소리가 하늘에 가득 채워졌다. 나라가 망하기 전에 예루살렘 성 안에서 뛰어놀며 성전 제사를 구경했던 아이들이 어느새 노인이 되어 그 자리에 서 있었다. 그들의 눈에는 영광스러운 성전이 우뚝 솟아 있는 게 보였다. 누가 먼저였을까? 통곡 소리가 터져 나왔다. 젊은이들, 여인들, 아이들은 함성을 질렀다. 나라는 망했지만 성전이 다시 지어지면 이 땅에서 나라의 자존심을 세우고 민족의 번영을 꿈꿀 수 있을 것이다. 그들의 함성은 노인들의 통곡과 섞였다. 오랫동안 공터처럼 비어졌던 예루살렘 성전 터에는 많은 사람의 소리와 악기들의 소리, 그리고 하늘 높이 올라가는 번제단의 연기로 요란했다. 멀리에서 보면 기쁨의 소리인지, 슬픔의 탄식인지 모를 소리들이 공기 속에 흩어지고 있었다.

성전의 기초공사는 시작되었지만 성전을 짓는 것은 그렇게 만만한 일이 아니었다. 북이스라엘이 망할 때 앗시리아의 군인과 포로들이 사마리아 주민들을 살육하고 강간했다. 사마리아에는 혼란과 무질서가 오랫동안 지속되었고 그들의 후손은 조상과는 다른 혼혈 민족이 되었다. 사마리아는 예루살렘과 지척이었다. 그들은 예루살렘에서 성전이 지어진다는 소식을 듣고 예수아와 스룹바벨을 찾아왔다. "우리도 함께 성전을 짓게 해주시오." 엄밀히 말하면 같은 이스라엘 민족이 아니라 북이스라엘 정복자들의 후손이었다. 성전을 함께 지을 이유가 없었다. 스룹바벨은 거절했다.

"스룹바벨과 예수아와 기타 이스라엘 족장들이 이르되 우리 하나님의 성전을 건축하는 데 너희는 우리와 상관이 없느니라. 바사 왕 고레스가 우리에게 명령하신 대로 우리가 이스라엘의 하나님 여호와를 위하여 홀로 건축하리라 하였더니 이로부터 그 땅 백성이 유다 백성의 손을 약하게 하여 그 건축을 방해하되 바사 왕 고레스의 시대부터 바사 왕 다리오가 즉위할 때까지 관리들에게 뇌물을 주어 그 계획을 막았으며 또 아하수에로가 즉위할 때에 그들이 글을 올려 유다와 예루살렘 주민을 고발하니라"(스 4:3-6).

사마리아인들은 성전을 함께 짓고자 하는 마음이 있었던 게 아니었다. 오히려 성전 건축을 방해하고 싶었다. 스룹바벨과 예수아의 거절을 빌미 삼아 그들은 페르시아 왕에게 상소문을 보내는 등 집요하고도 끈질기게 방해를 했다. 필요하면 뇌물도 스스럼없이 사용했다. 툭하면 고발장을 보냈고 작은 일에도 트집을 잡았다. 적들은 방백 르훔과 서기관 심새를 중심으로 모였다. 그들은 할 수 있는 모든 수를 다 동원해서 성전 건축을 방해했다. 당시 페르시아의 아닥사스다 왕은 르훔과 심새의 상소문을 받아주어 성전 건축은 물론이고, 유대인의 성읍 회동도 막아 버렸다. "이에 예루살렘에서 하나님의 성전 공사가 바사 왕 다리오 제 이년까지 중단되니라"(스 4:24). 무려 14년 동안 성전 건축은 중단되고 말았다.

얼마나 감격적으로 성전의 기초를 놓았던가! 노인들은 통곡하고 젊은이들은 소리를 지르면서 성전 건축을 시작했다. 그런데 겨우 몇 삽을 뜨기도 전에 건축은 중단되었다. 일, 이 년만 중단되었어도 다시 시작해볼만 할 텐데, 14년이란 기간은 다시 시작하기에는 너무 길었다. 이스라엘 백성들은 성전 공사에 대해 거의 포기상태와 다름없었다. 그런데 그때 구원자처럼 등장한 사람이 있었으니 학개 선지자였다. 다리우스가 페르시아를 다스린 지 2년째 되는 6월의 첫째 날 학개 예언자가 맥없이 손을 놓아버린 이스라엘 백성들 앞에서 외치기 시작했다.

"다리오 왕 제이년 여섯째 달 곧 그 달 초하루에 여호와의 말씀이 선지자 학개로 말미암아 스알디엘의 아들 유다 총독 스룹바벨과 여호사닥의 아들 대제사장 여호수아에게 임하니라. 이르시되 만군의 여호와가 이같이 말하여 이르노라. 이 백성이 말하기를 여호와의 전을 건축할 시기가 이르지 아니하였다 하느니라. 여호와의 말씀이 선지자 학개에게 임하여 이르시되 이 성전이 황폐하였거늘 너희가 이때에 판벽한 집에 거주하는 것이 옳으냐. 그러므로 이제 만군의 여호와가 이같이 말하노니 너희는 너희의 행위를 살필지니라"(학 1:1-5).

선지자 '학개'의 이름은 '축제'(festal)라는 뜻이었다. 그는 남유다가 망하기 전에 태어난 것으로 보인다. 요시야 왕이 유월절을 최대의 명절로 지켰을 때 태어나 그 축제를 영원히 기억하자는 뜻에서 지어진 이름인지도 모른다. 그는 말했다. "너희 가운데에 남아 있는 자 중에서 이 성전의 이전 영광을 본 자가 누구냐. 이제 이것이 너희에게 어떻게 보이느냐. 이것이 너희 눈에 보잘것없지 아니하냐"(학 2:3). 학개는 예전 예루살렘 성전을 기억하는 노인들 중에 하나였다. 하나님의 말씀이 임하자 학개는 이스라엘 백성들에게 성전을 다시 건축하라고 외쳤다. 기력이 쇠한 노인이었으나 그가 외칠 때는 여느 장정 못지않았다. 마치 그 말을 하고 죽을 것처럼 외치고 또 외쳤다.

"만군의 여호와가 말하노라. 스알디엘의 아들 내 종 스룹바벨아 여호와가 말하노라. 그날에 내가 너를 세우고 너를 인장으로 삼으리니 이는 내가 너를 택하였음이니라. 만군의 여호와의 말이니라 하시니라"(학 2:23).

선지자 학개의 메시지를 들은 백성들은 정신이 번쩍 들었다. 그들은 숨겨두었던 도구들을 꺼내들었다. 리더인 스룹바벨과 예수아가 성전 건축에 앞장섰다. 페르시아 당국으로부터는 어떠한 허락도 떨어지지 않은 상태였지만 백성들은 성전 건축 재개를 위해 일사불란하게 움직였다. 공사 개시의 소식은 금방 적들의 귀에 들렸다. 그들이 가만히 있을 리가 없었다. 강 서쪽을 총괄하고 있는 총독 닷드내와 스달보스내는 허가 없이 재건되는 성전에 대해 트집을 잡기 시작했다. 그들은 건축현장에 와서 으름장을 놓았고 무기로 위협하기도 했다. 성전 건축은 다시 중단되는 것일까? 만약 이번에도 건축이 멈추면 성전 완성은 완전히 불가능한 일이 될 터였다. 백성들은 눈치를 보면서도 계속 벽돌을 나르고 나무를 자르고 공사를 이어나갔다. 닷드내와 스달보스내는 자기들의 힘으로 성전 건축을 막을 수 없다는 것을 알고서는 페르시아의 왕 다리우스에게 상소를 보냈다. 상소문에는 고레스 왕이 성전 건축을 허락했다고 하는데 그것이 사실인지 확인해달라는 내용도 들어 있었다.

다리우스 윗대의 왕 캄비세스 2세가 8년 동안 제국을 다스렸고, 고레스시대로부터 많은 시간이 흘렀기 때문에 고레스 왕의 칙령을 찾는 것은 불가능에 가까웠다. 당시 페르시아의 수도인 수산성에서는 예루살렘 성전 건축과 관련된 어떤 왕명도 발견되지 않았다. 그런데 왕이 가끔 방문하는 여름 별장인 악메다 궁성에서 고레스 왕 칙령의 모사(模寫)본이 극적으로 발견되었다. 지금 이란의 하마단(Hamadan) 주가 그곳인데, 별장에서 왕의 군령(君令)이 발견되리라곤 누구도 예상하지 못한 일이었다. 자료에는 고레스 왕의 명령과 성전 건축에 대한 지원을 약속한 내용이 정확히 기재되었다.

다리우스 왕은 고레스 왕의 명령을 허투루 생각할 수 없었다. 비록 이미 죽었으나 페르시아를 세운 분이었다. 다리우스 왕은 고레스 왕의 명령대로 예루살렘 성전이 차질 없이 지어지도록 모든 협조를 부탁한 공문을 보냈다. 성전 건축을 방해하려던 닷드내와 스달보스내는 왕의 명령을 받고 오히려 성전을 짓기 위해 지원을 해주어야 했다. 그들의 금고에서 성전 건축을 위한 예산이 나왔다. 놀라운 일이었다. 그리고 드디어 BC 515년에 성전이 완공되었다. 이것이 바로 스룹바벨 성전이었다.

"유다 사람의 장로들이 선지자 학개와 잇도의 손자 스가랴의 권면을 따랐으므로 성전 건축하는 일이 형통한지라. 이스라엘 하나님의 명령과 바사 왕 고레스와 다리오와 아닥사스다의 조서를 따라 성전을 건축하며 일을 끝내되 다리오(다리우스) 왕 제육년 아달월 삼일에 성전 일을 끝내니라"(스 6:14-15).

다리우스에 이어 페르시아를 이끈 왕은 아하수에로(크세르크세스 1세)였고, 그의 왕후는 에스더였다. 아하수에로 왕이 그리스와의 전투에서 타격을 많이 입었기 때문에 그 아들 아닥사스다(BC 465-405) 때에는 국력이 많이 기울어져 있었다. 이집트와 그리스가 연합하여 페르시아에 대항했고 박트리아의 반란도 만만치 않았다. 그러나 아닥사스다는 그의 삼촌 아케메네스에게 군사를 지원하여 이집트와 그리스의 동맹군을 무찌르게 했다. 그는 페니키아 군대와 힘을 합쳐서 그리스의 무적 함선들을 수장시키기까지 한 강력하고 힘 있는 통치자로 떠올랐다 (노우호, 「쉽게 이해되는 신구약 중간사」, 도서출판 하나, pp.100-101).

아닥사스다 왕 제7년에 에스라는 바벨론 지역에 남아 있던 백성들을 데리고 예루살렘으로 돌아갔다. 2차 귀환이었다. 에스라는 아론의 자손이었다. 그의 손에는 아닥사스다 왕의 친서가 들려져 있었는데, 거기에는 예루살렘 귀환에 대한 허가와 예루살렘 성전에 바칠 재물들과 왕의 일곱 자문관과 성전에서 드릴 예배에 대한 이야기와 유브라데강 서편의 창고지기에게 당부할 내용들(돈, 밀, 포도주, 기름, 소금에 대한 허가)과 통행세, 관세, 조공에 대한 면제와 왕명을 거부하는 자에 대한 강제력까지 담고 있었다. 아닥사스다는 당시 전세계에서 가장 강한 왕이었다. 그로부터 받은 친서를 들고 고향으로 돌아가는 에스라는 자부심이 대단했다.

그런데 에스라와 함께 2차로 귀환자들은 겨우 1,775명에 지나지 않았다(스 8:1-20). 왕의 전폭적인 후원이 있었음에도 에스라와 함께 나선 자가 그것밖에 되지 않았다. 비극은 그것만이 아니었다. 에스라는 예루살렘 성전에 가면 하나님께 제사를 지내고 성전과 관련된 일들을 해야 하는데, 아하와 강가에서 인원을 계수하니 레위 자손이 단 한 명도 없었다(스 8:15). 느디님 사람들 중에서 성전 맡을 사람들을 구하지 못했다면 진실로 참담한 귀향길이 될 뻔했다. 예루살렘에 도착한 에스라는 그곳에 사는 리더들로부터 이스라엘 백성들의 죄악사를 듣게 되었다. 성전은 건축되었지만 백성들의 삶은 엉망이었다. 그들은 가나안의 원주민들과 섞여 살면서 딸과 며느리를 이방인들 중에서 얻어 유대인의 정체성을 무너뜨리고 있었다. 모범을 보여야 할 방백이나 고관들이 그 일에 앞장을 서고 있었다.

"말하기를 나의 하나님이여 내가 부끄럽고 낯이 뜨거워서 감히 나의 하나님을 향하여 얼굴을 들지 못하오니 이는 우리 죄악이 많아 정수리에 넘치고 우리 허물이 커서 하늘에 미침이니이다"(스 9:6).

전쟁 때라면 어쩔 수 없었을 것이다. 무력에 의해 강제로 피가 섞인다면 할 수 없는 일이었다. 그런데 그들은 성전을 지은 뒤 평화로운 시기를 보내면서 자발적으로 이방인과 결혼했다. 하나님의 보이지 않는 성전인 백성들이 무너지고 있었다. 에스라는 백성들의 모습을 보면서 성전 앞에 엎드렸다. 모두 자신의 책임인 것만 같았다. 그는 울면서 통곡하기 시작했다. 얼마나 시간이 지났을까? 이스라엘 백성들이 하나둘씩 모여들기 시작했다. 에스라의 절규에 동감하는 사람들이었다. 어린아이들로부터 어른까지 가릴 것이 없었다. 때는 9월 20일, 성전 앞 광장에 유대인들이 가득 모였을 때 하늘에서는 비가 장대처럼 쏟아붓고 있었다.

"제사장 에스라가 일어나 그들에게 이르되 너희가 범죄하여 이방 여자를 아내로 삼아 이스라엘의 죄를 더하게 하였으니 이제 너희 조상들의 하나님 앞에서 죄를 자복하고 그의 뜻대로 행하여 그 지방 사람들과 이방 여인을 끊어 버리라 하니 모든 회중이 큰 소리로 대답하여 이르되 당신의 말씀대로 우리가 마땅히 행할 것이니이다"(스 10:10-12).

전에 없던 회개와 통곡의 시간이었다. 이것은 아닥사스다 왕 7년에 있었던 일이다. 그리고 세월이 흘러 13년의 시간이 지났다. 그들의 회개는 어떻게 되었을까? 어린아이로부터 어른에 이르기까지 자복하며 울었던 그들은 어떻게 변했을까? 회개의 열매를 통해 다시 예루살렘은 전처럼 위대하게 서 있게 되었을까? 페르시아의 수도 수산성에 왕에게 술을 따라 드리는 고관 느헤미야가 동생을 통해 고국 예루살렘의 소식을 들었다.

"하가랴의 아들 느헤미야의 말이라. 아닥사스다 왕 제이십년 기슬르월에 내가 수산 궁에 있는데 내 형제들 가운데 하나인 하나니가 두어 사람과 함께 유다에서 내게 이르렀기로 내가 그 사로잡힘을 면하고 남아 있는 유다와 예루살렘 사람들의 형편을 물은즉 그들이 내게 이르되 사로잡힘을 면하고 남아 있는 자들이 그 지방 거기에서 큰 환난을 당하고 능욕을 받으며 예루살렘 성은 허물어지고 성문들은 불탔다 하는지라"(느 1:1-3).

상황이 좋지 못했다. 예루살렘에서 살던 하나니는 형 느헤미야에게 비보를 전해주었다. 백성들의 형편은 좋지 않았다. 고생이 심했으며, 살림살이는 궁핍했고, 가까운 나라 사람들로부터 침입을 당하거나 괴롭힘을 당하고 있었다. 예루살렘 성은 허물어져 방어의 구실을 하지 못했고, 들락거리는 사람을 조절할 성문은 불타서 기능을 상실하고 말았다. 느헤미야는 1, 2차 포로귀환의 소식을 들었고 언젠가 자신도 고국으로 돌아가려고 했다. 그래서 먼저 동생을 보낸 것이었다. 예루살렘이 조금만 더 버텨준다면, 귀환한 사람들이 그래도 번듯하게 살아간다면 여유 있게 귀환을 준비했을 터였다. 그런데 동생의 소식을 듣고 그저 눈물만 흐를 뿐이었다. 밤에 꿈을 꾸어도 예루살렘의 꿈이었고 낮에 일을 보다가도 예루살렘을 생각하며 한숨을 내쉬었다.

느헤미야가 왕에게 술을 따라줄 때는 몸가짐을 조심해야 했다. 특히 표정을 부드럽고 여유 있게 지어야 했다. 왕은 독살의 위협에 시달렸기 때문에 느헤미야 같은 신하들의 표정을 늘 살폈다. 그런데 며칠간 느헤미야는 예루살렘 일로 마음이 편치 못해 표정이 어두울 수밖에 없었다. 왕은 금방 알아차렸다. "보아하니 병도 없는 것 같은데 얼굴이 좋지가 않구나. 무슨 근심이라도 있느냐?"(느 2:2 참조). 왕의 질문을 받자 느헤미야는 그 자리에 엎드렸다. 혹시라도 왕의 의심을 사면 그 자리에서 쫓겨나거나 심할 때는 감옥에 갈 수도 있었다. 느헤미야는 솔직히 대답했다. "왕은 만세수를 하옵소서. 내 조상들의 묘실이 있는 성읍이 이제까지 황폐하고 성문이 불탔사오니 내가 어찌 얼굴에 수심이 없사오리이까"(느 2:3). 이것은 별로 좋은 대답이 아니었다. 사사로운 일로 왕을 신경 쓰게 하는 일이었다. 그런데 뜻밖에도 왕은 느헤미야에게 물었다. "내가 무엇을 해줄까?" 느헤미야는 속으로 잠시 기도한 후에 고향으로 돌아가게 해주기를, 가는 김에 예루살렘 성을 재건하도록 해주기를 간청했다. 놀랍게도 왕은 느헤미야가 원하는 것을 다 들어주었다.

느헤미야가 예루살렘에 도착했다. 그는 맨 먼저 성을 시찰했는데 듣던 것보다 훨씬 심각했다. 성벽들은 대부분 무너진 채로 먼지가 쌓였고, 성문들은 화마에 탄 자국이 한눈에도 오래되었음을 알 수 있었다. 심지어 어떤 곳은 더 이상 전진할 수도 없었다. 성문과 성벽이라고 할 수 없는 몰골이었다. 느헤미야는 백성들에게 성벽 재건을 명령했다. 느헤미야의 명령은 가득찬 그릇에 물을 붓는 것 같았다. 백성들은 마치 기다렸다는 듯이 가족별로, 지역별로 성벽을 고치기 시작했다. 백성들은 너나없이 성벽을 쌓기 시작했다. 좋은 일에는 항상 적들이 있는 법. 호론 사람 산발랏과 암몬 사람 도비야와 아라비아 사람 게셈이 성벽공사가 시작되었다는 말을 듣고 백성들을 비웃기 시작했다. 그들은 비웃는 것으로 끝내지 않고 끊임없는 위협을 가했다. 이스라엘 백성들은 벽을 쌓으면서 경비를 함께 섰다. 느헤미야는 젊은이들을 불러 반은 작업을 하게 하고 반은 무장을 하게 해서 적들의 공격에 대비했다.

느헤미야가 왕명을 받들어 예루살렘에 올 때 그의 직책은 총독이었다. 아닥사스다 왕 20년부터 32년까지 12년 동안 총독의 직분이었다. 그런데 백성들을 가만히 보니 빚을 진 사람이 많았고, 팔려간 사람들도 있었으며, 노예 아닌 노예로 사는 사람들도 많았다. 느헤미야는 그들에게 외쳤다. "우리는 이방인의 손에 팔린 우리 형제 유다 사람들을 우리의 힘을 다하여 도로 찾았거늘 너희는 너희 형제를 팔고자 하느냐. 더구나 우리의 손에 팔리게 하겠느냐?"(느 5:8). 그는 이자를 받지 않도록 하고, 원금도 어느 정도 깎아주게 하였으며, 종으로 팔려간 사람들을 자유하게 했다. 그리고 그 자신이 총독으로 재임하는 12년간 한 번도 백성들로부터 월급을 받지 않았다. 노블리스 오블리제의 실천이었다.

느헤미야의 개혁으로 성문 문짝을 제외하고는 거의 모든 성벽의 재건이 완성이 되었을 때 산발랏과 게셈이 오노 평지로 오라는 요구를 했다. 그것도 다섯 번이나. 집요하고 끈질겼다. 느헤미야는 번번이 거부하면서 그들의 함정을 피해갔다. 그런데 같은 유다 백성인 스마야가 산발랏이나 게셈 같은 사람이 어떻게 느헤미야를 위협할지 모르니 안전한 성전으로 들어가라고 조언을 했다. 느헤미야는 백성들에 대한 개혁도 해야 하고 성벽도 완성을 해야 하기 때문에 적들에게 노출되면 안되었다. 그는 스마야의 말대로 성전으로 피신하려고 했다. 그러나 그전에 하나님께 기도했다. 기도를 마친 느헤미야는 마음을 바꾸어 성전으로 피하지 않고 백성들과 같이 죽는 편을 택했다. 나중에 안 사실이지만 스마야는 적들에게 매수되어 느헤미야를 성전으로 유인하려는 술책을 썼던 것이다. 만약 느헤미야가 안전을 위해 성전으로 갔다면 그곳에서 숨은 적들에 의해 암살당했을 것이다.

우여곡절 끝에 드디어 성벽이 완성되었다. 8월 25일에 일어난 일이었다. 52일이라는 짧은 순간에 기적적인 역사(役事)가 이루어졌다. 느헤미야는 겉으로 보이는 성벽만이 아니라 백성들의 마음의 성벽을 위해 수문 앞 광장에 모여서 율법책을 읽게 했다. 2차 포로귀환의 주역이었던 에스라가 율법책을 낭독했고 백성들은 모두 자리에 서서 말씀을 들으며 울었다. 느헤미야는 울고 서 있는 백성들에게는 "오늘은 주님

의 거룩한 날이니 울지 말고 기뻐하십시오. 기뻐하면 힘이 납니다"라
면서 격려했다. 성경 낭독은 칠 일간 이어졌다. 일주일이 지난 뒤에 느
헤미야는 율법이 요구하는 대로 이스라엘 백성들의 결혼에 대한 법을
다시금 강조했다. 이방인과의 통혼을 금지함으로써 이스라엘 백성의
정체성을 지키도록 했다.

율법서를 읽는 동안에 암몬과 모압 사람은 이스라엘 백성의 총회에
들어갈 수 없다는 것이 확인되었다(신 23:3, 느 13:1). 그런데 도비야라
는 암몬 사람이 성전의 큰 방을 차지하고 있었고, 그 방에 있는 곡식제
물, 유향, 포도주, 기름 등도 도비야의 손아귀에 들어가 있었다. 고양이
에게 생선을 맡긴 격이었다. 원래 그 모든 제물은 레위인과 제사장들의
몫이었다. 자신의 몫을 받지 못한 제사장들은 직업을 던지고 먹고살기
위해 밭으로 들로 나갔다. 그 사실을 알게 된 느헤미야는 도비야를 쫓
아냈고 그의 물건들을 내던졌다. 정직한 사람들에게 창고를 맡기고 제
사장들에게 정당한 몫이 분배되도록 했다. 느헤미야는 안식일을 지키
도록 했고 국제결혼을 한 유대인들에게 더 이상 이방인 아내를 두지 않
도록 했다. 느헤미야의 개혁은 격렬했다.

그런데 이방인들이 어떻게 성전을 차지하게 되었을까? 그 배후에
대제사장 엘리아십이 있었다. 엘리아십은 도비야와 가까이 지내면서
도비야를 성전에 살게 했고 산발랏의 딸을 증손자 며느리로 삼았다. 엘
리아십이 상당한 위치에 있는 사람이라 그를 숙청하는 것은 어려운 일
이었다. 그러나 율법이 있었다. 느헤미야는 총회에 들어올 수 없는 암
몬과 모압인에 대한 법규를 지키도록 요구했다. 엘리아십을 위시한 기
득권자들의 반발이 예상되는 일이었으나 느헤미야는 공정하고 정확하

게 개혁을 수행해냈다.

이방인 도둑들이 성전의 재산을 차지하자 레위인들이 천직을 버리고 밭으로 갔고, 그러자 예배는 약화되었고 백성들은 하나님을 떠났으며, 그래서 백성들의 마음에 우상이 들어오고 외세가 들어오고, 나라가 다시 망하게 될 지경이었다. 느헤미야는 그 악순환의 고리를 끊었다. 그것은 율법을 위시한 말씀과 기도를 통해 이루어진 일이었다. 13장으로 이루어진 '느헤미야서'에 느헤미야가 기도했다는 내용이 10번 이상 나온다. 예루살렘의 형편을 들었을 때 기도하고(느 1:4), 왕이 무슨 일이냐고 물었을 때 기도하고(느 2:4), 성벽을 쌓을 때 적들이 조롱하자 기도하고(느 4:4), 성벽 건축을 하면서 기도하고(느 5:19), 공사 중단의 위기가 왔을 때 기도하고(느 6:9), 스마야가 매수당한 것을 알았을 때 기도하고(느 6:14), 금식하며 회개할 때 기도하고(느 9:5-37), 도비야를 축출한 뒤에 기도하고(느 13:14), 안식일에 대한 개혁을 하면서 기도하고(느 13:22), 요야다의 아들이 산발랏의 사위가 되어 쫓아냈을 때 기도하고(느 13:29), 느헤미야서를 마치면서 기도했다(느 13:31). 이처럼 느헤미야는 말씀과 기도의 균형을 이룬 사람이었기에 이 모든 개혁을 성공적으로 이루어낼 수 있었다.

Chapter 27

페르시아에서 안티오쿠스 4세까지

1. 페르시아 제국

BC 539년에 고레스 왕이 등극하면서 페르시아는 전 세계를 장악한 강력한 제국이 되었다. 제국의 시대는 220년을 이어갔고, 10명의 왕이 명멸한 후에야 제국은 서서히 몰락했다. 첫 번째 왕인 고레스가 제국을 세웠다면 왕권을 이어받은 장남 캄비세스 2세는 그것을 견고히 했다. 그러나 안타깝게도 그는 잔인한 왕이었다. 캄비세스 2세는 이집트를 정벌하여 역사상 최초로 멤피스를 함락(BC 525년)시킨 주인공이 되었다. 내친김에 그는 에티오피아 원정을 나섰다. 그러나 그의 악랄함과 의심은 동생 스메르디스를 죽이기까지 했으며, 본인도 우발적인 사고로 죽어 고레스 통치의 대가 끊기는 듯했다. 그러나 페르시아의 장군 일곱 명의 집단 지도체제를 잠시 겪은 뒤에 장군들 중 하나였던 다리우스 히스타페스(다리우스 1세)가 페르시아의 3대 왕으로 등극하게 되면서 제국은 계속 유지되었다.

　다리우스 1세와 연관이 있는 성경 인물은 스룹바벨이다. 사마리아에 살고 있는 유다의 적들이 끈질기게 성전 건축을 방해하는 바람에 고레스시대부터 다리우스 2년까지 무려 14년 동안 건축은 중단되었다. 학개 선지자가 피를 토하는 심정으로 성전 건축을 독려하자 공사가 다시 시작되었다. 또 다른 적들인 강 서편의 총리 닷드내와 스달보스내가 예루살렘 성전 건축을 방해하기 위해 상소문을 올렸다. 다리우스 1세는 상소문의 내용이 사실인지를 확인하다가 우연히 악메다 궁성에서 고레스 왕의 칙령을 발견하여 스룹바벨 성전을 완공(BC 515년)하도록 지원을 아끼지 않았다. 다리우스 1세는 남유다 멸망의 원흉인 바벨론 제국을 완전히 함락한 주인공이기도 했다. 그러나 그는 서방(트라키아, 스키티아, 이오니아 등) 원정을 갔다가 참패를 당했고, 그리스 각 도시에 대한 정벌에도 여러 번 실패했다. 그 대표적인 예가 페르시아와 아테네 사이에서 벌어진 마라톤 전쟁(BC 490년)이다. 다리우스 1세는 마라톤에서 패배한 지 4년 뒤 세상을 떠났고, 그의 아들 크세르크세스 1세가 페르시아의 왕이 되었다.

　크세르크세스 1세의 성경 이름은 에스더를 새로운 왕후로 맞아들인 아하수에로였다. 아하수에로는 아버지 다리우스 왕의 설욕을 위해서 그리스 국가와 전쟁을 벌였지만 테르모필레 전투, 살라미스 해전, 플라타이아 전투 등에서 연거푸 참패를 당했다. 아하수에로는 21년의 통치기간 중 13년의 전쟁기간을 가졌고, 계속된 패전으로 제국의 힘을 약화시켰다. 아하수에로가 죽은 후 그의 아들 아닥사스다 1세 롱기마누스가 제국을 이어받았다. 그때쯤 페르시아 제국의 힘은 현저히 약화되었고, 제국의 이곳저곳에서 반란이 일어나기 시작했다. 이집트는 당시 떠오르는 그리스와 동맹하여 페르시아로부터 독립을 꾀했다. 그때 아하수에로의 형제인 아케메네스, 즉 아닥사스다 1세의 삼촌이 이집트 징벌에 나서서 혁혁한 전과를 올렸다. 아닥사스다는 그리스의 무적 함선들을 수장시키며 강력하고 힘 있는 통치자로 떠올랐다.

아닥사스다 1세는 40년 동안 페르시아를 다스렸는데, 왕위에 오른 지 7년이 되는 해(BC 457년)에 에스라를 후원하여 유다 백성의 2차 귀환을 허락해주었고, 그로부터 13년 뒤인 치세 20년이 되는 해(BC 444년)에는 느헤미야를 유다의 총독으로 임명하여 유다 백성의 3차 귀환을 허락해주었다. 느헤미야는 52일 만에 기적적으로 예루살렘 성벽을 완공하고 그 후 12년 동안 총독으로 재임했다(느 5:14). 느헤미야의 재직기간이 끝났을 때 아닥사스다는 느헤미야를 페르시아로 불러들였다(BC 432년). 치세 32년째가 되는 해였다. 느헤미야는 왕에게 돌아오자마자 예루살렘으로 돌아가기를 희망했고, 왕은 그의 요청을 들어주었다. 느헤미야에 대한 그 후의 이야기는 성경이 침묵하고 있으므로 얼마나 총독의 일을 더했는지, 언제 죽었는지는 알 길이 없다. 그러나 느헤미야에 대한 무한한 신임을 주었던 아닥사스다 1세는 BC 425년에 죽었고, 바고아스(Bagoas)라는 페르시아인이 BC 411년에 유다의 총독으로 자리를 잡게 된 것은 역사적인 사실이므로 그 사이에 느헤미야가 총독의 자리에서 내려왔거나 죽었을 것으로 추정할 수 있다(류모세, 「역사 드라마로 읽는 성경 3」, 두란노, p.247).

본격적으로 페르시아의 기세가 꺾이기 시작한 것도 아닥사스다 1세가 죽은 뒤부터였다. 크세르크세스 2세가 페르시아의 왕이 되었지만 겨우 45일 동안 왕좌에 앉은 것이 전부였고, 그를 이어 다리우스 2세가 새로운 왕이 되었으나 페르시아의 적이었던 그리스의 내전, 즉 아테네와 스파르타 사이의 펠레폰네소스 전쟁의 기회를 살리지 못했다. 페르시아 왕실 내부의 문제가 너무 많았다. 22년간의 재임기간 동안 특별한 업적을 이루지 못한 다리우스 2세를 이어 그의 아들 아닥사스다 2세가 등극했다. 아닥사스다에게는 적이 많았다. 동생 고레스가 암살을 시도할 정도였다. 아닥사스다 2세가 다스리는 페르시아 제국은 그리 평화롭지 못했으니 이집트를 비롯해서 반란과 소요가 끊이지 않았다.

아닥사스다 2세가 45년의 통치를 끝내고 죽은 뒤 아닥사스다 3세 오쿠스가 제국을 통치하게 되었다. 그는 강력한 왕권 유지를 위해 자신에게 반대하는 형제, 자매들을 숙청하고, 페르시아에 반항하는 자는 잔인하게 살해했다. 다리우스 2세 때부터 유다 및 강 서편의 총독으로 재임 중이던 바고아스는 야심찬 인물이었고 잔인한 아닥사스다 3세를 독살하는 데 성공했다. 바고아스는 제일 어린 아르세스만 왕족의 씨로 남긴 채 모든 왕실의 가족을 숙청했다. 아르세스가 왕위에 올랐으나 그 뒤에 바고아스가 버티고 있었다. 아르세스는 허수아비로 머무는 것을 참을 수가 없었다. 그래서 나름대로의 통치철학으로 왕권을 이어갔다. 그러나 바고아스가 곱게 볼 리 없었다. 아르세스는 겨우 2년간 왕의 자리에 앉았다가 뜻을 펼쳐보지도 못한 채 암살로 생을 마감하게 되었다. 그 배후에 바고아스가 있었다.

바고아스는 자신의 말을 잘 들을 수 있는 왕족을 물색하다가 아닥사스다 3세의 먼 친척이면서 아르메니아의 총독으로 있었던 코도만누스를 찾아내서 왕좌에 앉혔다. 코도만누스는 자신을 다리우스 3세라고 자칭하면서 페르시아 제국의 마지막 불꽃이 되었다. 다리우스 3세는 바고아스가 손을 쓰기도 전에 그를 독살하여 제거해버렸다. 그리고 페르시아를 다시 일으켜 세울 의지를 불태웠다. 그 해가 BC 336년인데, 공교롭게도 마케도니아에서는 스무 살의 알렉산더가 왕으로 등극한 해이기도 했다. 다리우스 3세와 알렉산더는 세 차례의 전쟁에서 운명처럼 만났다. 그러나 역사의 추는 알렉산더에게로 기울어졌다. 알렉산더에게 패배한 다리우스 3세는 부상을 입고 박트리아 영주국으로 피신을 했으나 총독 베수스에게 암살당하면서 페르시아 제국은 종말을 고하게 된다.

한때 전 세계를 장악했던 페르시아. 인도에서부터 아프리카에 이르기까지 인간이 다스릴 수 있는 가장 거대한 나라를 통치했던 페르시아는 220년의 역사를 뒤로하고 BC 331년에 다리우스 3세가 페르시아의 마지막 왕으로 죽음을 맞으면서 역사의 막을 내리게 되었다.

고레스 → 캄비세스 2세 → 다리우스 1세 → 아하수에로(크세르크세스) → 아닥사스다 1세 → 크세르크세스 2세 → 다리우스 2세 → 아닥사스다 2세 → 아닥사스다 3세 → 아르세스 → 다리우스 3세

2. 마케도니아의 알렉산더 대왕

그리스는 남유럽의 동쪽에 위치한 지중해를 앞바다로 끼고 있는 국가이다. 많은 섬과 지중해의 푸른 에게 해(Aegean Sea)는 그리스의 상

징처럼 보인다. 아름다운 산토리니, 미코노스, 사모스, 크레타 섬들이 있고, 유럽 문명의 기원이라 할 수 있는 희랍어의 기원국가이다. 그리스에는 6,000개가 넘는 섬이 있는데 그중에 227개 섬에만 사람이 살고, 그나마도 거주 인구 100명이 넘는 곳은 78개밖에 없다. 고대 그리스에는 섬만 많은 게 아니었다. 그리스는 하나의 국가가 아니라 다양한 도시국가들의 연합체였는데 미케네, 스파르타, 아테네, 테베, 고린도, 트로이, 시라쿠사, 멜로스, 델포이, 올림피아 등이 있었다. 그중에서도 그리스 반도의 최북방에 있던 고대 왕국 마케도니아는 선진국가였던 아테네나 스파르타로부터 야만인이라 불릴 정도로 미개한 국가였다. 그리스 연합체의 최약체였고 존재감이 없던 나라, 아테네와 친밀하게 지내면서 겨우 명맥을 유지했던 마케도니아는 필립포스 2세(Philippos II BC 382–336년)에 의해서 그 위세가 급격하게 커졌다.

전투병의 전략적인 운용에 천재적인 재능을 보이는 필립포스는 청동 방패를 포개어 방어벽을 만들고, 긴 창은 밖으로 내밀어서 공격을 하는 방식의 '팔랑크스'를 발명해냈다. 그는 군대를 조직해서 직업군인들을 양성했다. 다른 그리스 국가의 군인들이 농부로 일하다가 잠시 훈련을 받고 전쟁에 참여하는 방식이라면 필립포스는 전혀 다른 형태의 군인을 소유하고 있었다. 이는 스파르타보다 더 우월한 것이었는데, 이로써 마케도니아는 최강의 전력을 갖추게 되었다. 이러한 군사력을 바탕으로 필립포스는 각자 도생하는 그리스 도시국가를 하나의 연합체로 이끌어냈다. 필립포스의 강력한 영도력으로 아테네와 테베의 동맹군을 쳐부순 뒤에는 거칠 것이 없었다. 그는 고린도 동맹의 의장이 되어 그리스를 지배했다. 그러나 비극적이게도 페르시아에 대한 원정을 준비하는 어느 날, 딸의 결혼식에 참여하던 중 친위대 중 하나에 의해 암살을 당하고 말았다(BC 336년). 그를 암살한 자는 또 다른 친위대의 손에 죽어 단독 범행인지, 아니면 그 배후에 누군가가 있는지를 영원히 알 수 없게 되었고 마케도니아 왕국은 사라질 운명에 놓이게 되었다. 그러나 그의 아들 알렉산더(BC 336-323년)가 스무 살이란 비교적 어린 나이에 마케도니아의 왕으로 등극하면서 세계의 역사는 새롭게 쓰여지게 되었다. 그가 왕위에 오를 때만 해도 그가 그리스 국가들뿐만 아니라 전 세계를 장악하게 될 것이라고는 아무도 몰랐다.

알렉산더가 즉위하자 고린도 동맹국 중에 하나인 테베가 반란을 일으켰다. 전쟁의 천재 필립포스의 수하에 들어갔지만 아직 어린 애송이 알렉산더라면 독립을 다시 쟁취할 수 있을 거란 계산에서였다. 물론 오산이었다. 알렉산더는 직접 군사를 이끌어 테베를 진압한 후에 아예 멸망시켜버렸다. 그뿐만이 아니었다. 알렉산더는 아테네, 스파르타의 반란군을 가볍게 제압해냈다. 알렉산더는 아버지의 천재적인 군사 재능뿐 아니라 탁월한 정치 감각까지 섭렵하고 있었다. 그는 그리스 국가의 연합체를 이끌면서 동시에 고린도 동맹군의 리더가 되어 아버지가 못다 이룬 페르시아 원정에 돌입했다. 당시 아시아와 유럽을 가르는 헬레스폰트 해협(현재 다르다넬스(Dardanelles) 해협)을 건너면서 알렉산더의 페르시아에 대한 동방원정은 본격적으로 시작되었다.

소아시아 북서쪽의 그라니쿠스 강에서 벌어진 전투(BC 334년)는 마케도니아의 알렉산더와 페르시아의 다리우스 3세가 벌인 첫 번째 전쟁이었다. 압도적인 수의 기병을 보병들 앞에 배치한 페르시아는 알렉산더를 빨리 처치해서 전쟁을 끝내려고 했다. 그만큼 자신이 있었다.

귀족들로 이루어진 기마대는 능숙하게 알렉산더의 병력을 돌파했다. 도끼를 들고 공격하는 페르시아의 귀족 군인이 알렉산더를 일순간 기절시키기도 했다. 그러나 그것이 전부였다. 마케도니아의 기병대가 좌측으로 방향을 틀어 공간이 비워지자 페르시아의 보병들이 노출되었고 저돌적으로 전진하는 마케도니아의 군사들에 의해 전사자들이 속출하게 되었다. 페르시아의 패배였다. 혼비백산해서 달아나는 페르시아 군사들 뒤로 수천 명의 기병과 보병의 시체가 널브러졌다.

서남아시아 아나톨리아(Anatolia)의 잇수스 평원에서 벌어진 알렉산더와 다리우스 3세의 두 번째 전투(BC 333년)도 싱겁게 끝이 났다. 군인의 숫자는 페르시아가 훨씬 많았다. 잇수스 지역이라면 다시 한번 싸워볼 만하다고 생각한 다리우스 3세는 기회를 놓치지 않았다. 알렉산더에 비해 무려 4배나 많은 군인을 이끌고 사력을 다해 공격을 퍼부었다. 중앙에는 가장 능력이 출중한 군인들과 함께 왕 자신이 자리를 잡았고, 좌익에는 경보병 부대가, 우익에는 기병들이 섰다. 물샐틈없는 작전이었다. 그러나 알렉산더는 팔랑크스를 전면에 배치하며 공격에 나섰다. 페르시아군의 중앙은 흔들리기 시작했고 잘 훈련된 기병들은 우익을 돌파해나갔다. 순식간에 전열이 무너지는 것을 보고 다리우스는 도망가기 시작했다. 두려움이 그를 엄습했다. '아, 알렉산더를 이길 수 없구나.' 페르시아의 완패였다.

2년 뒤에 알렉산더와 다리우스 3세의 세 번째이자 마지막 전투(BC 331년)가 이라크의 모술 근처 가우가멜라 평원에서 벌어졌다. 두 번의 패배는 좁은 지역에서 벌어졌기에 페르시아의 특기를 살리지 못했다. 다리우스는 스키타이에서 용병을 모으고 인도의 전투 코끼리도 15마리나 준비하는 등 최우수 군대를 준비했다. 그는 마케도니아의 전술을 잘 아는 그리스 용병의 경호를 받으며 중앙에 위치했다. 궁수와 기병과 전차 등으로 중무장한 상태였고 일전을 각오한 총공세를 펼쳤다. 반면에 알렉산더는 중앙에 팔랑크스를 두고 기병을 좌우익에 배치하는 등 이전과는 별다른 차이가 없는 전술을 펼쳤다. 그러나 알렉산더는 역시 전쟁의 천재였다.

전투가 시작되자 알렉산더의 기병들이 도망가기 시작했다. 작전이었다. 페르시아의 기병대는 그때를 틈타 공격을 시작했는데, 그 때문에 페르시아의 본진이 흔들리게 되었다. 도망치는 것처럼 보였던 알렉산더의 기병들은 순식간에 방향을 틀어 페르시아의 중앙으로 침투했다. 제일 선두에는 알렉산더가 말을 달리고 있었다. 한편 다리우스가 심혈을 기울여 준비한 궁수와 전차는 알렉산더의 팔랑크스와 일전을 벌였으나 의외로 쉽게 결말이 났다. 궁수는 아무 의미가 없었고 전차는 팔랑크스에 의해 찢겨진 종이처럼 격퇴되었기 때문이다. 알렉산더를 추격하던 페르시아 기병들은 말발굽 뒤로 뿌얀 먼지가 가라앉자 그 뒤에 숨어 있던 보병들에 의해 공격받았다. 어이없는 타격에 페르시아 기병들이 맥없이 무너졌다. 살아남은 기병들이 후퇴하려 했을 때는 이미 마케도니아 진영 속에 깊이 들어간 상태라 퇴각도 쉽지 않았다. 페르시아의 자랑이던 장교들은 말과 함께 쓰러지고 말았다.

알렉산더는 페르시아의 중앙에 있던 스키타이와 그리스 용병을 치면서 다리우스 3세에게로 전진해 들어갔고, 놀란 다리우스 왕은 말을 돌려 줄행랑쳤다. 알렉산더는 도망가는 다리우스를 놓아두었다. 어차피 다리우스는 부상을 당해 멀리 도망갈 수도 없는 몸이었다. 다리우스는 구사일생으로 자신의 영주국인 박트리아까지 피신했다. 그러나 그곳에서 박트리아의 총독인 베수스에게 암살당하며 그의 인생도, 페르시아 제국도 종말을 맞았다. 그때가 BC 330년이었는데, 다리우스 3세는 죽고 알렉산더는 전쟁의 승리로 인해 '대왕'(바실레우스, The Great)이라는 호칭을 얻었다.

이 세 번의 전쟁 승리 이후 근동지방의 제후들은 저마다 앞다투어 알렉산더에게 항복했다. 알렉산더는 힘 하나 들이지 않고 사르디스, 밀레도스, 고르디온, 타루수스, 아라도스, 마라도스, 비블로스, 시돈, 두로, 바벨론, 수사, 박트리아와 페르시아의 수도 페르세폴리스까지 점령했다. 당시 세계의 끝은 인도의 겐지스 강이라 여겼는데 알렉산더는 거기까지 가고 싶었다. 그러나 군인들은 계속된 전투와 행군으로 피로를 호소했고 알렉산더에게 더 이상 전진할 수 없다는 뜻을 분명히 했다. 알렉산더는 세상의 끝 바로 앞에서 돌아서야 했다. 그럼에도 알렉산더가 정복한 땅은 당시 전 세계의 거의 모든 지역이었다. 특히 남쪽의 이집트는 알렉산더를 파라오로 인정하며 왕의 자리를 그에게 내주었다. 알렉산더는 나일강 하류의 삼각주 지역에 자신의 이름을 딴 알렉산드리아라는 큰 무역도시를 건설했다.

세상을 거의 다 정복한 알렉산더는 바벨론으로 돌아와 머물렀다. 그의 나이 서른 둘, 아픈 곳도 없었고 기력도 왕성했다. 그런데 갑작스러운 죽음이 그를 찾아왔다. 건강하고 야심찬 젊은 대왕, 어떤 징후나 전조도 없이, 온 세상을 자신의 손아귀에 걸머쥔 남자, 알렉산더 대왕은 그렇게 황망하게 세상을 뜨고 말았다. 철학자 아리스토텔레스를 개인 스승으로 삼아 정치와 도덕, 역사와 의학을 배운 헬레니즘의 전도사인 알렉산더의 죽음은 지금까지도 수수께끼로 남아 있다. 바벨론의 포로로 잡혀간 선지자 다니엘은 자신의 시대에서 한참 후대의 인물인 알렉산더를 알았을까? 다니엘서에는 불세출의 영웅인 알렉산더로 추정되는 인물에 대해 이렇게 기록하고 있다.

"장차 한 능력 있는 왕이 일어나서 큰 권세로 다스리며 자기 마음대로 행하리라. 그러나 그가 강성할 때에 그의 나라가 갈라져 천하 사방에 나누일 것이나 그의 자손에게로 돌아가지도 아니할 것이요 또 자기가 주장하던 권세대로도 되지 아니하리니 이는 그 나라가 뽑혀서 그 외의 다른 사람들에게로 돌아갈 것임이라"(단 11:3-4).

헬레니즘의 시대를 연 알렉산더. 그는 다니엘의 예언처럼 큰 권세로 자기 마음대로 행하다가 강성할 때에 죽었고, 그의 나라는 천하 사방으로 나뉘게 되었다. 알렉산더는 다리우스 3세가 피신했던 박트리아의 공주 록사나(Roxana)와 결혼을 했다. 박트리아를 종주국으로 삼으면서 전리품처럼 갖게 된 여인이었다. 그 둘 사이에 알렉산더 4세 애구스가 태어나지만 알렉산더는 아들을 보지 못했다. 아들이 태어나기도 전에 죽었기 때문이다. 유복자인 알렉산더 4세 애구스가 알렉산더 대왕을 이어 왕이 되어야 하지만 저항이 만만치 않았다. 너무 어렸기 때문이다. 그 대신 그의 삼촌 필립포스 3세(아리다이오스 Arrhidaeus)가 마케도니아의 임시 왕이 되었다. 알렉산더의 장수들인 프톨레미, 리시마쿠스, 셀류코스, 안티고누스라는 네 명의 장군들은 각각 나라를 차지할 야심을 숨기지 않았다. 그중에서 제일 선두에 떠오른 것은 안티고누

스였으나 프톨레미, 카산더, 리시마커스가 동맹을 해서 안티고누스를
저지했다. 그때 프톨레미의 부하인 셀류코스가 안티고누스를 살해하
며 화려하게 등장했다. 셀류코스는 단지 프톨레미의 부하로만 머무르
지 않고 자신 스스로가 새로운 왕조를 일으킬 야심을 드러냈다. 그렇게
최종적인 주도권을 쥔 이는 프톨레미와 셀류코스였다.

　프톨레미는 이집트와 퀴레네, 홍해, 동아프리카, 페니키아, 에게해,
소아시아, 갈리폴리 반도 일부를 차지했고, 셀류코스는 옛 페르시아 제
국의 대부분, 시리아 북부, 메소포타미아, 인도 서북부, 아프카니스탄
등을 차지했다. 유대(이스라엘)는 대륙과 대륙 사이에 끼어 있기 때문
에 셀류쿠스와 프톨레미 중에 누가 영도력을 갖느냐에 따라 때로는 프
톨레미의 지배하에 있기도 하고, 때로는 셀류쿠스의 지배 아래 놓여 있
기도 했다. 간략하게 말하자면 이집트 왕조인 프톨레미가 BC 301년부
터 BC 198년까지 유대를 지배했고, 시리아 왕조인 셀류쿠스는 BC 198
년부터 유대를 지배하게 되었다.

프톨레미 왕국	셀류코스 왕국
프톨레미 1세 (BC 323-283) 프톨레미 2세 (BC 283-247) 프톨레미 3세 (BC 247-221) 프톨레미 4세 (BC 221-203) 프톨레미 5세 (BC 203-181)	셀류코스 1세 (BC 312-281) 안티오쿠스 1세 (BC 281-261) 안티오쿠스 2세 (BC 261-246) 셀류코스 2세 (BC 246-225) 안티오쿠스 3세 (BC 225-187) 셀류코스 4세 (BC 187-175) 안티오쿠스 4세 (BC 175-163)

3. 프톨레미 왕조

알렉산더의 장군 중 하나였던 프톨레미는 알렉산더 대왕이 죽자 이집트와 리비아를 점령한 뒤 알렉산더의 시신을 이집트의 멤피스로 옮겼다. 그는 스스로를 왕이라 칭하면서 프톨레미 1세 소테르라는 이름으로 불렸다. 로도스에서 벌어진 데메트리오스의 공격에 지원군을 보내자 로도스가 '구원자'라는 뜻의 '소테르'라는 이름을 붙여주었기 때문이다. 프톨레미 1세는 이집트에서 프톨레미 왕조를 일으키고 BC 283년에 사망했다. 그의 아들 프톨레미 2세 때에 칠십인역 성경(셉투아진타, septuaginta LXX)이 발간되었다. 당시 대제사장이었던 엘르아살이 유대인 장로 70명을 이집트로 보내서 구약성경을 헬라어로 번역하게 한 것이 바로 칠십인역이었고, 이후 그 성경은 흩어진 유대인들에게 큰 영향을 미쳤다(노우호, 「쉽게 이해되는 신구약 중간사」, 도서출판 하나, pp.137-138).

그의 아들 프톨레미 3세는 페르시아가 약탈했던 이집트의 보물들을 반환하는 한편 알렉산더가 세운 알렉산드리아 도서관의 도서 수집에도 박차를 가했다. 그 덕분에 지리학과 천문학이 가장 발전된 시대가 되었다. 그러나 그의 아들 프톨레미 4세가 통치할 때 프톨레미 왕조의 세력은 급격히 약화되는데 왕의 방탕과 궁정의 부패, 측근들의 비리가 원인이었다. 이때 프톨레미 4세는 안티오쿠스 3세와 시리아 전쟁을 벌여 승리하기는 하나, BC 205년에 돌연사하고 그의 아내도 암살당하면서 왕국은 미궁 속으로 빠지게 되었다.

그를 이어 어린 아들 프톨레미 5세가 정권을 잡을 때는 셀류코스와의 전쟁에서 패배하여 코이레-시리아(Coele-Syria) 지방을 셀류코스에게 빼앗기고 말았다. 프톨레미 5세는 셀류코스와의 화친을 위해서 안티오쿠스 3세의 딸 클레오파트라 1세와 정략결혼을 했으나 오래지 않아 사망하고, 그의 아들 프톨레미 6세가 왕이 되었을 때는 클레오파트라의 섭정으로 프톨레미시대의 막은 거의 내리게 되었다.

4. 셀류코스 왕조

알렉산더 대왕이 죽고 그가 정복했던 나라들이 분열될 때 바벨론의 총독으로 임명된 셀류코스는 시리아와 이란 지역을 흡수 통합하면서 셀류코스 제국을 세워 셀류코스 1세 니카토르라는 이름의 왕이 되었다. 그의 칭호인 니카토르(Nicator)는 그의 아들인 안티오쿠스 1세 소테르가 붙여준 칭호인데, 그 뜻은 승리자이다. 셀류코스 1세는 알렉산더와 함께 잇수스 전투, 가우가멜라 전투에 참여한 바가 있었다. 셀류코스 1세는 오론테스 강가에 안디옥이라는 신도시를 건설해서 북 왕국의 수도를 삼았다. 이곳은 후에 바울과 바나바를 선교사로 파송한 안디옥교회가 세워진 곳이었다(류모세, 「역사 드라마로 읽는 성경」(신약편 1부), 두란노, p.64).

알렉산더 사후 거대한 제국은 크게 프톨레미(이집트)와 셀류코스(바벨론)라는 두 나라로 나뉘게 되었고, 그 두 나라가 각축장으로 삼은 곳은 유대(이스라엘) 지역이었다. 그 때문에 이스라엘에는 피비린내가 끊이지 않았다. 셀류코스 1세가 암살당한 후 그의 아들 안티오쿠스 1세가 왕이 되어 소테르(Soter, 구원자)라는 이름을 사용하면서 괄목할 만한 활약을 했다. 그는 갈리아인의 침공을 받았을 때 코끼리 부대로 방어에 성공하기도 했다. 이후 안티오쿠스 2세와 셀류코스 2세로 왕권이 이어지다 셀류코스 제국의 다섯 번째 왕인 안티오쿠스 3세에 이르러서 셀류코스 왕조는 전성기를 이루게 된다. 안티오쿠스 3세는 처음에는 프톨레미 왕국과의 전쟁에서 실패했지만, 바니아스 전투(BC 198년)에서 승리함으로써 짜릿한 설욕을 하게 되었다. 그것은 곧 페니키아와 이스라엘 지역이 셀류코스 왕조의 점유 아래로 넘어갔다는 것을 의미했다.

안티오쿠스 3세는 열여덟의 어린 나이로 왕위에 올랐지만 야심찬 군주로서 동방을 정복해갔다. 당시 이스라엘은 거듭된 전쟁으로 황폐해질 대로 황폐해져서 누군가가 안정적으로 나라를 이끌기만을 바랐다. 안티오쿠스 3세는 이스라엘을 포함한 왕국의 확장을 성공시켰고, '대왕'이라는 칭호를 얻을 만큼 세력을 뻗쳤다. 그는 유대인을 위한 유화정책을 썼는데 세금 감면이나 성전 건축, 성전 제사 등을 약속함으로써 이스라엘의 열렬한 환영을 받았다.

안티오쿠스 3세는 내친김에 그리스 원정도 시작했다. 150년 전 알렉산더가 대왕이 된 것은 세계를 정복했기 때문이었는데 안티오쿠스 3세도 대왕이라는 호칭에 걸맞게 세계를 정복하고 싶었다. 그리고 그에게 카르타고 출신의 전설적인 영웅 한니발이 합세했다. 안티오쿠스 3세는 에베소 북쪽에 있는 마그네시아 평원에서 전쟁을 하게 되는데(BC 190년), 그곳만 지나면 그리스 세계는 안티오쿠스 3세의 손에 들어오는 것이었다. 그러나 그를 기다리고 있던 것은 로마였다. 로마 최고의 명장인 스키피오 아프리카누스의 동생 집정관 루키우스 코르넬리우스 스키피오의 지휘 아래 전쟁이 벌어졌고, 군사력이 절반밖에 되지 않음에도 로마는 안티오쿠스에게 완승을 안겼다. 안티오쿠스 3세는 알렉산더 대왕의 불패 신화였던 팔랑크스를 사용했지만 로마는 이미 팔랑크스의 약점을 정확히 간파하고 있었다. 6만 명의 군인들 중에 절반 이상이 전사한 안티오쿠스 부대와 달리 로마는 겨우 몇 백 명 정도의 손실만 입었을 뿐이었다.

세계 정복은커녕 막대한 전쟁 배상금을 물어야 할 처지에 놓인 안티오쿠스 3세는 엘람의 한 신전을 약탈하다 그만 살해당하고 말았다. 왕위는 그의 아들인 셀류코스 4세에게로 이어지는데, 로마에 대한 빚을 갚기 위해 온 나라에 세리들을 보내서 세금을 긁어모았다. 돈이 조금이라도 나오는 곳이라면 티끌이라도 뒤져서 가져가야 할 판이었다. 빌가 가문 출신의 시몬은 당시 예루살렘의 대제사장이었던 오니아스 3세에 대한 악감정을 가지고 있었다. 시몬은 예루살렘 성전 안에 엄청난 금이 있으며 대제사장 오니아스가 독차지하고 있다는 소문을 퍼뜨렸다. 소문은 셀류코스 4세의 귀에도 들어가 그의 부하 헬리오도로스를 예루살렘에 파견하기에 이르렀다. 왕명을 받들고 금은보화를 가져갈 꿈에 부푼 헬리오도로스는 막상 제사장 오니아스를 만나자 실망을 금치 못했다. 성전 안의 모든 금은 고아와 가난한 자를 위한 것이었고, 그 수량도 기대하는 것에 훨씬 못 미쳤다. 헬리오도로스는 그거라도 가져가려고 성전 금에 손을 댔다가 하나님의 임재를 보고 쓰러져 황망하게 고국으로 돌아갔다. 빈손이었다(이 내용은 외경인 마케베오 3장에 나온다). 고향에 돌아간 후 헬리오도로스는 셀류코스 4세를 암살했으나 어부지리로 그의 동생인 안티오쿠스 4세가 왕위를 물려받으면서 어지러운 시대로 진입하게 되었다. 안티오쿠스 3세와 그의 아들 셀류코스 4세에 얽힌 예언은 다니엘서 11장을 통해서 확인할 수 있다.

"그 뒤에 그가 자기의 땅에 있는 요새지로 돌아가겠지만, 비틀거리다가 넘어져서 사라지고 말 것이다(안티오쿠스 3세). 다른 왕이 그의 뒤를 이어서 왕이 될 것이다. 새 왕은 백성을 억압하는 세금 징수원들을 전국 각 지방에 보내고, 세금을 많이 거두어서 나라의 영화를 유지하려고 하겠지만, 얼마 안 가서 아무도 모르게 살해되고 말 것이다"(셀류코스 4세)(단 11:19-20, 새번역).

그러나 더 중요한 것은 그다음에 왕이 된 안티오쿠스 4세에 대한 예언이었다. 다니엘서는 계속해서 이렇게 말씀한다. "뒤를 이어 어떤 비열한 사람이 왕이 될 것이다. 그는 왕이 될 권리도 없는 악한 사람인데도 왕위를 차지할 것이다. 그는 은밀하게 술책을 써서 왕권을 잡을 것이다"(단 11:21, 새번역). 아버지 안티오쿠스 3세는 로마와의 전쟁에서 패배했을 때 전쟁 배상금을 물어야 했으며 아들들을 볼모로 보내야 했다. 이때 차남인 안티오쿠스 4세는 로마에 잡혀가서 7년 동안 머물렀다. 억류기간이 끝나 귀향한 그는 돌아오자마자 형 셀류코스 4세가 헬레오도로스에 의해 암살당하는 것을 보았다. 그는 새로운 왕으로 추대되었다. 셀류코스 왕조의 일곱 번째 왕이 된 안티오쿠스 4세는 속국들에 대한 지배력을 넓혔고, 특히 유대(이스라엘)에 대한 무시무시한 탄압 정책을 펼치기 시작했다.

왕이 되어 주변을 둘러보니 동쪽의 속주들은 파르티아 왕국을 중심으로 반란을 일으키고, 남쪽의 프톨레미 왕국(이집트)은 이스라엘과 페니키아를 노리고 있으며, 서쪽의 로마는 두려움의 대상이 되어 있었다. 안티오쿠스 4세는 모든 상황을 타개하기 위해 헬레니즘을 모든 속국에 강제하기 시작했다. 헬레니즘에 제국을 강화시킬 묘책이라도 있는 것일까? 안티오쿠스 4세는 제우스를 비롯한 헬라의 신들에 대한 숭배와 헬레니즘화를 식민국들에 강요했다. 그 자신의 이름도 '에피파네스'(신의 현현)라고 고쳐 불렀다. 가장 피해를 본 곳은 이스라엘이었다. 예루살렘 성전의 성물은 약탈당했고, 성벽의 금은 싹싹 긁어졌고, 거주민은 노예로 끌고 갔으며, 제우스 신상이 성전으로, 돼지고기가 제물로 바쳐졌다.

"군대는 그의 편에 서서 성소 곧 견고한 곳을 더럽히며 매일 드리는 제사를 폐하며 멸망하게 하는 가증한 것을 세울 것이며"(단 11:31).

그렇다면 이스라엘은 이에 대해 어떻게 반응했을까? 의견은 크게 두 부분으로 갈렸다. 헬레니즘 문화가 대세이기 때문에 적응하고 받아들이자는 쪽과 유대의 전통을 고수하며 저항하자는 쪽이 팽팽하게 맞섰다. 그중에서 헬라문화를 극도로 혐오하는 보수적인 사람들이 하시딤(Hasidim)이라는 이름으로 모였다. 경건과 절개의 하시딤은 후에 바리새인(율법주의)과 엣세네파(금욕주의)의 원류가 되었다.

안티오쿠스 4세의 유대인에 대한 박해는 갈수록 끔찍해졌는데, 할례를 금지하고, 할례 받게 한 가족을 죽이며, 안식일을 지키는 자를 칼에 죽게 하고, 부정한 음식에 손을 대지 않았다고 살해하기도 했다. 예루살렘 성전은 완전히 더러워졌고, 이스라엘 외곽에 사는 농부들도 전통대로 살 수 없는 환경이 만들어졌다. 세상은 흉흉했으며 날이 갈수록 백성들의 숨통이 조여졌다. 모디인(Modiin)이라는 지역의 늙은 제사장 맛다디아에게도 이교 숭배와 돼지고기 제사 명령이 떨어졌다. 그러나 그는 그 명령에 저항했고, 다섯 명의 건강하고 힘 있는 아들들과 더불어 무장봉기를 시작했다. 이것이 마카비 혁명의 시작이었다.

>>> **Chapter _ 28**

마카비 혁명에서 헤롯까지

5. 마카비 혁명의 시작

안티오쿠스 4세의 잔혹하고 모진 탄압으로 유대 땅은 만신창이가
되었다. 아브라함 때부터 이어져온 전통을 말살시키기 위해 할례받은
아이는 그 어머니를 포함해 사형되었고, 율법을 없애기 위해 십계명 중
네 번째 계명인 '안식일'을 지키는 유대인은 사정없이 칼에 죽거나 몽
둥이에 맞았으며, 레위기 11장에 나온 음식에 대한 규례를 지켜 부정한
음식을 거부한 자는 거침없이 처형되었다. 이러한 안티오쿠스 4세의
정책은 유대인들의 반발을 샀고, 그중에서 경건과 율법에 충실한 사람
들은 '하시딤'이라는 이름으로 모이기 시작했다. 하시딤은 후에 바리
새파, 엣세네파, 사두개파 등의 전신이 된다. 그러나 그들은 안티오쿠
스에게 저항하기보다는 핍박을 피해 협곡이나 산등성이 아래로 숨는

게 전부였다. 안티오쿠스에게 저항하여 유대 왕조를 새롭게 탄생시킨 마카비 혁명은 뜻밖의 장소에서 촉발되는데, 모디인(Modiin)이라는 작은 마을이 바로 그곳이다.

예루살렘에서 서북쪽으로 40km 정도 떨어진 시골 마을인 모디인에도 포고령을 든 왕의 관리가 출동했다. 관리는 유대인들을 모아놓고 제우스 신에 대한 제사를 강요했고, 마을 원로인 맛다디아에게 모범을 보이라고 으름장을 놓았다. 맛다디아가 제사를 지내면 마을 전체는 자동적으로 이교 제사에 참여할 것이란 계산이었다. 맛다디아는 완강하게 버텼다. 맛다디아가 버티자 사람들은 관리의 눈치를 살피기 시작했고, 유대인 중에 하나가 재빨리 이교 제단에 제사를 지내려고 나서는 순간, 칼이 그의 등에 꽂혔다. 맛다디아였다. 제사를 지내려던 그 유대인은 그 자리에서 즉사했다. 노인에게 괴력이 생긴 듯 했다. 맛다디아는 여세를 몰아 왕의 관리도 죽였다. 눈에서 불이 이는 것 같았다. 제사 자리는 아수라장이 되었고 관리와 함께 온 부하들은 줄행랑을 놓았다. 왕의 군사들이 들이닥치는 것은 시간문제였다. 맛다디아는 다섯 명의 아들들을 데리고 구릉지대로 피신했다. 그리고 거기에서 이미 숨어 있던 하시딤 그룹을 만났다.

맛다디아에게는 젊고 건강한 다섯 명의 아들이 있었는데 요한, 시몬, 유다, 엘르아살, 요나단이었다. 맛다디아와 하시딤이 만나 안티오쿠스 왕에게 저항할 때 그들은 게릴라식 작전을 사용했다. 왕의 군인들을 죽이고, 이교 제단을 헐며, 아직 할례받지 않은 유대인들에게 할례를 주었다. 왕의 군사들의 대응도 만만치 않았다. 하시딤은 안식일 율법을 지키기 위해 안식일에는 전쟁을 해서는 안 되었지만 특수한 상황을 감안해 안식일에도 싸웠다. 무력 저항이 일어난 지 몇 개월 만에 맛다디아는 사망하고(BC 166년), 작전권은 그의 세 번째 아들인 유다에게로 넘어갔다. 유다가 어찌나 용맹하게 싸웠던지 그의 별명이 쇠망치(마카비)여서 이들의 저항을 '마카비 혁명'이라고 이름 붙이게 되었다.

6. 마카비 혁명 - 셋째 아들 유다(BC 166-161년)

유다가 이끄는 전쟁은 연전연승이었다. 유다는 용감했을 뿐 아니라 유능했고 슬기로웠다. 그는 많은 무기를 준비해 앞장서 싸웠다. 유대인들을 괴롭히던 적들은 혼이 났고, 신음하던 유대인들은 유다의 활약에 환호했다. 안티오쿠스 4세는 아폴로니우스를 보내 초기에 마카비 독립군을 제압하려 했다. 사마리아인들이 군인으로 합류해서 혁명군에게 달려들었으나 마카비 혁명을 이끄는 유다에게는 역부족이었다. 아폴로니우스는 독립군의 캠프인 고프나 산지 근처에서 벌어진 전투로 사망했고, 유다는 아폴로니우스가 쓰던 칼을 탈취, 이후의 전투에 사용했다. 이것이 마카비의 첫 번째 전투였다. 두 번째는 룻다에 머물던 시리아 군사령관인 세론 차례였다. 그는 군인들을 거대한 조직으로 만들어서 혁명군과 전투를 벌였다. 유다는 얼마 되지 않는 군인을 벧호론 비탈길로 이끌고는 세론의 군사들에게 급습함으로써 승리를 거두었다. 세론의 패잔병들은 블레셋 땅으로 혼비백산하여 도망쳤다. 유다는 이 두 전쟁으로 명성이 드높아졌고, 유대인 젊은이들 중에서 자진하여 혁명군에 참전하는 사람들이 많아졌다.

안티오쿠스 4세는 왕족 중 실력자인 리시아스에게 유다를 제압하도록 막대한 권한을 부여했고, 리시아스는 세 명의 장군인 프톨레마이우스, 니카노르, 고르기아스와 함께 대규모 군사를 조직해서 이스라엘로 진군해왔다. 그러나 이쯤 되었을 때 유다는 전쟁의 화신과도 같았다. 유다는 엠마오에서 리시아스를 기다린 뒤에 기급공격을 하여 대승을 거두었다. 그러나 리시아스는 그대로 물러서지 않았다. 무려 보병 6만 명과 기병 5천 명이라는 더 큰 규모의 병력을 모아 이두매에서부터 우회하여 진격해왔다. 벧술에서 진을 치고 있던 유다는 거대한 규모의 리시아스 군대를 맞은 둘째 전투에서도 완벽하게 승리를 거두었다. 유다와 그의 군사는 동에 번쩍, 서에 번쩍하면서 벧호론과 엠마오와 벧술에서의 완벽한 방어와 정확한 공격으로 전투에 임했다.

적들은 물러갔고, 유다는 내친김에 예루살렘으로 들어갔다. 유다는 개선장군의 행렬처럼 예루살렘으로 입성하여 이스라엘의 심장을 탈환했다. 성전 안에 들어가 보니 안티오쿠스 4세가 예루살렘을 얼마나 유린했던지 성전의 문들은 거의 다 타버린 상태였고, 성전 내부에는 온갖 이교신들이 가득 들어선 상태로 그야말로 난장판이었다. 유다는 이스라엘 백성들과 함께 성전을 정화하기 시작했다. 제우스 신상과 제의 기구는 철거되었고, 그 자리에 새로운 제단이 마련되었으며, 새롭게 직무를 수행할 수 있는 제사장을 세우고, 거룩한 기물이 준비되었다. 성전을 깨끗이 한 뒤에 축제를 열어 수전절(Hanukkah)이라는 이름으로 지키고, 외세의 침입에 대비하기 위해 벧술을 요새화해서 수비를 강화했다(BC 164년 12월).

비록 유다가 예루살렘을 탈환했지만 수성(守城)은 오래가지 못했다. 유대인 봉기의 원흉이었던 안티오쿠스 4세는 죽으면서 어린 아들 안티오쿠스 5세를 친구인 필립에게 맡겼다. 그러나 실력자 리시아스는 어린 안티오쿠스 5세를 왕으로 추대하며 예루살렘 진격에 대동했다. 비록 어린아이지만 왕이 출정하는 것이기 때문에 엄청난 대군도 함께 출전하게 되었다. 리시아스는 예루살렘과 온 이스라엘을 다 집어삼킬 듯 압도적인 규모의 군인을 몰고 왔다. 예루살렘을 지키는 것은 고사하고 온 유대인들이 전멸할 정도였다. 유다는 맹렬하게 대항했으나 결국 눈물을 머금고 예루살렘을 비워줘야 했고, 리시아스와 안티오쿠스 5세는 예루살렘을 다시 손아귀에 넣었다. 예루살렘은 한층 더 혼돈에 휩싸였고 성전은 더욱 훼손될 위기에 처하게 되었다. 그런데 역사는 이상한 방향으로 흘러갔다.

셀류코스 왕족 내부에서 내란이 생긴 것이다. 갑자기 셀류코스 4세의 아들인 데메트리우스가 나타나 리시아스와 안티오쿠스 5세를 처형하고, 스스로 왕으로 등극했다. 데메트리우스는 왕이 된 후에 예루살렘과 유대의 문제를 해결하려 나섰다. 그는 아론의 후예인 알키무스를 영입해서 예루살렘의 제사장으로, 자신의 심복인 박키데스 장군을 정치 지도자로 임명하여 예루살렘으로 보냈다. 유대(이스라엘)에게 종교적인 자유도 허락했다. 하시딤 그룹의 입장에서는 반가운 소식이었다. 그들이 지키려고 했던 것은 경건과 율법에 충실할 수 있는 정책이었기 때문이다. 하시딤은 알키무스와 박키데스를 환영했다. 더욱이 알키무스는 전통적인 제사장 가문이지 않는가! 이제 예루살렘은 종교적인 자유를 얻었고 하나님께 제사할 수 있는 길이 열렸다. 그러나 하시딤과 달리 정치적인 자유를 갈망했던 마카비 혁명군은 항변했다. 그들 입장에서는 달라진 것이 없었다. 진실로 하나님께 예배할 수 있는 길은 정치적인 자유를 포함한 완전한 독립이었다. 하시딤에게 마카비의 의견은 받아들여지지 않았다. 하시딤 그룹과 마카비 그룹은 이를 계기로 결별하게 되었다. 유다와 그의 혁명군은 고립되었다.

　시간이 흐르면서 하시딤 그룹을 중심으로 한 유대인들은 순응하기 시작했다. 유대 땅이 안정을 찾아간다고 생각한 박키데스 장군은 셀류코스 왕국으로 돌아갔다. 한동안 숨을 죽였던 유다는 이때를 틈타 예루살렘으로 다시 한번 진군하여 성을 재탈환하는 데 성공해냈다. 유다는 재빨리 로마에 사절단을 보내 원로원의 승인을 받아내며 로마와 이스라엘 사이의 우호조약을 맺는 일도 놓치지 않았다. 급해진 것은 데메트리우스였다. 유다는 로마를 등에 업고 이스라엘의 정치적인 독립을 시도하고 있었기 때문이다. 데메트리우스는 박키데스 장군에게 보병 2만과 기병 2천 명을 보내 예루살렘을 치게 했다. 그 소식을 들은 유다는 3천 명의 군인들을 이끌고 엘라사에서 진을 치고 기다렸지만, 막상 박키데스 장군의 행렬을 본 유다 군인들은 싸우기도 전에 진영을 이탈해버렸다. 대부분 하시딤에 동조하는 군인들이었다. 남은 군인은 겨우 800명. 불멸의 영웅 유다의 전설적인 무용담도 엘라사에서 마지막 장을 덮게 된다. 몇 안 되는 군인을 이끌고 유다는 용맹스럽게 방어했으나 역부족이었다. 박키데스와 유다, 양측 모두 많은 사상자가 나왔다. 그러나 전쟁에서 최후에 웃은 사람은 박키데스였다. 유다 마카비는 결국 전사했으며(BC 161년), 이로써 예루살렘은 박키데스와 알키무스의 손으로 다시 넘어가게 되었다.

7. 마카비 혁명 - 넷째 아들 엘르아살(BC 162년)

　맛다디아의 다섯 아들 중에서 가장 먼저 죽은 아들은 유다가 아니었다. 리시아스가 어린 왕 안티오쿠스 5세를 데리고 예루살렘으로 진격할 때의 일이었다. 왕의 행군에 합세한 병력은 10만 명의 보병, 2만 명의 기병이었다. 특이한 것은 특수훈련을 받은 코끼리 32마리가 전쟁에 함께 수행했던 것. 예루살렘으로 동남쪽에 위치한 벧스가랴에 진을 친 유다의 저항군은 왕의 군대와 맞섰다. 코끼리는 잔뜩 흥분된 상태로, 각 코끼리 당 무장한 보병 천 명과 기병 500명의 호위를 받으며 맹렬하게 전진했다. 거칠 것이 없는 행군이었다. 유다 진영이 아무리 무장을 했어도 한계가 있었다. 유다의 혁명군이 왕의 군대와 싸워 600명 정도를 쓰러뜨렸지만 코끼리의 광포한 행군에 밀릴 수밖에 없었다.

그때 맛다디아의 넷째 아들, 즉 유다의 바로 아래 동생인 엘르아살이 나섰다. 그는 코끼리 32마리 중에서 유독 거대하고 무장이 잘되어 있는 코끼리를 겨냥했다. 그 코끼리에는 안티오쿠스 왕이나 적어도 리시아스 장군이 타고 있음에 틀림없었다. 엘르아살은 전광석화처럼 적진에 뛰어들어 기병과 보병들을 치고 중앙에 있는 거대 코끼리의 밑바닥으로 미끄러져 들어갔다. 천장처럼 높고 단단한 코끼리의 배를 칼로 가르자 코끼리는 울부짖는 소리를 내며 쓰러졌다. 등에 타고 있던 코끼리 조종사와 군인들이 아래로 떨어졌고, 코끼리는 산처럼 넘어졌다. 미처 피하지 못한 엘르아살은 쓰러지는 코끼리에 깔려 그 자리에서 즉사했다. 더 비극적인 것은 그 코끼리에는 왕도, 장군도 타지 않았다는 것. 결국 유다의 독립군은 왕의 부대에게 밀려났다. 혁명군은 엘르아살의 시체를 끌고 퇴각했으며, 이로써 예루살렘은 셀류코스 왕국에게 빼앗기고 말았다(BC 162년).

8. 마카비 혁명 - 막내아들 요나단(BC 160-142년)

고프나 산지를 주요기지로 사용했던 마카비 독립군은 유다가 죽은 후에 사해를 지나 더 멀리 피신할 수밖에 없었다. 도망가던 와중에 장남 요한이 죽고(BC 161년), 막내 요나단이 독립군을 이어 받았다. 요나단은 두 가지 전략을 사용했는데, 게릴라전으로 조금씩 지역을 넓혀가는 것과 동시에 특유의 외교적인 능력을 발휘해서 나바테아 왕국이나 로마 왕국과의 동맹관계를 돈독히 하며 입지를 다져나갔다. 그러던 어느 날, 데메트리우스에게 안티오쿠스 4세의 아들이라 자칭하며 나타난 알렉산더 발라스라는 인물이 대항하기 시작했다. 데메트리우스가 안티오쿠스 5세를 처형하고 스스로 왕으로 등극한 것과 비슷한 양상이었다. 데메트리우스와 알렉산더 발라스는 모두 누군가의 지원이 필요했다. 흥미롭게도 외교술을 발휘하며 세력을 넓혀가고 있던 요나단의 혁명 세력에게도 도움과 지지의 요청이 쇄도했다. 양쪽에서 동시에 제안을 받게 된 요나단은 자신에게 유리한 사람으로 알렉산더 발라스를 지목해 그의 손을 들어주었다. 알렉산더 발라스는 데메트리우스를 제압하고 셀류코스 왕조를 장악하기에 이르렀다(BC 150년).

안타깝게도 알렉산더 발라스가 왕의 지위를 누린 것은 겨우 5년밖에 되지 않았다. 데메트리우스의 아들인 데메트리우스 2세는 알렉산더 발라스를 암살하고 아버지에 이어 왕의 자리를 되찾았다. 그렇게 셀류코스 왕국은 혼란이 겹겹으로 싸여갔다. 요나단은 그때를 이용해서 셀류코스 왕가와의 우호적 상호관계를 위해 새로운 왕인 데메트리우스 2세와 친밀하게 지내며 통치권을 넓혀갔다. 요나단 특유의 외교술이었다. 데메트리우스 2세 곁에는 트리포 장군이 있었는데 그에게는 유대 지역에 대한 욕망이 있었다. 트리포 장군에게 요나단은 눈엣가시였다. 트리포 장군은 안티오쿠스 6세를 내세워 반란을 일으키던 중 요나단에게 돌레마이를 주겠다는 제안으로 접근했다. 어수선한 상황에서 무엇이 자신에게 유리한지를 잘 선별해내던 요나단은 달콤한 권유 때문에 미처 트리포의 정체를 알아채지 못하고 그와 손잡고 말았다. 트리포 장군은 약속을 쓰레기처럼 버리고 요나단과 조약을 맺는 장소에서 그를 죽이려고 했다. 요나단은 벧산까지 도망갔으나 결국 체포되어 옥중에서 처형되었다(BC 142년). 야망으로 가득 찬 트리포 장군은 안티오쿠스 6세마저 폐위시키고 스스로 왕위에 올라 권세를 잡는 듯 했으나 데메트리우스 2세에 의해 제거되었다.

9. 마카비 혁명 - 둘째 아들 시몬(BC 142-134년)

이제 맛다디아의 아들은 둘째 시몬밖에 남지 않았다. 영웅이었던 유다, 코끼리 배를 갈랐던 엘르아살, 전쟁 중에 죽은 요한, 현명한 외교의 달인 요나단은 모두 자신의 역할을 마치고 사라졌고, 마지막으로 시몬이 혁명군의 지휘권을 이어받았다. 형제들의 노력이 드디어 결실을 맺는 것일까? 시몬이 마카비 혁명군을 이끌어갈 때 세계정세는 변화하기 시작했다. 데메트리우스 2세는 마카비 가문과 유대 백성들에 대한 배려로 조세의무를 면제해주는데, 놀랍게도 그것은 유대를 독립국가로 인정하는 것이나 다름없었다. 더불어 시몬에게 군주의 지위를 부여해서 국가를 통치할 수 있게 하며, 그것도 대대로 세습할 수 있도록 허락해주었다. 시몬은 로마에 사절단을 파견해서 로마의 승인도 얻어냈다. 그는 유다 근방에 있는 부속 지역들을 흡수하면서 영토를 넓혀갔다.

마카비의 혁명군이 예루살렘을 수차례 점령했다 **뺏기기를** 반복했을 때도 예루살렘 성 안에 셀류코스 왕조의 주둔 군대인 아크라 요새는 한번도 손을 보지 못했다. 그런데 시몬은 아크라 요새까지도 점령하면서 그야말로 독립국가로서의 기틀을 갖추게 되었다. 시몬의 예루살렘 입성은 엄청난 환영 인파 속에서 열렸다(BC 141년). 왕이 된 이후에 전쟁 포로로 잡혀간 유대인들을 석방시켜 고향으로 귀환시키는 데 힘을 썼으며, 경제적인 독립을 위해 자국의 주화를 발행하는 등 많은 노력을 기울였다. 셀류코스의 비호와 로마와의 동맹 아래 독립 국가로서 초석을 다진 시몬은 유대의 대제사장, 지도자, 총사령관의 세 가지 직위를 동시에 누렸다. 물론 그 모든 지위는 진정한 예언자가 나타날 때까지라는 단서가 있기는 했다. 시몬은 자신의 가문을 통해 다윗 이후 합법적인 왕조를 다시 시작한 주역이었다. 그러나 7년간 왕으로 재임하던 시몬은 여리고 요새 환영 만찬에 참여했다가 그의 두 아들과 함께 암살을 당했다. 범인은 그의 사위 프톨레미. 장인과 처남들을 죽이고 장모마저도 인질로 잡아 죽인 폐륜의 극치를 보여준 사람이었다. 이로써 마카비 혁명의 주역인 다섯 명의 아들들은 모두 역사 속으로 사라졌다(BC 134년).

10. 하스모니안 왕조 : 요한 히르카누스
(John Hircanus, BC 134-104년)

시몬의 사위 프톨레미의 목표는 하나였다. 자신이 왕이 되는 것. 그러나 그는 시몬의 막내아들을 죽이는 데 실패했다. 막내인 요한 히르카누스는 여리고의 환영 만찬에 참석하지 않아 참사를 면했다. 요한은 패악질을 일삼은 프톨레미를 죽인 뒤에 아버지 시몬을 이어 왕으로서 예루살렘에 입성했다. 그러나 프톨레미의 암살과 쿠테타, 그리고 히르카누스의 복수와 등극에 대한 소식은 셀류코스 왕국에 알려졌고, 이것은 유대에 대한 내정 간섭의 빌미가 되었다. 요한 히르카누스는 재빨리 은 3천 달란트를 셀류코스 왕국으로 보내며 셀류코스의 영원한 신민(臣民)임을 강조했다. 셀류코스는 선대왕 때 합병했던 해안 도시들을 반환하는 조건으로 요한 히르카누스를 유대의 왕으로 인준해주었다. 이로써 히르카누스는 하스모니안 왕조의 본격적인 왕으로서의 행보를 시작할 수 있게 되었다.

왕의 주변에는 헬라문화를 수용하는 데 거리낌이 없었던 헬라주의자들과 전통적인 경건과 율법주의의 하시딤 그룹이 공존하고 있었는데 전자는 사두개인으로, 후자는 바리새인으로 발전하게 되었다. 당시 전 세계적인 분위기는 헬라문화가 중심이었기에 바리새인보다 사두개인이 더 득세하는 분위기였다. 요한 히르카누스 역시 사두개인을 중용하면서 그들을 여당(與黨)으로서 기능하게 만들었다. 물론 계기가 있었다. 요한 히르카누스는 셀류코스를 위한 은 3천 달란트를 다윗의 무덤에서 꺼냈다. 바리새인들은 그러한 행동에 대해 비난했다가 왕의 비위를 거스르게 되었고, 여당의 지위를 사두개인들에게 뺏겨야 했다. 그때부터 왕은 바리새인들을 탄압하기 시작했고, 탄압을 받을수록 백성들은 바리새인들을 지지하게 되었다.

요한 히르카누스는 셀류코스의 안티오쿠스 7세의 사망을 틈타 야금야금 주변지역을 복속시켜 나갔다. 북으로는 사마리아를, 남으로는 이두매를 합병했다. 그는 이두매 사람들에게 강제로 할례시켜 유대인으로 병합하는데, 훗날 이두매 출신의 헤롯 일가가 유대의 분봉왕이 될 수 있는 근거와 당위가 이때 제공되었다. 요한 히르카누스는 30년 동안 무탈하게 왕의 자리를 지켰다.

11. 하스모니안 왕조 : 아리스토불루스 Ⅰ세
(Aristobulus Ⅰ, BC 104-103년)

히르카누스 사후 그의 아들 아리스토불루스 1세가 왕위에 올랐다. 그의 이름에서 보듯 그는 당시 유행하던 헬라주의를 신봉한 사람이었다. 아리스토불루스는 잔인한 왕이었다. 히르카누스는 죽으며 왕위를 아내에게 물려주었는데, 아들인 아리스토불루스 1세는 어머니로부터 왕위를 빼앗았고, 어머니를 감옥에 가두어 굶어죽게 했다. 그는 동생들도 죽이거나 감옥에 가두는 등 걸림돌을 제거해 나갔다. 행실도 난잡하고 방탕하기 이를 데 없어 주변 사람들뿐 아니라 유대 백성들의 원성을 샀다. 다행이랄까? 아리스토불루스 1세는 왕좌를 겨우 1년 정도 지키다가 병으로 죽었다. 짧은 재임기간 중 그가 했던 유일한 선정은 사마리아의 북쪽, 천대와 멸시의 이방 땅 갈릴리를 정복한 것이었다. 그는 갈릴리에 유대인들을 강제로 이주시켜서 정착촌을 만들었는데, 그때 유대 땅 베들레헴에서 살던 요셉(마리아의 남편)의 조상들이 대거 거주지를 갈릴리로 옮겼다(류모세, 「역사 드라마로 읽는 성경」(신약편 1부), p.118).

12. 하스모니안 왕조 : 알렉산더 얀네우스
(Alexander Jannaeus, BC 103-76년)

아리스토불루스 1세가 일삼았던 폭정 속에서도 생존해낸 왕의 혈육

이 있었다. 아리스토불루스의 동생 알렉산더 얀네우스는 감옥에서 살아남은 뒤 죽은 형을 대신해 왕의 자리를 이어받았다. 히브리식 이름으로 '요나단'인 알렉산더 얀네우스 왕은 핍박을 많이 받았고 죽음의 위협에 시달렸기 때문에, 백성들의 심정을 이해하고 유대인들을 위한 정책을 펼칠 거라 다들 기대하는 분위기였다. 그러나 막상 왕이 된 얀네우스는 아버지와 형의 정책을 고스란히 이어받아 영토를 확장하는 데만 국력을 쏟았다. 백성들의 지지를 업은 바리새인들이 왕에 대해 진언하자 얀네우스는 바리새파 사람들을 더욱 억압하는 것으로 답했다. 학정을 견디다 못한 바리새인들이 반란을 일으켰으나 무위로 돌아갔고, 오히려 6000명의 바리새인들이 사형에 처해지는 비극을 경험하게 되었다. 얀네우스의 복수는 거기에서 그치지 않았다. 왕의 보좌진인 사두개인들을 위한 잔치를 열었을 때 자신에게 반항했던 바리새파 지도자들 800명을 십자가에 매달아 전시해 놓고, 그 아래에는 그들의 아내와 아이들을 붙잡아 혀를 당겨 잘라 죽이는 만행을 저질렀다. 십자가에서 죽어가던 바리새파 지도자들은 자신의 눈으로 아내와 자녀들의 비참한 죽음을 목격해야 했다. 얀네우스는 그의 형 못지않은 잔인하고 끔찍한 왕이었을 뿐 아니라 그보다 더 오래 학정을 일삼은 왕이었다.

13. 하스모니안 왕조 : 알렉산드라 살로메
(Alexandra Salome, BC 76-67년)

알렉산더 얀네우스를 감옥에서 꺼내준 것은 아리스토불루스 1세의 아내인 살로메 알렉산드라였다. 아리스토불루스 1세는 죽기 전에 자기 아버지가 그랬던 것처럼 아내인 알렉산드라에게 왕위를 넘겨주었다.

알렉산드라는 남편을 이어 왕이 되기보다 감옥에 있는 알렉산더 얀네우스를 풀어준 뒤 재혼하여 그를 왕으로 추대했다. 왕이 된 얀네우스가 얼마나 포악하게 바리새파 사람들에게 굴었는지는 이미 언급했다. 얀네우스는 죽어가면서야 미안한 마음을 가지게 되었는지, 아내에게 두 가지 유언을 남겼다. 하나는 자신을 대신해서 바리새인들에게 잘해주라고 했고, 또 하나는 자신을 대신해 여왕이 되길 바랐다. 두 명의 남편이 차례로 왕이었고, 그 자신도 왕이 된 알렉산드라 살로메는 남편의 유언에 따라 바리새파와 화해하면서 그들의 직위를 높여주었다. 이때부터 바리새인들이 사두개인보다 더 중요한 정치적 위치를 차지하게 되었다.

당시 유대의 왕은 대제사장, 정치 지도자, 총사령관 등 이렇게 세 가지 직위를 동시에 가졌는데, 연로한데다가 여자라는 약점 때문에 알렉산드라는 제사장직을 그의 큰아들 히르카누스 2세에게, 총사령관직은 그의 둘째 아들 아리스토불루스 2세에게 넘겨주었다. 그동안 억압에 시달렸던 바리새인들이 득세하며 여당의 자리를 차지하자 위기감에 빠진 사두개인들은 둘째 아들 아리스토불루스 2세를 중심으로 뭉쳤다. 바리새인들은 장자이며 차기 왕위 승계자인 히르카누스 2세를 옹위하였다. 수면 아래에서 바리새인들과 사두개인들이 충돌했다. 여왕인 알렉산드라가 죽자(BC 67년), 히르카누스 2세가 왕위를 이어받았고 바리새파인들은 계속 맹위를 떨쳤다. 그러나 문제는 히르카누스 2세가 애초부터 왕권에 관심 없는 사람이란 사실이었다. 야심가에 권력에 대한 욕망으로 가득했던 아리스토불루스 2세가 사두개인들을 선두로 군대를 끌고 예루살렘에 돌격했을 때 히르카누스 2세는 군말 없이 왕의 자리를 주고 물러났다. 이제 유대는 아리스토불루스 2세를 중심으로 사두개파가 왕권을 옹호하면서 하스모니안 왕조를 계속 이어가는 게 예정된 수순이었다. 장남이 아닌 차남이 왕이 되는 경우는 유다 왕조에서도 흔히 있던 일이었다. 그런데 여기에 이두매 출신의 부자이며 야욕에 불타는 안티파테르 2세가 등장하면서 유대의 역사는 전혀 엉뚱한 사태로 전개되었다.

14. 헤롯 안티파테르(Antipater)의 등장(? - BC 43년)

요한 히르카누스가 이두매를 병합하여 에돔 사람들에게 할례를 주며 억지로 유대교로 개종시킨 것과 그의 아들 알렉산더 얀네우스가 에돔 사람 안티파테르 1세를 이두매의 총독으로 임명한 것은 마치 나비효과와 같은 일이었다. 어떻게 보면 별거 아닌 그 일이 유대 땅에 엄청난 파장을 몰고 왔다. 안티파테르 1세의 아들인 헤롯 안티파테르 2세는 아버지를 이어 이두매의 총독이 되었다. 막대한 부를 거머쥐고, 무엇인가를 끊임없이 갈구하며, 자신의 목적을 위해 회유하고 주동하는 것을 좋아하는 그는 하스모니안 왕조의 장남 히르카누스 2세와 교분을 쌓고 있었다. 히르카누스 2세가 허무하게 왕의 자리를 양도하고 돌아서자 안티파테르는 히르카누스 2세를 부추겨 나바테안 왕국으로 함께 망명했다. 안티파테르는 히르카누스 2세를 설득하고 또 설득했다. 그는 자신이 가지고 있는 돈을 다 털어 나바테안 왕국의 군사 5만 명을 사서 예루살렘으로 돌아왔다. 그의 옆에는 안티파테르의 포섭에 넘어간 히르카누스 2세가 있었다. 사두개파와 아리스토불루스 2세는 나바테안 왕국의 군사 앞에 무릎을 꿇었고, 히르카누스 2세는 유대의 왕으로 재등용될 순간이었다.

그런데 바로 그 직전에 로마의 폼페이우스 장군 휘하에 있던 스카우루스 장군이 유대 땅으로 진군하였다. 그는 이스라엘 땅을 포함한 동방 지역을 로마에 복속시켜버렸다. 스카우루스 장군은 예루살렘에 포진한 나바테안 왕국의 군사들을 물러가게 했다. 예루살렘의 자경단을 비롯한 모든 군사력은 스카우루스 장군 아래로 귀속되었다. 스카우루스 장군은 시리아에서 예루살렘을 포함한 전 동방 지역의 총독이 되었다. 졸지에 유대 땅은 로마의 속국인 시리아의 속국이 되어버렸다. 속국의 속국. 유대는 한순간에 힘없는 나라로 전락해버리고 말았다. 그러자 발끈하고 나선 것은 방금 왕위를 빼앗긴 아리스토불루스 2세였다. 그는 야심가답게 로마에 직접적으로 저항하면서 버텼다. 무의미하지는 않았지만 그의 저항은 로마의 전설적인 영웅인 폼페이우스에 의해 금방 제압되었다.

폼페이우스는 손쉽게 유대 땅을 접수했다. 그러나 유대인들의 저항은 폼페이우스에게 깊은 인상을 심어주었다. 유대인들은 다른 나라와 달랐다. 굴욕적이고 비겁한 굴복이거나, 소극적인 거역에 불과했던 속국들과는 달리 유대인들은 전쟁의 와중에서도 끊임없이 제사를 지내며, 품위 있고 숭고한 종교적인 격식으로 저항했다. 도대체 그들이 목숨과도 바꾸는 그 신은 누구인가? 폼페이우스는 예루살렘을 정복한 뒤 성전의 지성소로 들어가 보았다. 로마의 강압적인 침탈에도 얌전한 강아지처럼 운명을 받아들이던 유대인들은 폼페이우스의 지성소 침입에 분노하기 시작했다. 그들은 폼페이우스에게 끝도 없이 저주를 퍼부어댔다. 그러거나 말거나. 지성소 안에 아무것도 없어 실망한 폼페이우스는 유대를 시리아의 속주로 다시 편입시킨 후, 스카우루스를 시리아의 총독으로 재임명하며 유대를 다스리게 하고(BC 63-57년), 아리스토불루스 2세와 그의 아들들을 포로로 잡고서는 로마로 돌아가 버렸다. 비겁하게 숨어 있다가 충성을 다짐하는 안티파테르를 유대의 행정관으로, 그 옆에 눈치나 보고 있는 히르카누스 2세를 유대의 허울뿐인 대제사장으로 세운 뒤였다. 그 모든 상황을 지켜본 안티파테르는 유대인의 핵심이 성전임을 뼈저리게 깨닫게 되었다. 그의 아들 헤롯 대왕이 성전을 다시 지은 이유도 유대인들이 원하는 것이 무엇인지 알았기 때문이었다.

로마에 끌려간 아리스토불루스 2세와 그의 아들들은 몇 차례에 걸쳐 도주와 반란을 도모했지만 상대는 로마였다. 그들은 너무나 쉽게 제압되었고 저항은 아무 소용이 없었다. 반면에 히르카누스 2세를 등에 업은 안티파테르는 로마에 철저하게 종속하는 정책을 펼쳤다. 시리아의 총독인 로마 장군 가비니우스가 이집트 원정을 갈 때에 군량, 무기, 자금을 지원했고, 가비니우스를 이은 카시우스가 유대 땅을 침공해서 유대인들을 끌고 갈 때 마음껏 노예로 몰고 가게 하여 총독의 지지를 받아내기도 했다. 폼페이우스와 함께 로마를 양분하던 카이사르는 폼페이우스도 견제할 겸 동방 지역, 특히 유대 지역도 견사할 겸 아리스토불루스 2세를 슬그머니 풀어주었다. 카이사르는 유대 땅에서 세력을 키우고 있는 안티파테르와 히르카누스 2세를 억제하려고 로마의 2개 군단을 아리스토불루스 2세의 손에 쥐어주었다. 그러나 아리스토불루스 2세와 그의 장남 알렉산더는 유대 땅에 도착하기도 전에 누군가에 의해 살해당하고 말았다. 그 배후에 폼페이우스의 세작이랄 수 있는 안티파테르가 있었음은 분명했다.

한편 로마에서는 카이사르와 폼페이우스 사이의 내전이 있었으나 노련한 카이사르에 패한 폼페이우스는 이집트에까지 피신을 갔다가 거기에서 암살당하고 말았다. 이집트의 알렉산드리아에 뒤늦게 도착해 라이벌인 폼페이우스의 시신을 확인한 카이사르는 맥이 풀려 그냥 그곳에 주저앉아 버렸다. 로마에는 더 이상 호적수가 없고, 오랜 친구이자 정적을 잃은 마음도 달랠 겸 카이사르는 이집트에 더 머물기로 했다. 겉으로는 이집트 정치를 안정시킨다는 구실이었지만 더 큰 이유가 있었다. 카이사르는 젊고 아름다운 클레오파트라 7세와 사랑에 빠졌기 때문이다. 클레오파트라의 동생인 프톨레미 13세가 그 틈을 이용해서 반란을 일으켰다. 사랑에 눈이 먼 카이사르는 자신의 곁에 로마의 군인들이 많지 않다는 사실을 깨달았으나 이미 늦은 때였다. 위기에 처한 카이사르에게 나바테안 왕국의 군사 3000명을 이끌고 찾아와 프톨레미 13세의 군인들을 토벌해낸 주인공이 있었으니, 한때 폼페이우스의 첩자였던 안티파테르였다. 안티파테르는 목숨을 걸고 카이사르를 위해 싸웠고, 그 덕분에 목숨을 건진 카이사르는 로마로 돌아가는 길에 유대 속주에 들러 안티파테르에게 로마시민권과 유대의 행정장관이라는 선물을 주었다. 안티파테르의 눈부신 변신이었다. 이로써 안티파테르의 유대에 대한 정치적인 영향력은 막대해졌다.

15. 헤롯 대왕(BC 48-4년)

유대의 행정장관이 된 안티파테르는 허상에 불과한 히르카누스 2세에게 제사장 역할만 겨우 맡기고 정무적인 일은 자신의 두 아들에게 시켰다. 장남인 파사엘을 유대 지역의 총독으로, 차남인 헤롯을 갈릴리 지역의 총독으로 임명했다. 그중에서도 차남 헤롯의 활약이 대단했다. 헤롯은 시리아 지역에 출몰하는 강도떼를 섬멸했고, 뇌물을 써서 로마의 총독 섹스투스에게 시리아와 사마리아 지방의 군사령관직을 받아냈다. 헤롯은 로마의 독재관인 카이사르와 시리아 지역의 총독인 로마 장군 섹스투스에게 줄을 대고 있었다. 아버지에 이은 눈치 빠르고 발 빠른 행보였다. 그러나 카이사르는 브루투스에게, 섹스투스는 비수스에게 암살을 당하면서 헤롯의 인생이 꼬이기 시작했다. 그렇다고 가만히 있을 헤롯이 아니었다. 그는 새로운 시리아의 총독인 카이우스에게 엄청난 양의 세금을 신속하게 바쳐 그의 눈에 들기도 했다.

한편, 히르카누스 2세의 측근인 말리쿠스는 히르카누스 2세를 허수아비로 만들고서는 유대를 자신의 손에 마음껏 주무르고 있는 헤롯 일가를 보면서 분통을 터뜨렸다. 그 모든 원흉은 안티파테르였다. 그래서 말리쿠스는 천신만고 끝에 안티파테르를 독살해버렸다(BC 43년). 그렇게 유대 땅을 뒤흔들어놓은 안티파테르는 역사의 현장에서 사라졌다. 그러나 그가 남겨 놓은 아들 헤롯이 가만히 있을 리가 없었다. 그는 아버지의 원수인 말리쿠스를 살해하고, 말리쿠스의 동생 펠릭스와 아리스토불루스의 차남 안티고누스의 반란을 진압하면서 아버지 안티파테르의 빈자리를 대신하며 실세로 떠올랐다. 헤롯에게 위기는 기회였다. 유대인을 다스려야 하는 헤롯에게는 유대인 왕가의 혈통이 절실했다. 헤롯은 늙은 히르카누스 2세를 구슬러 그의 손녀 마리암네와의 결혼을 요청했다. 히르카누스 2세의 입장에서도 측근 말리쿠스를 잃었지, 오랜 동지인 안티파테르도 잃었지, 신흥세력인 헤롯에게 기대지 않을 수 없었다. 히르카누스 2세는 그의 손녀를 헤롯에게 주었다. 왕족과 결혼까지 한 헤롯은 화려하게 예루살렘으로 입성했다. 그 후에도 헤롯은 로마의 새로운 유력자 안토니우스에게 엄청난 뇌물을 바치는 등 자신의 입지를 강화시키는 데 최선을 다했다.

헤롯에게 쫓겨난 아리스토불루스의 차남 안티고누스는 파르티아로 망명해서 왕의 협조를 받아 역모를 준비했다. 군사를 동원해 헤롯의 형인 파사엘을 잡았고, 파사엘을 미끼로 헤롯과 협상하려던 터였다. 그러나 자신 때문에 동생에게 해가 갈 것을 염려한 파사엘이 벽에 머리를 박아 죽어버렸다. 그 소식을 들은 헤롯은 흔들리기 시작했다. 졸지에 아버지도 잃고, 형도 잃었다고 생각하니 순식간에 마음이 무너져 내렸다. 헤롯은 정신을 차리지 못하고 나바테안 왕국과 이집트를 전전하면서 망명생활을 했다. 헤롯은 최종적으로 로마까지 흘러가서 안토니우스와 옥타비아누스를 만나 자신의 처량한 처지를 설명하는데, 놀랍게도 그 두 실력자가 헤롯을 유대의 공식적인 왕으로 임명해버렸다. 로마의 오랜 숙원이던 파르티아 원정을 위해 유대의 실권자인 헤롯을 이용하려는 계산이었지만, 로마의 승인은 헤롯에게 날개를 달아준 것과 같았다. 헤롯은 보무도 당당하게 갈릴리, 욥바를 차례로 함락하면서 예루살렘으로 다시 진격해 들어왔다. 헤롯의 주변에는 사마리아의 3만 명의 군대와 로마의 군대 지휘관 안토니우스의 후원이 있었다. 헤롯의 빈틈을 이용해 예루살렘에 무혈입성을 한 안티고누스는 또 다시 예루살렘을 비워주어야 했고, 퇴각하던 중 헤롯에 의해 살해당했다. 이로써 마카비 왕조의 마지막 불씨는 완전히 꺼지고야 말았다(BC 37년).

더 이상 천적이 없는 헤롯은 권력 기반을 차곡차곡 쌓아갔다. 그는 안티고누스를 지지했던 사두개파를 버리고 바리새파를 지원하여 자신의 후원자로 삼았다. 헤롯은 바벨론 출신의 아나넬루스를 대제사장으로 삼으려 했으나, 그의 장모인 알렉산드라가 크게 반발해서 어쩔 수 없이 처남인 아리스토불루스 3세를 대제사장으로 임명했다. 그때 아리스토불루스의 나이 겨우 열일곱이었다. 그러나 헤롯은 그 씨앗도 남겨둘 수가 없었다. 어린 나이에 대제사장에 오른 아리스토불루스 3세는 원인 모를 익사사고를 당했는데 그 배후에 헤롯이 있었다. 헤롯은 자신의 권력에 조금이라도 거리끼는 것은 참을 수가 없었다. 때로는 독극물로, 때로는 모함으로, 때로는 무력으로 온갖 방법을 다 사용해서 없앴다. 자기 아내의 조부이자 한때 왕이었으며, 아버지 안티파테르의 친구인 대제사장 히르카누스 2세도 죽였고, 아내인 마리암네와 장모 알렉산드라도 가차 없이 처형했다.

그 덕분에 헤롯의 주위에는 온갖 모략꾼만 득실거렸다. 헤롯 휘하에서 살아남으려면 서로 음해하고 누명을 씌우지 않으면 안 되었다. 헤롯은 친 아들 알렉산더와 아리스토불루스도 죽이고, 전처의 아들 안티파테르도 죽이고, 새로운 후처 마리암네 2세와 그의 아들들도 죽였다. 자신의 일신에 조금이라도 위해를 가할 것으로 의심되는 사람이라면 거칠 것이 없었다. 주변에서는 억울하게 죽어가는 사람이 넘쳤다. 그렇게 34년의 장기집권을 하던 헤롯은 그 자신 역시 끔찍한 말년을 보냈다. 몸은 온갖 병으로 짓물러졌고, 정신은 끝도 없는 피해 의식에 시달렸으며, 영혼은 하나님으로부터 떠나 지옥에서 살고 있었다.

"헤롯 왕 때에 예수께서 유대 베들레헴에서 나시매 동방으로부터 박사들이 예루살렘에 이르러 말하되 유대인의 왕으로 나신 이가 어디계시냐. 우리가 동방에서 그의 별을 보고 그에게 경배하러 왔노라하니 헤롯 왕과 온 예루살렘이 듣고 소동한지라"(마 2:1-3).

먼 친척은 물론이고 가장 사랑하는 아내와 아들들까지도 죽이면서 그렇게 지키고 싶었던 왕의 자리였다. 그런데 새로운 왕이 태어났다니 헤롯으로서는 날벼락 같은 소식이었다. 더욱이 그동안 왕가에서 일어났던 음모라든가, 술수와는 전혀 별개로 동방(페르시아)에서 온 박사들에 의해 왕의 탄생소식을 들었으니 놀라지 않을 수가 없었다. 헤롯 왕이 충격을 받자 궁궐의 신하들도 웅성거렸고, 예루살렘 전체도 당혹감에 빠졌다. 성경의 전문가들이 왕으로 예언된 자가 태어난다면 다윗처럼 베들레헴에서 출생할 것이라는 실마리를 주었다. 박사들은 별을 쫓아 요셉과 마리아의 품에 안긴 아기 예수를 만났다. 그들은 예수께 경배하고 예물을 바쳤다.

"그들은 꿈에 헤롯에게로 돌아가지 말라 지시하심을 받아 다른 길로고국에 돌아가니라. 그들이 떠난 후에 주의 사자가 요셉에게 현몽하여 이르되 헤롯이 아기를 찾아 죽이려 하니 일어나 아기와 그의어머니를 데리고 애굽으로 피하여 내가 네게 이르기까지 거기 있으라 하시니 요셉이 일어나서 밤에 아기와 그의 어머니를 데리고 애굽으로 떠나가 헤롯이 죽기까지 거기 있었으니 이는 주께서 선지자를 통하여 말씀하신 바 애굽으로부터 내 아들을 불렀다 함을 이루려 하심이라"(마 2:12-15).

박사들은 별의 동향도 살폈지만 그들의 꿈을 통해 계시하시는 하나님의 음성도 중요하게 여겼다. 박사들은 헤롯 왕을 피해 멀리 길을 돌아 고향으로 돌아갔다. 하나님은 요셉에게도 서둘러 피신할 것을 꿈으로 명령하셨다. 그래서 구약의 예언이 이루어졌으나 그로인해 헤롯의 악행은 더 잔인하고 가혹했다.

"이에 헤롯이 박사들에게 속은 줄 알고 심히 노하여 사람을 보내어 베들레헴과 그 모든 지경 안에 있는 사내아이를 박사들에게 자세히 알아본 그때를 기준하여 두 살부터 그 아래로 다 죽이니 이에 선지자 예레미야를 통하여 말씀하신 바 라마에서 슬퍼하며 크게 통곡하는 소리가 들리니 라헬이 그 자식을 위하여 애곡하는 것이라. 그가 자식이 없으므로 위로받기를 거절하였도다 함이 이루어졌느니라"(마 2:16-18).

당시 헤롯은 칠십이 넘은 노인이었다. 전쟁에, 음모에, 질병에, 범죄에… 헤롯은 수많은 죽음의 화살을 피해갔으며, 이제 거의 죽을 나이가 다 되었다. 언제 죽어도 이상하지 않을 정도로 그는 죽음과 가까웠다. 그럼에도 그는 왕좌에 대한 집착으로 자신과 절대로 경쟁자가 될 수 없는 무죄한 어린아이들을 죽였다. 베들레헴과 그 인근의 두 살 아래의 남자아이들은 헤롯에 의해 처참하게 죽어갔다. 그리고 머지않아 헤롯 역시 번뇌에 싸여, 질병에 시달리며, 죽음에 대해 끊임없이 불안해하면서 죽었다(BC 4년).

"헤롯이 죽은 후에 주의 사자가 애굽에서 요셉에게 현몽하여 이르되 일어나 아기와 그의 어머니를 데리고 이스라엘 땅으로 가라. 아기의 목숨을 찾던 자들이 죽었느니라 하시니 요셉이 일어나 아기와 그의 어머니를 데리고 이스라엘 땅으로 들어가니라"(마 2:19-21).

공포와 폭력에 기인한 학정은 여리고에서 헤롯 왕이 죽음으로써 끝이 난 듯 보였다. 헤롯이 죽은 뒤 유대는 헤롯 안티파스(갈릴리, 베레아), 헤롯 아켈라우스(유대), 헤롯 빌립(바니아스 지역)이라는 남아 있던 세 아들이 나눠가졌다.

16. 저 여우 헤롯(헤롯 안티파스, BC 4년-AD 39년)

이 세 아들 중에서 갈릴리와 베레아를 다스렸던 헤롯 안티파스는 그의 형 헤롯 아켈라우스가 유대, 사마리아, 이두매 같은 금싸라기 땅을 다스렸던 것에 비하면 소외된 지역을 배당받은 것에 불과했다. 그러나 아버지 헤롯 왕에 못지않게 헤롯 안티파스는 탐욕적이고 오만했다. 그는 자신의 관할지역 개발을 통해 로마의 비위를 맞추려고 했다. 당시 로마 황제인 티베리우스(옥타비아누스의 후계자)의 이름을 딴 디베랴 (요 6:1)를 건설하고, 이후 갈릴리 호수도 디베랴 호수라 명명했다. 누구에게 줄을 대야 출세할 수 있을지를 그는 환히 꿰고 있었다. 헤롯은 나바테안 왕국의 딸과 결혼했으나 이복형 헤롯 빌립(헤롯 왕의 아들이기는 하나, 분봉왕 빌립이 아니라 평민 빌립)의 아내인 헤로디아를 보고 한눈에 반해 공주를 버리고 헤로디아와 결혼했다. 타인에 대한 존중과 배려라곤 찾을 수 없는 사람이었다. 결혼 후 자신의 생일에 헤로디아의 딸인 살로메가 춤을 춰서 기쁘게 하자 헤롯은 거들먹거리며 말했다. "얘야, 내 마음이 너무나 흡족하구나. 원하는 게 무엇이냐? 나라의 절반이라도 주겠다." 살로메는 어머니 헤로디아와 의논해서 평소 비판을 아끼지 않던 세례 요한의 목을 요구했고, 마침 감옥에 갇혀 있던 요한은 그들의 유희의 도구로 목숨을 잃게 되었다(마 14:6-11). 여자가 낳은 자 중에 가장 위대했던 세례 요한은 정욕에 가득 찬 왕, 불륜의 상대인 왕비, 교활하기 이를 데 없는 그 딸에 의해 안타까운 죽음을 맞이하였다.

헤롯 안티파스와 예수님과의 악연은 세례 요한이 죽은 후부터 시작되었다. 헤롯은 자신의 경솔한 말을 지키기 위해 세례 요한을 죽였지만 요한의 쓴소리도 달게 여기는 경향이 있었다(막 6:20). 요한은 자신을 찾아온 사람에게 거침없이 책망을 했다. 일반 백성은 물론이고, 돈 좀 있다는 세리도, 강포한 군인도 요한의 꾸짖음을 피해갈 수 없었다. 백성들은 요한의 매서운 소리를 잘 받아들였고 요한을 통해 메시아에 대한 기대감을 가졌다. 그런 요한이었기에 헤롯 왕의 잘못된 행실을 눈감아줄 리가 없었다. 헤롯 왕은 요한의 정죄의 대상이었다. 그러나 헤롯 왕은 백성들과 달리 요한을 감옥에 가둘 수 있는 힘이 있었다. 감옥에 넣은 뒤에도 헤롯은 요한의 간언을 잘 새기고 있었다. 안타깝게도 요한은 감옥에서 풀려나지 못하고 헤로디아와 살로메의 간계에 의해 희생되고 말았다. 요한을 죽인 이후 헤롯의 귀에 예수에 대한 소문이 들려왔다. 병자를 고치고, 귀신을 쫓아내며, 수많은 사람을 몰고 다니는 예수의 소식은 요한이 살아난 것처럼 착각하게 만들었다.

"이에 예수의 이름이 드러난지라. 헤롯 왕이 듣고 이르되 이는 세례 요한이 죽은 자 가운데서 살아났도다. 그러므로 이런 능력이 그 속에서 일어나느니라 하고 어떤 이는 그가 엘리야라 하고 또 어떤 이는 그가 선지자니 옛 선지자 중의 하나와 같다 하되 헤롯은 듣고 이르되 내가 목 벤 요한 그가 살아났다 하더라"(막 6:14-16).

그러나 예수님과 헤롯은 만날 수 있는 기회가 좀처럼 없었다. 헤롯은 여전히 악행을 거듭했으며 예수님은 공생애 사역을 해나가고 있었다. 무엇 때문인지 헤롯이 예수님을 죽이려고 잔뜩 벼르고 있을 때의 일이었다.

"곧 그때에 어떤 바리새인들이 나아와서 이르되 나가서 여기를 떠나소서. 헤롯이 당신을 죽이고자 하나이다. 이르시되 너희는 가서 저 여우에게 이르되 오늘과 내일은 내가 귀신을 쫓아내며 병을 고치다가 제삼일에는 완전하여지리라 하라. 그러나 오늘과 내일과 모레는 내가 갈 길을 가야 하리니 선지자가 예루살렘 밖에서는 죽는 법이 없느니라"(눅 13:31-33).

헤롯이 예수님을 죽이고자 하므로 어서 피신하라고 바리새인들이 귀띔해주었다. 이것이 진심에서 우러나온 것인지, 아니면 또 다른 함정인지는 알 수 없으나 예수님은 헤롯에게 삼일 뒤에 완전해질 것과 본인의 갈 길을 가겠다는 뜻을 분명히 했다. 그때 예수님은 헤롯을 '저 여우'라고 지칭하셨다. 그러고 나서도 한동안은 헤롯과 예수님이 만날 일은 없었다. 그러다가 예수님의 공생애 사역의 마지막에 이르렀다. 예수님의 예언대로 예루살렘에서 잡혀 "장로들과 대제사장들과 서기관들에게 많은 고난을 받고"(마 16:21) 그들에게 위협적이고 강압적인 심문을 받았다. 고문하던 본디오 빌라도 총독은 예수님을 헤롯에게 보냈다. 예수님이 헤롯의 관할인 갈릴리 출신이었기 때문이다. 헤롯은 기적의 주인공인 예수님을 만나게 되어서 한껏 들떠 있었다. 그러나 예수님은 빌라도에게 자신이 왕임을 당당하게 밝힌 것에 반해, 헤롯 앞에서는 어떤 말씀도 하지 않으셨다. 헤롯이 이리저리 구슬렸지만 침묵으로 일관할 뿐이셨다(눅 23:6-12).

예수님은 왜 헤롯 앞에서 아무 말씀도 하지 않으셨을까? 예수님을 보고자 하는 욕망에 반갑게 예수님을 맞이한 그에게 '회개하라' 라든가, '심판이 가까이 왔다' 라든가, 그의 인생에 정신이 번쩍 들게 할 천둥 같은 소리로 대하지 않은 이유는 무엇일까? 예수님은 마치 투명 인간처럼 그를 대하며 아예 상대조차 하지 않으셨다. 할아버지 안티파테르 때부터 시작된 자수성가의 노력과 행운과 투기 등으로 대왕의 칭호를 얻었던 아버지 헤롯 왕을 이어 헤롯 안티파스는 식민국가 유대(이스라엘)의 또 다른 식민국가인 이두매라는 2등시민의 자리에서 식민지 출신으로서는 이례적인 분봉왕까지 올라간 인물이었다. 인간의 노력으로 이룰 수 있는 가장 높은 자리였다. 그러나 높은 직위와 자리가 그의 인간성을 담보하지는 않았다.

헤롯은 예수님 앞에서 더 이상 어떤 구원의 가능성도 없는 추한 몰골의 욕망 덩어리에 불과했다. 모든 것을 소유하고, 모든 욕망을 마음껏 발산하고, 어느 누구의 저지도 받지 않는 호기심과 권태에 찌든 괴물에 불과했다. 고민도, 질문도, 진지한 삶의 태도도 없이 그의 선대로 부터 이루어 놓았던 욕망의 먹이사슬의 맨 꼭대기에 자기 한 몸 건사해 놓고 짐승처럼 살아가는 탐욕 덩어리에 불과했다. 예수님은 어떠한 희망도 없는 그를 더 이상 상대하지 않으셨을 뿐이었다. 헤롯 안티파스는 티베리우스 황제를 이어 칼리굴라가 로마를 다스릴 때에 바로 그 황제의 명령에 의해 갈리아로 추방당해서 그의 불륜 상대인 헤로디아와 함께 쓸쓸하게 죽어갔다. 그것이 헤롯 안티파스의 최후였다.

Chapter 29

그들은 왜?

지금까지 아담에서부터 남유다가 망한 뒤 성전재건 사건을 거쳐 구약과 신약 사이의 침묵기를 살펴보았다. 이제 우리는 신약으로 들어가 계속해서 하나님의 선택이 어떻게 이어지는지를 보려고 한다. 신약의 처음인 마태복음을 열면 제일 먼저 보게 되는 것은 이름들, 예수님의 족보이다. 여기까지 읽어왔다면 마태복음 1장에 나온 족보가 반가울 것이다. 우리가 다루었던 인물들이 나열되기 때문이다. 그러나 그중에는 낯선 이름들도 발견된다. 12절부터 보자.

"바벨론으로 사로잡혀 간 후에 여고냐는 스알디엘을 낳고 스알디엘은 스룹바벨을 낳고 스룹바벨은 아비훗을 낳고 아비훗은 엘리아김을 낳고 엘리아김은 아소르를 낳고 아소르는 사독을 낳고 사독은

아킴을 낳고 아킴은 엘리웃을 낳고 엘리웃은 엘르아살을 낳고 엘르
아살은 맛단을 낳고 맛단은 야곱을 낳고 야곱은 마리아의 남편 요
셉을 낳았으니 마리아에게서 그리스도라 칭하는 예수가 나시니라”
(마 1:12-16).

성경이 이들 이름은 기록해두었지만 그들 대부분이 무슨 일을 했는
지, 어떻게 살았는지, 어떤 위기와 결단 속에서 순종하고 실행했으며,
어떻게 결말이 났는지는 밝히고 있지 않다. 그들 대부분이 구약과 신약
사이(신구약 중간기)인 하나님의 침묵하시는 기간에 속한 사람들이기
때문이다. 족보는 마태복음 1장에만 있지 않다. 누가복음 3장에도 이
름들이 나열되는데, 같은 기간에 해당되는 사람들 이름은 다음과 같다.

“예수께서 가르치심을 시작하실 때에 삼십 세쯤 되시니라. 사람들이
아는 대로는 요셉의 아들이니 요셉의 위는 헬리요 그 위는 맛닷이
요 그 위는 레위요 그 위는 멜기요 그 위는 얀나요 그 위는 요셉이
요 그 위는 맛다디아요 그 위는 아모스요 그 위는 나훔이요 그 위는
에슬리요 그 위는 낙개요 그 위는 마앗이요 그 위는 맛다디아요 그
위는 서머인이요 그 위는 요섹이요 그 위는 요다요 그 위는 요아난
이요 그 위는 레사요 그 위는 스룹바벨이요 그 위는 스알디엘이요
그 위는 네리요”(눅 3:23-27).

마태복음의 족보는 아브라함부터 예수님까지 내려온다면 누가복음
은 예수님으로부터 시작해서 아담까지 올라간다. 마태복음과 누가복

음의 족보에 나온 바벨론 포로기 이후의 이름들만 시간의 흐름으로 정리해보면 다음과 같다.

마태복음	여고냐 - 스알디엘 - 스룹바벨 - 아비훗 - 엘리아김 - 아소르 - 사독 - 아킴 - 엘리웃 - 엘르아살 - 맛단 - 야곱 - 요셉 - 예수
누가복음	네리 - 스알디엘 - 스룹바벨 - 레사 - 요아난 - 요다 - 요섹 - 서머인 - 맛다디아 - 마앗 - 낙개 - 에슬리 - 나훔 - 아모스 - 맛다디아 - 요셉 - 안나 - 멜기 - 레위 - 맛닷 - 헬리 - 요셉 - 예수

마태복음은 익숙한 이름들이나 누가복음의 이름은 발음하기조차 어려운 이름들이 많다. 같은 기간의 예수님의 조상들이라고는 믿어지지 않을 만큼 공통된 이름이 하나도 없기 때문에 마태복음과 누가복음은 완전히 다른 족보처럼 보인다. 이러한 차이점은 어디에서 기인하는 것일까? 그것은 마태복음과 누가복음이 염두에 두고 있는 독자가 다르기 때문이다. 마태는 유대인들을 위해 마태복음을 기록했다. 그래서 메시아를 대망하는 유대인들이 쉽게 이해할 수 있도록 구약의 예언서 말씀을 많이 인용하고 있다. 마태복음의 독자인 유대인들은 마태복음을 읽으면 메시아가 바로 예수님이라는 사실을 분명하게 알게 된다. 반면에 누가는 이방인들을 독자로 두고 있다. 특히 '데오빌로'라는 이방인으로 특정한다(눅 1:3). 이방인은 구약성경에 대해 전혀 모르기 때문에 메시아의 필요성이나 구원에 관한 선이해가 없었다. 그래서 누가는 성경의 처음부터 소개해주어야 했다. 그렇다면 창세기부터 시작해야 하는데, 아담과 하와가 선악과를 먹은 후에 뱀이 하나님으로부터 저주를

받는 장면에서 뜻밖에 구원이 어떻게 이루어지는지 발견하게 된다.

"내가 너로 여자와 원수가 되게 하고 네 후손도 여자의 후손과 원수
가 되게 하리니 여자의 후손은 네 머리를 상하게 할 것이요 너는 그
의 발꿈치를 상하게 할 것이니라 하시고"(창 3:15).

말하자면 구약의 처음부터 계시된 '사탄을 밟고 구원을 이루실 메
시아'가 여자의 후손으로 태어날 것임을 약속하고 있다. 누가는 예수
님의 족보를 통해 바로 그 메시아가 여자의 후손임을 밝혀야 했다. 그
래서 마태복음이 유대인들에게 익숙한 왕의 족보를 다루는데 반해, 누
가복음은 왕과는 무관한 아담까지 거슬러 올라가며 포로기 이후의 인
물들도 한 여자에게로 집중되도록 구상하고 있다. 그 여자가 바로 '마
리아'이다. 그것을 어떻게 알 수 있을까? 예수님의 아버지인 요셉의 부
친 이름이 마태복음에서는 야곱으로, 누가복음에서는 헬리로 되어 있
는 것에서 힌트를 얻을 수 있다. 헬리는 요셉의 아버지가 아니라 마리
아의 아버지이다. 누가복음의 족보가 시작되는 부분을 읽어보자.

"예수께서 가르치심을 시작하실 때에 삼십 세쯤 되시니라. 사람들이
아는 대로는 요셉의 아들이니 요셉의 위는 헬리요"(눅 3:23).

위의 밑줄을 친 부분을 원어로 읽으면 '아들'(son) '로서'(as) '추정
되는'(was supposed) '요셉의'(of Joseph)라고 볼 수 있다. 여기에서
'추정되는'이라 읽히는 히브리어 '에노미제토'는 '간주하다, 생각하다,

여기다, 추정하다' 등의 의미가 있다. 말하자면 누가는 "예수님이 많은 사람이 생각하는 대로 요셉의 아들이라고 알려졌지만 사실 예수님은 요셉의 아들이 아니라 마리아의 아들이다. 그 근거가 요셉의 아버지의 이름이 야곱이 아니라 헬리이기 때문이다"라는 설명이 된다. 헬리에게 는 두 명의 딸이 있었다. 한 명은 마리아이고 또 한 명은 이름 모를 여 동생이었다(요 19:25). 아들이 없었던 헬리는 장녀인 마리아와 정혼을 한 요셉을 아들로 여겨 기업을 이어갈 수 있게 했다(메튜 헨리, 「누가복음 주석」(上), 1976년 초판, pp.166-167; 「그랜드 종합주석 15」(누가복음), 성서아카데미, p.102).

그래서 사람들이 볼 때 겉으로는 예수님이 요셉의 아들이지만 사실 은 마리아의 아들이라고 누가복음은 말하고 있는 것이다. 누가는 마리 아의 아들, 즉 여자의 후손인 예수님이 바로 메시아라는 것을 이방인들 에게 밝히고 있다. 그래서 포로기 이후 마태복음과 누가복음의 족보가 다른 것이며, 마태복음은 요셉의 족보이고, 누가복음은 마리아의 족보 라고 할 수 있다. 이런 이유로 마태복음과 누가복음의 족보의 명단이 완전히 다른 것이고, 또 이를 통해 예수님이 창세기부터 시작된 하나님 의 구원 역사 속에서 태어난 인물임을 분명히 보여주고 있다. 이제 우 리는 예수님의 부모인 요셉과 마리아를 주목해야 한다.

요셉은 왜?

마태복음의 족보에 의하면 남유다가 망한 이후부터 14대에 이르면 예수 그리스도가 탄생한다. 예수님까지 오기 전 마지막 끝자락에 예수님의 아버지인 요셉이 등장한다. 요셉은 어떤 인물일까? 그는 동네 처녀인 마리아와 약혼했다. 결혼지참금이 마련 되는대로 정식으로 혼례를 올릴 예정이었다. 당시 유대사회는 약혼을 하더라도 결혼하기 전까지 동침을 금지하고 있는데, 율법과 규율을 잘 지키던 요셉은 예상하지 못한 일을 당하게 되었다. 마리아가 임신을 한 것이었다.

이런 경우에는 신명기 22장을 적용할 수 있다. 결혼과 관련된 조항을 살펴보면 남자가 아내를 맞아 결혼한 뒤 변심할 경우에 남자는 '동침하고 보니 처녀가 아니었다'고 여자에게 핑계를 댈 수 있다. 그러면 여자의 부모가 딸이 처녀였다는 증거를 장로들에게 내민다. 가령, 남편과의 첫날 밤 잠자리를 했던 옷이 증거가 될 수 있다. 그러면 성읍의 장로들은 남자가 여자에게 억울한 누명을 씌웠기에 남자를 잡아 때린 뒤 벌금으로 은 100세겔을 여자의 아버지에게 주게 한다. 그리고 그들은 다시 부부로서의 도의를 지키며 살아야 한다. 그런데 만약 아버지가 증거를 내밀지 못하면, 혹은 그 여자가 부정을 저지른 것이 사실이라면 끔찍하게도 여자는 집에서 끌려나와 돌에 맞아 죽게 된다. 그 이유는 다음과 같다.

"그가 그의 아버지 집에서 창기의 행동을 하여 이스라엘 중에서 악을 행하였음이라"(신 22:21).

오래된 법이기에 남자에게 절대적으로 유리하게 적용되고 있다. 그러나 당사자인 요셉의 입장에서 그 법을 이용하여 자신의 억울함을 풀

수 있는 절호의 기회이기도 했다. 마리아는 약혼자로서 대의와 정조를 지키지 않았다. 임신이 그 증거이고 아기는 요셉의 아기가 아니었다. 따라서 율법에 의거하여 정의를 세워야만 했다. 요셉은 신명기 22장을 근거로 마리아를 성읍의 장로들에게 고발하고, 마리아의 아버지는 임신한 아이가 요셉의 아기라는 증거를 대야 했다. 요셉의 아기가 아닌 것은 분명하고 어떤 증거도 없기 때문에 여자는 돌에 맞아 죽는 절차를 밟게 된다. 마리아는 이스라엘에서 도저히 있어서는 안 될 창기의 행동을 범했기 때문이었다.

그러나 마리아를 살릴 수 있는 방법이 있기는 했다. 요셉이 입을 다물고 파혼하는 경우이다. 만약 요셉이 마리아를 고발하지 않고 파혼만 하는 경우에는 모든 질타는 요셉의 몫이 된다. 자신의 아이를 임신한 아내를 버린 파렴치범. 돌에 맞아 죽는 일은 없겠으나 요셉은 더는 그 동네에서 살아가지는 못할 것이다. 요셉은 어떤 선택을 했을까? "그의 남편 요셉은 의로운 사람이라. 그를 드러내지 아니하고 가만히 끊고자 하여"(마 1:19). 요셉은 마리아와의 파혼을 결정했다. 마리아가 죽는 것보다 자신이 손해보는 것을 택했다. 그런데 그때 그는 천사로부터 현몽을 받게 된다. 여기서 '현몽'이란 말의 헬라어는 '오나르'인데, '꿈'(dream)이라고 해석되지만 이 단어만의 특별한 쓰임새가 있다. 신약성경에서 이 단어는 오직 아기 예수와 관련된 곳에서만 사용되었다(마 1:20, 2:13,19,22). 꿈, 잠, 자다 등의 말은 '우프노스'(자다)라든가, '에누프니온'(꿈, 잠)이라는 단어가 사용되었다. '오나르'가 아기 예수와 관련 없이 쓰인 경우는 유일하게 마태복음 27장 19절에서 나오는데,

"총독이 재판석에 앉았을 때에 그의 아내가 사람을 보내어 이르되 저 옳은 사람에게 아무 상관도 하지 마옵소서. 오늘 꿈에 내가 그 사람으로 인하여 애를 많이 태웠나이다 하더라."

빌라도 총독 아내의 '꿈'에서 한 번 사용된 이 단어는 매일 꾸는 꿈이 아닌 신적인 의미, 신의 뜻에 대한 전달로써의 꿈을 의미한다. 요셉은 마리아에 대한 자신의 태도를 결정한 뒤에 꿈을 꾸었고, 그 꿈은 하나님의 뜻이 담겨 있었기에 그 꿈에 압도되었다. 요셉은 꿈에서 말씀하신대로 마리아를 아내로 삼는 데 주저하지 않았다. 그리고 아들을 낳을 때까지 동침하지 않고 아기가 태어난 뒤에 '예수'라는 이름을 지어주었다. 그 이후 요셉이 겪었던 일은 사뭇 비범했다. 천사들의 인도를 받은 목자들이 찾아왔고(눅 2:8-20), 보배함을 들고 동방의 박사들이 방문했다(마 2:11). 현몽은 계속되어 이집트로 피신하여 살기도 했고, 헤롯 왕이 죽은 뒤에 다시 이스라엘로 돌아가 갈릴리의 나사렛이란 동네로 가서 살았다.

그렇다면 요셉의 마리아에 대한 감정은 무엇이었을까? 마리아가 임신한 것을 알게 되었을 때 성경은 말한다. "그의 남편 요셉은 의로운 사람이라. 그를 드러내지 아니하고 가만히 끊고자 하여"(마 1:19). 요셉은 의로운 사람이었다. 이것은 다분히 율법적인 의미이다. 요셉이 율법에 대해서 신실했다면 그는 마리아를 지키지 못했을 것이다. 율법은 불륜을 저지른 여자를 용서하지 않았기 때문이다. 그러나 요셉은 율법적으로 의로운 것이 아니었다. 요셉에게는 다른 성품이 있었다.

요셉은 꿈을 꾸고 난 후 마음이 바뀌었다. 꿈이란 무시할 수도 있는 성질의 것이다. 그런데 그 꿈을 자기 행동의 원인과 바탕으로 삼은 이유는 무엇일까? 그것은 마리아에 대한 요셉의 다른 성품, 즉 사랑 때문이었다. 마리아를 사랑하기 때문에, 마리아에 대해서 신실하고 의로웠기 때문에 그녀를 지켜줄 수 있었다. 의로운 요셉은 마음에 갈등이 있었다. 율법을 따를 것인가, 사랑을 따를 것인가? 마음은 사랑을 따르고 있었지만 요셉의 인생을 둘러싸고 있던 배경은 율법이었기에 요셉은 자기가 뒤집어쓰는 결정으로 율법을 지켰다. 그런데 꿈이 그를 사랑으로 이끌었다. 하나님은 현몽을 통해 그가 사랑을 지킬 수 있게 만들었다. 비록 자신의 아들이 아니었으나 요셉은 자기 아들처럼 받아들였다. 마리아에 대한 사랑에 신실했기 때문이었다.

요셉은 자신의 아들이 아닌 하나님의 아들로서 예수를 받아들였다. 사랑으로 아내를 살렸고 아들을 지켰다. 그렇게 하나님의 뜻이 이루어졌다. 그렇다면 예수님은 성령에 의해 잉태된 하나님의 아들이기에 엄밀히 말하면 족보는 별 의미가 없다. 예수님은 요셉의 아들이 아니었다. 예수님은 요셉에게서 아무것도 물려받지 못했다. 요셉의 씨가 아니었다. 그렇다면 족보는 무용(無用)한 것일까? 성경은 놀랍게도 로마의 황제 아우구스투스를 사용해서 족보의 필요성을 역설한다.

로마 최초의 황제인 아우구스투스가 모든 백성에게 호적을 명령했다(눅 2:1). 호적 등록. 태어난 아기의 뿌리를 밝히는 작업. 하필이면 예수가 태어나는 바로 그때, 제국에 속한 모든 사람에 대한 대대적인 호적 조사가 실행되었다. 예수가 태어난 것은 성령으로 태어난 것이기도 했지만 인간 아버지 요셉과 어머니 마리아에게 속한 아이임을 분명히 하려는 의도였다. '마침' 황제의 호적 조사에 해당되는 사람이 요셉이었다. '마침' 나사렛 요셉은 다윗의 후손이었고, 다윗은 베들레헴 출신이므로 호적을 위해 갈릴리에서 베들레헴으로 가야만 했다. '마침' 천사들을 통해서 마리아는 아기가 잉태될 것을 고지받고, '마침' 꿈을 통해서 요셉은 아기를 받아들일 것을 요청받았다. '마침' 베들레헴에 도착할 즈음 아내 마리아가 만삭이었다. '마침' 베들레헴에서 여관(객실)에 방이 없어 남의 집 귀퉁이 마구간에 인접해 있는 방에서 아기가 태어났다. '마침' 근처에 머무르던 목자들이 천사들에 의해서 아기가 태어난 소식을 들었고, '마침' 동방에서 박사들이 별을 관측하고 찾아왔다. 예수님의 탄생과 관련된 숱한 우연들이 요셉과 마리아의 믿음을 바탕으로 필연이 되었다.

요셉은 망한 왕족 출신이었다. 바벨론에 의해 포로로 끌려갔다가 귀환한 사람들 중에 그의 조상이 있었고, 그들 조상은 하스모니안 왕조의 아리스토불루스 1세가 정복한 사마리아 북쪽의 갈릴리로 강제 이주되었다. 요셉의 조상은 고난의 여정을 뚫고 살아남았을 뿐 아니라 자신이 왕족이었다는 정체성을 확고하게 지키던 사람들이었다. 그리고 요셉은 그 후손이었고 신실하고 강직했으나 마리아에 대한 사랑으로 가득한 사람이었다. 비록 가난하지만 초야에 묻혀 있는 요셉이라는 왕족 출신을 통해서만 왕이신 예수님은 오실 수 있었던 것이다.

아우구스투스가 처음으로 로마의 황제가 되었고, 그가 호적 등록을 요청했을 때 예수님이 나셨다. 이는 우연이 아니었다. 성령으로 잉태한 하나님의 아들이지만 하나님은 인간의 계보도 사용하셨다. 요셉이라는 잃어버렸던 왕족을 선택하시고, 그를 다윗의 동네인 베들레헴으로 가게 하시고, 그러면서 정확하게 바로 그때 수많은 '마침'을 보여주고 그 일을 이룸으로써 우연이 아닌, 하나님의 섭리와 역사라는 것을 분명히 보여주셨다. 하나님의 아들로서만 기능한다면 이 불편한 우연들은 필요하지 않았을 것이다. 구약 예언은 신약에서 성취됨으로써 구약과 신약은 별개의 책이 아니며 과거는 현재와 맞닿아 있음을 보여주셨다. 하나님은 오래전부터 계획하고 준비하여 예수님을 보내심으로써 인간의 역사에 개입하셨다. 그래서 성경에 등장하는 한 사람, 한 사람에게 다 의미가 부여된다. 그러므로 하나님이 그 아들을 인간의 집으로 아기로 보낼 때 하필 요셉에게로 보낸 것에는 당연한 이유가 있다. 요셉은 예수님의 아버지가 되기에 넉넉한 사람이었다.

그는 예수님을 키우면서 어떤 생각을 했을까? 아기에 대한 남다른 징조들도 보았지만 남들과 똑같이 키우려고 애썼다. 예수가 태어난 지 팔 일째 되는 날 정결 예식을 위해 예루살렘 성전으로 갔다. 정결 예식이란 하나님께 장자를 드리는 상징적인 의미였다. 이때의 율법은 그 규정이 더 보완되고 더 많이 붙어 있었다. 법의 속성상 시간이 지날수록 요건이 더 강화되기 마련이다. 요셉은 아기를 위해 까다로운 율법적인 절차를 모두 완수했다. 요셉은 산비둘기 한 쌍이나 어린 집비둘기 둘로 제사했다(눅 2:24). 황소나 양을 바칠 수도 있었지만 요셉은 가난했다. 다만 아이에게 해줄 수 있는 것에는 최선을 다했다. 그때 시므온이란 의롭고 경건한 노인이 아기를 보자 놀라운 반응을 보였다. 요셉으로서는 이상하게 여길 수밖에 없었다(눅 2:33). 겉보기에는 특별할 게 없는 가정에, 오히려 가난하게 태어난 아기에 대해서 '구원'이니 '빛'이니 '영광'이니 하는 말은 믿어지지가 않는 얘기였다.

아이의 어린 시절이 기록된 곳은 누가복음 2장 41~52절이 유일하다. 아이가 열두 살 때의 일이다. 해마다 유월절을 지키기 위해 나사렛에서 예루살렘으로 찾아갔던 어느 해에 절기를 마치고 돌아가는 순례객들 사이에서 아이가 보이지 않았다. 걱정된 부모가 인파를 헤치고 예루살렘으로 돌아왔더니 아이는 태연하게 성전의 랍비들과 대화를 나누고 있는 것이 아닌가! 기라성 같은 스승들 틈에서 신기하고 의연한 태도로 묻기도 하고 듣기도 했다. 아이를 부모에게 놓아주며 랍비들은 아이의 총명함과 지혜에 감탄하고 있었다. 그것을 제외하고 공생애 시작 전까지 아이는 그저 평범하게, 주변 사람들에게 예의바르고, 신앙적으로 잘 자라주었다(눅 2:52).

공생애는 고향 갈릴리의 회당에서 시작되었다. 예수님은 배운 적이 없는데 이사야의 예언서를 술술 읽었고, 그 내용의 함의를 설명했다. 주변에 있던 사람들이 감탄하면서 이렇게 말한다. "그들이 다 그를 증언하고 그 입으로 나오는 바 은혜로운 말을 놀랍게 여겨 이르되 이 사람이 요셉의 아들이 아니냐"(눅 4:22). 예수님의 가르침에 대한 감탄이기보다는 그 출신에 대해서 얕잡아 보는 시선이었다. 요셉이라는 가난하고 별 볼일 없는 목수에게 어떻게 저런 아들이 태어났을까? 목수의 자식이 어떻게 저런 고급언어를 알 수 있었을까? 그런 의문이었다.

예수님이 사렙다의 과부와 나아만의 이야기를 통해 고향 사람들의 저급한 수준을 에둘러 이야기했더니 그들은 예수님을 낭떠러지까지 데려가 밀쳐 죽이려 했다(눅 4:29). 만약 예수님의 아버지 요셉이 마을에서 영향력 있는 사람이거나, 권력이나 돈 따위로 사람들을 누를 힘이 있었다면 동네 사람들은 요셉을 봐서라도 예수님에게 그렇게 대하지는 못했을 것이다. 아마도 요셉이 일찍 죽었거나, 살아 있었어도 그저 가계를 꾸려나가는 정도의 가난한 가장임을 추측할 수 있는 대목이다. 예수님의 어머니 마리아가 종종 성경에 등장하는데 반해, 아버지 요셉은 이후에 사람들의 대화에서도 등장하지 않는다. 그렇게 요셉은 자신의 역할을 다했고, 마치 처음부터 없었던 사람처럼 성경에서 사라지고 만다. 그러나 요셉은 아들에 대해서 어떠한 주장도 하지 않고, 어떠한 요청도 의무로 지우지 않고, 끝까지 사랑만 남겨두었다. 그의 아내 마리아와 그의 아들 예수님의 마음에는 영원토록 요셉이 기억되었다.

마리아는 왜?

마리아의 수태를 알렸던 천사는 가브리엘이었다. 천사는 마리아에게 나타나 평안을 빌었다. 마리아는 천사를 만난 것에도 놀랐지만 그의 인사말에도 놀랐다. 천사는 무서워하지 말라고, 그녀가 하나님께 은혜를 입었는데(눅 1:30) 그 은혜가 무엇인가 하면 잉태하여 아들을 낳을 것이란 소리였다. 그 아들의 이름은 예수이며, 지극히 위대하게 될 것이고, 높으신 분의 아들이며, 다윗의 왕위를 이어갈 것이고, 야곱의 집을 왕으로 다스릴 것이며, 그 나라가 영원무궁할 것이라는 얘기였다. 천사는 다윗이나 야곱 같은 실존했던 인물들을 이야기했다. 아기가 하늘에서 떨어진 인물이 아니라 뿌리가 있고, 근거가 있고, 내력이 있는 인간임을 보여준다. 하나님은 한 아기를 주시는데 요셉과 마리아의 조상들을 이용하셨고, 그 조상들은 예수님의 앞길을 미리 열어간 사람들이었다. 그런데 성령으로 잉태했으므로, 결국은 요셉과는 아무 상관없는 인물임에도 예수님의 탄생과 관련하여 집요하게 그의 조상들의 내력을 말하는 이유는 무엇일까? 그것은 하나님이 인간과의 관계 속에서, 인간의 역사 가운데서 말씀하시고 보여주시고 역사하신다는 사실을 의미한다.

마리아는 천사 가브리엘에게 한 가지 질문을 했다. "마리아가 천사에게 말하되 나는 남자를 알지 못하니 어찌 이 일이 있으리이까"(눅 1:34). 여기에서 '알다' 라는 말은 '동침하다' 라는 말을 뜻한다. 마태복음 1장 25절의 "아들을 낳기까지 동침하지 아니하더니 낳으매 이름을 예수라 하니라"에서 '동침하다' (기노스코)는 말과 같은 단어이다. 마리아는 남자와 동침하지도 않았는데 어떻게 그런 아기를 낳을 수 있겠느냐고 물었다. 이에 대한 천사의 대답은 마리아의 친척 엘리사벳이었다. 엘리사벳은 유명한 여자였다. 남편이 제사장으로 신분이 높고 귀했기 때문이 아니라 불임으로 유명했다. 엘리사벳 하면 '아이 없는 여자' '자녀 하나 없는 비참하고 불쌍한 여자' '돈이 많고 신분이 높으나 자식 없이 불행한 여자' 라는 인식이 유대 사회에 팽배했다(눅 1:5,7). 마리아는 엘리사벳과 친척이었기 때문에 그 내막을 잘 알고 있었다. 그랬던 엘리사벳이 임신을 한 것은 엄청난 사건이었다. 늙은 여인, 아이를 잉태하지 못한 유명한 여인이 잉태할 정도라면 못 이루어질 기적은 없었다. 엘리사벳의 임신은 당시 가장 놀라운 일이었다. 천사가 엘리사벳의 잉태에 대해 이야기를 하자 마리아는 금방 납득을 했고 순종하게 되었다.

"마리아가 이르되 주의 여종이오니 말씀대로 내게 이루어지이다 하매 천사가 떠나가니라"(눅 1:38).

하나님은 마리아가 받아들이도록 불임으로 유명한 엘리사벳을 마리아의 친척으로 준비시키고 기적적으로 임신하게 하셨다. 아브라함의 아내 사라에게 비견되는 임신이었다. 엘리사벳은 마리아의 길을 예비하고, 그의 아들 요한은 마리아의 아들 예수님의 길을 예비했다. 마리아가 믿을 수밖에 없도록 이끄신 하나님은 다시 마리아에게 확신을 주셨다. 마리아가 임신을 한 후 엘리사벳을 찾아갔을 때 엘리사벳이 마리아를 보자마자 이렇게 말했다.

"엘리사벳이 마리아가 문안함을 들으매 아이가 복중에서 뛰노는지라. 엘리사벳이 성령의 충만함을 받아 큰 소리로 불러 이르되 여자 중에 네가 복이 있으며 네 태중의 아이도 복이 있도다. 내 주의 어머니가 내게 나아오니 이 어찌 된 일인가. 보라. 네 문안하는 소리가 내 귀에 들릴 때에 아이가 내 복중에서 기쁨으로 뛰놀았도다. 주께서 하신 말씀이 반드시 이루어지리라고 믿은 그 여자에게 복이 있도다"(눅 1:41-45).

마리아가 친척 엘리사벳을 방문했을 때 그의 임신은 표시도 나지 않을 때였다. 임신한 지 몇 개월도 되지 않았기 때문이다. 더욱이 처녀인 자신이 임신했다는 말도 꺼내기 어려웠을 것이다. 그런데 엘리사벳은 마리아에게 "당신은 여자 중에 복이 있고, 태중의 아이도 복이 있으며, 그 아기는 나의 주님이시다. 내 배 속의 아기(요한)가 기뻐서 뛰놀

고 있다"고 얘기했다. 마리아는 천사의 말을 듣고 순종하였고 엘리사
벳의 이야기를 통해 확신을 갖게 되었다. 하나님은 그렇게 마리아의 인
생을 끌고 가셨다. 선하고 의롭지만 수용할 것 같지 않았던 약혼자 요
셉은 어느 날 꿈을 꾸고 오더니 자신을 받아들였다. 호적을 위해 베들
레헴까지 자신을 이끌고 갔으며, 그 뒤의 사건들은 이미 우리가 다 아
는 바이다.

　예수님의 공생애를 시작하는 그 즈음에 벌어졌던 사건 중에 특이할
만한 일이 요한복음 2장에 나온다. 갈릴리 가나에서 혼인 잔치가 벌어
졌고 마리아는 아들과 함께 잔치에 참여했다. 그런데 잔치 자리에 포도
주가 바닥났다. 사람들은 저마다 현실적인 대안을 찾았는데, 마리아는
포도주와는 아무 관계가 없는 그 아들 예수께 "포도주가 떨어졌다"고
알렸다. 그리고 동시에 일꾼들에게는 "내 아들이 시키는대로 해라"고
당부했다. 바로 앞 장인 요한복음 1장에는 세례 요한이 제자들과 함께
거리를 가다가 예수님을 보게 되는 장면이 나온다.

　요한은 말한다. "보라. 세상 죄를 지고 가는 하나님의 어린 양이다."
마치 엘리사벳의 배 속에 있을 때 임신한 마리아에게 반응을 보였던 것
처럼 요한은 예수님을 보자 하나님의 아들임을 알렸다. 요한의 두 제자
가 예수님을 따라갔고, 다음날 빌립과 나다나엘도 예수님을 좋아갔다.
그러나 나다나엘에게는 세례 요한이 보여주었던 예민한 감각이 없었
다. 그저 예수님에게 어디에 계신지, 나사렛에서 무슨 선한 것이 나올
수 있는지 등을 물었을 뿐이다. 제자들은 예수님의 겉모습이나 고향이
나 가진 것, 직업 등으로 그분을 재단할 뿐이었으나 예수님이 진실로
어떤 분인지에 대해서는 아는 바가 없었다. 그러나 세례 요한은 알았

다. 그리고 마리아도 알았다. 마리아는 예수님이 태어나기 전부터 보았고 알았던 사람이다. 예수님이 "내 때가 오지 않았습니다"라고 변명을 해도, 예수님께서 이 땅에 오신 이상 모든 때는 이미 무르익었다고 보았다. 그리고 놀랍게도 하인들의 순종 속에서 기적은 일어났고, 난장판이었던 잔치 자리가 다시 풍성한 자리로 바뀌게 되었다.

마리아는 아들 예수를 통해서 유익만 누린 것이 아니다. 시므온의 예언처럼 마리아는 예수님 때문에 칼에 찔리듯 가슴이 아파야만 했다 (눅 2:35). 예수를 잉태함으로 위험에 처해졌었고, 예수님으로부터 자신과 자녀들이 외면을 당하기도 했으며(마 12:50, 막 3:35, 눅 8:21), 배 아파 낳은 아들이 누명을 쓰고 온갖 고문을 당하는 것과 십자가에서 처절하게 찢겨 죽는 모습을 보아야 했다. 자식이 먼저 죽는 것을, 그것도 가장 끔찍한 십자가의 최후를 눈앞에서 보아야만 했다. 성경에는 부활하신 후에 예수님이 어머니 마리아를 만나는 장면이 없다. 만약 마리아가 부활하신 예수님을 직접 만나보지 못했다면 마리아는 죽을 때까지 가슴에 아들을 묻었을 것이다. 마리아의 인생은 처절하게 찢겨진 인생이었다. 모든 것을 다 주고, 모든 것을 다 포기하고, 모든 것을 다 아파하는 존재였다. 마리아는 왜 그랬을까? 마리아가 예수님의 어머니라는 이유밖에는 없다.

마리아가 이르되 내 영혼이 주를 찬양하며
내 마음이 하나님 내 구주를 기뻐하였음은
그의 여종의 비천함을 돌보셨음이라.
보라. 이제 후로는 만세에 나를 복이 있다 일컬으리로다.

능하신 이가 큰일을 내게 행하셨으니 그 이름이 거룩하시며

긍휼하심이 두려워하는 자에게 대대로 이르는 도다.

그의 팔로 힘을 보이사 마음의 생각이 교만한 자들을 흩으셨고

권세 있는 자를 그 위에서 내리치셨으며 비천한 자를 높이셨고

주리는 자를 좋은 것으로 배불리셨으며

부자는 빈 손으로 보내셨도다.

그 종 이스라엘을 도우사 긍휼히 여기시고 기억하시되

우리 조상에게 말씀하신 것과 같이

아브라함과 그 자손에게 영원히 하시리로다 하니라.

(마리아 찬가. 눅 1:46-55)

마리아는 예수를 잉태하고 난 후 엘리사벳을 만나 하나님의 뜻을 다시 한번 확인한 뒤에 위와 같은 노래를 불렀다. 마리아의 노래 속에는 복이 있고 긍휼히 여김이 있으나, 실제 마리아의 인생은 복이 없고 긍휼히 여김을 받지 못한 인생이었다. 아파하고 괴로워한 인생을 숙명으로 받아들였다. 어머니 마리아가 아버지 요셉과 다른 점이 있다면 아들 예수의 한 일과 사람들의 반응을 하나하나 기억해둔 것이었다. 열두 살의 소년 예수가 예루살렘에 머물렀다가 사흘 뒤 부모에 의해 발견되었을 때 기라성 같은 랍비들이 아이의 총명함과 지혜를 칭찬했고, 예수는 함께 나사렛으로 발걸음을 옮겼다. 어머니는 아이가 했던 모든 행동, 말, 주변의 평판 등을 모두 마음에 두었다. 도대체 저 아이는 어떻게 될 아이일까?

"예수께서 함께 내려가사 나사렛에 이르러 순종하여 받드시더라. 그 어머니는 이 모든 말을 마음에 두니라"(눅 2:51).

이 사건 이후 아버지 요셉은 성경에서 완전히 빠진다. 죽었거나 혹은 성경이 더 이상 주목할 이유가 없었을 것이다. 예수님이 육신의 부모의 도움을 받기는 하나, 그 정체성이 하나님의 아들이므로 더 이상 육신의 부모의 역할은 불필요한 일이었다. 그러나 마리아는 그 후에도 종종 성경에 등장한다. 가나의 혼인 잔치에서 마리아는 조연 이상의 역할을 감당했고, 예수님께서 십자가에서 죽으실 때 바로 그 자리에 서 있었다.

"예수의 십자가 곁에는 그 어머니와 이모와 글로바의 아내 마리아와 막달라 마리아가 섰는지라"(요 19:25).

마리아는 자신의 여동생과 두 명의 또 다른 마리아와 함께 아들이 죽는 현장을 지키고 있었다. 가시관 때문에 머리에서 피가 흐르고, 얼굴은 피멍으로 엉망이었으며, 팔과 다리에 못이 박히는 금속성의 소리가 들려왔고, 숨 쉬기조차 어려운 상황에서 한마디 한마디 내뱉는 소리, 주변의 함성과 잔인한 군인들의 처분, 옆구리를 관통하는 창, 터져 나오는 비명, 흐르는 물과 피… 마리아는 그 모든 것을 보고 있었다. 젖을 빨던 아기의 모습, 첫 걸음을 떼던 아가의 모습, 명석하여 부모의 자랑거리가 되었던 아이의 모습, 선하고 의로웠던 청소년의 모습, 믿음직한 눈길로 집을 나서던 청년의 모습 등 우리가 알지 못하는 아들 예수의 일거수일투족을 오직 한 사람, 어머니 마리아는 기억하고 있었다. 그런 어머니는 아들이 죽음과 사투를 벌이고 있는 바로 그 장소에서 한 걸음도 물러서지 않고 지켜보고 있었다.

"예수께서 자기의 어머니와 사랑하시는 제자가 곁에 서 있는 것을 보시고 자기 어머니께 말씀하시되 여자여 보소서 아들이니이다 하시고 또 그 제자에게 이르시되 보라. 네 어머니라 하신대 그때부터 그 제자가 자기 집에 모시니라"(요 19:26-27).

끊어져가는 숨결 속에서 아들 예수는 어머니 마리아를 살폈다. 몸을 움직일 수 없고, 손가락 하나 까닥할 수 없어, 그저 말로만 자신을 대신할 아들이 있다고, 그 제자에게 자신의 어머니를 잘 부탁한다고 얘기할 뿐이었으나, 마리아도 사랑하는 제자도 모두 예수님의 의도와 말귀를 알아들었다. 그리고 예수님은 십자가에서 죽으셨다.

사흘 만에 죽음에서 부활하셨을 때 제일 처음 예수님을 만난 것은 여자들이었다. 그러나 여기에는 예수님의 어머니 마리아가 없었다(눅 24:10). 승천하시기 전 40일 동안 제자들을 만나시고, 심지어 500여 명의 형제들을 만났지만(고전 15:6) 거기에도 마리아는 등장하지 않았다. 예수님이 승천하신 뒤에 천사들이 나타나 하늘로 가심 그대로 오시리라는 말을 하고, 제자들은 예수님의 부탁을 기억했다. "예루살렘을 떠나지 말고 내게서 들은 바 아버지께서 약속하신 것을 기다리라"(행 1:4). 제자들은 예수님이 승천한 산(감람원)에서 가까운 곳에 들어가 마가의 어머니가 제공해준 다락방에 올라간다. 120명 정도 되는 제자들

이 한방에 모여 뜨겁게 기도하고 있을 때에야 예수님의 어머니 마리아
와 예수님의 동생들이 등장한다.

> "여자들과 예수의 어머니 마리아와 예수의 아우들과 더불어 마음을
> 같이하여 오로지 기도에 힘쓰더라"(행 1:14).

기도하던 예수님의 어머니 마리아. 사랑하는 아들을 가슴에 묻고,
아들을 따르던 제자들과 함께한 공동체 속에서 기도하던 마리아. 그 이
후 교회가 세워지고 박해와 부흥이 반복되는 가운데 제자들은 흩어졌
다. 예수님의 유언 속의 요한만이 마리아를 모실 뿐이었다. 자신의 아
들들도 모두 하나님의 나라를 위해 떠나고, 남편 요셉도 떠나고, 요한
에게 남은 평생을 의탁하는 신세였던 마리아. 그러나 그녀는 평생 기도
하는 모습 그대로 살았을 것이다. 예수님의 어머니는 곧 우리의 어머니
와도 같으니까, 우리의 어머니가 늘 그랬듯이 그렇게 기도하며 아들을
위해 평생을 바쳤을 것이다. 마리아는 왜? 어머니니까!

Chapter 30

마태복음을 중심으로

예수님은 어떤 왕인가?

예수님이 태어날 때까지 유대(이스라엘) 땅은 다양한 세력의 각축장이었다. 유대 민족이 들어오기 전부터 가나안 일곱 족속이 있었고, 바다를 건너온 블레셋 족속도 있었고, 모압과 암몬 등 여타 민족들도 그 땅에 거주하고 있었다. 아브라함을 시작으로 하는 이스라엘 족속은 요셉시대에 이집트로 이민을 갔다가 430년 뒤 모세 때 이집트를 탈출해서 가나안으로 돌아오는 데 성공했고, 이후 다윗에 의해 왕국이 세워지기도 했다. 한때 앗시리아와 바벨로니아에 의해 포로로 잡혀갔고, 페르시아시대에는 귀환한 포로들이 성전을 재건하기도 했다.

프톨레미와 셀류코스 왕국 사이에서 시련을 겪다가 하스모니안(마카비) 왕조가 탄생했고, 그 왕조가 약화되는 틈을 타서 헤롯 가문이 로마를 등에 업고 들어오기도 했다. 망한 유대 왕조 가문의 후광을 업은 것은 헤롯 가문만이 아니었다. 끈질기게 살아남은 바리새파, 사두개파라는 두 집단은 자신의 이익에 부합할 때는 결합하고 위배될 때는 적대시하며 끝내 생존하는 데 성공했다. 이 두 집단을 좌우에 두고 대제사장 및 레위인들은 종교 권력으로서 살아남았다. 그리고 로마에서 파송된 총독이 있었다. 로마 총독은 유대 땅을 실제적으로 통치했다. 그렇다면 이렇게 다양한 집단과 여러 권력들 사이에서 새로운 왕이 태어난다는 것은 어떤 의미일까?

플라톤은 이데아 사상을 통해 철학자가 왕이 되어야 한다고 주장했다. 물리적인 힘이 권력의 주된 원천이던 시대였다. 그는 그런 시대라도 학식을 통한 지배를 이상화했다. 맹자는 군자(君子)가 왕이 되어야 한다고 제안했다. 중국의 숱한 나라들이 명멸하며 부국강병에 혈안이 되어 있었을 때였다. 그는 왕도정치를 부르짖었다(유시민, 「국가란 무엇인가」, 돌베개, 2011, pp.99-101). 어느 시대든, 어느 나라든 왕이 해야 할 일은 많았다. 국가도 잘 다스려야 했지만 경제도 살려야 했다. 오늘날의 민주주의는 다수의 의사를 반영하는 국가 통치제도이다. 왕을 '나라의 통치자'란 말로 옮긴다면 민주주의 방식이 가장 이상적인 왕의 통치형태일 것이다. 그럼에도 민주주의에 의해 선택된 통치자(특히 대통령)가 철인왕이나 군자보다 낫다는 보장이 없다. 지지를 많이 얻는다고 훌륭한 지도자가 된다는 보장이 없기 때문이다. 민주주의적인 방식으로 선택된 통치자가 가장 훌륭하고 유능한 사람 혹은 정당이 아닌 경우도 우리는 무수히 보았다(위의 책, pp.106-107).

예수님 당시의 유대에는 훌륭하고 유능한 왕은커녕 리더십 그룹에서도 제대로 역량을 발휘하는 사람이 없었다. 로마의 총독이 유대 백성을 위한 정치를 베풀까? 그럴 리 없다. 헤롯 왕이나 대제사장, 바리새파나 사두개파 사람들이 백성들을 살리는 정책을 위해 애썼을까? 백성을 이용이나 안하면 다행이었다. 어느 누구도 국가를 제대로 이끌어가지 않았다. 산업 시설을 늘리고, 세금을 줄이며, 백성들이 고루 잘 살도록 이끌어가는 왕이나 정치가는 없었다. 이런 나라에서는 어떤 무능한 왕이라도 더 이상 망가질 것이 없었다. 나라를 다시 일으키는 길과 더 망하는 길이 있다면, 다시 일으키는 길은 전통적인 가치를 강화할 수 있도록 외세로부터 독립하는 것이었다. 그래서 무력 투쟁을 하더라도 유대 나라를 독립시키는 데 앞장서는 사람이 많았고 뒤에서 지지하는 사람도 적지 않았다.

예수님의 제자 중에 셀롯이라는 시몬(눅 6:15)은 그 이름부터가 헬라어로 '젤로테스'이며 사람이나 사상에 열정과 헌신을 품은 사람을 뜻한다. 당시 유대인에게 '셀롯'이란 말 자체가 외세에 대한 유대인 독립의 열정과 헌신을 의미했다. 그는 예수님의 제자이면서 동시에 로마 제국에 대항하는 사람이었다. 우리가 잘 아는 베드로는 어떤가? 베드로는 칼을 늘 지니고 있었다(요 18:10). 여기서의 칼은 '마카이라'로 기록되어 있고 공격하거나 응징할 때 쓰이는 도구에 사용되는 용어였다. 베드로 역시 민족의 독립과 저항에 헌신된 사람이었다. 예수님의 가까운 곳에 이처럼 독립투사들이 포진되어 있었다.

더 망하는 길은 권력에 눈을 감고 권력자가 짓밟든지 상관없이 자기 안일만 챙기는 것이다. 때로는 자기 앞가림도 못하는 사람도 많았다. 지렁이도 밟히면 꿈틀거린다는데, 밟히고 또 밟힌 채 비명도 못 지르고 죽어가는 백성이 많았다. 유대를 지배하던 유다 왕조든 이방 왕이든 간에 권력자들은 늘 폭력적이었다. 그 폭력에 동조하면서 백성들을 약탈하는 왕은 더 망하는 길로 갔다.

예수님은 이스라엘의 왕으로 오셨다. 예수님은 어떤 왕이셨을까? 우선 다시 일으키는 길과는 거리가 머셨다. 예수님은 마카비처럼 혁명적이거나 하시딤 그룹처럼 완고한 보수주의자, 그 어느 쪽도 아니셨다. 간음하다 현장에서 잡힌 여인에게 자비를 베푸시는 방식을 보였고(만약 마키비였으면 사형을 택했을 것이다), 세금 논쟁에서 가이사의 것은 가이사에게 바칠 것을 요구했으며(만약 하시딤 그룹이었으면 가이사가 새겨진 동전 자체를 부정적으로 여겼을 것이다), 안식일을 지키지 않는 것처럼 보이는 행동도 많이 하셨다. 더 망하는 길도 아니셨다. 예수님은 단지 밟히고 찢긴 채 주저앉아 있지도 않으셨다. 권력자가 되어 백성들을 희생시키는 데 동조하지도 않으셨다. 오히려 권력자들에 대한 저항정신으로 충만하셨다. 그들과 똑같은 폭력으로 대항하지는 않으셨지만 권력자들에게는 위협이 되셨다.

예수님의 왕으로서의 통치방식은 단지 유대시대에 한정되지 않고 어떤 시대를 불문하고 어떤 통치자나 어떤 나라들도 보편적으로 적용할 수 있는 유형이었다. 그것이 무엇이었을까? 사랑이었다. 사랑의 방식도 다양하다. 그러나 예수님의 통치방식은 죽기까지 사랑하는 것, 대신 죽어주는 사랑이었다. 그 사랑이 가족을 변화시켰고, 제자들을 거듭나게 했으며, 주변 사람들을 새롭게 만들었고, 역사와 시대를 갱신해냈다. 때로는 국가에 대한 사랑(애국심)이 최고의 사랑이라 여길 때가 있

다. 그러나 애국심은 경쟁관계에 있는 다른 국가에 대한 증오심을 먹고
자란다. 예수님은 단지 유대(이스라엘) 국가만을 위한 왕이 아니셨다.
예수님의 사랑의 통치방식은 모순적이거나 이질적이거나 배타적인 사
랑이 아니셨다. 예수님의 사랑의 통치방식으로 야기되는 것은 평화였
다. 힘을 통한 평화는 일시적이고 깨지기 쉬운 평화이나 예수님을 통한
평화는 영원한 것이었다. 겉으로는 연약해 보일지 모르나 영구적이고
확고한 평화였다. 삶에서뿐만 아니라 죽음 이후까지도 바라보는 신비
로운 평화였다. 예수님은 그렇게 평화의 왕으로, 사랑의 왕으로 이 땅
에 오셨다.

공생애 시작

공생애. 개인의 생애 중 공무(公務)나 공공사업에 종사하는 기간.
예수님은 세례를 받으시고, 성령에 이끌리어 사탄에게 세 번 시험을 받
으신 후 제자들을 불러 모으면서 공생애를 시작하셨다. 예수님의 공생
애는 공공적인 사업이기보다는 모든 인간을 위한 것이었다. 사랑과 평
화의 왕으로서 공적인 생애가 시작되었다. 그래서 공생애라는 말은 예
수님에게만 어울리는 말이다. 사전에 정의된 대로 공무나 공공사업에
종사하는 사람들을 공생애라고 하지 않는다. 그저 공인이라고 할뿐이
다. 예수님은 단지 공인이 아닌 전 생애를 통해 모든 사람을 구원하고
살리신 일을 하셨다. 그래서 그분의 공적인 인생이 곧 공생애다.
예수님이 공생애를 시작하신 이유는 간단했다. 세상을 사랑해 자신

을 주기 위해서. 예수님이 온 것은 섬김을 받거나 누리거나 가지려는 것이 아니었다. 오히려 섬기는 데, 자신의 목숨을 많은 사람을 위한 대속물로 주기 위함이었다(마 20:28, 막 10:45). 예수님이 온 세상 사람들을 섬기기 위한 왕으로 오셔서 공생애를 시행하셨을 때 그 시작은 미미했다. 누군가에 의한 추대도 아니었고, 지지 세력의 결집을 통한 것도 아니었으며, 드라마틱한 혁명 전사로서도 아니었다. 그저 고향 땅에서 안식일에 회당을 돌며 구약 선지자들이 예언한 말씀들을 읽었을 뿐이다. 유일하게 세례 요한이 예수님을 알아보았고, 모든 의를 이루기 위해(마 3:15) 예수님에게 세례를 주었다. 세례를 받고 물에서 나올 때 하늘이 열리고 하늘로부터 들려오는 소리가 있었다. "내 사랑하는 아들이요 내 기뻐하는 자다"(마 3:17). 하나님도 예수님을 알아주셨다.

예수님의 공생애는 가버나움에서부터 시작되었다. 나사렛에서 북동쪽으로 50km 정도 떨어진 곳이다. 가버나움의 회당과 길거리에서 예수님의 직접적인 선포가 시작되었다. "회개하라. 천국이 가까이 왔느니라"(마 4:17). 가버나움은 갈릴리 호수의 북쪽에 면해 있는 곳이었기 때문에 어부들이 많았고, 그들은 물고기를 잡고 있었다. 예수님은 어부인 베드로, 안드레, 야고보, 요한을 제자로 부르셨다. 그들은 기꺼이 예수님의 제자 그룹에 들어갔다. 누가복음의 증언에 의하면 베드로가 예수님의 제자가 된 것은 좀 더 인상적이었다. 베드로의 배에 올라탄 예수님은 아침부터 예수님을 찾는 사람들을 비탈길에 세워두고 말씀을 전하셨다. 그리고 그들을 해산시키기 위해 배를 띄워 호수로 나아가셨다. 예수님은 밤새 허탕을 친 베드로에게 깊은 데서 그물을 내리라고 하셨고 베드로는 엄청난 물고기를 잡았다. 베드로를 매료시켰던 예수님은 그와 동일하게 갈릴리 지역의 수많은 사람을 몰고 다니셨다. 갈릴리와 데가볼리와 심지어 예루살렘과 유대와 요단강 건너편에서 수많은 무리가 예수님을 보기 위해서 몰려들었다(마 4:25). 예수님의 공생애의 시작은 성공적이었다.

공생애 전반전

마태복음의 구조로 보면 예수님 공생애의 전반전은 세 가지 사역에 집중되었는데, 가르치는 것과 치유하는 것과 전도하는 것이었다. 그것은 마태복음 4장 23절로 요약될 수 있다. "예수께서 온 갈릴리에 두루 다니사 그들의 회당에서 가르치시며 천국 복음을 전파하시며 백성 중의 모든 병과 모든 약한 것을 고치시니." 회당에서 가르치시는 것과 복음을 전파하는 것은 예수님의 설교로 대변될 수 있다. 예수님은 제자들, 바리새인들, 일반 무리에게 다양한 말씀을 하셨다. 때로는 비유로, 때로는 이해하기 어렵게, 때로는 신기한 이야기들로, 때로는 통쾌하게, 때로는 절실한 언어로 들려주셨다. 마태복음에는 예수님의 설교가 총 다섯 번에 걸쳐서 나오는데 산상수훈(5-7장), 제자 파송설교(10장), 천국 비유(13장), 제자 설교(18장), 종말 설교(24-25장) 등이다. 이것은 마치 모세오경, 즉 '토라'라고 불리는 율법이 창세기, 출애굽기, 레위기, 민수기, 신명기 이렇게 다섯 권으로 되어 있는 것과 유사한 구조를 갖고 있음을 볼 수 있다.

예수님은 수많은 말씀을 하였다(요 21:25). 금방 다시 오신다고 하셨고, 제자들은 예수님이 오실 것을 기다렸다(마 16:28, 행 1:11). 그래서 예수님의 말씀을 기록하거나 저장할 필요가 없었다. 금방 오실 텐데, 그러면 하나님의 나라가 이루어지고 모든 게 새로워질 텐데 무슨 기록이 필요할 것인가? 그런데 재림이 늦어졌다. 제자들은 한 사람씩 순교하거나 죽어갔다. 이러다가 예수님의 말씀을 기억하는 사람이 다 사라지는 것은 아닐까? 뒤늦게 말씀이 기록될 필요성이 생겨 처음부터 내력을 저술하려고 붓을 든 사람이 많이 생겨나기 시작했다(눅 1:2). 마태는 제자로서, 공생애 기간 내내 옆에서 지켜본 증인으로서 예수님의 말씀을 기록했다. 예수님의 말씀은 많은 경우 논쟁을 불러 일으켰다. 말씀에 대한 오해 때문이었고, 말씀을 듣는 사람들의 실력과 이해력이 부족하기 때문이었다. 그들은 권위 있는 말씀으로 받아들이기는 했으나 자신에게 주어진 하나님의 말씀이라고는 생각하지 않았다. 아직 그들의 마음에는 예수님의 말씀을 받아들일 만한 여건이 갖추어지지 않았다.

예수님의 치유는 산상수훈의 설교가 끝난 뒤 마태복음 8장과 9장에서 나병환자, 병에 걸린 백부장의 종, 열병 걸린 베드로의 장모, 가다라 지방의 귀신들린 사람 둘, 중풍병 환자, 열두 해 혈루증 여인, 회당장의 열두 살짜리 딸, 눈먼 두 사람, 귀신들려 말 못하는 사람 등을 고쳐주신 것으로 나온다. 아홉 번에 걸친 치유 이적이었다. 그 외에도 수많은 병자가 고침을 받았다. 어려움에서 놓이게 된 사람들에게 예수님은 아무에게도 말하지 말 것을 요구하셨다. 그러나 함구를 명령할수록 오히려 소문은 더 퍼져나갔다. 문둥병이 낫게 된 사람은 제사장에게 확인을 받고 공식적으로 가정에 복귀할 수 있었다. 병은 그 진행과정상

더 나빠지고 어려워지기 마련인데 갑자기 깨끗하게 고쳐졌으니 사람들이 궁금해할 법도 했다. 아팠다가 나았던 사람들, 중병으로 누웠던 사람들이 공통적으로 가리키는 대상이 있었다. 바로 예수님이었다. 예수님을 통해 기적이 일어났다. 바리새인들은 귀신 두목의 힘을 빌려서 병을 고쳤다고 애써 이적을 폄하했다(마 9:34). 소문은 꼬리를 물어 예수님의 공생애 내내 예수님을 쫓아다니는 허다한 무리가 생겨났다.

공생애 후반전

예수님의 공생애 전반전이 가르침과 전도, 치유라는 세 가지 사역이 중심이었다면 후반전은 달랐다. 예수님의 공생애를 가르는 기점이 있다. 그것은 베드로의 신앙고백이다. 예수님이 제자들과 함께 가이사랴 빌립보에 이르렀을 때였다. 예루살렘으로 북쪽으로 30km 올라가면 헤르몬산을 배경으로 한 급경사의 경치 좋은 도시가 나온다. 헤롯 대왕이 아우구스투스 왕에게서 선물받은 도시로 헤롯의 아들 헤롯 빌립이 자신의 이름과 황제의 이름을 합성해 가이사랴 빌립보라 명명했다. 크고 웅장한 대도시였다. 맑은 공기와 풍부한 물, 깨끗한 자연의 절경 속에 세워진 도시에는 풍요와 다산의 신인 판(Pan) 신전이 있었고, 바로 옆에 로마 황제를 위한 거대한 제단도 있었다. 예수님은 그 도시에 도착하자마자 제자들에게 물었다. "사람들이 나를 누구라고 하느냐?"

도시의 압도적인 풍경에 넋 놓고 구경하던 제자들은 예수님에 대한 인상과 판단에 대해 저마다 들은 이야기를 내뱉었다. 사람들은 예수님을 제2의 세례 요한으로 인식하는 경우가 많았다. 헤롯에게 살해됐으나 당대 영향력이 높았던 요한이 돌아왔다고 여긴 사람들이 많았다. 어떤 사람들은 전설적인 인물 엘리야로 여겼다. 수많은 기적을 일으켰던 엘리야, 더욱이 예수님은 공생애를 시작하면서 엘리야시대를 언급하지 않았던가! 예레미야라고 부르는 사람들도 있었다. 젊고 의연하여 나라를 위해 마음 아파하던 젊은 예레미야의 모습과 예수님을 교차해서 보는 사람들도 있었다.

예수님은 다시 물었다. 이번에는 제자들 자신의 의견을 물었다. "너희는 나를 누구라고 생각하느냐?" 제자들은 조용해졌다. 무엇이라고 대답할지 다들 생각하는 눈치였다. 침묵을 깬 건 베드로였다.

"주는 그리스도시요 살아 계신 하나님의 아들이시니이다"(마 16:16).

예수님의 얼굴이 환해지셨다. 주변을 부드럽고 따뜻하게 만드는 불이 켜진 것 같았다. 예수님은 베드로를 칭찬하시며 매우 큰 만족을 표시하셨다. 베드로라는 이름의 어원은 '페트로스'(rock, 반석)인데, 그 반석 위에 예수님의 교회를 세우겠다고 하고, 천국 열쇠도 맡기겠다고 하셨다. 굉장한 상찬(賞讚)이었다. 그리고 바로 이 순간부터 예수님의 공생애의 후반전이 시작된다. 예수님은 예루살렘에 올라가 장로들과 대제사장들과 서기관들에게 많은 고난을 받고 죽임을 당한 뒤에 제 삼일에 살아나야 할 것을 제자들에게 비로소 말씀하셨다(마 16:21). 공생애 전반전에 있었던 일들은 모두 후반전을 향해 가도록 구상되었다. 후반전이 시작되었다.

온갖 칭찬을 다 받고, 천국 열쇠도 약속받은 베드로는 의아하게 생각했다. 예수님의 사역은 절정을 지나고 있었다. 이제부터 무엇인가 새로운 역사가 벌어질 것이라 믿었다. 살아계신 하나님의 아들께서 세상을 새롭게 하실 것이라 믿었다. 그런데 예수님은 죽음을 언급하셨다. 의외였고, 전혀 뜻밖의 일이었다. 베드로는 항변했다. "주님, 그러지 마십시오. 절대로 주님은 죽지 않습니다." 예수님은 돌이켜 베드로에게 말씀하셨다.

"사탄아 내 뒤로 물러가라. 너는 나를 넘어지게 하는 자로다. 네가 하나님의 일을 생각하지 아니하고 도리어 사람의 일을 생각하는도다"(마 16:23).

부드럽고 따뜻했던 불은 꺼졌다. 칭찬받았던 베드로는 혹독한 질책을 들었다. 사탄이라는 지적을 받았다. 이제 예수님의 사역은 이전과는 달랐다. 베드로가 어떤 의견을 내든, 제자들이 어떤 기대를 갖든 상관없이 운명처럼 예수님의 사역은 새로운 전환점으로 들어갔다. 이 때부터 예수님의 사역에서 치유가 사라진다. 몇 안 되는 기적 중에서 바디매오의 눈을 뜨게 하는 장면이 있었다. 그런데 예수님은 남에게 알리지 말고 가족에게 돌아가라는 당부를 했던 공생애 전반기와 달리 자신을 따라오게 하셨다. 예수님의 제자로 받아들였고 함께 예수님의 길을 가게 하셨다. 또 한 번의 기적은 잡히던 밤에 베드로가 병졸의 귀를 잘랐을 때였다. 예수님은 그의 귀를 치유해주셨다. 병졸의 귀를 고치면서 베드로의 과격한 행동을 막으셨다. 예수님의 가는 길을 막지 말라는 의도셨다.

예수님의 기적은 드물기도 하거니와 기적의 양상이 공생애 전반전과 완전히 달랐다. 예수님의 길을 위한 기적이었다. 그 길은 어떤 길이었을까? 십자가와 부활이었다. 십자가. 예수님의 공생애 후반기의 절정은 예루살렘이라는 도시에 들어가는 것으로부터 시작된다. 수많은 사람이 예수님을 환영했다. 그런데 열렬한 환호는 얼마 지나지 않아 십자가로 이어졌다. 예수님은 그것을 알고서도 예루살렘으로 들어가셨다. 죽음의 길. 십자가의 길. 왜 예수님은 십자가의 길로 가셨던 것일까?

예루살렘 입성 이후

예수님이 예루살렘으로 들어가실 때 큰 무리가 예수님을 환영했다. 겉옷을 길에 폈고 나뭇가지를 꺾어 깔거나 흔들었다(마 21:8). 그리고 예수님 앞에서 혹은 예수님을 따라가면서 외쳤다. "호산나!" 예루살렘 온 도시가 들떠 있었고 많은 사람이 상기되었다. 예수님 때문이었다. 뒤늦게 분위기를 발견한 사람들은 물었다. "이 사람이 누구인가?" 도대체 그가 누구이기에 이렇게 많은 사람이 요란한 환영을 하고, 옷을 펴고, 나뭇가지를 길에 깔았는가? 사람들은 서로 대답했다. "갈릴리 나사렛에서 나신 예언자 예수이다." 성경 어디를 보아도 예언자가 예루살렘으로 들어갈 때 이런 식으로 환영한 예는 없었다. 종려 나뭇가지는 번성(시 92:12)과 승리(계 7:9)를 상징하는 것으로 예수님의 입성을 예언자이기보다는 마치 새로운 왕이나 전쟁에서 승리하고 입성하는 개

선장군의 행렬처럼 여겼다.

열렬한 환영을 받으며 입성하는 자체가 기득권자들의 견제를 받을 만한 상황이었는데, 입성한 후에 예수님께서 하신 일들은 그들의 성질을 더 건드셨다. 예수님이 예루살렘에 들어가서 한 일들은 첫째 성전 정화, 둘째 성전 뜰에서 병자들 고침, 셋째 무화과를 저주함, 넷째 권위에 대한 논쟁이었다. 이는 모두 대제사장, 장로 같은 예루살렘의 기득권자를 향한 경고의 메시지였다. 성전 안에서 매매하고 돈 바꾸고 비둘기를 파는 사람들은 대제사장이나 장로들과 줄이 닿아 있었다. 그들은 순례자들에게 비싼 비용을 내게 했고 차익을 챙겼다. 높은 비율의 수익이 기득권자들의 주머니를 채웠다. 예수님이 매매상들을 엎으실 때 특권층의 권리도 뒤엎은 것이었다.

장애를 지닌 가난한 사람들은 성전에서 소외된 계층이었으나 하나님의 자비를 기다리며 성전 주변을 떠나지 않았다. 다윗이 시온 산성을 빼앗을 때 다윗을 얕잡아본 여부스 사람들은 다윗에게 "다리 저는 사람과 맹인이라도 너를 물리칠 수 있다"고 놀려댔다. 엉뚱하게 다윗의 증오는 다리 저는 사람과 맹인을 향했다. 다윗은 장애인들을 성전의 금기 인물로 낙인찍어버렸다. "맹인과 다리 저는 사람은 집에 들어오지 못하리라"는 속담까지 생길 정도였다(삼하 5:6-9). 타인에 대해 배타적인 유대인들은 장애인을 소외시켰다. 기득권층은 그런 분위기와 감정을 이용해서 자신의 권리를 강화했다. 예수님의 성전에서의 두 번째 행위는 장애인들을 고치신 일이었다. 이 역시 특권층의 비위를 거스르는 행동이었음은 물론이다.

예수님이 권위에 대한 비유들을 얘기할 때 바리새인, 대제사장, 장로들을 겨냥했다. 큰아들, 작은아들 비유는 이렇다. 아버지의 요청에 큰아들은 "네"라고 대답했지만 실행하지 않았고, 작은아들은 "아니오"라고 했지만 뒤늦게 실행했다. 예수님은 물으셨다. 누가 아버지의 뜻대로 한 아들인가? 사람들이 대답했다. "둘째 아들이요." 그들의 대답이 끝나기가 무섭게 예수님은 "세리들과 창녀들이 너희보다 먼저 하나님의 나라에 들어가리라"(마 21:31)고 말씀하셨다. 바리새인과 대제사장의 눈이 휘둥그레졌다. 하나님의 나라도 자신들의 유산이라 여겼던 그들은 경악했다. 이어 포도원 주인 아들을 죽인 소작인들의 비유를 통해 "그러므로 내가 너희에게 이르노니 하나님의 나라를 너희는 빼앗기고 그 나라의 열매 맺는 백성이 받으리라"(마 21:43)고 기득권층을 질책하셨다. 바리새인, 대제사장들, 장로들 같은 특권층은 한 번 더 충격을 받았다. 그들은 예수님의 모든 행위와 말씀들이 자신들을 향해 있다는 것을 단박에 알아차렸다.

"대제사장들과 바리새인들이 예수의 비유를 듣고 자기들을 가리켜 말씀하심인 줄 알고 잡고자 하나 무리를 무서워하니 이는 그들이 예수를 선지자로 앎이었더라"(마 21:45-46).

어떻게 하면 예수님을 제거할 수 있을까? 이들 중에 바리새파가 재빨리 움직였다. 그들은 헤롯 당원들과 함께 예수님을 찾아왔다. 조금의 흠집이라도 발견되면 왕의 권위로 예수님을 잡아들일 예정이었다. 바리새인과 헤롯 당원들이 힘을 합쳐 예수님을 궁지로 몰아넣을 질문은 세금에 대한 것이었다. 세금을 긍정하면 매국노가 되고 부정하면 로마의 법에 걸리는 난감한 질문이었다. 예수님은 그들에게 데나리온 동전을 가져오게 하셨다. 동전에는 로마 황제의 부조가 새겨져 있었다. 예수님은 답하셨다. "가이사의 것은 가이사에게 하나님의 것은 하나님께 바쳐라." 그 동전이 가이사의 것이라고 생각하는 사람은 세금을 낼 것이고, 그 마저도 하나님의 것이라면 세금을 부정할 것이었다. 듣는 사람에 따라 해석이 달리 되는 명답이었다. 바리새파 사람들과 헤롯 당원들은 놀라면서 예수님을 떠났다(마 22:22).

뒤를 이어 사두개파들이 기회를 잡았다. 사두개파는 바리새파와 라이벌 관계였으므로 만약 그들이 예수님을 쓰러뜨릴 수 있다면 의회 권력을 장악하는 바리새파보다 존재감을 부각시킬 수 있는 적기였다. 사두개파는 자신에게 익숙한 사상으로 예수님을 공격했다. 그들은 부활을 믿지 않았기에 부활의 모순점을 가지고 공격했다. 형이 죽으면 동생이 형수를 책임지는 '형사취수제' 라는 모세법에 의거해서, 만약 형제들이 순서대로 죽고 형수가 모든 형제를 다 거쳤다면 부활의 날에 여인은 누구의 아내가 되는가에 대한 질문이었다. 예수님은 그들에게 "하나님은 아브라함, 이삭, 야곱의 하나님"이라면서 부활 이후 지금과는 다른 기준의 삶을 살게 될 것이라 설명하셨다. 사두개인이 부활에 대해 오해한 부분을 정확히 지적하셨다. 사두개파들 역시 예수님의 거침없는 말씀에 놀랐다(마 22:33).

사두개파와 예수님의 논쟁이 예수님의 일방적인 승리로 끝나자 바리새파 중에 율법교사 한 사람이 나섰다. 바리새파이면서 동시에 율법교사인 그는 당대 최고의 실력자였다. 예수님의 대답에서 허점을 찾기 위해 율법 중 어느 계명이 가장 큰지를 물었다. 예수님은 마치 기다렸다는 듯 대답하셨다. "네 마음을 다하고 목숨을 다하고 뜻을 다하여 주 너의 하나님을 사랑하라 하셨으니 이것이 크고 첫째 되는 계명이요 둘째도 그와 같으니 네 이웃을 네 자신 같이 사랑하라 하셨으니 이 두 계명이 온 율법과 선지자의 강령이니라"(마 22:37-40). 정확히 율법의 근원과 십계명의 요점을 뚫는 대답이셨다.

이번에는 예수님이 바리새파 사람들에게 물으셨다. 역공이었다. "너희는 그리스도에 대하여 어떻게 생각하느냐. 누구의 자손이냐?" 바리새인들은 당연히 다윗의 자손이라고 대답을 했다. 그러자 예수님이 되물으셨다. "시편에 다윗이 그리스도를 '주'라고 높이는데, 그리스도가 다윗의 자손이라면 선조가 후손에게 '주'라고 하는 것이 모순된 게 아닌가?" 어려운 질문이었다. 그들은 이미 그리스도가 다윗의 자손이라는 대답을 했기 때문이었다. 예수님이 인용한 말씀은 이것이었다. "여호와께서 내 주에게 말씀하시기를"(시 110:1). 예수님은 율법교사보다 더욱 명확히 성경을 꿰뚫고 계셨다. 이제 그들은 어떤 대답으로도 예수님의 질문에 답할 수 없게 되었다. 한마디도 못한 그들은 그날부터 감히 예수님께 묻지도 못했다(마 22:46). 그들은 말이나 논리로 예수님을 당해낼 수 없다는 결론에 이르렀다. 다음 단계는 무엇일까? 실력 행사였다. 예수님을 눈엣가시처럼 여기는 대제사장과 장로들은 당시 대제사장 리더인 가야바에게 몰려가서 예수님을 죽일 의논을 시작했다. 민란을 방지하면서 예수님을 죽일 계획을 짜기 시작했다. 그러나 예수님은 이미 그들의 적의를 아셨다.

"너희가 아는 바와 같이 이틀이 지나면 유월절이라. 인자가 십자가에 못 박히기 위하여 팔리리라 하시더라"(마 26:2).

그들은 하늘을 돌며 먹이를 낚아챌 기회를 기다리는 독수리와 같았다. 예수님 옆을 지키고 있던 제자들 중에 가룟 유다가 독수리에게 다가갔다. 가룟 유다는 그들에게 예수님을 팔았다. 은 삼십이라는 거금을 받아든 유다는 그들과 한패가 되었다. 왜 유다는 스승을 팔아먹을 생각을 했을까? 예수님이 잡히시고 나서 그는 후회하며 은 삼십을 되돌려 주었다. "내가 무죄한 피를 팔고 죄를 범하였도다"(마 27:4). 유다는 늦게야 예수님이 무죄한 피임을 알았다. 그러니까 유다는 그전까지 예수님을 '유죄한 자'로 여겼던 것이다. 그는 예수님과 3년 동안 함께 있었지만 예수님이 누구인지를 전혀 몰랐다.

가룟 유다의 배신으로 적들에게 잡힌 예수님은 고문을 당하기 시작했다. 대제사장 가야바와 율법학자와 장로들은 공의회를 열었으나 예수님을 죽일 증인과 증거를 찾을 길이 없었다. 한참이 지나서야 두 명의 거짓 증인이 나섰다. 그들은 예수님이 "성전을 헐고 사흘 동안에 지을 수 있다"는 말을 증거로 가지고 나왔다. 이 말씀은 성전이신 예수님 자신의 죽음과 부활에 대한 암시였다. 공의회는 증인들의 말만 가지고 성전모독이라는 죄명과 신성모독 죄를 달아 사형을 언도하려고 했다. 사법권이 로마에게 있기에 재판은 로마의 총독인 빌라도에게 넘어갔다.

빌라도가 보기에 그 정도의 공소(公訴)로는 사형을 시킬 수가 없었다. 마침 명절이라 죄수 하나를 놓아주는 관례가 있었는데, 빌라도는 악명 높은 죄수 바라바를 데리고 왔다. 그는 군중에게 물었다. "바라바를 풀어줄까, 예수를 풀어줄까?" 당연히 예수님을 풀어달라고 할 줄 알았다. 모든 사람이 증오하는 참혹한 바라바와 선지자로 여기는 예수님은 비교의 대상이 되지 않았다. 그런데 군중의 대답은 기대와는 달랐다. 그들은 예수를 십자가에 못 박으라고 소리쳤다. 빌라도는 대제사장이나 바리새인 같은 종교, 정치 집단들이 군중을 조종하고 있음을 직감했다. 처음부터 빌라도는 바라바라는 죄수를 꺼내올 필요가 없었다. 자신의 소신대로 예수님을 풀어주면 그만이었다. 특권층에 의해 선동된 군중의 말을 무시하고 당장에 무죄인 예수님을 풀어줄 수 있었다. 그러나 빌라도는 비겁한 사람이었다. 그는 예수님이 아닌 바라바를 풀어주었다. 빌라도는 예수님을 당대 최악의 죄인보다 더 악한 자로 낙인을 찍어버린 공범이 되었다.

대제사장과 장로들의 방식은 군중을 구슬리는 방법이었다. "그러나 대제사장들과 장로들은 무리를 구슬려서 바라바를 놓아달라고 하고, 예수를 죽이라고 요청하게 하였다"(마 27:20, 새번역). 여기서 '구슬리다' 는 말은 헬라어로 '에페이산' 인데, '굴복시키다, 강요하다, 설득하다, 부추기다' 라는 의미가 있다. 군중은 철저하게 공의회에 의해 조종당했다. 군중은 소리를 지르다가 자신들을 스스로 설득시켜버렸다. 불과 일주일 전에 그토록 목청껏 "호산나!"라며 예수님을 환영했던 그 함성 그대로 예수님을 십자가에 못 박는 일에 동조해버렸다. 그런 인간이 있다. 사람들의 마음을 선동하고 장악하여 자신이 원하는 것을 얻어내는 사람, 자기가 원하는 것을 위해 끈질기게 기다리고 끝내 기회를 포착하는 사람, 이들은 소수이다. 소수의 특권 계층이다. 가진 것을 지키기 위해 진리보다는 수단과 방법을 가리지 않고 무리를 조직해내는 사람들이다. 그러나 이들보다 더 무서운 것은 너무 쉽게 소수의 말을 믿어버리고 그대로 받아들이는 사람들이다. 스스로 비판하고, 고민하고, 생각하지 않고 그저 주어진 대로 받아들이는 집단 속의 사람들이다. 그들은 집단 안에 있기 때문에 힘이 세다. 마치 커다란 배와 같아서 일단 가속을 내면 멈추게 할 수가 없다. 그들은 자신의 행동을 의심하지 않는다. 그들의 행동이 예수님을, 진리를 죽일 수 있다는 사실을 알지 못했다. 그리고 더더욱 무서운 것은 자신들의 행동이 초래한 결과에 대하여 어떠한 책임도 지지 않는다는 사실이다.

그렇게 재판이 끝났다. 총독의 병사들은 예수님에게 주홍색 옷을 입게 하고, 가시로 만든 면류관을 쓰게 했으며, 오른손에는 갈대를 들게 했다. 가시 면류관을 제외하고는 금방 벗겨내고 다시 가져갔다. 그들은 잠시 예수님을 조롱했을 뿐이었다. 무의미해 보이는 이 일에도 군중을 선동하기에 알맞은 계산이 깔려 있었다. 선명한 주홍색의 옷과 오른손에 들린 갈대는 사람들의 주위를 끌고 상징적인 의미를 부여했다. 그는 엉터리 왕이라고. 주홍색 왕의 옷을 입었으나 손에는 황금 홀(忽)이 아닌 썩은 갈대를 들었다고. 예수님의 십자가 양 옆에 함께 달린 두 명의 강도도 같은 의도로 사용되었다. 그는 좌우에 달린 강도처럼 흉악무도한 자라고. 바라바, 주홍색 옷, 갈대, 두 강도… 이 모든 게 예수님에 대한 착시현상을 가져왔다. 예수는 죽여도 마땅한 자다. 그래서 지나가던 사람들은 머리를 흔들며 말했다.

"지나가는 자들은 자기 머리를 흔들며 예수를 모욕하여 이르되 성전을 헐고 사흘에 짓는 자여 네가 만일 하나님의 아들이어든 자기를 구원하고 십자가에서 내려오라"(마 27:39-40).

군중은 자리를 뜨지 않았다. 낮 12시부터 3시까지 갑자기 닥쳐오는 어둠 속에서도 그대로 남아 있었다. 그들은 현장을 흥미진진하게 지켜보고 있었다. 예수님께서 "엘리 엘리 라마 사박다니"라고 혼신의 힘을 다해 외치는 소리를 들으면서 엘리야를 부르는 것이라고, 어디 엘리야가 와서 구원하는지 보자고 말했다(마 27:47-49). 예수님을 죽음으로 끌고 갔던 군중은 십자가 처형의 현장을 지키면서 죽음의 상황을 중계하고 있었다. 이익에 눈이 멀어 쥐고 있는 권력으로 진리를 없애려는 공의회와 팔레스틴 지역에 대한 배타적인 권한을 가졌으면서도 진리를 외면하는 총독과 성난 대중의 힘으로 진리를 손쉽게 없애버리는 어리석은 군중이 모두 힘을 합쳐 예수님을 십자가에 못 박아 죽였다.

부활하신 이후

예수님은 공생애 3년 동안 제자들을 키우는 데 실패했다. 기도하며 골라 뽑은 열두 명 중에 한 명은 예수님을 판 뒤에 자살했으며, 한 명은 저주하며 배신했다. 나머지 열 명도 모두 지리멸렬했다. 예수님의 지근거리에 있던 열두 제자들은 물론이요, 한때 전국을 돌아다니며 기적을 베풀었던 칠십 명의 제자들 역시 코빼기도 보이지 않았고, 5백여 형제들(고전 15:6)도 침묵을 지키거나 자신의 안위만 걱정할 뿐이었다. 최후의 순간에 곁을 지킨 제자는 요한이 유일했고, 나머지는 여인들뿐이었다. 군인이나 기득권층에게 전혀 해가 되지 않는, 그들의 눈에 아무 저항도 할 수 없는, 그저 하찮게 보이는, 인원을 셀 때 숫자에도 포함되지 않는 여자들만이 마지막을 지켰고 무덤까지 따라갔다. 예수님은 죽는 순간까지도 완전히 실패하셨다.

그랬던 제자들이 변했다. 마가의 다락방에 모여 기도하던 120명의 제자들이 오순절에 성령을 체험하고, 그들이 연대하면서 교회가 생겨났고, 교회와 제자들은 세상에서 가장 강력하고 가장 무서운 공동체가 되었다. 이유는 무엇일까? 직접적인 원인으로는 성령의 임재를 들 수 있다. 성령 세례를 받은 뒤에 그들은 달라지기 시작했다. 예수님이 잡히실 때 자신들에게는 죽음의 위협이 없음에도 도망가기 바빴던 제자들이, 확실한 죽음과 위협이 눈앞에 있음에도 초연하고 용감한 제자들이 되었다. 성령 임재의 힘이었다. 그러나 더 중요한 원인은 예수님의 가르침에 있었다. 예수님의 교훈은 단지 말로써만 끝나는 게 아니었다. 예수님은 가르친 것을 직접 실천하고 보여주셨다. 말로써 감당하기가 어려웠지만 그 불가능한 것들을 실제로 해내셨다. 모든 스승은 미래를 예견하고 통찰력을 보여준다. 그러나 스승에게는 한계가 있다. 가르친 것을 모두 실천할 능력이 없기 때문이다. 예수님은 미래를 예견하고 통찰력을 보여준 뒤에 본인이 직접 그 일에 뛰어들어 가르침의 열매가 되셨다. 십자가에 달려 죽었고 삼 일 뒤에 부활하셨다. 진짜로 죽고 진짜로 살아나신 것이다.

누가복음에서 부활하신 예수님을 만난 두 명의 제자가 소개된다. 예루살렘에서 11km 정도 떨어진 엠마오로 가는 두 명의 제자에게 부활하신 예수님이 합류하셨다. 두 명의 제자들은 동행하는 낯선 이가 예수님인지 알아채지 못했다. 예수님은 짐짓 그들에게 무슨 얘기를 나누고 있는지를 물었다. 두 제자는 걸음을 멈추었다. 그들의 눈에 슬픔이 어려 있었다.

"예루살렘에서 나오셨으면서 어떻게 그동안 일어났던 일을 혼자만 모를 수가 있습니까? 예수님이라는 선지자께서 사형판결을 받아 십자가에 돌아가셨습니다. 우리는 예수님이 이스라엘을 구원하길 바랐습니다. 그런데 죽으셨지요. 더 놀란 것은 여인들이 그분이 살았다고 합니다. 우리 일행 중에 몇 명이 텅 빈 무덤을 찾아갔으나 예수님을 보지는 못했습니다."

금방이라도 눈물이 떨어질 것 같은 절망적인 모습이었다. 예수님은 그들에게 말했다. "미련하구나. 선지자들이 말한 것을 왜 그리도 믿지 않는가? 그리스도가 고난을 받고 영광에 들어가야 되겠다고 하지 않았던가?" 예수님은 성경에 모세오경은 물론이고, 모든 선지자의 글을 통해 예수님에 대하여 증언하는 내용을 설명하기 시작하셨다. 제자들은 예수님의 말씀을 홀린 듯 들었다. 어느새 엠마오에 도착했다. 제자들은 예수님을 집으로 잡아끌었다. "이미 날이 어두웠습니다. 저희 집에서 머물다가 가시면 좋겠습니다."

제자들과 예수님 몫의 식사가 나왔다. 예수님께서 떡을 들어 축사하시고 떼어서 그들에게 주셨다. 불과 며칠 전 무교절의 첫날에 제자들과 만찬을 나누던 때가 떠올랐다. 두 명의 제자는 동시에 깨달았다. '아, 이분이 예수님이시구나.' 고개를 들었을 때 이미 예수님은 그들의 눈에 보이지 않았다. 제자들은 일어나 한걸음에 예루살렘으로 돌아갔다. 제자들이 늘 만나던 곳이 있었다. 그곳에서 다른 제자들과 조우할 수 있었다. 놀랍게도 제자들은 저마다 부활하신 예수님을 만난 증언들을 쏟아냈다. 부활하신 예수님을 만난 제자들은 엠마오에 사는 두 제자만이 아니었다. 비슷한 시기에, 비슷한 제자들이, 비슷한 사건으로 예수님을 만났다(눅 24:33-35).

그때 그들을 더욱 놀랍게 한 사건이 벌어졌다. 바로 그 자리에 예수님이 나타나셨다. 제자들은 부활하신 예수님을 각각 만났음에도 다시 한 공간에서 예수님을 만나게 되자 또 놀랐다. 예수님은 닫혀 있는 곳에 홀연히 나타나셨다. 제자들은 믿을 수가 없었다. 혹시 예수님의 영이 출현한 것은 아닌가 의심했다. 예수님이 손을 내미셨다. 선명한 못 자국이 있었다.

"어찌하여 두려워하며 어찌하여 마음에 의심이 일어나느냐. 내 손과 발을 보고 나인 줄 알라. 또 나를 만져보라. 영은 살과 뼈가 없으되 너희 보는 바와 같이 나는 있느니라"(눅 24:38-39).

제자들은 기쁘기도 하고 놀랍기도 하고 의심이 들기도 했다. 제자 중에 하나가 구운 생선 한 토막을 드렸다. 예수님은 잡수시기 시작했다. 영은 아니었다. 확실히 살과 피를 가지신 예수님이셨다. 요한복음에서도 비슷한 증언이 있다. 제자들이 유대인들을 무서워하여 모인 곳의 문을 닫아걸고 있을 때에 예수님은 그곳에 나타나서 평강을 빌며 손과 옆구리를 보여주셨다(요 20:19-20). 문이 닫힌 고립된 공간 속으로 예수님이 들어오셨다. 만약 유령이라면 공간을 뛰어넘을 수 있지만 못 자국난 손을 만져보게 하거나 직접 물고기를 먹지는 못할 것이었다. 예수님은 먹을 것을 필요로 하는 육체로 부활하셨다. 영적인 부활만이 아닌 몸의 부활을 분명히 보여주셨다.

예수님의 부활을 맨 먼저 확인한 사람은 마리아였다(요 20:1). 그는 부활하신 예수님을 만났지만 예수님인 줄 모르고 동산을 지키는 사람이라고만 생각했다. 항상 가까이에 있었고, 죽을 때도 곁을 떠나지 않았으며, 무덤에 안치될 때도 가까이 따라가서 무덤 위치를 확인했던 마리아였다. 그런데 그가 부활하신 예수님을 만나고서도 누구인지를 몰랐다. 죽은 것을 보았기 때문에 당연히 살아날 것이라 생각하지 못했다. 부활하신 주님의 모습도 뭔가 달랐다. 외형적으로 분명히 달라졌다. 그런데 마리아는 예수님의 한마디 때문에 금방 알아챌 수 있었다. 예수님이 마리아를 부르는 소리였다. "마리아야"(요 20:16). 그 한마디에 마리아는 자신의 앞에 계신 분이 예수님인지 알게 되었다.

예수님은 제자들에게(특히 도마에게) 자신의 살과 뼈에 대한 이야기를 하며 만져볼 것을 요구한 반면 마리아에게는 붙들지 말라(만지지 말라)고 하셨다. 왜 그랬을까? 예수님은 "내가 아직 아버지께로 올라가지 아니하였노라"(요 20:17)고 해서 마치 마리아가 예수님을 만지면 아버지께로 올라가는 데 방해가 되고 무슨 부정을 타는 것처럼 말씀하시는 것 같다. 그러나 예수님의 그다음 말씀을 주목해보자. "너는 내 형제들에게 가서 이르되 내가 내 아버지 곧 너희 아버지, 내 하나님 곧 너희 하나님께로 올라간다 하라." 마리아는 예수님의 부탁대로 제자들에게 예수님의 말씀을 그대로 일러주었다. 당연히 예수님을 만났고 보았다는 말도 덧붙였다. 이 말을 듣고 제자들은 두려워하고 의심하고 걱정하면서 문을 걸어 잠그고 모여 있던 것이었다. 제자들은 부활하신 예수님에 대해서 의혹과 의문을 가졌으나, 마리아는 확신과 대답을 갖고 있었다. 그래서 마리아는 굳이 예수님을 만져볼 필요가 없었다. 만지지 않아도 마리아는 예수님의 한마디면 충분했다. 부활하신 예수님만으로 충분했다. 부활하신 예수님을 만난 제자들은 변화하기 시작했다. 제자들은 이렇게 바뀌었다.

"예수께서 이르시되 와서 조반을 먹으라 하시니 제자들이 주님이신 줄 아는 고로 당신이 누구냐 감히 묻는 자가 없더라"(요 21:12).

갈릴리 호수에서 밤새 물고기 한 마리도 못 잡는, 허탕의 시간을 보내는 제자들에게 예수님이 배 오른 편에 그물을 던지라고 했다. 그들은 153마리의 엄청난 양의 물고기를 잡았다. 물고기로 가득 찬 그물을 건지면서 베드로는 마치 영화의 피드백처럼 처음 예수님을 만났던 때를 떠올렸다. 갈릴리 호수에서 밤이 새도록 물고기를 잡았으나 한 마리도 잡지 못하고 있었을 때 예수님은 깊은 곳에 그물을 내리라고 하셨다. 그들은 배가 기울 정도의 엄청난 양의 물고기를 잡았다. 예수님의 위엄 앞에 떨고 있는 베드로와 제자들에게 예수님은 말씀하셨다. "이제부터 사람을 낚는 어부가 되리라"(마 4:19, 눅 5:10). 그 후로부터 제자들은 예수님과 함께하는 삶을 시작했다. 그러나 예수님이 십자가에서 죽은 후에 그들은 제자로서의 삶을 끝내기 위해 낙향했고, 밤새 물고기나 잡는 자리로 몰락했다.

그런데 바로 그 자리에서 부활하신 예수님이 그들을 다시 만나주셨다. 그리고 지난 3년 전에 처음 만났던 일을 고스란히 반복하셨다. 예수님은 그들을 다시 제자로서 초청하셨다. 제자들은 부활하신 예수님 옆에 와서 "당신이 누구십니까? 정말 예수님이 맞으십니까? 어떻게 여기에 오셨습니까? 진짜 부활한 것이 맞으십니까?" 한마디도 묻지 않았다. 그들은 굳이 예수님께 물어볼 필요가 없었다. 예수님을 직접 만나자 그들은 확신과 대답을 갖게 되었다. 제자들은 육신을 위해 물고기를 잡는 어부의 삶에서 영혼을 위해 사람을 낚는 사도의 삶으로 막 발걸음을 떼기 시작했다.

Section 6. 정리 _ 시드기야에서 예수까지

아담 → 셋 → 에노스 → 게난 → 마할랄렐 → 야렛 → 에녹 →
므두셀라 → 라멕 → 노아 → 셈 → 아르박삿 → 셀라 → 에벨 →
벨렉 → 르우 → 스룩 → 나홀 → 데라 → 아브라함 → 이삭 →
야곱 → 유다(+다말) → 베레스 → 헤스론 → 람 → 암미나답 →
나손 → 살몬(+라합) → 보아스(+룻) → 오벳 → 이새 → 다윗 →
솔로몬 → 르호보암 → 아비얌 → 아사 → 여호사밧 → 여호람 →
아하시야 → 아달랴(여왕) → 요아스 → 아마샤 → 웃시야 → 요담 →
아하스 → 히스기야 → 므낫세 → 아몬 → 요시야 → 여호아하스 →
여호야김 → 여고냐(여호야긴 → 시드기야) → 스알디엘 →
스룹바벨 → 아비훗 → 엘리아김 → 아소르 → 사독 → 아킴 →
엘리웃 → 엘르아살 → 맛단 → 야곱 → 요셉 → 예수

| **에필로그** | 이제 어떻게 살아갈 것인가?

참으로 긴 세월 동안 성경 속에서 수많은 사람이 오고갔다. 우리가 이 책을 통해 다룬 인물만 해도 수십 명에 이른다. 그렇게 걸어간 발자취가 아담에서 시작하여 예수님으로까지 이어졌다. 그리고 예수님부터 시작된 그 연결점은 제자들에게 이어지고, 그것은 교회사와 세상의 역사를 통해 수많은 사람에게 이어졌으며, 오늘 우리에게까지도 연결된다. 예수님과 내가 이어져 있다는 뜻이다. 그렇다면 예수님과 어떤 연결점이 있을까?

"이로써 그 보배롭고 지극히 큰 약속을 우리에게 주사 이 약속으로 말미암아 너희가 정욕 때문에 세상에서 썩어질 것을 피하여 신성한 성품에 참여하는 자가 되게 하려 하셨느니라"(벧후 1:4).

하나님은 각자 인간에게 주신 것이 있다. 인간 한 사람 한 사람에게 주신 것은 다름 아닌 신의 성품(the divine nature)이다. 이것이 바로 예수님과 우리를 연결시켜주는 지점이다. 신의 성품을 통해 어지럽고 혼란스러운 세상을 살아가지만 예수님을 닮아서 살아가도록 우리를 붙들고 인도하신다. 그러한 신의 성품을 가지고서도 인간은 어떻게 살아가느냐에 따라 때로는 선에 속하기도 하고 때로는 악에 속하기도 한다.

예수님께서 그분의 영광으로 천사들과 함께 오실 때 영광의 보좌에 앉아 모든 민족을 모으게 될 날이 올 것이다(마 25장). 그때에 예수님은 양과 염소를 구분하는 것처럼 오른편에 있을 사람과 왼편에 있을 사람을 나누게 된다. 모든 인간은 양에 속하거나 염소에 속하게 될 것이다. 우리가 인간을 보며 그들을 오른쪽이나 왼쪽으로, 혹은 양과 염소로 나누는 것은 쉬운 일이 아니다. 인간의 행위에는 나름대로의 합당한 이유가 있으며, 인간의 역사가 이루어낸 다양하고 복합적인 층위 속에 그들의 행위가 점해 있으며, 인간의 행동은 때로 모호함 속에 숨겨져 있다. 우리는 진실과 거짓을 가려내기가 어렵다. 우리의 이해로는 인간과 역사 안에서의 참과 거짓을 가려낼 수가 없다. 완료된 역사 속에서도 어떤 인물은 재평가되기도 하고, 어떤 인물은 무덤에서 조용히 지내지 못하고 부관참시를 당하기도 하는 이유가 바로 거기에 있다. 따라서 누구는 양에 속하고 누구는 염소에 속한다고 섣부르고 인위적인 판단을 내려서는 안 된다.

그러나 그것은 어디까지나 인간의 입장이고 하나님의 입장에서는 어떨까? 하나님은 완벽하고 뚜렷하게 왼편과 오른편으로 나눌 수 있다. 지금은 모호해 보이고, 다 이유가 있어 보이는 어떤 행동이어도 하나님 앞에 서면 의도와 생각까지도 만천하에 드러날 것이다. 하나님은 정확하고도 진실하게 가릴 수 있다. 그때가 되면 성경의 모든 인물은 물론이고, 우리를 포함한 역사 속의 모든 인물은 양이나 염소 중 한쪽에 속하게 될 것이다. 우리는 하나님 앞에서 어느 편에 서게 될까? 그것은 우리가 예수님을 얼마나 닮아가느냐, 선과 악 중에서 무엇을 선택하며 살아가느냐에 따라서 결정될 것이다.

우리가 지금까지 다루었던 아담에서부터 예수님까지의 인물들을 한자리에 모은다면 어떤 일이 벌어질까? 시간의 제약과 공간의 제한으로 그들은 역사 속에서 각기 다른 시간대에, 각기 다른 모습으로, 각자의 사명을 따라 서 있었다. 그런 그들을 시간과 공간의 제약을 뛰어 넘어 한자리에 다 같이 모으게 되면 어떻게 될까? 그들의 나이와 그들의 업적, 실수, 행태에 관계없이 그들의 가장 절정의 나이와 모습으로 한 공간 속에 밀어 넣게 되면 어떻게 될까? 그들 중에서 그토록 좋은 환경과 상황 속에서도 타협하고 악에 결탁하여 살아간 것을 후회하는 사람이 있을 것이고, 열악하고 역기능적인 환경 속에서도 바른 일을 선택하며 살아간 위대한 인물들이 있을 것이다. 그들은 서로 대화하고, 반성하고, 반추하고, 칭찬하고, 위로하면서 만나게 될 것이다. 화끈거리는 얼굴로 민망함과 죄스러움을 감추지 못하는 사람이 있는가 하면, 상처와 고뇌 속에서 몸부림치던 모습을 누군가 뒤에서 토닥거려주기도 할 것이다.

그러다가 이윽고 그들 역시 왼쪽과 오른쪽으로 나뉘게 될 것이다. 아담이 선악과를 먹고 선과 악에 대한 인식을 가진 이후에 모든 인간은 선악에 대한 판단력을 가지게 되었고, 그것을 가지고 악의 자리에서 악행을 일삼았다면 왼쪽으로, 어려운 처지 속에서도 선의 길로 걸어갔다면 오른쪽에 서게 될 것이다. 그러나 누군가 한쪽에 서 있다고 나머지는 그쪽과는 아무 관련이 없다고 안심하고 자기 자리에 있을 수만은 없다. 그들은 계속해서 긴장해야 한다. 아담에서부터 예수님까지의 모든 인물은 서로 연결되어 있기 때문이다.

하나님의 선택 속에서 예수님까지 이어지는 연결점이 있기에 그들 중 한 사람의 잘못은 그다음 사람에게 파문처럼 이어지게 되며, 한 사람의 선행은 다른 모든 이에게 물결처럼 굽이쳐 흐르게 된다. 그것은 앞의 조상이나 후의 후손들이나 순서의 차이는 없다. 위 세대가 잘못한 것이 후손에게 악영향으로 다가오고, 후손 한 사람의 잘잘못이 시간을 거슬러 윗대에게까지 작용을 한다.

악명 높은 한 인물이 세상에 나오면 사람들은 말한다. "보라. 저 집안이었기에 저런 악인이 날 수 있었다! 저 사람은 가문에 먹칠을 했다!"라고. 반대로 훌륭한 인물이 나오면 사람들은 저런 훌륭한 집안의 분위기 속에서 저 인물이 탄생할 수 있었다고 말한다. 그리고 그는 그 가문을 빛내는 사람이 된다. 시간의 순서와 상관없이 서로 연결되어 있기 때문에 앞선 사람들은 후배들에게 영향을 미치고 뒤의 사람들은 선배들을 자극한다. 어느 누구도 하늘에서 뚝 떨어진 존재는 없다. 그들은 서로 서로 영향력을 주고받게 되어 있다. 그들은 서로 연결되어 있기 때문이다.

그리고 그 연결점은 이제 우리에게까지 이어졌다. 우리는 신의 성품에 참예한 자로서, 성경의 인물들에게서 영향을 받은 자로서, 혹은 기독교 신앙의 후배로서 그들 모임의 한가운데 서 있게 되었다. 이제는 당신의 차례가 되었다. 당신이 선과 악 중에서 어떤 결정을 내리고 어떤 삶을 살아가는지, 당신의 삶의 모든 결정은 앞의 선대와 뒤의 후손들에게 전류처럼 흘러가게 될 것이다.

그리고 그 중심에는 예수 그리스도가 있다. 앞의 조상들의 업적과 후대의 선한 일들의 총합이자 영광으로서 예수님이 계시고, 선대의 모든 악한 일과 후대의 모든 죄악을 십자가로 소멸하는 구원자로서 예수님이 서 계신다. 예수님은 오고 오는 수많은 사람에게 하나의 전범(典範)으로 서 계신다. 예수님과 우리가 이어진 지점이 바로 거기에 있다. 우리의 핏속에는 선악과를 먹은 후손으로 선과 악이 대립되는 의지가 흐르고 있고, 우리는 그 선택의 기로에 서 있다. 우리가 선과 악 중에서 어떤 결정을 내렸고, 어떤 삶을 살아갔는지는 그리스도의 심판대 앞에 서게 될 때 밝히 드러나게 될 것이다.

우리는 이제 어떤 길을 걸어가야 할까? 성경을 읽고 아는 우리는 과거와는 다른 길을 걸어가야 한다. 우리의 한걸음은 후대에 뿐만 아니라 선대에도 효력을 미치며, 우리가 살펴본 모든 성경의 인물들에게까지 작용하게 될 것이기 때문이다. 중요한 것은 우리가 예수님을 바라볼 때 우리는 선한 길을 걸었던 수많은 신앙 선배들의 발자취를 따르게 된다. 우리가 예수님을 바라보는 것을 놓칠 때 우리의 악한 의지가 어느새 그림자처럼 우리를 덮쳐 악한 방향으로 우리를 끌고갈 것이다. 이제 선택은 우리에게 떨어졌다. 당신은 어떤 길을 걸어가겠는가?

| 참고 도서 |

김용규, 「생각의 시대」, 살림출판사, 2014

노우호, 「쉽게 이해되는 신구약 중간사」, 도서출판 하나, 2000

류모세, 「역사 드라마로 읽는 성경 신약 1부」, 두란노, 2012

류모세, 「역사 드라마로 읽는 성경 구약 3부」, 두란노, 2012

메튜 헨리, 「마가복음+누가복음」, 크리스천 다이제스트, 2006

_____,「그랜드 종합 주석 15」(누가복음), 제자원, 2004

배철현, 「신의 위대한 질문」, 21세기북스, 2015

베르톨트 브레히트, 「갈릴레이의 생애」, 두레, 2001

빌 브라이슨, 「빌 브라이슨의 발칙한 영어 산책」, 살림출판사, 2009

유발 하라리, 「사피엔스」, 김영사, 2015

유시민, 「국가란 무엇인가」, 돌베개, 2011

존 브라이트, 「이스라엘 역사」, 크리스찬 다이제스트, 1993

파스칼 피크 외, 「언어의 기원」, 알마, 2009

필립 구든, 「세계사를 품은 영어 이야기」, 콘텐츠크루, 2015

케네스 E. 베일리, 「중동의 눈으로 본 예수」, 새물결플러스, 2016

| 참고 site |

Biblehub.com

The Greek National Tourism Organization.